Internationales Fusionskontrollrecht –
Konflikt und Konvergenz

Europäische Hochschulschriften
Publications Universitaires Européennes
European University Studies

Reihe II
Rechtswissenschaft

Série II Series II
Droit
Law

Bd./Vol. 4447

PETER LANG
Frankfurt am Main · Berlin · Bern · Bruxelles · New York · Oxford · Wien

Florens Girardet

Internationales Fusionskontrollrecht – Konflikt und Konvergenz

PETER LANG
Europäischer Verlag der Wissenschaften

Bibliografische Information der Deutschen Nationalbibliothek
Die Deutsche Nationalbibliothek verzeichnet diese Publikation in der Deutschen Nationalbibliografie; detaillierte bibliografische Daten sind im Internet über <http://www.d-nb.de> abrufbar.

ISSN 0531-7312
ISBN 3-631-55899-6

www.peterlang.de

Vorwort

Die vorliegende Arbeit analysiert Konflikte zwischen Wettbewerbsbehörden verschiedener Staaten, die entstehen, wenn mehrere nationale Kartellbehörden einen Unternehmenszusammenschluss parallel nach dem jeweiligen nationalen Fusionskontrollrecht überprüfen.

Das Thema der parallelen Kontrolle internationaler Unternehmenszusammenschlüsse ist brisant und hochaktuell. Die wissenschaftliche Literatur diskutiert diese Frage enthusiastisch und kontrovers. Im Mittelpunkt der Diskussion stehen Überlegungen zu einer internationalen Wettbewerbsordnung. Symptome und Folgen der Konflikte bei der Überprüfung von länderübergreifenden Fusionen werden umfassend analysiert. Die eigentliche Ursachenforschung hat jedoch gerade erst begonnen. Einigkeit besteht insoweit, als man die Notwendigkeit einer Reaktion auf die Problematik erkannt hat und weltweite Reformen gefordert werden.

Vielfach stehen allerdings die Schwierigkeiten im Vordergrund, in denen sich die an einem Zusammenschluss beteiligten Unternehmen befinden, während diejenigen der Wettbewerbsbehörden zurück treten. Durch diese Konzentration auf die Unternehmensinteressen - die häufig rein finanzieller Natur sind -, werden aber die Probleme, die bei einer grenzüberschreitenden Fusion entstehen, nicht angemessen erfasst. Die einzelnen Staaten werden eine internationale Koordinierung von Reaktionen nur dann als notwendige eigene Aufgabe betrachten, wenn hierdurch (auch) unmittelbar ihre eigenen Interessen gefördert werden. Daher müssen auch und vor allem diese staatlichen Belange berücksichtigt werden. Die vorliegende Arbeit beschäftigt sich maßgeblich hiermit und mit den Konflikten, die zwischen den jeweiligen Wettbewerbsbehörden bei einer parallelen Überprüfung eines Zusammenschlusses auftreten.

Es können nicht alle Konfliktfelder im einzelnen und umfassend bearbeitet werden. Ziel dieser Arbeit ist es, einen Überblick über das tatsächliche Konfliktpotential internationaler Unternehmenszusammenschlüsse – aufgrund politischer, wirtschaftlicher und natürlich rechtlicher (materiellrechtlicher sowie verfahrensrechtlicher) Divergenzen – zu geben. Die Unterschiede der jeweiligen fusionskontrollrechtlichen Ansätze werden nicht bewertet, da eine Erörterung der komplexen ökonomischen und rechtlichen Aspekte jedes einzelnen Konfliktpunktes den Rahmen dieser Arbeit sprengen würde. Im Zentrum der Analyse stehen vielmehr die Fragen, welche grundlegenden Unterschiede in den einzelnen Rechtsordnungen die Konflikte verursachen und warum nur eine Reaktion auf internationaler Ebene zu deren Lösung führen kann.

Florens Girardet

Danksagung

Die Arbeit wurde von der juristischen Fakultät der Université de Lausanne im WS 2005/2006 als Dissertation angenommen.

Rechtsprechung, Schrifttum und Rechtsgrundlagen wurden bis Herbst 2005 berücksichtigt.

Besonders danken möchte ich Herrn Professor Dr. Heinemann, der mir nicht nur wertvolle inhaltliche Anregungen gab, sondern auch durchgehend seine Geduld unter Beweis stellen musste. Die Fertigstellung der Arbeit ist ihm zu verdanken.

Des weiteren danke ich Cornelie von Gierke, Magnus Prinz zu Wied, Dr. Philipp von Hülsen, Prof. Dr. Peter Schöttler, Sylvia Berger, Malik Berkati und - insbesondere - Andrea Baraona für den regen Austausch sowie die wertvolle und zeitintensive Unterstützung.

Schließlich gilt Dank meinen Eltern, insbesondere meiner Mutter, die mich beim Verfassen des vorliegenden Buches ständig begleitet und nicht nur finanziell unterstützt haben.

Berlin / Lausanne, im August 2006.

Florens Girardet

Inhaltsübersicht

Abkürzungsverzeichnis 19
Teil A. Einleitung 23
I. Hintergrund 23
II. Inhaltliche Begrenzung der Arbeit 26
III. Begriffsdefinitionen 27
IV. Gliederung der Arbeit 28
Teil B. Kooperation der EU mit den USA 31
I. Vereinbarung von 1991 32
II. Vereinbarung von 1998 34
III. Stellungnahme 34
Teil C. Fallanalyse 35
I. Boeing / McDonnell Douglas 35
II. General Electric / Honeywell 47
III. Einfluss der Vereinbarung von 1991 55
Teil D. Konflikte bei der parallelen Überprüfung 57
I. Einführung in die Rechtssysteme der EU und der USA 58
II. Grundlegende Probleme 61
III. Konfliktpotential bei den Aufgreifkriterien 79
IV. Materiellrechtliche Konflikte 96
V. Verfahrensrechtliche Konflikte 133
VI. Zusammenfassung 156
Teil E. Lösungsansatz 163
I. Existente Abkommen und Bemühungen 163
II. Vorschläge 174
III. Eigener Vorschlag 180
IV. Ergebnis 199
Teil F. Schlußwort 203
Teil G. Résumé 207
Literaturverzeichnis 213

Gliederung

Abkürzungsverzeichnis **19**
Teil A. Einleitung **23**
I. Hintergrund **23**
II. Inhaltliche Begrenzung der Arbeit **26**
III. Begriffsdefinitionen **27**
IV. Gliederung der Arbeit **28**
Teil B. Kooperation der EU mit den USA **31**
I. Vereinbarung von 1991 .... **32**
II. Vereinbarung von 1998 .... **34**
III. Stellungnahme **34**
Teil C. Fallanalyse **35**
I. Boeing / McDonnell Douglas **35**
1. Hintergrund 35
2. Entscheidung der Europäischen Kommission (EU) 36
a. Wettbewerbliche Bedenken 37
b. Auflagen und Bedingungen der Europäischen Kommission 39
c. Freigabe des Zusammenschlusses 39
3. Entscheidung der Federal Trade Commission (USA) 40
a. Gründe für die bedingungslose Freigabe 40
b. Entgegenstehende Stellungnahme einer Kommissarin der FTC 41
4. Kooperation 41
a. Berücksichtigung der europäischen Interessen 42
b. Berücksichtigung der US-amerikanischen Interessen 42
c. Stellungnahme 43
5. Konflikte 43
a. Reaktion der beteiligten Unternehmen 44
b. Tatsächliche und rechtliche Divergenzen 44
c. Politische Relevanz der Entscheidungen 45
d. Stellungnahme 46

II. General Electric / Honeywell **47**
1. Hintergrund 47
2. Entscheidung der Europäischen Kommission (EU) 48
a. Wettbewerbliche Bedenken 48
b. Zusagen der beteiligten Unternehmen 49
c. Untersagung 50
3. Entscheidung der Antitrust Division (USA) 50
4. Kooperation und Konflikte 51
a. Auseinandersetzung um Prüfungskompetenz 51
b. Verfahrensrechtliche Divergenzen 52
c. Materiellrechtliche Divergenzen 52
d. Politische Differenzen 53
e. Stellungnahme 54
III. Einfluss der Vereinbarung von 1991 .... **55**
Teil D. Konflikte bei der parallelen Überprüfung **57**
I. Einführung in die Rechtssysteme der EU und der USA **58**
1. EU 58
2. USA 59
II. Grundlegende Probleme **61**
1. Konflikte aus der Natur der Sache 61
2. Mangelnde Berücksichtigung von Schwellen- und Entwicklungsländern 61
3. Wettbewerbspolitische Konflikte 63
a. Wettbewerbspolitik der EU 63
aa. Grundsatz der Wettbewerbspolitik 64
bb. Berücksichtigung nicht-wettbewerblicher Aspekte 64
b. Wettbewerbspolitik der USA 67
aa. Selbstreinigungskräfte des Marktes 67
bb. Einfluss der Regierung 68
cc. Berücksichtigung nicht-wettbewerbspolitischer Aspekte 68
c. Wettbewerbspolitische Divergenzen 69
aa. Marktintegration 69
bb. Wettbewerbspolitischer Ansatz 70
cc. Berücksichtigung nicht-wettbewerblicher Aspekte 70

4. Konflikte aufgrund der institutionellen Konzepte ... 71
a. Grundlegendes ... 72
aa. EU ... 72
bb. USA ... 73
b. Initiative zur Einleitung kartellrechtlicher Verfahren ... 75
c. Verankerung des zuständigen Organs im jeweiligen Staatsgefüge ... 75
d. Personalstruktur ... 76
e. Entscheidungskompetenz ... 77
f. Durchsetzungsinstrumentarien ... 78
g. Zusammenfassung ... 78
III. Konfliktpotential bei den Aufgreifkriterien ... 79
1. Zusammenschlussbegriff ... 80
a. EU ... 81
b. USA ... 83
c. Divergenzen bei der Definition des Zusammenschlussbegriffs ... 84
2. Extraterritoriale Anwendung des Wettbewerbsrechts ... 84
a. EU ... 85
b. USA ... 87
c. Völkerrechtliche Zulässigkeit der Ansätze der EU und der USA ... 88
d. Divergenzen bei der extraterritorialen Anwendung des Wettbewerbsrechts ... 90
aa. Rechtsunsicherheit ... 90
bb. Bilaterale Verträge nicht ausreichend ... 90
cc. Wertungskonflikte ... 91
dd. Vollzugsdefizite ... 91
ee. Ergebnis ... 91
3. Schwellenwerte ... 92
a. EU ... 92
b. USA ... 93
c. Divergenzen bei Höhe und Art der Schwellenwerte ... 94
IV. Materiellrechtliche Konflikte ... 96
1. Marktabgrenzung ... 96
a. EU ... 96

aa. Sachlich relevanter Markt 97
bb. Räumlich relevanter Markt 98
b. USA - Sachlich und räumlich relevanter Markt 99
aa. Grundsatz 99
bb. Differenzierung 100
c. Divergenzen bei der Marktabgrenzung 100
aa. Sachlich relevanter Markt 101
bb. Räumlich relevanter Markt 101
2. Untersagungskriterium 102
a. EU 102
b. USA 107
c. Divergenzen im Rahmen des Untersagungskriteriums 110
aa. Struktur- und verhaltensbezogene Kontrolle 111
bb. Anwendungsbereich des Untersagungskriteriums 112
cc. Würdigung konglomerater Zusammenschlüsse 113
dd. Würdigung kooperativer Gemeinschaftsunternehmen 113
ee. Bedeutung von Marktzutrittsschranken 113
ff. Berechnung der Marktkonzentration 114
gg. Berücksichtigung von Effizienzvorteilen 114
hh. Stellungnahme 115
3. Effizienzgewinne 115
a. EU 116
b. USA 119
c. Divergenzen bei Effizienzgewinnen 120
4. Ökonomische Analyse 121
a. EU 121
b. USA 123
c. Divergenzen bei der Ökonomischen Analyse 124
5. Sanierungsfusion / Failing Company Defense 125
a. EU 126
b. USA 126
c. Divergenzen bei der Sanierungsfusion / Failing Company Defense 127
6. Comity of Nations 128

a. EU ... 129
b. USA ... 130
c. Divergenzen bei dem Prinzip der Comity of Nations ... 132
V. Verfahrensrechtliche Konflikte ... 133
1. Präventives Anmeldeverfahren und Vollzugsverbot ... 134
a. EU ... 134
b. USA ... 137
c. Divergenzen beim Anmeldeverfahren ... 138
2. Konflikte beim Untersuchungsverfahren und bei Durchsetzungsmaßnahmen ... 141
3. Abhilfemaßnahmen und Sanktionen ... 144
a. Abhilfemaßnahmen ... 144
aa. Rechtlicher Hintergrund ... 144
bb. Einflussnahme der beteiligten Unternehmen ... 146
cc. Unvereinbarkeit paralleler Maßnahmen ... 146
dd. Extraterritoriale Wirkung ... 147
ee. Hoheitliche Gestaltung von Marktstrukturen ... 148
ff. Ergebnis ... 148
b. Sanktionen ... 149
4. Stellung Dritter im Verfahren ... 149
a. Privatklagen Dritter ... 150
b. Initiativrecht Dritter ... 151
c. Anfechtung der Entscheidung der Wettbewerbsbehörden durch Dritte 152
5. Transparenz ... 152
a. EU ... 152
b. USA ... 154
c. Divergenzen aufgrund mangelnder Transparenz ... 155
VI. Zusammenfassung ... 156
1. Konflikte aus der Natur der Sache ... 156
2. Unterschiedliche politische Ziele ... 156
3. Unterschiedliche institutionelle Gefüge ... 157
4. Außerachtlassung der Interessen von Entwicklungs- und Schwellenländern ... 157

5. Rechtliche Divergenzen ... 157
a. Unterschiedliche Aufgreifkriterien ... 157
aa. Unterschiedliche Definition des Zusammenschlusses ... 157
bb. Unterschiedliche Reichweite nationalen Rechts ... 158
cc. Unterschiedliche Schwellenwerte ... 158
b. Unterschiedliche materiellrechtliche Regelungen ... 158
aa. Unterschiedliche Marktabgrenzung ... 159
bb. Unterschiedliche und unbestimmte Untersagungskriterien ... 159
cc. Unterschiedliche ökonomische Analyse ... 159
dd. Unterschiedliche Berücksichtigung von Effizienzvorteilen ... 159
ee. Unterschiedliche Anwendung des Prinzips der „comity of nations" 160
c. Unterschiedliche Verfahrensordnungen ... 160
6. Mangelnde Abstimmung von Abhilfemaßnahmen und Sanktionen ... 161
7. Unterschiedliche Abwehrrechte Dritter ... 161
8. Transparenzmängel ... 162
Teil E. Lösungsansatz ... 163
I. Existente Abkommen und Bemühungen ... 163
1. Bilateral ... 163
a. USA ... 164
b. EU ... 164
aa. Assoziierungs- / Europa-Abkommen ... 165
bb. EU / Kanada ... 165
c. Australien / Neuseeland ... 166
d. Zusammenfassung ... 166
2. Multilateral ... 167
a. Frühe Harmonisierungsbestrebungen ... 167
b. WTO/GATT ... 168
c. OECD ... 170
d. NAFTA ... 171
e. UN-RBP-Kodex ... 172
f. ICN / GFC ... 173
aa. ICN ... 173
bb. GFC ... 173

cc. Kompatibilität der beiden Foren 174
II. Vorschläge 174
1. DIAC 174
a. Implementierung des DIAC in nationales Recht 175
b. Mindestharmonisierung 175
c. Nur grenzüberschreitende Sachverhalte 176
d. „Inländerbehandlung“ bzw. „Nichtdiskriminierungsklausel“ 176
e. Internationale Wettbewerbsbehörde (IWB) 176
f. Internationales Wettbewerbspanel (IWP) 177
2. Joanna Shelton 177
3. ICPAC 178
4. WTO-Working Group 179
III. Eigener Vorschlag 180
1. Abgrenzung zwischen unilateralen, bilateralen oder multilateralen Bemühungen 181
a. Multilateraler Ansatz 181
aa. Mangelnde Ressourcen 182
bb. Multilateraler Ansatz zu vage 182
cc. Mangelnde Flexibilität 183
b. Bilateraler Ansatz 183
c. Nebeneinander bilateraler und multilateraler Bemühungen 184
d. Zwischenergebnis 185
2. Forum internationaler Wettbewerbsregeln 185
a. Formelle Vorteile der WTO 185
b. Materiellrechtliche Vorteile der WTO 186
c. Einstimmigkeitsprinzip der WTO 187
d. Nachteile der OECD 188
3. Rechtsnatur internationaler Wettbewerbsregeln 189
a. (Un-)Verbindlichkeit 189
b. (Supra-)Nationales Recht 190
4. Durchsetzung internationaler Wettbewerbsregeln / IWB 190
a. Initiativgewalt 191
b. Prüfungs- und Entscheidungskompetenz 192

c. Coordinating Agency / Lead Review Agency 192
d. Zwischenergebnis 193
5. Streitschlichtungsmechanismus 193
6. Mindestinhalt des Abkommens 195
IV. Ergebnis 199
Teil F. Schlußwort 203
Teil G. Résumé 207
Literaturverzeichnis 213

Abkürzungsverzeichnis

a.a.O.	am angegebenen Ort
ABl.	Amtsblatt der Europäischen Gemeinschaft (Union)
Airbus	Airbus Industries
AJIL	Austrian Journal of Public and International Law/Österreichische Zeitschrift für Öffentliches Recht
ALENA	Accord de libre-échange nord-américain
Antitrust L.J.	Antitrust Law Journal
Art.	Artikel
Boeing	Boeing Corporation
Brooklyn J. Intl. Law	Brooklyn Journal of International Law
Bus. Law	The Business Lawyer
CMLR	Common Market Law Review
Colum. L. Rev.	Columbia Law Review
DAC	Douglas Aircraft Corporation
DB	Der Betrieb
DIAC	Draft International Antitrust Code
DoJ	Department of Justice (USA)
DSU	Dispute Settlement Understanding
DTI	Department of Trade and Industry (Vereinigtes Königreich)
EAG-Vertrag	Vertrag zur Gründung der Europäischen Atomgemeinschaft
ECLR	European Competition Law Review
ECOSOC	Wirtschafts- und Sozialrat der United Nations Organisation
EGKS	Europäische Gemeinschaft für Kohle und Stahl (Montanvertrag)
EG	Europäische Gemeinschaft
EGV	EG-Vertrag, Vertrag zur Gründung der Europäischen Gemeinschaft
EU	Europäische Union
EuG	Europäisches Gericht erster Instanz
EuGH	Europäischer Gerichtshof

EuR	Europarecht
EuZW	Europäische Zeitschrift für Wirtschaftsrecht
EWG	Europäische Wirtschaftsgemeinschaft
EWG-Vertrag	Vertrag zur Gründung der Europäischen Wirtschaftsgemeinschaft
EWS	Europäisches Wirtschafts- und Steuerrecht
FAZ	Frankfurter Allgemeine Zeitung
FIW	Forschungsinstitut für Wirtschaftsverfassung und Wettbewerb
FKVO	Fusionskontrollverordnung
Fn.	Fußnote
FOIA	Freedom of Information Act
FTC	Federal Trade Commission
GATS	General Agreement on Trade in Services
GATT	General Agreement on Tariffs and Trade
GE	General Electric Corporation
GE Capital	General Electric Capital Corporation
GECAS	General Electric Capital Aviation Services
GEO.L.J.	George Mason Law Journal
GRUR Int.	Gewerblicher Rechtsschutz und Urheberrecht Internationaler Teil
GU	Gemeinschaftsunternehmen
HHI	Hirschman-Herfindahl-Index
Honeywell	Honeywell International Inc.
HSR	Act Hart-Scott-Rodino Act
ICN	International Competition Network
ICPAC	International Competition Policy Advisory Committee
IGH	Internationaler Gerichtshof
Int. Encycl. Comp. L.	International Encyclopaedia of Competition Law
Int. Trade L. a. Regul.	International Trade Law and Regulations
i.V.m.	in Verbindung mit
IWB	Internationale Wettbewerbsbehörde
Kommission	Europäische Kommission
MDD	McDonnell Douglas Corporation

MED	Ministry of Economic Development
MRO	Maintenance, Repair, Overhaul
m.w.N.	mit weiteren Nachweisen
NJW	Neue Juristische Wochenschrift
OCDE	Organisation de coopération et de develloppement économiques
OECD	Organisation for Economic Cooperation and Development
OMC	Organisation Mondiale du Commerce
ONU	Organisations des nations unies
RabelsZ	Rabels Zeitschrift für ausländisches und internationales Privatrecht
RIW	Recht der internationalen Wirtschaft
RIW/AWD	Außenwirtschaftsdienst des Betriebsberaters/Recht der Internationalen Wirtschaft
Rolls-Royce	Rolls-Royce plc
Rn.	Randnummer
S.	Seite
Sec.	Section
SLC	Substantial Lessening of Competition
Slg.	Sammlung der Rechtsprechung des EuGH / EuG
s.o.	siehe oben
s.u.	siehe unten
TRIPS	Trade Related Aspects of Intellectual Property Rights
u.a.	unter anderem
UE	Union Européenne
UNCTAD	United Nations Conference on Trade and Development
UNO	United Nations Organisation
U.Pa.L.Rev.	University of Pennsylvania Law Review
USA	United States of America
u.s.w.	und so weiter
v.a.	vor allem
vgl.	vergleiche
Vol.	Volume

WiSt	Wirtschaftswissenschaftliches Studium
WM	Wertpapiermitteilungen
WTO	World Trade Organisation/Welthandelsorganisation
WuW	Wirtschaft und Wettbewerb
ZaöRV	Zeitschrift für ausländisches öffentliches Recht und Völkerrecht
ZfV	Zeitschrift für Verwaltung
ZGR	Zeitschrift für Unternehmens- und Gesellschaftsrecht
ZHR	Zeitschrift für das gesamte Handels- und Wirtschaftsrecht

Teil A. Einleitung[1]

I. Hintergrund

Joel Klein – seinerzeit Assistant Attorney General der Antitrust Division des US-amerikanischen Departement of Justice - strich im Jahr 2000 auf einer Konferenz zum 10-jährigen Bestehen der europäischen Fusionskontrolle heraus:

„The rate of economic internationalisation will increase in the years ahead and increase dramatically – beyond what most people are predicting and beyond what many people will be comfortable with. [...] The number of transnational mergers and acquisitions, in short, will accelerate rapidly, with major Asian companies soon beginning to conclude – as many Americasn and European powerhouse companies already seem to believe – that, in many industries they need a global footprint to compete in the global market." [2]

Klein fasst damit den Prozess der Liberalisierung und der Globalisierung in den letzten Jahrzehnten zusammen, der sich ständig intensiviert und die internationalen Wirtschaftsbeziehungen zwischen Staaten und zwischen Unternehmen tiefgehend verändert hatte. Als Folge ist gegenwärtig ein enormer Zuwachs des Welthandels zu verzeichnen. Die Unternehmen sind gezwungen, sich strukturell an die stetig internationaler werdenden Wirtschaftsbeziehungen anzupassen. Aus einst regionalen oder nationalen Märkten sind globale Märkte geworden.

Dementsprechend stieg die Anzahl der Fusions-Anmeldungen in den 90er Jahren in bislang ungekanntem Maße an. Auch wenn die Fusionswelle in letzter Zeit konjunkturbedingt deutlich abgenommen hat, sind nach einer Phase der Konsolidierung wiederum Markterweiterungen zu erwarten.[3]

Einzelne Nationen und auch die Europäische Union (EU)[4] haben in begrenztem Umfang ihre Wettbewerbspolitik und damit ihre Einstellung zu internationalen Unternehmenszusammenschlüssen geändert. Sie erkennen zunehmend, dass im Rahmen der „wirtschaftlichen Liberalisierung" Wettbewerb ein hervorragendes Mittel ist, um Innovation voranzutreiben und wirtschaftliches Wachstum zu schaffen. Denn effektiver Wettbewerb hat tiefgreifende Auswirkungen auf die wirtschaftliche und politische Situation eines Staates. Zusammenschlüsse ab einer gewissen Gößenordnung und mit grenzüberschreitendem Bezug wiederum beeinflussen den Wettbewerb in besonderem Maße. Als positive Folge von Zusammenschlüssen können Effizienzgewinne und Synergieeffekte genutzt werden, um Management

---

[1] Die Verweise innerhalb dieser Arbeit beziehen sich auf die jeweiligen Abschnitte.

[2] Klein, Time for a Global Competition Initiative?, S. 2.

[3] Wolf, WuW 2002, 109.

[4] Die EU ist ein Staatenbündnis, das Recht der EU ist supranational, jedoch werden im Folgenden aus Vereinfachungsgründen die Begriffe „nationales Recht" und „Staaten" auch für die EU verwendet, ohne in besonderer Weise auf ihre spezielle rechtliche Struktur einzugehen. Siehe zur Stellung der EU und der Europäischen Gemeinschaften im Völkerrecht z.B. Hummer/Simma/Vedder/Emmert, S. 403 ff.

und Produktionskapazitäten zu verbessern und mehr Ressourcen für die weitere Entwicklung des Unternehmens zu gewinnen. Zusammenschlüsse können sich aber auch nachteilig auswirken: Marktmächtige fusionierte Unternehmen sind in der Lage, Preiserhöhungen und eine Reduzierung der Produktqualität durchsetzen, ohne deswegen Marktanteile abgeben zu müssen. Dass dadurch letztlich Wettbewerbern und in unmittelbarer Folge auch Verbrauchern und Kunden geschadet und die Wohlfahrt reduziert wird, ist offensichtlich.

Wettbewerb bedarf deshalb zu seiner Aufrechterhaltung und Förderung rechtlicher Schranken. Hierzu gehören vor allem Ordnungsnormen gegen wettbewerbsbehindernde Verhaltensweisen, darunter auch solche gegen den Missbrauch einer marktbeherrschenden Stellung und zur Kontrolle von Unternehmenszusammenschlüssen.

Während vor knapp 100 Jahren allein die USA über ein umfassendes Wettbewerbsrecht verfügten, welches auch eine Fusionskontrolle umfasste,[5] hatten Ende 2004 von den weltweit ungefähr 200 souveränen Staaten ca. 100 ein eigenes Wettbewerbsrecht entwickelt[6] und von diesen 100 Staaten ca. 75 Staaten eine Fusionskontrolle eingeführt.[7] Die Bandbreite an Prinzipien, Verfahrenspraktiken und bürokratischen Regelungen bei der Fusionskontrolle erweitert sich ständig. Es bedarf keiner näheren Erläuterung, dass diese Entwicklung zu einer volkswirtschaftlich kaum noch akzeptablen Belastung der Unternehmen und damit letztlich auch der Verbraucher führt.

Einzelne Staaten versuchen, dem entgegen zu wirken, indem sie neue gesetzliche Regelungen schaffen. Auch die Rechtsprechung hat teilweise mit einer veränderten Spruchpraxis reagiert. Die praktischen und theoretischen wettbewerbspolitischen Ansätze, die materiell- und verfahrensrechtlichen Regelungen sind trotz der identischen Zielsetzung nach wie vor vielfältig. Selbst inhaltlich vergleichbare Regelungen führen wegen unterschiedlicher Auslegung und Anwendung des Rechts zu unterschiedlichen Ergebnissen. Diese Divergenzen stehen einer wirksamen Gestaltung sowie einem effizienten Funktionieren transnationaler Märkte im Weg.

„Insbesondere geht die zunehmende Internationalisierung der Märkte bisher nicht mit einer entsprechenden Internationalisierung der Wettbewerbspolitik einher“[8]. Zahlreiche Staaten wie Staatengemeinschaften behalten den nationalen bzw. regionalen Charakter ihres Wettbewerbsrechts bei. Dies bedeutet, dass etwa die USA oder auch die EU[9] ihr jeweiliges Wettbewerbsrecht gleichzeitig auf dieselben Un-

---

[5] Das Wettbewerbsrecht der USA trat mit dem Sherman Act im Jahr 1890 in Kraft, eine spezifische Fusionskontrolle dagegen erst 1914 durch den Clayton Act.

[6] Meibom/Geiger, ECLR 2002, 445; Basedow, Weltkartellrecht, S. 7; Rowley, Streamlining International Merger Control, S. 3.

[7] International Competition Network, Report on Costs and Burdens, S. 4; Rowley, Streamlining International Merger Control, S.3; Kolasky, The International Competition Network, Guiding Principles for Merger Review, S. 2.

[8] So wörtlich: Budzinski, S. 3.

[9] S.o. Fn. 4.

ternehmenszusammenschlüsse anwenden.[10] Hinzu kommt, dass die Kartellbehörden sowohl in personeller als auch in finanzieller Hinsicht vielfach überfordert sind, weil - wie gesagt - die Anzahl an wettbewerblich kritischen Zusammenschlüssen ständig steigt.[11]

Eine solche Divergenz zwischen transnationalen wirtschaftlichen Aktivitäten von Unternehmen einerseits und einer vielfach nationalen wettbewerblichen Kontrolle andererseits belastet die Unternehmen, die auf globalen Märkten tätig sind und erschwert die Versuche von staatlicher Seite, den internationalen Wettbewerb zu regulieren.

Die parallele Kontrolle von Zusammenschlüssen basiert auf der internationalen, d.h. extraterritorialen Anwendung nationalen Rechts auf grenzüberschreitende Sachverhalte. Die einzelnen Staaten reagieren auf die negativen Auswirkungen ausländischer Aktivitäten auf den nationalen Wettbewerb, indem sie ihr nationales Recht extraterritorial anwenden. Ihr Ziel dabei ist, Wettbewerbsbehinderungen Einhalt zu gebieten. Die traditionellen völkerrechtlichen Vorgaben für die Reichweite des nationalen Rechts beruhen vor allem auf dem Territorial- und Personalprinzip. Danach unterfallen im Grundsatz diejenigen Vorgänge dem nationalen Recht, die im Inland stattfinden oder von Inländern ausgeführt werden. Die extraterritoriale Anwendung des nationalen Rechts reibt sich mit diesen völkerrechtlichen Prinzipien und birgt die Gefahr von Konflikten mit den Rechtsordnungen und damit auch den Kartellbehörden anderer Staaten in sich.

Die internationale Gemeinschaft hat zwar nach jahrzehntelangen Verhandlungen zahlreiche transnationale und staatliche Handelsbarrieren abgebaut, vor allem in dem General Agreement on Tariffs and Trade (GATT) und nunmehr im Rahmen von Abkommen innerhalb der Welthandelsorganisation (WTO). Sollte die internationale Gemeinschaft es jedoch weiterhin versäumen, einheitlich auf die internationale Entwicklung der privaten Wirtschaftsaktivitäten zu reagieren, gehen die Staaten das Risiko ein, diejenigen Effizienzvorteile und Wohlfahrtsgewinne zu verlieren, die durch den Abbau der staatlichen Handelsbarrieren erreicht worden sind. Handelsbeschränkungen sind eine mögliche Folge nicht nur staatlicher, sondern auch privater Marktabschließungen und Marktaufteilungen[12], so dass staatliche Handelsbarrieren durch private Wettbewerbsbehinderungen substituiert werden.[13]

---

[10] Es ist bei einem transnationalen Zusammenschluss Routine, diesen in 20 bis 40 Staaten anzumelden. Rowley, The Internationalisation of Merger Review: The Need for Global Solutions, S. 3.

[11] Rowley, a.a.O.

[12] Siehe hierzu: Immenga, Wirkungsgrenzen bilateraler Verträge, S. 155.

[13] Wolf, International Mergers, S. 205 (206-207); Meessen, WuW 2000, 5 und English Summary, S. 3; Strohmaier, S. 3; Budzinski, S. 40; Europäische Kommission: Competition Policy In The New Trade Order: Strengthening International Cooperation And Rules, S. 4; Fikentscher, Multilaterale Regeln für den internationalen Wettbewerb?, S. 159.

II. Inhaltliche Begrenzung der Arbeit

Zentraler Gegenstand dieser Untersuchung sind diejenigen Konflikte zwischen parallel agierenden Wettbewerbsbehörden, die bei der parallelen Kontrolle von drittstaatsbezogenen, d.h. extraterritorialen oder transnationalen Zusammenschlüssen entstehen. Die Probleme der an dem Zusammenschluss beteiligten Unternehmen werden nicht behandelt, es sei denn, es bestehen unmittelbare Zusammenhänge zu den vorbezeichneten Konflikten.

Ausgeklammert werden solche Zusammenschlüsse, die staatlich veranlasst sind oder bei denen eine staatliche Beteiligung, in welcher Form auch immer, eine Rolle spielt. Bei der Analyse der Fusionskontrollregime werden strafrechtliche Fragen in Bezug auf wettbewerbswidriges Verhalten ebenfalls nicht angesprochen.

Das Hauptaugenmerk soll auf dem Wettbewerbsrecht der USA und der EU liegen, die als große Welt-Handels-"Mächte" von beispielhafter Bedeutung für die behandelte Thematik sind. Dem Wettbewerbsrecht der EU und der USA liegen vergleichbare wettbewerbstheoretische und -politische Strukturen und Wertungen zugrunde. Die nichtsdestoweniger bestehenden Unterschiede, die extensive extraterritoriale Anwendung der nationalen Rechte und der Spielraum im Rahmen von Prognoseentscheidungen[14] wecken fortgesetzten Diskussionsbedarf und haben eine Vielzahl von öffentlich ausgetragenen Konflikten zwischen den USA und der EU heraufbeschworen. Schließlich verfügen die EU und die USA über die umfangreichsten, detailliertesten und strengsten Regime der Welt. Sie verfügen über weitreichende Kooperationen mit anderen Staaten zur Vermeidung oder wenigstens Reduzierung zwischenstaatlicher Konflikte.[15] Auch aus diesem Grunde können sie Vorbild für die weltweiten Aktivitäten zur (Weiter-) Entwicklung nationaler Kontrollregelungen sein und sollen als Exempel für Bemühungen um zwischenstaatliche Konfliktlösungen dienen.[16] Die Arbeit nimmt darüber hinaus vereinzelt Bezug auf andere Kontrollregime, um an ihnen bestimmte Konfliktquellen anschaulicher darzustellen.

Beide Kontrollsysteme, das der EU und das der USA, werden anhand zweier Fallanalysen illustriert. Deren Auswahl beruht unter anderem darauf, dass das Konfliktpotential, das in der Struktur der Kontrollparallelität begründet liegt, sich an

---

[14] Vgl. Zur Nachprüfbarkeit von Prognoseentscheidungen EuGH, Urteil vom 15.02.2005, C-12/03 P – Kommission/Tetra Laval.

[15] Nicolaides, World Competition, Law and Economics Review 3/1994, 5 (7); Boner/Krueger, S. IX.

[16] „... US-EU convergence is a key building bloc for a multilateral co-operation in antitrust towards which our agencies are working closely together ...". Monti, Antitrust in the US and Europe: A History of Convergence, S. 1.

diesen beiden Unternehmenszusammenschlüssen besonders plastisch herausarbeiten lässt.[17]

III. Begriffsdefinitionen

Unter Kartellrecht wird allgemein und auch in dieser Arbeit abweichend von der eigentlichen Wortbedeutung der Oberbegriff für Wettbewerbsrecht und Fusionskontrollrecht verstanden. Er umfasst neben wettbewerbsbeschränkenden Vereinbarungen auch andere Wettbewerbsbehinderungen wie Zusammenschlüsse, vertikale Abreden und den Missbrauch einer Monopolstellung. In der Literatur ist man sich über die Definition uneins. Der Begriff wird außer in der oben genannten Weise noch in einem engeren Sinn verstanden: Dann ist - dem Wortsinn entsprechend - allein das Antikartellrecht, also das Recht gegen Kartelle, gemeint. Das Verständnis von „Kartellrecht" im weiteren Sinne deckt sich weder mit dem US-amerikanischen Antitrust Law (Sherman und Clayton Act) noch mit dem europäischen Recht (Art. 81, 82 EGV und FKVO[18]).[19] Wenn der Begriff hier trotzdem weit verstanden wird, so deshalb, weil in einigen Staaten das Fusionskontrollrecht nicht umfassend und eigenständig geregelt ist. Zu seiner Auslegung und Anwendung werden daher die Rechtsprechung sowie die Inhalte des Kartellrechts im engeren Sinn herangezogen. Die entstehenden Überschneidungen rechtfertigen das Verständnis als allgemeinen Oberbegriff.

Unter internationalem Kartellrecht versteht man die Anwendung nationalen Kartellrechts auf Sachverhalte mit unterschiedlichsten Bezügen zum Ausland.[20]

Die Begriffe Fusionskontrollrecht und Recht der Kontrolle von Unternehmenszusammenschlüssen werden im allgemeinen Sprachgebrauch immer häufiger als Synonyme verwendet,[21] obwohl dies rechtstechnisch nicht korrekt ist. Neben Fusionen (mergers) regelt das Recht zur Kontrolle von Unternehmenszusammenschlüssen nämlich auch die Bildung von Gemeinschaftsunternehmen (joint ventures) und den allgemeinen Kontrollerwerb über ein Unternehmen (acquisition).[22] Der weite Beg-

---

[17] Vergleichbare Konflikte ergaben sich auch bei der parallelen Überprüfung der Zusammenschlussvorhaben *British Telecommunications/Mitel* (Großbritannien und Kanada), *Elders/Allied-Lyons* (Australien und Großbritannien), *Deere/Versatile* (USA und Kanada).

[18] Seit dem 01.05.2004: VO (EG) Nr. 139/2004 und bis zum 01.05.2004 VO (EWG) Nr. 4064/89 des Rates über die Kontrolle von Unternehmenszusammenschlüssen, Fusionskontrollverordnung: Bezug genommen wird im Rahmen der anschließenden Fallanalysen auf die FKVO in der jeweils zum Zeitpunkt der Überprüfung gültigen Fassung. Die nachfolgende Analyse des europäischen Rechts wird die seit dem 01.05.2004 gültige Fassung zur Grundlage nehmen und - sofern erforderlich - auf die Änderungen der FKVO aufgrund ihrer Neufassung durch die VO (EG) Nr. 139/2004 hinweisen.

[19] Avenarius, unter „Kartellrecht", S. 249; Meessen, Völkerrechtliche Grundsätze des internationalen Kartellrechts, S. 11.

[20] Schirmer, S. 2; Herdegen, S. 180.

[21] Vgl. die Bezeichnung „Europäische Fusionskontroll-Verordnung". Hier wird der Begriff Fusion ebenfalls im untechnischen Sinne gebraucht.

[22] Cones-Starr, Wisconsin International Law Journal 17/1999, 145 (148).

riff des Zusammenschlusses (concentration)[23] umfasst also alle in Betracht kommenden Möglichkeiten der Vereinigung von Unternehmen. Hier wird der allgemeine Sprachgebrauch übernommen, obwohl die Untersuchung sich nicht allein mit Fusionen im Rechtssinne, sondern grundsätzlich mit sämtlichen Formen eines Unternehmenszusammenschlusses beschäftigt.

Der Begriff des internationalen Fusionskontrollrechts erscheint auf den ersten Blick mehrdeutig. Man mag einen Bezug zu einer internationalen Wettbewerbsordnung herstellen oder aber eine Analyse des jeweiligen Kollisionsrechts erwarten. Diese Untersuchung geht ausschließlich auf den ersten Gesichtspunkt ein.

Die Begriffe Unternehmenszusammenschluss, Fusion, Konzentration u.a. werden häufig als Synonyme gebraucht, obwohl hier differenziert werden könnte[24]. Diese Arbeit verwendet überwiegend den Begriff des Unternehmenszusammenschlusses, teilweise auch den der Fusion im untechnischen Sinne als Synonym für Zusammenschlüsse.

Für das Thema dieser Arbeit sind drittstaatsbezogene (oder auch transnationale und extraterritoriale) Unternehmenszusammenschlüsse von besonderer Bedeutung. Gemeint sind hiermit alle Unternehmenszusammenschlüsse, die einen Bezug zu einem Drittstaat aufweisen. Dazu gehören solche, die ein allein in einem Drittstaat ansässiges Unternehmen dort vornimmt. Der Bezug kann aber auch in dem Geschäftssitz eines einzelnen beteiligten Unternehmens oder seiner Tochtergesellschaften bestehen oder sich über die wirtschaftlichen oder wettbewerblichen Auswirkungen der Transaktion bzw. der Tätigkeiten der Unternehmen ergeben.

IV. Gliederung der Arbeit

Die USA und die EU arbeiten zur Lösung zwischenstaatlicher Konflikte eng zusammen. Diese Zusammenarbeit wirkt sich auch auf die weltweiten Bemühungen aus, Reibungen auf Grund paralleler Kontrollverfahren bei Unternehmenszusammenschlüssen zu vermeiden. Die Abkommen zwischen den USA und der EU sollen in **Teil B** exemplarisch behandelt werden, um Möglichkeiten und Grenzen bilateraler Anstrengungen aufzuzeigen. Die praktische Relevanz der Konflikte zwischen Wettbewerbsbehörden zeigen zwei Fallanalysen in **Teil C:** Die USA und die EU prüften parallel den Zusammenschluss zwischen der *Boeing Corporation* (*Boeing*) und der *McDonnell Douglas Corporation* (*MDD*) und das Zusammenschlussvorhaben zwischen der *Honeywell International Inc.* (*Honeywell*) und der *General Electric Co.* (*GE*). Die Analysen der konfliktreichen Verfahren zeigen die politische Sensibilität der Wettbewerbsbehörden sowie die Bedeutung und den - leider geringen - Erfolg der Kooperationsbestrebungen zwischen den USA und der EU.

---

23 Bradgate/White, S. 317; Kerres, S. 7 (9); vgl. Europäische Kommission, Mitteilung über den Begriff des Zusammenschlusses, ABl. 1998 Nr. C 66, S. 5.

24 Zur Definition des Zusammenschlusses in der EU und der USA, s.u. S. 80.

Den Fallanalysen folgt der Hauptteil **D** der Arbeit. Darin werden die Fusionskontrollregime der USA und der EU verglichen, um das Konfliktpotential paralleler Überprüfungen eines Zusammenschlussvorhabens heraus zu arbeiten. Neben materiell- und verfahrensrechtlichen Fragen sollen die unterschiedlichen Voraussetzungen (Aufgreifkriterien) erörtert werden, unter denen Staaten in die parallele Überprüfung eintreten. Die handels-, wirtschafts- und industriepolitischen Dimensionen der Konflikte werden - abgesehen von konkreten wettbewerbspolitischen Divergenzen - nicht gesondert behandelt, sondern in die Einzelanalysen integriert.

In **Teil E** folgt eine Darstellung bisheriger Kooperationsbemühungen und Harmonisierungsversuche zur Lösung der aufgezeigten Konflikte. Verbindliche Abkommen wie unverbindliche Empfehlungen sollten sowohl auf bilateraler als auch auf multilateraler Ebene Fortschritte erzielen. Einzelne Wissenschaftler haben diese Ansätze aufgegriffen und weitergehende Lösungswege erarbeitet. Auf der Grundlage dieses Materials wird ein eigener Vorschlag entwickelt, der erste notwendige Schritte zur Konfliktlösung zwischen den Wettbewerbsbehörden skizziert.

Die Arbeit schließt in **Teil F** mit einer Zusammenfassung der Ergebnisse und einem Ausblick auf die Erfolgsaussichten des in Teil E entworfenen Lösungsvorschlags.

Teil B. Kooperation der EU mit den USA

Die EU und die USA haben in den Jahren 1991[25] und 1998[26] zwei Vereinbarungen geschlossen[27], die die Koordinierung der jeweiligen Wettbewerbspolitik, die Verstärkung der Zusammenarbeit zwischen der Europäischen Kommission und den US-amerikanischen Wettbewerbsbehörden sowie die bessere Ausnutzung ihrer Ressourcen[28] zum Gegenstand hatten. Die Abkommen regeln ausschließlich das Verhältnis der Kartellbehörden zueinander, sie beinhalten keine Rechtsgrundlagen für Private.[29] Die USA und die EU erhofften sich eine Verhinderung oder wenigstens Verminderung der Konflikte, die durch die parallele extraterritoriale Anwendung des jeweiligen Wettbewerbsrechts entstanden. Insbesondere wollten sie unterschiedliche Entscheidungen bei der Überprüfung eines einzelnen Zusammenschlusses vermeiden.[30]

---

[25] Abkommen der Regierung der Vereinigten Staaten von Amerika und der Kommission der Europäischen Gemeinschaften über die Anwendung ihrer Wettbewerbsregeln vom 23.9.1991, geändert in ABl. 1995, Nr. L 131. Das Übereinkommen wurde von der Europäischen Kommission am 23. September 1991 unterzeichnet, war mangels Kompetenz aber nichtig und wurde vom Europäischen Rat erst am 10. April 1995 rückwirkend bestätigt (Beschluss des Rates und der Kommission vom 10.4.1995 über den Abschluss des Abkommens zwischen den Europäischen Gemeinschaften und der Regierung der Vereinigten Staaten von Amerika über die Anwendung ihrer Wettbewerbsregeln, ABl. 1995 Nr. L 95, S. 47; zum Hintergrund siehe: EuGH, *Frankreich/Kommission*, Rs. C-327/91, ABl. 1991 C 275, S. 2). Aufgrund der nachträglichen Beschlussfassung waren einige redaktionelle Änderungen erforderlich und einige Auslegungen klärungsbedürftig. Die Parteien einigten sich mittels eines interpretativen Briefwechsels vom Mai und Juli 1995 (Europäische Kommission, Exchange of Interpretative Letters with the Government of the United States of America, ABl. 1995 Nr. L 131, S. 38 und ABl. 1995 Nr. L 132; Wiedemann, Handbuch des Kartellrechts, S. 101). Für die USA unterzeichnete die Regierung das Abkommen, denn erst im Jahre 1995 wurde der International Antitrust Enforcement Act verabschiedet, der nunmehr die Wettbewerbsbehörden - die Antitrust Division und die FTC - mit der Kompetenz ausstattet, Vereinbarungen mit Wettbewerbsbehörden anderer Staaten abzuschließen.

[26] Abkommen zwischen den Europäischen Gemeinschaften und der Regierung der Vereinigten Staaten von Amerika über die Anwendung der „Positive Comity"-Grundsätze bei der Durchsetzung ihrer Wettbewerbsregeln, ABl. 1998 Nr. L 173, S. 26.

[27] In den Jahren 1999 und 2005 haben die USA und die EU zwei weitere Vereinbarungen getroffen: 1. Das „Administrative Arrangement for Attendance" (AAA). Hiermit fixierten die Parteien die bereits bestehende Praxis, gegenseitig Mitglieder der Wettbewerbsbehörde der anderen Seite bei Anhörungen als Gast zuzulassen. Siehe FTC, US-EU Merger Working Group: Best Practices on Cooperation in Merger Investigations, S. 1. 2. "Best Practices on Cooperation in Merger Investigations". Diese Vereinbarung unterstreicht aber lediglich den gemeinsamen Willen, die Koordinierung und Kooperation in parallelen Kontrollverfahren zu intesivieren. Verbindliche Regelungen ergeben sich hieraus nicht. Siehe Europäische Kommission, Best Practices on Cooperation in Merger Investigations.

[28] Immenga, Rechtsregeln für eine Internationale Wettbewerbsordnung, S. 593 (597); Wiedemann, Handbuch des Kartellrechts, S. 101; Goyder, S. 551; van Miert, International Cooperation in the Field of Competition, S. 5.

[29] Vgl. Art. 1 der Vereinbarung von 1991 und Ham, S. 571 (583, 597).

[30] Immenga, Rechtsregeln für eine Internationale Wettbewerbsordnung, S. 593 (597); Cook/Kerse, S. 14.

I. Vereinbarung von 1991

Der Vereinbarung von 1991 liegen fünf Grundpflichten bzw. -prinzipien zugrunde: Benachrichtigungspflichten (Art. 2, 7 - notification), allgemeine Informationspflichten (Art. 3, 8 - exchange of information), Unterstützungshandlungen (Art. 4 - cooperation and coordination in enforcement activities) und die Prinzipien der „positive comity" (Art. 5) sowie der „traditional comity"[31] (Art. 6).

Diese Regelungen dienen vorrangig der engeren Zusammenarbeit[32] und der Abgleichung paralleler Verfahren. Die Wettbewerbsbehörden wollten eine bessere Abstimmung des zeitlichen Rahmens für das Überprüfungsverfahren, eine Annäherung bei der Definition des relevanten sachlichen und räumlichen Marktes und im Ergebnis eine Koordinierung der Abhilfemaßnahmen erreichen.[33] Die Vereinbarung verpflichtet die Wettbewerbsbehörden, bei allen Angelegenheiten von gegenseitigem Interesse Kontakt miteinander aufzunehmen. Insbesondere ordnungsrechtliche Maßnahmen müssen der anderen Seite mitgeteilt werden.[34] Die Vereinbarung von 1991 enthält das Bekenntnis zum Prinzip der „traditional comity of nations" sowie der „positive comity of nations".[35] Folgende Aspekte verdienen besondere Beachtung:

Eine Herausgabe von Informationen an Behörden der anderen Seite ist nach Art. 8 ausgeschlossen, wenn das eigene Recht dies verbietet oder entscheidende eigene Interessen entgegenstehen. Dadurch beschränkt sich die Pflicht zur Mitteilung auf allgemein zugängliche oder von der Geheimhaltung freigestellte Informationen. Da nach Art. 287 EGV[36] Geschäftsgeheimnisse zu den Amts- oder Dienstgeheimnissen gehören, unterfallen auch sie grundsätzlich Art. 8.[37]

Die Parteien haben sich in Art. 4 Nr. 4 vorbehalten, jederzeit die Koordinierung und Kooperation einzuschränken oder gar zu beenden und ihre Maßnahmen unabhängig von einander weiter zu verfolgen. Erforderlich ist lediglich eine formlose Mitteilung an die andere Seite.

In Art. 5 wird das Prinzip der „positive comity" zum Vertragsinhalt erhoben: Im Falle eines wettbewerbsschädlichen Verhaltens auf dem Territorium einer Partei, kann der betroffene Vertragspartner nach Art. 5 Absatz 2 die andere Seite davon benachrichtigen und diese um geeignete Gegenmaßnahmen ersuchen. Die be-

---

[31] „Comity of nations".

[32] Mitglieder der US-amerikanischen Wettbewerbsbehörden wurden bei zahlreichen Anhörungen der Europäischen Kommission als Beobachter zugelassen. Cook/Kerse, S. 15; Pons, International Cooperation in Competition Matters, S. 197.

[33] Wiedemann, Handbuch des Kartellrechts, S. 101; Goyder, S. 551; van Miert, International Cooperation in the Field of Competition, S. 5.

[34] Wiedemann, Handbuch des Kartellrechts, S. 101.

[35] Cook/Kerse, S. 14; Wish, S. 388.

[36] In der Fassung nach dem Amsterdamer Vertrag vom 2.10.1997, BGBl. 1998 II, S. 387, berichtigt in BGBl. 1999 II, S. 416.

[37] Wiedemann, Handbuch des Kartellrechts, S. 101.

nachrichtigte Partei kann frei und ohne Angabe von Gründen entscheiden, ob sie solche Maßnahmen ergreifen bzw. ein laufendes Verfahren um solche Tatsachen erweitern will oder nicht. Ausdrücklich wird betont, dass die Wettbewerbspolitik und das Wettbewerbsrecht der benachrichtigten Partei nicht eingeschränkt werden sollen.[38]

Der in Art. 6 behandelte Grundsatz der „traditional comity", auch Freundlichkeitsprinzip oder „internationale Courtoisie" genannt, verpflichtet die handelnde Behörde, sich bei der Anwendung ihrer Gesetze und Verordnungen zurückzuhalten, wenn die Vorteile der Anwendung geringer wären als deren negative Auswirkungen auf Belange der anderen Partei.[39] Danach müssen beide Seiten den Interessen der jeweils anderen in allen Abschnitten des Kontrollverfahrens Rechnung tragen. Das betrifft die Einleitung und den Umfang eines Verfahrens oder einer Untersuchung ebenso wie den Charakter von Abhilfemaßnahmen oder die Höhe der Geldstrafen. Diese Pflicht ist allerdings begrenzt durch eigene wichtige Interessen und Schranken des eigenen Rechts. Berücksichtigungsfähig sollen zudem nur diejenigen Belange sein, die vor der Anmeldung des geplanten Zusammenschlusses in Gesetzesinitiativen, Verordnungen oder offiziellen politischen Erklärungen eine tatsächliche Grundlage in der Politik des Landes gefunden haben.

Nach Art. 9 darf kein Teil des Abkommens in einer Weise ausgelegt werden, die mit der Rechtsordnung der Parteien nicht in Einklang steht bzw. eine Gesetzesänderung verlangen würde.[40]

Bei aller Willensbekundung zu verstärkter Koordinierung und Kooperation haben sich die USA und die EU doch gleichzeitig vorbehalten, zu jeder Zeit ihre Annäherungsbemühungen abzubrechen. Dafür können Einwände nahezu jeder Art vorgebracht werden. Die Bedeutung des Abkommens von 1991 wird außerdem dadurch relativiert, dass im Falle einer Verfahrenseinleitung durch die US-amerikanische Antitrust Division die endgültige Entscheidung über den Zusammenschluss bei den Gerichten liegt und diese nicht an die Vereinbarung gebunden sind.[41]

---

[38] Das Prinzip der „positive comity" wurde bisher nur einmal angewandt: Die US-amerikanische Antitrust Division bat die Europäische Kommission, Untersuchungen über angebliche Diskriminierungen im Zusammenhang mit Vereinbarungen zwischen Fluggesellschaften anzustellen (*Lufthansa*, *Air France* und *Iberia*; Europäische Kommission, Bericht der Kommission an den Rat und das Europäische Parlament über die Umsetzung des Abkommens zwischen den Europäischen Gemeinschaften und der Regierung der Vereinigten Staaten von Amerika, 1997, S. 4; van Miert, Globalization of Competition: The Need for Global Governance, S. 3; van Miert, The Transatlantic and Global Implications of European Competition Policy, S. 3).

[39] Cook/Kerse, S. 14; Wish, S. 388.

[40] Dies betrifft nicht nur das Europäische Recht bzw. das US-amerikanische Bundesrecht (Federal Law), sondern auch das unter Umständen anwendbare nationale Recht der Mitgliedstaaten bzw. der einzelnen US-amerikanischen Staaten (State Law).

[41] Ham, S. 571 (597).

II. Vereinbarung von 1998

Die Vereinbarung aus dem Jahr 1998[42] wurde laut der Präambel abgeschlossen, um dem Prinzip der „positive comity" stärkeres Gewicht zu verleihen. Nach Art. 1 Absatz 1 soll das Abkommen bei Verstößen gegen das nationale Wettbewerbsrecht einer Partei Anwendung finden. Die Fusionskontrollverordnung und Untersuchungen nach dem Hart-Scott-Rodino Act (HSR Act)[43] sollen allerdings nicht unter diese Vereinbarung fallen. Für Maßnahmen der Fusionskontrolle ist sie daher nicht einschlägig.

III. Stellungnahme

Die bisher gewonnenen Erfahrungen bei der Anwendung der Vereinbarung von 1991 zeigen, dass die Wettbewerbsbehörden durch diese Vereinbarung enger zusammenarbeiten und sich die Anzahl divergierender oder inkonsistenter Entscheidungen verringert haben dürften. Gänzlich ausgeräumt sind die Konflikte jedoch nicht. Aus den Diskussionen im Vorfeld der Fälle *GE/Honeywell*[44] und *Boeing/McDonnell Douglas*[45] sowie den behördlichen Entscheidungen selbst ergibt sich, dass die Vereinbarung von 1991 nicht ausreicht, um Konflikte bei problematischen Kontrollverfahren zu lösen.[46]

---

[42] S.o. Fn. 26.

[43] Hart-Scott-Rodino (HSR) Antitrust Improvements Act von 1976.

[44] Vgl. Europäische Kommission, Pressemitteilung der Europäischen Kommission, IP/01/939, vom 3.6.2001; *GE/Honeywell*, Kommissions-Entscheidung vom 3.7.2001, Fall VI/M. 2220, WuW/E EU-V 631; s.u. S. 47.

[45] *Boeing/McDonnell Douglas*, Fall IV / M. 877, Kommissions-Entscheidung vom 30.7.1997, ABl. 1997 Nr. L 336, S. 16; s.u. S. 35.

[46] S.u. S. 55 und van Miert, International Cooperation in the Field of Competition, S. 9.

Teil C. Fallanalyse

Bei den Fällen *Boeing/MDD* und *GE/Honeywell* handelt es sich um Zusammenschlüsse von Unternehmen, die ihren Geschäftssitz und ihre Produktionsstätten allein in den USA hatten, aber weltweite Geschäftsverbindungen, insbesondere auch innerhalb der EU, besaßen.

I. Boeing / McDonnell Douglas

Neben der Entscheidung im Fall *GE/Honeywell*[47] gilt die Entscheidung der Europäischen Kommission über die geplante Übernahme von *McDonnell Douglas Corporation* (*MDD*) durch *Boeing Corporation* (*Boeing*) weithin als die in wirtschaftlicher und politischer Hinsicht umstrittenste Fusionskontroll-Entscheidung.[48] Die Kommission dokumentiert darin beispielhaft den Willen, ihre (sog. extraterritoriale) Jurisdiktionshoheit bei Zusammenschlüssen zwischen Unternehmen ohne jegliche physische Präsenz in der EU auszuüben, sofern davon negative Auswirkungen auf den Wettbewerb in der EU ausgehen.[49]

Die US-amerikanische Wettbewerbsbehörde, die Federal Trade Commission (FTC), legte ihr Hauptaugenmerk auf militärische Aspekte des Zusammenschlussvorhabens, die Europäische Kommission dagegen auf Auswirkungen auf den Weltmarkt für große düsengetriebene Verkehrsflugzeuge.

Am 1.7.1997 entschied die FTC, sich diesem Vorhaben nicht in den Weg zu stellen, und gab den Zusammenschluss ohne weiteres frei.[50] Im Gegensatz dazu genehmigte die Europäische Kommission am 30.7.1997 das Zusammenschlussvorhaben nur unter weitreichenden Auflagen und Bedingungen.[51]

1. Hintergrund

Boeing wie auch *MDD* sind US-amerikanische Aktiengesellschaften mit Haupt-Geschäftssitz und Produktionsstätten ausschließlich in den USA, welche vor allem im Bereich der Herstellung von Verkehrsflugzeugen und der Rüstungs- und Raumfahrttechnik tätig sind. Der Geschäftsbereich Verkehrsflugzeuge umfasst Entwicklung, Bau und Vermarktung düsengetriebener Verkehrsflugzeuge und einen Kundendienst. Der Geschäftsbereich Rüstungs- und Raumfahrttechnik ist mit der Forschung, Entwicklung, Herstellung, Umrüstung und Wartung von Militärflugzeugen und -hubschraubern sowie der zugehörigen elektronischen Systemtechnik befasst.[52]

---

[47] S.u. S. 47.

[48] Cones-Starr, Wisconsin International Law Journal 17/1999, 145 (155).

[49] Cones-Starr, Wisconsin International Law Journal 17/1999, 145 (158).

[50] Cones-Starr, Wisconsin International Law Journal 17/1999, 145 (155).

[51] *Boeing/McDonnell Douglas*, Fall IV / M. 877, Kommissions-Entscheidung vom 30.7.1997, ABl. Nr. L 336, S. 16 ff.; Cones-Starr, Wisconsin International Law Journal 17/1999, 145 (157).

[52] *Boeing/McDonnell Douglas*, Kommissions-Entscheidung, a.a.O.

Bereits am 14.12.1996 hatten *Boeing* und *MDD* eine Vereinbarung geschlossen, nach der *MDD* mittels eines Anteilstausches vollständig als Tochtergesellschaft der *Boeing* übernommen werden sollte.[53] Der Zusammenschluss sollte ausschließlich innerhalb der US-amerikanischen Grenzen vollzogen werden.[54]

Auf dem Weltmarkt für große Verkehrsflugzeuge konkurrierten zu dieser Zeit drei Unternehmen: *Airbus*, *Boeing* und *MDD*. *Airbus Industries* als wichtigster und nach dem Zusammenschluss einziger Wettbewerber wurde von der Europäischen Kommission an dem Verfahren 1997 umfassend beteiligt und durfte sowohl die von *Boeing* benannten Zeugen befragen als auch die von *Boeing* vorgeschlagenen Zusagen auf ihre Eignung überprüfen, bevor die Kommission ihre Entscheidung traf.[55] Im Gegensatz dazu wurde *Airbus* am US-amerikanischen Verfahren nur unmaßgeblich beteiligt.

2. Entscheidung der Europäischen Kommission (EU)

Am 18.2.1997 wurde das Zusammenschlussvorhaben bei der Kommission angemeldet. Nach Überprüfung der Anmeldung in Phase I entschied die Kommission am 7.3.1997, dass es sich um einen Zusammenschluss im Sinne von Art. 3 FKVO[56] handle, da *Boeing* die Kontrolle über die Gesamtheit der Anteile von *MDD* im Sinne von Art. 3 Absatz 1 Buchstabe b FKVO erwerben wolle und das Zusammenschlussvorhaben gemeinschaftsweite Bedeutung im Sinne des Art. 1 FKVO besäße[57]. Der Vollzug des Zusammenschlussvorhabens wurde daher von europäischer Seite vorerst untersagt und am 19.3.1997 Phase II des Überprüfungsverfahrens (Art. 6 FKVO) eröffnet.

Die Kommission erklärte, für die Würdigung des Vorhabens sei der Weltmarkt für große düsengetriebene Verkehrsflugzeuge der sachlich und räumlich relevante Markt.[58] Der Gemeinsame Markt werde als integraler, fester und bedeutender Be-

---

[53] Es handelte sich hierbei um einen Zusammenschluss in einer Größenordnung von ca. 13 Milliarden US$. *Boeing* sollte *MDD*'s weltweiten Anteile übernehmen und im Austausch hierzu sollten die Mitarbeiter von *MDD* ihre Position in dem Konzern behalten. *Boeing/McDonnell Douglas*, Kommissions-Entscheidung, a.a.O.

[54] Cones-Starr, Wisconsin International Law Journal 17/1999, 145 (155).

[55] ICPAC, Final Report (2000), Chapter 2.

[56] Bezug genommen wird im Rahmen der Fallanalysen ausschließlich auf die zur Zeit der Untersuchungen gültige Fassung der FKVO, die zum 01.05.2004 eine Neufassung erfahren hat. VO (EWG) Nr. 4064/89 des Rates über die Kontrolle von Unternehmenszusammenschlüssen, ABl. Nr. L 395 S. 1 (erste Fassung), berichtigt in ABl. Nr. L 257, S. 14, geändert durch die VO (EG) Nr. 1310/97 vom 30. Juni 1997 (ABl. 1997 Nr. L 180 vom 09/07/1997, S. 1, und berichtigt in ABl. 1998 Nr. L 3, S. 16.

[57] Der weltweite Umsatz beider Konzerne wurde mit ca. US$ 28 Milliarden beziffert, wobei beide Unternehmen innerhalb der Gemeinschaft einen Umsatz von weit mehr als EUR 250 Millionen erzielten, aber nicht mehr als zwei Drittel ihres gemeinschaftsweiten Gesamtumsatzes in ein und demselben Mitgliedstaat. *Boeing/McDonnell Douglas*, Kommissions-Entscheidung vom 30.7.1997, Fall IV / M. 877, ABl.1997 Nr. L 336, S. 3.

[58] Große düsengetriebene Verkehrsflugzeuge werden überall in der Welt unter ähnlichen Wettbewerbsbedingungen verkauft und betrieben. Die durchschnittlichen Transportkosten für die

standteil dieses Weltmarkts mit einer sehr ähnlichen Wettbewerbsstruktur gleichermaßen berührt.

Das europäische Kontrollverfahren wurde auf den Verkehrsflugzeugsektor beschränkt. Die Kommission betonte, sie werde die wettbewerbliche Beurteilung des Vorhabens nicht auf die Rüstungsindustrie ausdehnen. In ihrer endgültigen Entscheidung vom 30.7.1997 erklärte sie ausdrücklich, hierdurch den Interessen der USA „in einem mit dem Gemeinschaftsrecht vereinbarem Umfang" Rechnung tragen zu wollen.[59] Parallel zu dieser Erklärung strich sie heraus, dass sie infolge des geplanten Zusammenschlusses keine Verstärkung oder Begründung einer beherrschenden Stellung im Rüstungssektor feststellen könne.[60] Der Öffentlichkeit gegenüber wurde diese Entscheidung als Reaktion auf eine Bitte der US-amerikanischen Wettbewerbsbehörde und damit als Umsetzung der Vereinbarung von 1991 deklariert.[61]

a. Wettbewerbliche Bedenken

Bei der Überprüfung kam die Kommission zu dem Ergebnis, *Boeing* verfüge auf dem Gesamtmarkt für große düsengetriebene Verkehrsflugzeuge bereits über eine beherrschende Stellung, die der Zusammenschluss noch verstärken würde. Echter Wettbewerb auf dem Gemeinsamen Markt im Sinne des Art. 2 Absatz 3 der FKVO werde erheblich eingeschränkt. Sie führte u.a. folgende Gründe an:

Vor dem Abschluss des Vertrages mit *MDD* hatte *Boeing* Exklusiv-Vereinbarungen über die ausschließliche Belieferung von *American Airlines*, *Delta Airlines* und *Continental Airlines* mit großen Verkehrsflugzeugen geschlossen. Beispielsweise hatten *American Airlines* und *Boeing* im November 1996 eine langfristige Partnerschaft vereinbart, nach der *Boeing* ausschließlicher Flugzeuglieferant von *American* bis zum Jahr 2018 sein sollte. Alle Liefervereinbarungen zusammen umfassten 11 % des Weltmarktes für Passagierflugzeuge. Nach Meinung der Kommission war das Potential für weitere Exklusivverträge durch den Zusammenschluss erheblich erhöht,

---

Auslieferung sind - relativ gesehen - minimal. Deswegen vertritt die Kommission die Auffassung, der räumlich relevante Markt für große düsengetriebene Verkehrsflugzeuge sei der Weltmarkt (vgl. *Boeing/McDonnell Douglas*, Kommissions-Entscheidung vom 30.7.1997, Fall IV / M. 877, ABl.1997 Nr. L 336, S. 16 ff.). Sie ging ursprünglich von zwei separaten relevanten Märkten innerhalb des Gesamtmarkts für große düsengetriebene Verkehrsflugzeuge aus: von dem Markt für Schmalrumpfflugzeuge und dem für Großraumflugzeuge. Nach ihrer Meinung sind beide Märkte ähnlich strukturiert und die aus der geplanten Fusion resultierenden Wettbewerbsprobleme identisch, so dass sie die Folgen des Zusammenschlusses für beide Märkte gemeinsam prüfte (vgl. *Boeing/McDonnell Douglas*, Kommissions-Entscheidung vom 30.7.1997, Fall IV / M. 877, ABl.1997 Nr. L 336, S. 16 ff.).

[59] *Boeing/McDonnell Douglas*, Kommissions-Entscheidung a.a.O.

[60] *Boeing/McDonnell Douglas*, Kommissions-Entscheidung, a.a.O.; Schaub, International Cooperation in Antitrust Matters: Making the Point in the Wake of the *Boeing/MDD* Proceedings, S. 3.

[61] Schaub, a.a.O.

und der Markt noch stärker abgeschottet,[62] denn *Boeing* war der einzige Anbieter einer ganzen Flugzeugfamilie[63].

Durch die Vereinigung des Wettbewerbspotentials von *MDD* auf dem Markt für große Verkehrsflugzeuge mit der beherrschenden Stellung von *Boeing* gäbe es nach dem Zusammenschluss nur noch einen Konkurrenten - nämlich *Airbus*. Obwohl der Marktanteil von *MDD* kontinuierlich zurückgegangen war, bewertete die Kommission den Einfluss von *MDD* auf die Wettbewerbsbedingungen und damit seine Konkurrentenqualität wesentlich höher, als der errechnete Marktanteil widerspiegelte. Nach ihrer Ansicht ermöglicht nämlich jeder noch so geringe Marktanteil einem Wettbewerber, die Markt- und Verhandlungsposition eines anderen Wettbewerbers zu schwächen.[64]

Boeing habe schon vor dem Zusammenschluss eine beherrschende Stellung einerseits auf dem gesamten Markt für große Verkehrsflugzeuge, andererseits auf den separaten und individuellen Märkten für düsengetriebene Schmalrumpf- („narrow-body aircraft")[65] und Großraumverkehrsflugzeuge („wide-body aircraft")[66] sowie auf dem Markt für deren Wartung und Service gehabt. Dies schlussfolgerte die Kommission aus den damaligen Marktanteilen von *Boeing*, aus der Größe ihrer operativen Flotte, den hohen Marktzutrittsschranken und demzufolge dem Mangel an potentiellen Neuanbietern.

Nach Meinung der Kommission hätte der geplante Zusammenschluss den Anteil von *Boeing* am weltweiten Markt für große düsengetriebene Verkehrsflugzeuge unmittelbar um 6 % von 64 % auf 70 % erhöht. Ihre Kundenbeziehungen im Bereich der operativen Flotte wären von 60 % auf 84 % gewachsen. Als Folge davon hätten sich ihre Möglichkeiten erweitert, Fluggesellschaften zu veranlassen, mit *Boeing* Exklusiv-Vereinbarungen ab zu schließen. So wäre der Markt anderen Wettbewerbern weiter verschlossen gewesen.[67]

---

[62] *Boeing/McDonnell Douglas*, Kommissions-Entscheidung vom 30.7.1997, Fall IV / M. 877, ABl.1997 Nr. L 336, S. 16 ff.; Die Abschottung basiere beispielsweise auf dem größeren Produktsortiment nach dem Zusammenschluss, den umfangreichen finanziellen Ressourcen und der höheren Lieferkapazität, aufgrund derer der Bedarf der Fluggesellschaften kurzfristiger als durch die Konkurrenz gedeckt werden könne.

[63] *Airbus* konnte keine ganze Flugzeugfamilie anbieten und dadurch auch keine Exklusivvereinbarungen mit diesem Umfang abschließen.

[64] *Boeing/McDonnell Douglas*, Kommissions-Entscheidung vom 30.7.1997, Fall IV / M. 877, ABl.1997 Nr. L 336, S. 16 (19 ff.); Azcuenaga, S. 2; von ca. 30 angesprochenen Kunden hatten zwei angegeben, ausschließlich Flugzeuge von *MDD* abzunehmen.

[65] Ca. 100 Sitzplätze.

[66] Ca. 400 Sitzplätze.

[67] *Boeing/McDonnell Douglas*, Kommissions-Entscheidung vom 30.7.1997, Fall IV / M. 877, ABl.1997 Nr. L 336, S. 16 ff.

Boeing's Macht, in bestimmten Ländern die Vermarktung ihrer zivilen und *MDD*'s militärischen Luftfahrtindustrie miteinander zu verbinden (sogenannte Kopplungsgeschäfte / „bundling“[68]), wäre erhöht worden.[69]

b. Auflagen und Bedingungen der Europäischen Kommission

Aufgrund vorheriger Zusagen beider Unternehmen erließ die Kommission eine Freigabeentscheidung nach Art. 8 FKVO. Diese war mit einschneidenden sowohl strukturellen wie verhaltensbezogenen Auflagen und Bedingungen verbunden[70]:

Boeing solle das von *MDD* abgekoppelte zivile Luftfahrtgeschäft, welches unter der Bezeichnung *Douglas Aircraft Corporation* firmiert (*DAC*), während einer Dauer von zehn Jahren als getrennte Rechtseinheit weiterführen.

Boeing solle sich verpflichten, für *DAC*-Flugzeuge ebenso hochwertige Kundendienstleistungen wie für *Boeing*-Flugzeuge zu erbringen.

Boeing dürfe ihren privilegierten Zugang zur operativen *DAC*-Flotte nicht dazu nutzen, *DAC*-Betreiber zum Kauf von *Boeing*-Flugzeugen zu bewegen, indem sie ihnen beispielsweise Ersatzteile und Service zu günstigeren Bedingungen als anderen *DAC*-Betreibern anbiete.

Boeing dürfe bis August 2007 keine zusätzlichen Exklusivverträge schließen, es sei denn nach vorangegangener Ausschreibung. Außerdem dürfe *Boeing* nicht auf ihre Ausschließlichkeitsrechte aus den Verträgen mit *American*, *Delta* und *Continental* bestehen.

Boeing dürfe ihre Beziehungen zu Zulieferern nicht dahingehend ausnutzen, dass diese es ablehnen, andere Hersteller großer Verkehrsflugzeuge zu beliefern.

Boeing wird militärische Hochtechnologien durch Lizenzen an Wettbewerber transferieren.

c. Freigabe des Zusammenschlusses

Boeing und *MDD* hätten mit hohen Geldbußen rechnen müssen, hätten sie den Zusammenschluss ohne die endgültige Freigabe vollzogen. Eine Verzögerung des Vollzuges hätte zu einer für alle Betroffenen schädlichen Unsicherheit geführt.[71] Aus diesem Grunde akzeptierten beide Unternehmen 24 Stunden vor der drohen-

---

[68] Kopplungsgeschäfte sind Geschäfte, bei denen Produkte verschiedener Segmente (sogenannte Komplementärprodukte) gebündelt werden, um sie verbunden mit Rabatt an den Kunden abzugeben.

[69] *Boeing/McDonnell Douglas*, Kommissions-Entscheidung vom 30.7.1997, Fall IV / M. 877, ABl.1997 Nr. L 336, S. 16 ff.

[70] *Boeing/McDonnell Douglas*, Kommissions-Entscheidung, a.a.O.; Herdegen, S. 209.

[71] Cones-Starr, Wisconsin International Law Journal 17/1999, 145 (157); Pearlstein, Washington Post vom 23.7.1997, S. D 10.

den Untersagungsentscheidung die Bedingungen und Auflagen der Kommission und erreichten so die Freigabe.[72]

3. Entscheidung der Federal Trade Commission (USA)

Auch bei der FTC begegnete das Zusammenschlussvorhaben zunächst ernsten wettbewerblichen Bedenken. Aus diesem Grunde erfolgte - laut der FTC selbst - eine der intensivsten und umfassendsten Untersuchungen in der Geschichte der US-amerikanischen Fusionskontrolle. Die anfänglichen Bedenken bestätigten sich jedoch nicht. Die Mehrheit der Kommissare sah weder Anhaltspunkte für eine erhebliche Reduzierung des Wettbewerbs noch die Gefahr einer tendenziellen Monopolstellung auf dem Rüstungs- oder Verkehrsflugzeugsektor.[73]

a. Gründe für die bedingungslose Freigabe

Als Hauptargument für die Freigabe ohne Auflagen und Bedingungen führte die überwiegende Mehrheit in der FTC an, *MDD* habe es versäumt, für eine Verbesserung ihrer Technologie und ihrer Verkehrsflugzeugprodukte zu sorgen. Die damit einhergehende Verschlechterung ihrer Produktpalette habe dazu geführt, dass die große Mehrheit der Fluggesellschaften nicht länger daran interessiert sei, *MDD*-Produkte zu erstehen. *MDD* besäße keinen bedeutsamen Einfluss auf die wettbewerbliche Dynamik des Marktes für Verkehrsflugzeuge und sei damit als Wettbewerber weggefallen. Anzeichen dafür, dass *MDD* ihre ursprüngliche Marktstellung wieder erlangen werde, sahen die Kommissare nicht. In der Konsequenz werde der Zusammenschluss auch zu keinen wettbewerbsschädlichen Folgen auf dem Markt für Verkehrsflugzeuge führen.[74] Die Feststellungen der FTC basierten hauptsächlich auf Anhörungen von ca. 40 Fluggesellschaften, die versicherten, keine Verkehrsflugzeuge von *MDD* abzunehmen. Außerdem spielte die Überlegung eine Rolle, kein anderes Unternehmen habe Interesse daran, anstelle von Boeing das Unternehmen *MDD* zu übernehmen.[75]

Die FTC stufte lediglich die von *Boeing* mit einigen Fluggesellschaften ausgehandelten Exklusivverträge als bedenklich ein.[76] Hierüber setzte sie sich mit der Europäischen Kommission intensiv auseinander. Im Ergebnis sah die FTC darin keine erhebliche Einschränkung des relevanten Marktes. Mit solchen Exklusivvereinbarungen verbindet die US-amerikanische Praxis sowohl für Käufer als auch für Verkäu-

---

[72] Zu ähnlichen wirtschaftlichen Situationen mit einer vergleichbaren Begründung für die Hinnahme von Bedingungen und Auflagen der Europäischen Kommission, vgl. z.B. die Fälle *British Telecom/MCI (II)* (Kommissions-Entscheidung vom 30.1.1997, Fall VI/M. 856, ABl. 1997 Nr. L 396, S. 1) und *Lyonnaise des Eaux/Suez* (Kommissions-Entscheidung vom 5.6.1997, Fall VI/M. 916, ABl. 1997 Nr. C 207, S. 12).

[73] Pitofsky/Steiger/Roscoe/Starek/Varney, S. 2, 3.

[74] Pitofsky/Steiger/Roscoe/Starek/Varney, S. 2.

[75] Starek, S. 3.

[76] Pitofsky/Steiger/Roscoe/Starek/Varney, S. 3.

fer überwiegend Vorteile.[77] Das US-amerikanische Wettbewerbsrecht geht von einem „safe harbour"[78] aus, solange durch Exklusivvereinbarungen nicht mehr als 20 %, teilweise sogar bis zu 30 % des Marktes anderen Wettbewerbern verschlossen werden[79] - hier lag der Marktanteil bei 11 %[80]. Im Gegensatz dazu ist die Kommission schon gegen Exklusivvereinbarungen vorgegangen, die lediglich 10 - 15 % des relevanten Marktes abschotteten.[81] Denn nach europäischem Recht können auch Vereinbarungen wettbewerbsschädlich sein, die den Wettbewerbern nur geringe Marktanteile verschließen.[82]

b. Entgegenstehende Stellungnahme einer Kommissarin der FTC

Mary L. Azcuenaga, eine Kommissarin der FTC, hatte demgegenüber ernsthafte wettbewerbliche Bedenken hinsichtlich des Zusammenschlusses und gab aus diesem Grunde eine eigene Stellungnahme ab. Sie griff insbesondere die Beurteilung der wettbewerblichen Stellung von *MDD* auf dem relevanten Markt an. Zwar war sie derselben Meinung wie die Europäische Kommission, dass *MDD* lediglich einen geringen Einfluss auf den Markt für Verkehrsflugzeuge ausübe. Wie die vorgelegten Beweismittel und Unterlagen der beteiligten Unternehmen zeige, habe *MDD* aber dennoch den Wettbewerb gefördert und regelmäßig Ausschreibungen für sich entschieden. Vor allem aus diesem Grunde lehnte sie den Zusammenschluss ab und ordnete ihn als Verstoß gegen Sec. 7 Clayton Act ein. Vorschläge zu Abhilfemaßnahmen finden sich bei *Azcuenaga* nicht.[83]

4. Kooperation

Im April 1995 - die parallele Überprüfung des Zusammenschlusses war bereits fortgeschritten - wurde die Vereinbarung von 1991 zwischen den USA und der EU durch Beschluss des Europäischen Rates rückwirkend für wirksam erklärt.[84] Diese Vereinbarung war eine tragfähige Basis, auf der die Zusammenarbeit zwischen den Wettbewerbsbehörden intensiviert werden konnte.[85]

---

[77] Pitofsky, Vertical Restraints and Vertical Aspects of Mergers, S. 5 ff. 8; Valentine, Building a Cooperative Framework for Oversight in Mergers, S. 8.

[78] S.u. S. 102.

[79] Pitofsky, Vertical Restraints and Vertical Aspects of Mergers, S. 6 m.w.N.

[80] S.o. S. 37.

[81] Pitofsky, Vertical Restraints and Vertical Aspects of Mergers, S. 5; *Schöller Lebensmittel GmbH & Co. KG*, Kommissions-Entscheidung vom 23.12.1992, Fall IV/31.533 und IV/34.072 , ABl. 1993 Nr. L 183, S. 1; *Langnese-Iglo GmbH*, Kommissions-Entscheidung vom 25.3.1992, Fall IV/34.072, ABl. 1993 Nr. L 183, S. 19.

[82] Valentine, Building a Cooperative Framework for Oversight in Mergers, S. 8.

[83] Azcuenaga, S. 1, 2, m.w.N.

[84] S.o. Fn. 25.

[85] Schaub, International Cooperation in Antitrust Matters: Making the Point in the Wake of the *Boeing/MDD* Proceedings, S. 2.

a. Berücksichtigung der europäischen Interessen

Aus Sicht der Europäischen Kommission wurden die europäischen Interessen von US-amerikanischer Seite nicht ausreichend berücksichtigt. Die Kommission hat bei der Überlegung, durch welche Maßnahmen der Zusammenschluss doch noch freigegeben werden könne, die Abspaltung der *DAC*[86] erwogen. Die FTC reagierte hierauf mit Bedenken, da *DAC* nicht selbständig auf dem Markt bestehen könne und so eine Abspaltung nicht möglich sei. Die Kommission erteilte vor diesem Hintergrund die Auflage, *DAC* für einen gewissen Zeitraum innerhalb des Konsortiums unabhängig zu halten und Überschneidungen und Quersubventionierungen zu unterlassen.[87]

Es gibt Stimmen, die sagen, die FTC habe - auf Bitten der Europäischen Kommission hin - die europäischen Interessen hinsichtlich des sachlichen Marktes für große Verkehrsflugzeuge verstärkt berücksichtigt.[88] Dagegen spricht zum einen die Sonderstellungnahme der Kommissarin Azcuenaga. Auch wurde die Stellung von *Airbus* als einzigem weiteren Wettbewerber von der FTC und der Europäischen Kommission völlig unterschiedlich bewertet. Das gleiche gilt für die wettbewerbliche Stellung von *MDD*.

b. Berücksichtigung der US-amerikanischen Interessen

Umgekehrt stellt sich für die USA die Frage, ob ihre Interessen in der Entscheidung der Europäischen Kommission zufriedenstellend Berücksichtigung gefunden haben. Die US-amerikanische Regierung und die FTC hatten der Kommission mitgeteilt, ein Verbot des Zusammenschlusses könne US-amerikanische Verteidigungsinteressen beeinträchtigen. Als gewichtiges Interesse wurde die Konsolidierung der US-amerikanischen Verteidigungsindustrie genannt. Die Kommission versuchte - laut Aussage einiger Mitglieder der beteiligten Wettbewerbsbehörden -, dem Rechnung zu tragen[89] und stützte ihre Bedenken vorrangig auf die zivile Luftfahrt. Ihre Beanstandungen hinsichtlich der Auswirkungen des Zusammenschlusses auf den internationalen Markt für Kampfflugzeuge bzw. den Verteidigungssektor klammerte sie aus.[90]

In ihrer abschließenden Entscheidung allerdings betonte die Kommission, sie befürchte keine Begründung oder Verstärkung einer beherrschenden Stellung im Rüstungsbereich.[91] Im Widerspruch dazu verpflichtete sie *Boeing* im Rahmen der Abhil-

---

[86] *Douglas Aircraft Corporation*, S.o. S. 39.

[87] Europäische Kommission, Bericht der Kommission an den Rat und das Europäische Parlament über die Umsetzung des Abkommens zwischen den Europäischen Gemeinschaften und der Regierung der Vereinigten Staaten von Amerika, 1997, S. 11.

[88] *Boeing/McDonnell Douglas*, Kommissions-Entscheidung vom 30.7.1997, Fall IV / M. 877, ABl.1997 Nr. L 336, S. 16 ff.

[89] *Boeing/McDonnell Douglas*, Kommissions-Entscheidung, a.a.O.

[90] *Boeing/McDonnell Douglas*, Kommissions-Entscheidung, a.a.O.; Schaub, International Cooperation in Antitrust Matters: Making the Point in the Wake of the *Boeing/MDD* Proceedings, S. 3.

[91] *Boeing/McDonnell Douglas*, Kommissions-Entscheidung, a.a.O.

femaßnahmen, Lizenzen für die militärischen Technologien zu vergeben, und erteilte aufgrund wettbewerblicher Bedenken in Bezug auf eine mögliche Kopplung („bundling") von *Boeing's* ziviler und *MDD's* militärischer Luftfahrtindustrie weitere Auflagen.

Dies lässt es plausibel erscheinen, dass die Kommission weniger die Interessen der USA berücksichtigt als ihre eigenen Interessen verfolgt und lediglich keinen Anlass zu wettbewerblichen Bedenken im militärischen Bereich gesehen hat.

c. Stellungnahme

Die Hintergründe zeigen, dass die Kooperation im Rahmen des *Boeing/MDD*-Falles, oft als beispielhafte Umsetzung der „traditional comity" deklariert, eine solche positive Bewertung nicht verdient. Die FTC und die Europäische Kommission betonten selber, dass sie sich (lediglich) an die „black letter provisions" der Vereinbarung von 1991 gehalten hätten.[92] Abgesehen von der Erfüllung der Benachrichtigungspflichten und gegenseitigen Konsultationen war die transatlantische Kooperation und Koordinierung gering. Beide Seiten übten daran ausgiebig Kritik.

5. Konflikte

Der *Boeing/McDonnell Douglas*-Fall verdeutlicht die natürlichen Grenzen, auf welche die derzeit rein bilaterale Kooperation der USA und der EU im Bereich des Wettbewerbsrechts stößt.[93] Die gegensätzlichen Ansätze der Wettbewerbsbehörden in Brüssel und Washington führten in diesem Fall nicht nur zu unterschiedlichen Entscheidungen,[94] sondern viele Europäer hatten auch im Hinblick auf die bisher bekannte „aggressive Durchsetzung" des Kartellrechts von US-amerikanischer Seite nicht mit einer so unkomplizierten Freigabe des Zusammenschlusses durch die FTC gerechnet.[95] Bemerkenswert war insofern die „Rollenverteilung" zwischen den USA und der EU: Die meisten Handelsstreitigkeiten hatten sich bisher an der extraterritorialen Anwendung nationalen Rechts durch die USA entzündet.[96] Nun aber meinten die USA, sich gegen eine „Einmischung" der EU wehren zu müssen, da die Entscheidung der Kommission klarstellte, dass US-amerikanische Unter-

---

[92] Cones-Starr, Wisconsin International Law Journal 17/1999, 145 (157); Schaub, International Cooperation in Antitrust Matters: Making the Point in the Wake of the *Boeing/MDD* Proceedings, S. 3.

[93] Van Miert, The Transatlantic and Global Implications of European Competition Policy, S.15; van Miert, International Cooperation in the Field of Competition, S. 7; ICPAC, Final Report (2000), Chapter 2.

[94] Schaub, International Cooperation in Antitrust Matters: Making the Point in the Wake of the *Boeing/MDD* Proceedings, S. 4.

[95] ICPAC, Final Report (2000), Chapter 2, m.w.N.

[96] Insbesondere sollten private europäische Unternehmen durch den Helms-Burton Act und den D'Amato Act gezwungen werden, sich dem offiziellen Boykott der USA gegen Kuba, Irak und Iran anzuschließen. Tichadou, ZEuS 1/2000, 61 (62).

nehmen, die in Europa tätig sein wollen, auch den europäischen Gesetzen unterliegen.[97]

a. Reaktion der beteiligten Unternehmen

Die beteiligten Unternehmen selber stellten zu keiner Zeit die Jurisdiktionshoheit der Europäischen Kommission in Frage. Sowohl *Boeing* als auch *MDD* betonten aber, die FTC sei in wettbewerbsrechtlicher Hinsicht besser in der Lage gewesen, über diesen Zusammenschluss zu befinden.[98] Die Kommission habe nach der Vereinbarung von 1991 die bedingungslose Freigabe des Zusammenschlusses durch die FTC stärker berücksichtigen müssen.[99] Außerdem wandten sie sich gegen die von der Kommission erwogenen Auswirkungen des geplanten Vorhabens auf den Gemeinsamen Markt[100] und schlossen sich - durchaus interessengeleitet - der Ansicht der FTC an.

b. Tatsächliche und rechtliche Divergenzen

Die Entscheidungen der Europäischen Kommission und der FTC unterschieden sich in fünf Punkten: bei der Einbeziehung der Rüstungsindustrie, der Bewertung von Exklusivvereinbarungen, bei der Beurteilung der wettbewerblichen Stellung eines Konkurrenten, bei der Berücksichtigung möglicher Kopplungsgeschäfte und nicht zuletzt bei der grundsätzlichen Einschätzung, ob eine erhebliche Reduzierung des Wettbewerbs bzw. die Stärkung einer marktbeherrschenden Stellung festzustellen sei.

Die USA warfen den Europäern vor, sie förderten mit ihrer Entscheidung die nationale Industriepolitik und insbesondere einen bestimmten „national champion“: nämlich den europäischen Wettbewerber *Airbus*. Diese Kritik knüpften sie daran, dass die Auflagen und Bedingungen hauptsächlich Vorteile für *Airbus* brächten, ohne allgemeine wettbewerbsschädliche Auswirkungen des Zusammenschlusses einzuschränken.[101] Zu viele politische Faktoren hatten ihrer Ansicht nach eine Rolle gespielt, zu wenig waren die Interessen der Verbraucher oder Kunden berücksichtigt worden.[102]

---

[97] Cones-Starr, Wisconsin International Law Journal 17/1999, 145 (159).

[98] *Boeing/McDonnell Douglas*, Kommissions-Entscheidung vom 30.7.1997, Fall IV / M. 877, ABl.1997 Nr. L 336, S. 16 (17); Cones-Starr, Wisconsin International Law Journal 17/1999, 145 (157).

[99] *Boeing/McDonnell Douglas*, Kommissions-Entscheidung vom 30.7.1997, Fall IV / M. 877, ABl.1997 Nr. L 336, S. 16 (17, 33); Cones-Starr, Wisconsin International Law Journal 17/1999, 145 (157).

[100] *Boeing/McDonnell Douglas*, Kommissions-Entscheidung vom 30.7.1997, Fall IV / M. 877, ABl.1997 Nr. L 336, S. 16 ff.; Cones-Starr, Wisconsin International Law Journal 17/1999, 145 (155).

[101] ICPAC, Final Report (2000), Chapter 2, m.w.N.

[102] ICPAC, a.a.O. m.w.N.

Die europäischen Kritiker wiederum sahen in der Entscheidung der FTC eine Förderung des US-amerikanischen „national champion“ *Boeing*.

Diese Konflikte basierten - darüber war man sich auf europäischer und US-amerikanischer Seite einig - auf verfahrensrechtlichen Differenzen oder wurden hierdurch zumindest verstärkt. Denn die unterschiedlichen zeitlichen Rahmen der beiden Verfahren führten letztlich dazu, dass relevantes Informationsmaterial nicht ausgetauscht werden konnte und insgesamt eine Koordinierung der Untersuchungen und Entscheidungen erschwert wurde.[103] Diese verfahrensrechtlichen Differenzen wogen schwerer als manche materiellrechtlichen[104].

c. Politische Relevanz der Entscheidungen

Neben den rechtlichen Divergenzen verursachte die politische Dimension der Kontrollverfahren Konflikte.[105] Die US-Amerikaner äußerten ihre Missbilligung darüber, dass die Kommission sich in „amerikanische Belange“[106] einmische. Dieser Unmut kulminierte in der Drohung, im Falle einer Untersagung des Zusammenschlusses das Streitschlichtungsorgan der WTO anzurufen.[107] Präsident *Bill Clinton* und andere politische Entscheidungsträger sowie auch Kongressabgeordnete kündigten Vergeltungsmaßnahmen und Sanktionen an, die einen offenen transatlantischen Handelskrieg eingeleitet hätten.[108]

Gleichzeitig war das Verhalten des europäischen Wettbewerbskommissars nicht dazu angetan, die Situation zu entspannen. Schon bevor der Zusammenschluss bei der Kommission angemeldet worden war, verkündete er in Pressemitteilungen, Reden und Interviews, dieser Zusammenschluss könne nicht ohne einschneidende Auflagen freigegeben werden.[109]

---

[103] Starek, S. 3.

[104] S.o. S. 44.

[105] „[...] what really made it so controversial and confrontational was the underlying trade conflict.“ Starek, S. 3.

[106] Bergius, Handelsblatt vom 24.7.1997, S. 2; s.o. Fn. 102.

[107] Cones-Starr, Wisconsin International Law Journal 17/1999, 145 (157); Handelsblatt, US-President Clinton will einen Handelskrieg vermeiden. USA / Im Fall Boeing-McDonnell wird der Spielraum gegen Europa ausgelotet, vom 22.7.1997, S. 10.

[108] Zwar nicht offiziell, aber unter der Hand wurden beispielsweise Konsequenzen wie die Aberkennung von Flugrechten oder Sondersteuern auf europäische Einfuhren angedroht (Handelsblatt, a.a.O.; Pearlstein, Washington Post vom 23.7.1997, S. D 10; Cones-Starr, a.a.O. S. 145 (158), Fn. 149). „The Clinton administration also put on a full court-press on Boeing's behalf and spoke with the Prime Ministers of Italy, Luxembourg and Britain, stressing the importance of the EU-US relationship and the need to go the extra mile to come up with a deal and avoid the consequences of a negative decision“ (Cones-Starr, a.a.O.; Pearlstein, a.a.O.). Interessanterweise war *MDD* zu dieser Zeit der größte Vertragspartner des US-Verteidigungsministeriums und maßgeblich an der Entwicklung militärisch bedeutender Projekte beteiligt (Handelsblatt, Fusion vollzieht sich nicht so reibungslos wie erwartet. Boeing-McDonnell Douglas / Schlichter eingeschaltet, vom 30.7.1997, S. 12).

[109] ICPAC, Final Report (2000), Chapter 2, m.w.N.

Einige europäische Politiker versuchten, die Entscheidung der Europäischen Kommission zu beeinflussen: So betonte *Jacques Chirac*, seinerzeit Präsident Frankreichs, vorrangiges Ziel des europäischen Wettbewerbsrechts sei die Abwehr von „Angriffen gegen europäische Interessen". Andere unterstützten die US-amerikanischen Kritiker: *Klaus Kinkel* beispielsweise, seinerzeit Außenminister der Bundesrepublik Deutschland, vermutete hinter der Entscheidung der Kommission industriepolitische Motive.[110]

Es fällt auf, dass sich immer mehr „selbsternannte Hüter des Wettbewerbs" auf beiden Seiten des Atlantiks einmischten. In ihrem Grundtenor belegen die Stellungnahmen die Konfliktträchtigkeit des Wettbewerbsrechts und insbesondere der Fusionskontrolle. Einige Kommentatoren allerdings hielten diese Fallkonstellation für nicht verallgemeinerbar. Die rechtlichen Differenzen zeigten Grenzen der Kooperationsmöglichkeiten auf, sie bedeuteten aber nicht das Ende von Kooperation und Koordinierung überhaupt. Man könne im Gegenteil aus ihnen Wegweisendes für eine künftig bessere Zusammenarbeit ableiten. In nahezu jedem Kollegial-Gremium liefen Entscheidungsprozesse kontrovers ab und statt eines Konsenses würden lediglich Mehrheitsentscheidungen erreicht. Um wie viel weniger könne man auf internationaler Ebene einstimmige Entscheidungen erwarten.[111] Die Beschlüsse seien außerdem vor dem Hintergrund eines seit 30 Jahren schwelenden Handelskrieges zwischen den USA und der EU zu sehen.[112]

Anhand des im Anschluss analysierten Zusammenschlussvorhabens zwischen *General Electric Co.* und *Honeywell International Inc* wird jedoch deutlich werden, dass der „Handelskrieg" weiter schwelt. Die Konfliktlage ist also gleich geblieben und kann nur über eine Veränderung der rechtlichen und politischen Situation aufgelöst werden.

d. Stellungnahme

Auf beiden Seiten des Atlantiks dürfte grundlegende Einigkeit darüber bestehen, dass die strenge und transparente Anwendung der 1991 vereinbarten Prinzipien der „traditional" und der „positive comity of nations" dem Ziel der Konfliktlösung dient. Die Wettbewerbsbehörden mussten am Verlauf des *Boeing/MDD*-Falles die Bedeutung verstärkter Koordinierung oder gar Harmonisierung paralleler Anmeldeverfahren und intensiveren gegenseitigen Austausches erkennen, denn deren Mangelhaftigkeit ist einer der Gründe für die entstandenen Konflikte. Eine weitere Hauptursache besteht darin, dass kein Streitschlichtungsmechanismus existiert, um

---

[110] Bergius, Handelsblatt vom 24.7.1997, S. 2.

[111] Pitofsky, Merger and Competition Policy: The Way Ahead, S. 4.

[112] Vorausgegangen waren Konflikte über die Raketenabwehr, den Klimaschutz und allgemeine Handelsfragen. Die Beziehungen waren also schon seit langem belastet. Handelsblatt, GE plant Zukunft ohne Honeywell. Streit um Übernahme führt zu transatlantischen Verstimmungen - General Electric will nicht weiter mit EU-Kommission verhandeln, vom 18.6.2001, S. 13; Starek, S. 3; Budzinski, S. 7; vgl. Budzinski/Kerber und Klodt, The World Economy 2001, 877 ff.

zwischenstaatliche Konflikte aufzugreifen und zu lösen.[113] Der *Boeing/MDD*-Fall zeigt, wie weit USA und EU trotz ihrem Bekenntnis zur Zusammenarbeit[114] noch von echter Kooperation und insbesondere einer umfassenden Koordinierung entfernt sind

II. General Electric / Honeywell

Ähnliche Probleme wie bei *Boeing/MDD* ergaben sich bei der parallelen Überprüfung der geplanten Übernahme von *Honeywell International Inc.* (*Honeywell*) durch *General Electric Corporation* (*GE*) .

Das Zusammenschlussvorhaben fiel unter die Jurisdiktion der USA und der EU. Während die Antitrust Division des US-amerikanischen Departement of Justice (Antitrust Division) den geplanten Zusammenschluss freigab, erklärte die Kommission den Zusammenschluss für unvereinbar mit dem Gemeinsamen Markt. Die Unternehmen nahmen daraufhin von ihrem Vorhaben Abstand.

1. Hintergrund

Im Oktober 2000 kündigte *GE* ein Gebot für *Honeywell* zu einem Preis von US$ 40 Milliarden an.[115] Kurz zuvor, am 22.10.2000, hatten sich die beiden Mischkonzerne darauf geeinigt, dass *GE* das gesamte Grundkapital von *Honeywell* übernähme und *Honeywell* damit eine 100%ige *GE*-Tochter würde.[116]

GE ist ein diversifiziertes Industrieunternehmen und einer der größten Flugzeugerwerber und Anbieter in zahlreichen Bereichen der Avionik, beispielweise von Flugzeugtriebwerken, Informationsdiensten, Energieerzeugungs-, Licht- und Industriesystemen sowie Transportausrüstungen.[117] Zu den Tätigkeitsfeldern des Unternehmens gehören darüber hinaus Leasingaktivitäten (*GECAS*)[118] und Finanzdienstleistungen (*GE Capital*).[119]

Bei *Honeywell* handelt es sich um ein Technologie- und Produktionsunternehmen mit weltweiten Aktivitäten in den Bereichen: Luftfahrtsystemlösungen, industrielle Automatisierung, Elektronik, Spezialchemikalien und Energie- und Transportprodukte.[120]

---

[113] Schaub, International Cooperation in Antitrust Matters: Making the Point in the Wake of the *Boeing/MDD* Proceedings, S. 3.

[114] So die in der Präambel der Vereinbarung von 1991 gesteckten Ziele; s.o. Fn. 25.

[115] Europäische Kommission, Pressemitteilung, IP/01/298, vom 2.3.2001.

[116] Europäische Kommission, a.a.O.

[117] Europäische Kommission, a.a.O.

[118] Die Leasing-Tochtergesellschaft *General Electric Capital Aviation Services* (*GECAS*) ist ein bedeutender Abnehmer von Flugzeugen und aus diesem Grund Kundin der Motoren- und Avionik-Lieferanten für Flugzeughersteller, u.a. von *Honeywell*. Burnside, ECLR 2002, 107.

[119] *General Electric Capital Corporation* (*GE Capital*). Europäische Kommission, Pressemitteilung, IP/01/855, vom 18.6.2001.

[120] Europäische Kommission, Pressemitteilung, IP/01/298, vom 2.3.2001.

2. Entscheidung der Europäischen Kommission (EU)

GE und *Honeywell* meldeten den geplanten Zusammenschluss am 5.2.2001 bei der Kommission an.[121]

Diese entschied, es handle sich um einen Zusammenschluss im Sinne der FKVO, stufte den weltweiten Markt als räumlich relevanten ein[122] und eröffnete daraufhin das Kontrollverfahren. Ihre wettbewerblichen Bedenken beschränkten sich nicht auf Zulieferungen an die Hubschrauberindustrie als einschlägigen sachlichen Markt, sondern betrafen von der Motorenproduktion bis zur Lieferung der Bordelektronik sämtliche Zulieferungen an die Flugzeugindustrie. Sie erstreckten sich auch auf den von der *GE*-Tochtergesellschaft *GECAS* angebotenen Markt für Flugzeugleasing.[123]

a. Wettbewerbliche Bedenken

Am 1.3.2001 trat die Kommission in Phase II des Überprüfungsverfahrens ein.[124] Maßgebend für ihren Untersagungsbeschluss war ihre Einschätzung, der Zusammenschluss werde auf mehreren Märkten eine beherrschende Stellung der beteiligten Unternehmen begründen oder verstärken.[125] Die starke Marktposition von *GE* verbunden mit der Finanzkraft des Unternehmens und seiner vertikalen Integration in den Markt für Flugzeugleasing waren nur einige der Faktoren, die den Ausschlag für das abschließende Urteil der Kommission gaben.

Insbesondere war *Honeywell* nach Meinung der Kommission führender Anbieter von Avionik-Produkten sowie von Triebwerken für Firmenflugzeuge und Anlasser, einem Schlüsselelement bei der Motorenherstellung. Die Zusammenführung beider Unternehmen hätte zu einer horizontalen Überlappung dieser Produkte bei beiden Unternehmen und zur vertikalen Integration von *GE* in die Geschäftsbereiche von *Honeywell* geführt. Die Finanzkraft von *GE* und gleichzeitig ihre bereits vorhandene beherrschende Stellung bei Triebwerken für große Verkehrsflugzeuge und Regionalmaschinen würde weiter verstärkt.[126] Vor allem aber hatte die Kommission Bedenken wegen einer Kombination der Komplementärprodukte von beiden Unternehmen (Kopplung bzw. „bundling"), denn gemeinsam hätten *GE* und *Honeywell* eine umfassende Produktpalette für Flugzeuge, von Motoren bis zur Bordelektronik, anbieten können. Diese Produkte hätten die Unternehmen nach der Fusion womöglich gebündelt als Paket mit Rabatt an die Flugzeugindustrie verkauft.[127] Dadurch wären Wettbewerber aus dem Markt gedrängt worden, was sich letztend-

---

[121] Europäische Kommission, Pressemitteilung, IP/01/939, vom 3.7.2001.

[122] Vgl. Giotakos, Petit, Garnier, De Luyck, S. 5.

[123] Vgl. Giotakos, Petit, Garnier, De Luyck, S. 5.

[124] Europäische Kommission, Pressemitteilung, IP/01/939, vom 3.7.2001.

[125] Europäische Kommission, a.a.O.

[126] Vgl. Giotakos, Petit, Garnier, De Luyck, S. 5; Europäische Kommission, Pressemitteilung, a.a.O.

[127] Europäische Kommission, Pressemitteilung, IP/01/298, vom 2.3.2001.

lich nachteilig auf Produktqualität, Service und Preise ausgewirkt hätte.[128] Zwei Bereiche wurden als besonderes anfällig für eine solche Kopplung angesehen: die Bündelung von Flugzeugmotoren und Avionikprodukten sowie die Bündelung der *GECAS* Leasing-Dienstleistungen und der *Honeywell*-Produkte. In ihr Leasingprogramm hatte *GECAS* auch zuvor nur Flugzeuge mit *GE*-Motoren aufgenommen, so dass Konkurrenten von vornherein von dem Leasinggeschäft ausgeschlossen waren, wenn sie ihre Flugzeuge nicht mit *GE*-Motoren ausstatteten.[129]

b. Zusagen der beteiligten Unternehmen

Am 14. Juni 2001 legten *GE* und *Honeywell* Zusagen vor, die die Kommission für unzureichend hielt. Zwei Wochen später unterbreitete *GE* ein weiteres Maßnahmenpaket, das jedoch ebenfalls zurückgewiesen wurde.

Die Kommission begründete dies mit Art. 18 Absatz 2 VO 447/98[130]. Danach sind Zusagen, welche die beteiligten Unternehmen abgeben, um eine Freigabeentscheidung der Kommission im Sinne des Art. 8 Absatz 2 FKVO zu erreichen, innerhalb von drei Monaten seit Einleitung des Verfahrens vorzuschlagen. Diese Frist war am 15. Juni 2001 abgelaufen. Die Kommission ist nur unter außergewöhnlichen Umständen befugt, diese Frist zu verlängern.[131] Solche Umstände waren nach Ansicht der Kommission von den Beteiligten nicht vorgetragen worden. Sämtliche Vorschläge hätten auch innerhalb der Frist unterbreitet werden können.

Absatz 43 der Mitteilung der Kommission über Abhilfemaßnahmen[132] sieht außerdem vor, dass geänderte Vorschläge der beteiligten Unternehmen nur zu berücksichtigen sind, wenn die wettbewerblichen Probleme hierdurch gelöst werden können und genügend Zeit für eine angemessene Konsultation der Mitgliedsstaaten verbleibt. Beide Voraussetzungen sah die Kommission als nicht erfüllt an.

---

[128] Europäische Kommission, Pressemitteilung, IP/01/939, vom 3.7.2001; Europäische Kommission, Pressemitteilung, IP/01/298 vom 1.3.2001; Giotakos, Petit, Garnier, De Luyck, S. 5.

[129] Burnside, ECLR 2002, 107 f.

[130] Verordnung (EG) Nr. 447/98 der Kommission vom 01. März 1998 über die Anmeldungen, über die Fristen, sowie über die Anhörung nach der Verordnung (EWG) Nr. 4064/89 des Rates über die Kontrolle von Unternehmenszusammenschlüssen (ABl. Nr. L 61 vom 2.3.1998, S. 1). Die bisherige VO (EG) Nr. 447/98 wurde zum 1. Mai 2004 aufgehoben und durch die Verordnung (EG) Nr. 802/2004 der Kommission vom 7. April 2004 zur Durchführung der Verordnung (EG) Nr. 139/2004 des Rates über die Kontrolle von Unternehmenszusammenschlüssen (ABl. (EU) Nr. L 133 vom 30. April 2004, S. 1 ff.) ersetzt.

[131] Europäische Kommission, Mitteilung der Kommission über im Rahmen der Verordnung (EWG) Nr. 4064/89 des Rates und der Verordnung (EG) Nr. 447/98 der Kommission zulässige Abhilfemaßnahmen, ABl. 2001 Nr. C 68, S. 3.

[132] Europäische Kommission, a.a.O.

c. Untersagung

Am 3.7.2001 erging mit einstimmigem Beschluss die formale Untersagungsentscheidung der Kommission[133], die von den Mitgliedsstaaten der EU im Beratenden Ausschuss mit getragen wurde.[134]

Seit Inkrafttreten der FKVO untersagte die Kommission damit zum 15. Mal einen Zusammenschluss. Es war die zweite Entscheidung, die ausschließlich US-amerikanische Unternehmen betraf.[135]

3. Entscheidung der Antitrust Division (USA)

Am 15.11.2000 meldeten *GE* und *Honeywell* ihr Zusammenschlussvorhaben bei der Antitrust Division an. Im Gegensatz zur Kommission gab diese den Zusammenschluss am 2.5.2001 frei, allerdings unter Auflagen und Bedingungen.[136]

Die Antitrust Division bezog sich in ihren Stellungnahmen und Pressemitteilungen allein auf die US-amerikanische Marktsituation und legte damit, ohne dies allerdings direkt zu erklären, den amerikanischen Markt als räumlich relevanten fest.

Auch nach der Antitrust Division hätte der Zusammenschluss, wie er ursprünglich geplant und angemeldet worden war, zu einer erheblichen Einschränkung des Wettbewerbs im Bereich der Motorenproduktion, der Ausstattung für Militärhubschrauber sowie der Reparatur, Wartung und Überholung von Flugzeugmotoren und Hilfsgasturbinen (MRO[137]-Service Provider) geführt.

Daher verlangte sie von *Honeywell*, sich von der eigenen Motorenproduktion für Hubschrauber zu trennen und ein unabhängiges Unternehmen als MRO Service Provider für das fusionierte Unternehmen zu autorisieren.[138] Die Antitrust Division befürchtete, zivile Nutzer dieser Produktpalette wie auch das US-amerikanische Militär würden ohne diese Entflechtung höheren Preisen, niedrigerer Qualität und geringerem Fortschritt im Design, in der Entwicklung und der Produktion zukünftiger Militärhubschraubermotoren ausgesetzt sein. Hintergrund war, dass das Verteidigungsministerium zu diesem Zeitpunkt schon Investitionen in Höhe von US$ 5 Milliarden für die Entwicklung eines neuen Hubschraubermotors eingeplant hatte.[139] *GE* und *Honeywell* erklärten ihr Einverständnis.[140]

---

[133] *GE/Honeywell*, Kommissions-Entscheidung vom 3.7.2001, Fall VI/M. 2220, WuW/E EU-V 631.

[134] Burnside, ECLR 2002, 107.

[135] Nach der Freigabe des Zusammenschlusses zwischen den ausschließlich US-amerikanischen Unternehmen *Boeing* und *MDD*; Europäische Kommission, Pressemitteilung, IP/01/939, vom 3.6.2001.

[136] DoJ, Pressemitteilung vom 2.5.2001; Burnside, ECLR 2002, 107.

[137] MRO ist die Abkürzung für: „Maintenance, Repair, Overhaul".

[138] DoJ, Pressemitteilung vom 2.5.2001.

[139] DoJ, a.a.O.

[140] DoJ, a.a.O. Zu solchen „consent decrees", s.u. S. 144.

Im Gegensatz zur Europäischen Kommission sah die Antitrust Division keine wettbewerblich nachteilige beherrschende Stellung von *GE* auf dem Markt für Großraumflugzeugmotoren.[141] Auch die Gefahr von Kopplungsgeschäften stufte sie als gering ein und bestätigte damit die Auffassung der US-amerikanischen Wettbewerbsbehörden, dass eine Kopplung von Komplementärprodukten den Verbrauchern und Kunden zu Gute komme und Effizienzvorteile zu einer Senkung der Produktpreise führe.[142] Wettbewerber wie *Rolls-Royce* u.a. hätten sich, so die Antitrust Division, dieser Herausforderung zu stellen.[143]

4. Kooperation und Konflikte

Entrüstung und Kritik aus den Reihen der US-amerikanischen Wettbewerbsbehörden, ihrer Verwaltung,[144] der Wirtschaft sowie führender Wissenschaftler[145] war die Reaktion auf die europäische Entscheidung. *Charles James*, damals frisch designierter Assistant Attorney General für Wettbewerbssachen in der Antitrust Division, betonte, die europäische Entscheidung zeige die Kluft zwischen den Ansichten der beiden Wettbewerbsbehörden und habe fundamentale Unterschiede zwischen den Fusionskontrollregimen der EU und der USA zutage gebracht.[146] Es erstaune, dass dieselben Gründe, welche die US-Amerikaner zu einer Freigabe des Zusammenschlussvorhabens bewegten, zu der Untersagungsentscheidung der Europäischen Kommission geführt hätten.[147]

a. Auseinandersetzung um Prüfungskompetenz

Von US-amerikanischer Seite wurde die Kompetenz der Europäischen Kommission zur Überprüfung US-amerikanischer Zusammenschlüsse in Frage gestellt, obwohl die USA die europäischen Prinzipien grundsätzlich anerkennen und das nationale Wettbewerbsrecht extraterritorial in vergleichbarer Weise anwenden.[148]

---

[141] DoJ, Roundtable on Portfolio Effects in Conglomerate Mergers, Range Effects, S. 12, 18.
[142] DoJ, a.a.O. S. 18, 20.
[143] DoJ, a.a.O. S. 19, 20.
[144] Wilke, Wall Street Journal vom 5.7.2001, S. A3.
[145] Siehe hierzu: Varian, New York Times vom 28.6.2001, S. C 2; Priest, Wall Street Journal vom 20.6.2001, S. A 18; Wall Street Journal, Europe to GE: Go Home, vom 15.6.2001, Editorial, Abstract, S. A 14 („[...] it would be unthinkable to let a large US company go about its business unmolested"); Washington Post, Obstructionist Europe, vom 22.6.2001, Post Editorial, Abstract, S. A 24 („[...] they are doing so on the basis of speculative reasoning about bundling that is controversial, to put it kindly.").
[146] Burnside, ECLR 2002, 107 (109).
[147] Vgl. James, Antitrust in the early 21st century: Core Values and Convergence, S. 3, 6; James, Reconciling Divergent Enforcement Policies: Where do we go from here?; James, International Antitrust in the Bush Administration, S. 4.
[148] Thier, Berliner Zeitung vom 3.7.2001, S. 25.

US-amerikanische Senatoren wie z.B. der Treasury Secretary *O'Neill* kritisierten die europäische Untersagung des Zusammenschlusses hart. *O'Neill* warf der Kommission insbesondere vor, sich in die Angelegenheiten anderer Staaten einzumischen, ohne eine demokratische Legitimation und die erforderliche Jurisdiktionskompetenz zu besitzen. Er vermutete dahinter protektionistische Ziele: Es ginge der Kommission nicht um den Schutz der Verbraucher, sondern allein um den Schutz der nationalen Industrie gegen ausländische Wettbewerber.[149]

b. Verfahrensrechtliche Divergenzen

GE und *Honeywell* hatten ihr Vorhaben bei der Antitrust Division sehr viel früher (15.11.2000) als bei der Kommission (5.2.2001) angemeldet. Die Prüfungsabschnitte kamen daher in den beiden Verfahren niemals zur Deckung: Die Antitrust Division gab den Zusammenschluss frei, als die Kommission sich mitten in Phase II ihres Verfahrens befand. Danach wuchs das Medieninteresse an der Entscheidung der Kommission und diese geriet unter Druck, denn sie überprüfte nun ein US-amerikanisches Zusammenschlussvorhaben, das in den USA bereits freigegeben war.[150] Der europäische Wettbewerbskommissar Monti äußerte seine Besorgnis darüber, dass die Wettbewerbsverfahren dies- und jenseits des Atlantiks sowohl inhaltlich als auch zeitlich so weit voneinander entfernt seien.[151] Den zuständigen Fachbeamten der Kommission und der Antitrust Division sei es dadurch unmöglich gemacht, ihre Analysen und die möglichen Auflagen für die Unternehmen kritisch gegeneinander abzugleichen.[152]

Es wurde vermutet, dass die beteiligten Unternehmen bei der Wahl unterschiedlicher Anmeldungszeitpunkte taktisch vorgegangen seien und durch eine vorzeitige US-amerikanische Freigabe zeitlichen und politischen Druck auf die Kommission ausüben wollten. Diese Taktik hatte jedoch den gegenteiligen Effekt: Die Freigabe durch die Kommission war noch stärker in Frage gestellt, weil diese den Eindruck vermeiden wollte, sie ordne sich einer US-amerikanischen. Entscheidung unter.[153]

c Materiellrechtliche Divergenzen

Materiellrechtliche Probleme gab es bei der Festlegung der relevanten sachlichen[154] und räumlichen Märkte.

Den räumlichen Markt bestimmen die US-Behörden und die Kommission bei der Flugzeugindustrie grundsätzlich weltweit.[155] Tatsächlich aber prüfte die Antitrust Division – im Gegensatz zur Kommission - allein die wettbewerblichen Auswir-

---

[149] Lambro, Washington Times vom 3.7.2003, S. 3.

[150] Burnside, ECLR 2002, 107.

[151] Berschens, Handelsblatt vom 8.4.2001, S. 14.

[152] Berschens, a.a.O.

[153] Berschens, a.a.O.; vgl. Handelsblatt, Ganz schlau, GE/Honeywell, vom 8.4.2001, S. 1, 24.

[154] S.o. S. 48.

[155] Auch bei der Prüfung des Zusammenschlussvorhabens zwischen *Boeing* und *MDD* legte die FTC den Weltmarkt als relevanten Markt fest (s.o. S. 40).

kungen des Zusammenschlusses auf die nationalen amerikanischen Märkte, insbesondere auf das US-amerikanische Militär als Hauptabnehmer der betroffenen Produkte.

Zu materiellrechtlichen Differenzen kam es auch deshalb, weil die Kommission nach der Portfolio Effect Theory[156] wettbewerbshindernde Kopplungsgeschäfte[157] befürchtete, während die Antitrust Division, meinte, ein solches „bundling" werde die Konsumenten eher begünstigen, indem es zu Effizienz und niedrigeren Preisen führe.[158]

Die dem Wortlaut nach unterschiedlichen Beurteilungskriterien führten zu Irritationen und zu Vorwürfen von US-amerikanischer Seite, die Kommission verfolge politische Ziele, während die Antitrust Division eine rein technische Analyse vornehme.[159]

d. Politische Differenzen

Das Medieninteresse und die wirtschaftlichen Konsequenzen dieses Falles waren erheblich. Man vermutete in der Presse, die US-amerikanische Einstellung zur EU habe sich hiernach grundlegend verhärtet, so dass eine schärfere Kontrolle von europäischen Zusammenschlüssen zu erwarten sei. Die Akzeptanz anderer Wirtschaftsprojekte wie der Finanzierungshilfe bei *Airbus* oder der Besteuerung von „Foreign Sales Corporations" sei auf amerikanischer Seite in Frage gestellt.[160] Der US-amerikanische Präsident *George W. Bush* und zwei Mitglieder seiner Regierung bekundeten ihre Besorgnis über eine voraussichtliche Untersagung des geplanten Zusammenschlusses und forderten die Kommission auf, ihren Standpunkt noch einmal zu überdenken.[161] Gleichzeitig betonten sie, die Konfliktlösung und die Entscheidung über den Zusammenschluss sei auf politischer Ebene zu finden.[162] Der EU-Wettbewerbskommissar *Monti* beklagte daraufhin nachdrücklich die „politische Einflussnahme" der US-amerikanischen Regierung. Er kündigte an, er werde sich

---

[156] Bzw. „Range Effects Theory" oder „Entrenchment Theory", S.u. S. 121.

[157] S.o. S. 48.

[158] S.o. S. 50. Die Antitrust Division drückte sich gegenüber der Presse noch deutlicher aus: „Bundling is standardization, a hallmark of efficiency and industrial progress for 200 years". Ziel der europäischen Entscheidung und Hintergrund für die Ablehnung des „bundling"-Konzeptes sei die Blockade von Innovationen. Die Kommission halte offensichtlich einen europäischen Wettbewerber für ideal, der in seiner mangelnden Bereitschaft, sich einer geänderten Welt anzupassen, den Typus eines Monopolisten oder Kartells repräsentiere. Wall Street Journal, Europe to GE: Go Home, vom 15.6.2001, Editorial, Abstract, S. A 14; s.a.: Majoras, S. 4.

[159] Riecke, Handelsblatt vom 18.6.2001, S. 11; Handelsblatt, GE plant Zukunft ohne Honeywell. Streit um Übernahme führt zu transatlantischen Verstimmungen - General Electric will nicht weiter mit EU-Kommission verhandeln, vom 18.6.2001, S. 13.

[160] Thier, Berliner Zeitung vom 3.7.2001, S. 25.

[161] Riecke, Handelsblatt vom 18.6.2001, S. 11; Handelsblatt, GE plant Zukunft ohne Honeywell. Streit um Übernahme führt zu transatlantischen Verstimmungen - General Electric will nicht weiter mit EU-Kommission verhandeln, vom 18.6.2001, S. 13.

[162] Thier, Berliner Zeitung vom 3.7.2001, S. 25.

durch die Bemerkungen des US-Präsidenten nicht beeinflussen lassen: „Ich missbillige alle Versuche, die Öffentlichkeit falsch zu informieren und politische Interventionen auszulösen. Dies ist in einem Kartellfall völlig fehl am Platze und lässt die Kommission im übrigen unberührt. Hier geht es um Recht und Wirtschaft, nicht um Politik".[163]

Nachdem die USA schon im *Boeing/MDD*-Fall mit einem Handelskrieg gedroht hatten und eine Verschärfung der transatlantischen Beziehungen abzusehen war, sah man nicht ausschließlich wettbewerbliche Gründe hinter der Untersagungs-Entscheidung der Kommission, sondern deren Kursverschärfung als Signal für eine Emanzipation von den USA.[164]

Auch das Medieninteresse, das den Fall begleitete, beeinflusste die Entscheidungen der Wettbewerbsbehörden nicht unerheblich. Hieraus wird deutlich, wie wichtig ein transparentes Verfahren ist. Das europäische System ist, was die Transparenz angeht, flexibler und offener als das US-amerikanische. Allerdings leiteten in diesem Fall beide Parteien sowie beteiligte Dritte, insbesondere Wettbewerber, unabgesprochen Einzelheiten über das Verfahren den Medien zu. Diese unkontrollierte Preisgabe von nicht veröffentlichungsfähigen Teilinformationen konterkarierte die an sich positive Transparenz. Gerüchte wurden gefördert und es kam zu Missverständissen, wodurch sich die Konflikte weiter verschärften.[165]

Nicht unerheblich für die Differenzen war auch das politische Vakuum an der Spitze der US-Kartellbehörde. Der bis dahin kommissarisch amtierende Assistant Attorney General der Antitrust Division, *John Nannes*, hatte sich wegen Befangenheit aus dem Fall *GE-Honeywell* zurückgezogen, weil er zuvor als Anwalt für *GE* gearbeitet hatte. Der designierte Assistant Attorney General der Antitrust Division, *Charles James*, konnte sein Amt erst Ende Mai antreten. Deshalb lag die Entscheidung über das Zusammenschlussvorhaben in der Hand einer Fachbeamtin der mittleren Hierarchieebene. Dies löste in Brüssel Irritation aus, denn man empfand dies bei einem Fall dieser Größenordnung als „ungewöhnlich".[166]

e. Stellungnahme

Die Erfahrungen aus dem Fall *GE-Honeywell* erlauben eine eindeutige Prognose: Vergleichbar problematische Zusammenschlüsse sind wegen der immer stärkeren globalen Verflechtungen in der Wirtschaft künftig gehäuft zu erwarten und entsprechende Konflikte absehbar.[167]

---

[163] Europäische Kommission, Pressemitteilung vom 18. Juni 2001, IP/01/855.

[164] S.o. S. 42; Meibom/Geiger, ECLR 2002, S. 445 (446); Lambro, Washington Times vom 3.7.2003, S. 3.

[165] Burnside, ECLR 2002, 107 (109).

[166] Berschens, Handelsblatt vom 8.4.2001, S. 14.

[167] Vgl. Meibom/Geiger, ECLR 2002, 445.

III. Einfluss der Vereinbarung von 1991

Trotz aller Konflikte betonte der europäische Wettbewerbskommissar *Monti*, es sei nur einem unglücklichen Umstand zu verdanken gewesen, dass man zu unterschiedlichen Ergebnissen kam. Beide Wettbewerbsbehörden hätten entsprechend der Vereinbarung von 1991 eng zusammen gearbeitet. Trotzdem müsse jede Behörde ihre eigenen Untersuchungen durchführen und Schlussfolgerungen ziehen. Daher könnten unterschiedliche Ergebnisse grundsätzlich niemals ausgeschlossen werden. Dabei gehe es nicht um eine rein technische Analyse auf der einen Seite und politische Ziele auf der anderen. Man habe verschiedenen Fakten unterschiedliches Gewicht beigemessen und unter anderem dadurch unterschiedliche Prognosen aufgestellt.[168] Auch bei einer immer stärkeren Harmonisierung der jeweiligen Rechtsordnungen bleibe ein solches Risiko bestehen, so dass vergleichbare Situationen nicht ausgeschlossen werden könnten.[169]

Am 14.11.2001 gaben die Antitrust Division und die Kommission eine gemeinsame Stellungnahme ab, in der sie betonten, die unterschiedlichen Ansichten im Fall *GE/Honeywell* führten nicht zu einer Verhärtung der Beziehungen im transatlantischen Handel oder in den transatlantischen Wirtschaftsbeziehungen. Die Vertreter der USA und der EU seien sich einig, die Kooperations- und Harmonisierungsbestrebungen weiter voranzutreiben.

Kurz zuvor jedoch, im September 2001, hatte die Antitrust Division neue Vorwürfe erhoben. So erklärte *Charles James*, damals designierter Assistant Attorney General der Antitrust Division, seine Behörde analysiere unter wettbewerblichen Gesichtspunkten, die Europäische Kommission jedoch „antithetical to the goals of antitrust law enforcement".[170]

Die Bedeutung der Vereinbarung von 1991 ist nach alledem als gering einzustufen. Wie oben dargestellt, hat diese Vereinbarung geordnete und transparente Rahmenbedingungen für eine verstärkte Zusammenarbeit zwischen den Wettbewerbsbehörden geschaffen und in anderen Fällen die Kooperationsbereitschaft der jeweiligen Wettbewerbsbehörden auch tatsächlich erhöht sowie die gegenseitige Abstimmung erleichtert. Entscheidend ist aber, welche Wirkung sie zeigt, wenn sich konkrete Konflikte ergeben. Wie vorstehend anhand der beiden Zusammenschlussvorhaben gezeigt, hat die Vereinbarung von 1991 es nicht vermocht, Streitquellen substantieller Natur bei der parallelen und teils extraterritorialen Anwendung des jeweiligen Wettbewerbsrechts auszuräumen. Die gegenseitige Verpflichtung zur Einhaltung der „traditional comity" und der „positive comity", Kernstück der Vereinbarung, ist nicht eingelöst worden.[171] Was die Zusammenarbeit der Wettbewerbsbehörden betrifft, so wird zumindest anhand der Fälle *GE/Honeywell* und *Boe-*

---

[168] Europäische Kommission, Pressemitteilung vom 3.7.2001, IP/01/939.

[169] Vgl. Valentine, Building a Cooperative Framework for Oversight in Mergers.

[170] James, International Antitrust in the Bush Administration.

[171] So auch Europäische Kommission: Competition Policy In The New Trade Order: Strengthening International Cooperation And Rules, S. 11.

ing/MDD deutlich, dass die unverbindliche Verpflichtung zur „positive comity" angesichts der politischen und rechtlichen Divergenzen zwischen den jeweiligen Staaten nichts bewirken kann. Aber auch das Prinzip der „comity of nations" konnte nicht erreichen, dass die fundamentalen US-amerikanischen respektive europäischen Interessen - sei es explizit oder implizit - hinreichend Berücksichtigung fanden. Vielmehr versuchten beide Wettbewerbsbehörden, die jeweils andere von den Stärken und der Tragfähigkeit ihrer Analysen und Entscheidung zu überzeugen, ohne dabei einen Schritt aufeinander zuzugehen. Nicht einmal in verfahrensrechtlicher Hinsicht zeigte die Vereinbarung von 1991 Wirkung: In ihr wird das Ziel verfolgt, den zeitlichen Ablauf paralleler Prüfungsverfahren aufeinander abzustimmen. Zu einer solchen Abstimmung kam es jedoch bei der Überprüfung der beiden vorstehend erörterten Zusammenschlussvorhaben nicht.

Der *GE/Honeywell*-Fall hat gezeigt, dass - entgegen der politisch motivierten Stellungnahme der FTC und der Kommission über den Erfolg der Kooperation[172] - weiterhin ein Bedürfnis nach stärkerer Kooperation und Harmonisierung besteht und die Konflikte im Fall *Boeing/MDD* keine tatsächlichen oder rechtlichen Konsequenzen gehabt haben.[173]

---

[172] S.o. S. 55.

[173] Europäische Kommission, Pressemitteilung vom 3.7.2001, IP/01/939.

Teil D. Konflikte bei der parallelen Überprüfung

„Merger Policy is the fundamental pillar of antitrust policy, antitrust law is the constitutional law of capitalism and European and American capitalism [...] are essentially the same system“.[174]

Dieses Zitat beschreibt exakt die anhand der Fälle *GE/Honeywell* und *MDD/Boeing* dargestellten Zusammenhänge: Die USA und die EU verfolgen auf Grund ähnlicher wirtschaftlicher und wettbewerblicher Strukturen ähnliche Ziele in ihrer Wettbewerbspolitik. Dennoch kam es bei den parallelen Überprüfungen der genannten Unternehmenszusammenschlüsse zu Konflikten, die auch die Vereinbarung von 1991 nicht verhindern konnte.

Die Differenzen blieben nicht ohne tatsächliche Folgen für die Wirtschaft. Beide Fälle ermöglichen zudem einen Blick auf die nachteiligen Wirkungen der Differenzen auf Außenhandelsbeziehungen betroffener Staaten, insbesondere die Gefahr „transatlantischer Handelskriege“. Im folgenden werden die Hauptquellen derartiger Konflikte untersucht und jeweils Bezüge zu den beiden Fällen hergestellt.

Die nachstehenden Ausführungen über Konfliktfelder sollen nicht darüber hinweg täuschen, dass die Mehrzahl paralleler Fusionskontrollentscheidungen zahlreiche Ähnlichkeiten aufweisen (so z.B. *AOL/Time Warner*[175], *Ciba-Geigy/Sandoz*[176] und *Guinness/Metropolitan*[177]). Unter Verweis darauf wird teilweise die Bedeutung der wenigen komplizierten und konfliktträchtigen Zusammenschlüsse geleugnet und den Befürwortern einer Harmonisierung und einer stärkeren Kooperation unbegründeter Pessimismus vorgeworfen. Hier geht es jedoch nicht darum, was die Regel und was die Ausnahme darstellt. Entscheidend ist, dass durch konfliktträchtige Unternehmenszusammenschlüsse latente Reibungspunkte zwischen den Wettbewerbsbehörden erst sichtbar werden. Man darf daher aus unproblematischen Zusammenschlüssen nicht darauf schließen, dass Verbesserungen bei der Kooperation der Wettbewerbsbehörden nicht mehr erforderlich sind. Die Konflikte in den Fällen *GE/Honeywell* und *Boeing/MDD* waren im übrigen nicht nur marginaler Natur, sondern von beträchtlicher politischer und wirtschaftlicher Bedeutung.[178] Außerdem wird die Zahl der problematischen Fälle angesichts stetig wachsender globaler Verflechtungen steigen.[179]

---

[174] Davis, S. 246 (251).

[175] Im Fall von *AOL. Inc.* und *Time Warner*, Inc., Entscheidung der FTC vom 14.12.2000, File No. 001 0105, Docket No. C-3989 und *AOL/Time Warner*, Kommissions-Entscheidung vom 11.10.2000, Fall VI/M. 1845, ABl. 2001 Nr. L 268, S. 28.

[176] *Ciba-Geigy/Sandoz*, Kommissions-Entscheidung vom 17.7.1996, Fall IV/M. 737, ABl. 1997 Nr. L 201, S. 1 und Entscheidung der FTC, 123 F.T.C, S. 842.

[177] *Guinness/Grand Matropolitan/Diageo*, Kommissions-Entscheidung vom 15.10.1997, Fall IV/M. 938, ABl. 1998 Nr. L 288, S. 24 und der FTC vom 17.4.1998, Docket No. C-3801.

[178] Tichadou, ZEuS 1/2000, 61 (70) ; ICPAC, Report 2000 (Final), Chapter 2.

[179] Meibom/Geiger, ECLR 2002, 445.

I. Einführung in die Rechtssysteme der EU und der USA

Um die Konflikte zwischen der EU und den USA verstehen zu können, werden zunächst die beiden Kontrollrechtssysteme skizziert.

1. EU

Der EGV[180] beinhaltet keine ausdrückliche Regelung über die Behandlung von Unternehmenszusammenschlüssen. Die Kommission und die Europäischen Gerichte begegneten wettbewerblichen Bedenken aufgrund von Unternehmenszusammenschlüssen auf der Grundlage von Art. 85 und 86 EWGV[181].

Art. 81 verbietet Vereinbarungen oder aufeinander abgestimmte Verhaltensweisen, die den Wettbewerb im Gemeinsamen Markt behindern, Art. 82 den Missbrauch der marktbeherrschenden Stellung von Unternehmen. Die VO Nr. 17[182] regelte die verfahrensrechtliche Seite dieser materiellrechtlichen Verstöße. Ein Zusammenschluss, ein Kontrollerwerb oder die Bildung eines Gemeinschaftsunternehmens (Joint Venture) verstießen bis zur Einführung der Fusionskontrollverordnung (FKVO)[183] im Jahr 1990[184] gegen Art. 81 EGV, wenn ihre Auswirkungen den Wettbewerb zwischen den Mitgliedsstaaten zielgerichtet und spürbar einschränkten.[185]

Erlangte ein Unternehmen mit marktbeherrschender Stellung die Kontrolle über einen Wettbewerber, wurde dies als möglicher Missbrauch der marktbeherrschen-

---

[180] In der Fassung nach dem Amsterdamer Vertrag vom 2.10.1997, BGBl. 1998 II, S. 387, berichtigt in BGBl. 1999 II, S. 416.

[181] Die damaligen Art. 85 und 86 EWGV finden sich seit der Neufassung des EGV in den Art. 81 und 82 EGV.

[182] VO Nr. 17 des Rates, Erste Durchführungsverordnung zu den Artikeln 81, 82 des EGV vom 6.2.1962, ABl. Nr. L 13, S. 204 mit Änderungen. Sie ist mit Wirkung vom 1.5.2004 durch die VO (EG) 1/2003 des Rates zur Durchführung der in den Art. 81 und 82 des Vertrages niedergelegten Wettbewerbsregeln abgelöst worden, ABl. 2003 Nr. L 1, S. 1. Bis zur Einführung der FKVO im Jahre 1990 war jedoch allein die damals geltende VO Nr. 17 maßgebend. Die die VO Nr. 17 ersetzende neue VO (EG) 1/2003 findet auf die Fusionskontrolle keine Anwendung.

[183] VO (EWG) Nr. 4064/89 des Rates über die Kontrolle von Unternehmenszusammenschlüssen, ABl. Nr. L 395 S. 1 (erste Fassung), berichtigt in ABl. Nr. L 257, S. 14, geändert durch die VO (EG) Nr. 1310/97 vom 30. Juni 1997 (ABl. 1997 Nr. L 180 vom 09/07/1997, S. 1, berichtigt in ABl. 1998 Nr. L 3, S. 16, neugefasst durch die VO (EG) 139/2004 mit Wirkung zum 01.05.2004. Im Folgenden wird auf die aktuelle FKVO Bezug genommen. Ausführlicher zur Neufassung der FKVO s.o. Fn. 56.

[184] Die FKVO wurde auf Grundlage der Art. 83, 308 EGV geschaffen. Es ist bemerkenswert, dass im Jahr 1990 neben der EU erst vier Staaten über ein Fusionskontrollrecht mit einer Anmeldepflicht verfügten: die Bundesrepublik Deutschland (1973), die USA (1975), Australien (1975) und Kanada (1986). Nicolaides, World Competition, Law and Economics Review 3/1994, 5 (19).

[185] Siehe hierzu die Entscheidung des EuGH vom 17.11.1987, *British American Tobacco (BAT) und R. J. Reynolds Ind. Inc./Kommission*, verb. Rs. 142/84 und 156/84, Slg. 1987, S. 4487 - *Philip Morris.*

den Stellung im Sinne des Art. 82 EGV angesehen, sofern der Wettbewerb auf dem relevanten Markt potentiell gefährdet wurde.[186]

Die wachsende Zahl von Zusammenschlüssen ließ ein eigenständiges Fusionskontrollregime notwendig erscheinen: Daraufhin wurde die FKVO im Dezember 1989 erlassen. Sie trat im Jahre 1990 in Kraft und regelt sowohl die verfahrensrechtlichen als auch die materiellrechtlichen Grundlagen der Fusionskontrolle.[187]

2. USA

Das US-amerikanische Antitrust Law wird als beispielhaftes und besonders umfassendes Wettbewerbsrecht angesehen.[188] Es besteht hauptsächlich aus drei Bundesgesetzen: dem Sherman Act[189], dem Clayton Act[190] und dem Federal Trade Commission (FTC) Act[191]. Wichtige Ergänzungen (Amendments) haben diese Gesetze durch den Cellar-Kefauver Act (1950) und den Hart-Scott-Rodino (HSR) Antitrust Improvements Act (1976) erfahren.

Darüber hinaus erläutern die Merger Guidelines, die von den US-amerikanischen Wettbewerbsbehörden herausgegeben werden, die gesetzlichen Regelungen und die jeweilige Wettbewerbspolitik.[192]

Sowohl der Sherman Act als auch der Clayton Act erklären handelshemmende Verhaltensweisen für rechtswidrig[193]. Der Clayton Act erweitert die allgemeinen

---

[186] EuGH, Entscheidung vom 21.2.1973, *Europemballage und Continental Can/Kommission*, Rs. 6/72, Slg. 1973, S. 215 - *Continental Can.*

[187] Es existieren modifizierte Regelungen für die Bereichsausnahme Landwirtschaft (siehe Art. 36 EGV) und Sonderregelungen für einige spezifische Wirtschaftszweige (Eisenbahn-, Straßen und Binnenschiffahrtsverkehrs - VO Nr. 1017/68, ABl. 1968 Nr. L 175, S. 1 und ABl. 1991 Nr. L 237, S. 25; Schmidt, J., S. 121 f. - sowie für Kreditinstitute, sonstige Finanzinstitute, Versicherungsgesellschaften, u.a.). Sie werden in dieser Arbeit nicht näher untersucht. Der EGKS-Vertrag (Montanvertrag) ist nach 50 Jahren seit dem 23.07.2002 nicht mehr anzuwenden. Damit umfassen der EGV und die (neue) FKVO nun auch die Bereiche Kohle und Stahl und Art. 305 EGV ist gegenstandslos geworden (vgl. Immenga/Mestmäcker, Art. 3 FKVO, Rn. 120 f., S. 955; Schmidt, J., S. 121 f.; Bundeskartellamt, Merkblatt zum Anwendungsbereich der EG-Fusionskontrolle, S. 2).

[188] Die nachfolgende Darstellung des US-amerikanischen Wettbewerbsrechts (Antitrust Law) wird allein auf das Federal Law (das Bundesrecht) Bezug nehmen, nicht jedoch auf das State Law (das Recht der einzelnen Staaten in den USA). Das State Law ist regelmäßig identisch mit dem Federal Law oder verweist auf dieses (vgl. Harmjanz, S. 49; Wamser, S. 29; s. zum US-amerikanischen Kartell- und Fusionskontrollrecht Zimmer, S. 61 ff.). Nicolaides, World Competition, Law and Economics Review 3/1994, 5 (7).

[189] 15 USC 1, von 1890.

[190] 15 USC, Sec. 12-27, von 1914.

[191] 15 USC, Sec. 41 ff., von 1914. Der FTC Act beinhaltet das sogenannte Unlauterkeitsrecht (das Wettbewerbsrecht im engeren Sinne). Hausmann, Staatliche Kartellrechtsdurchsetzung, S. 9.

[192] Siehe: Meng, Extraterritoriale Jurisdiktion, S. 350 ff.; Boner/Krueger, The Basics of Antitrust Policy, S. 25.

[193] Der Sherman Act regelt das allgemeine wettbewerbliche Verbot handels- bzw. wirtschaftsschädigender Vereinbarungen sowie das Verbot der Monopolisierung (vgl. DoJ/FTC, Antitrust Enforcement Guidelines for International Operations, S. 4 ff.).

Verbote des Sherman Act, indem er sich schon gegen die Entstehung von wettbewerbsschädlichen Praktiken („anticompetitive problems in their incipiency") wendet und nicht erst nachträgliche Eingriffsbefugnisse bereithält. Sec. 7 f. Clayton Act bezieht sich ausdrücklich auf die Kontrolle von Unternehmenszusammenschlüssen.

Der FTC Act enthält die Ermächtigungsgrundlage für die FTC, um gegen wettbewerbsbeschränkende Verhaltensweisen jeder Art vorzugehen.[194]

Der Cellar-Kefauver Act verschärfte die Kontrolle von Unternehmenszusammenschlüssen nach Sec. 7 Clayton Act wesentlich und führte zu seiner jetzigen Fassung. Der Erwerb von Anteilen („share deal") ebenso wie der Erwerb des Vermögens eines anderen Unternehmens („asset deal"), vertikale und konglomerate Zusammenschlüsse werden von Sec. 7 Clayton Act erfasst.

Mit der Einführung von Sec. 7A Clayton Act durch den HSR Act wurden die Antitrust Division und die FTC mit verfahrensrechtlichen Befugnissen ausgestattet, um die Durchsetzung des Wettbewerbsrechts bei der Fusionskontrolle zu vereinfachen. Außerdem sind eine Anmeldepflicht vor Vollzug des Zusammenschlusses (Pre-Notification) und ein befristetes Vollzugsverbot festgeschrieben worden. Im Rahmen der Pre-Notification regelt der HSR Act zudem den Umfang der Informationen, die den Wettbewerbsbehörden zur Verfügung zu stellen sind.

Die Antitrust Division und die FTC[195] haben im Jahre 1992[196] zum ersten Mal gemeinsame[197] Merger Guidelines veröffentlicht, welche die Auslegung des Clayton Act und des HSR Act festlegen sowie das Verfahren beschreiben. Sie sind mit Verwaltungsvorschriften in der Bundesrepublik Deutschland vergleichbar und verleihen den betroffenen Unternehmen keine subjektiven Rechte. Weder für die Behörden selber noch für Gerichte bindend sollen sie multinationalen Unternehmen und Juristen eine Orientierungshilfe bieten und die Verwaltungspraxis der Verfolgungsbehörden berechenbarer und transparenter machen.[198]

---

[194] Sec. 13 b FTC Act. Vgl. auch DoJ/FTC, Antitrust Enforcement Guidelines for International Operations, S. 4 und Hausmann, S. 9.

[195] Zur Verteilung der Zuständigkeiten zwischen den beiden Behörden und deren institutionelle Rahmenbedingungen s.u. S. 73.

[196] Die in den Jahren 1968 und 1982 veröffentlichten Merger Guidelines sind vollständig durch die am 2. April 1992 veröffentlichten und am 8. April 1997 geänderten Merger Guidelines ersetzt worden, ebenso die im Jahre 1984 veröffentlichten Merger Guidelines, mit Ausnahme von Sec. 4.

[197] Davis, S. 246 (248).

[198] Stark, S. 3.

II. Grundlegende Probleme

1. Konflikte aus der Natur der Sache

In vielen Staaten entstehen nationale Wettbewerbsrechte neu oder werden weiter entwickelt, häufig finden diese Aktivitäten ohne Abstimmung mit anderen Staaten statt. Die Entwicklung des eigenen Wettbewerbsrechts beruht in diesen Fällen auf eigenen Überzeugungen der Einzelstaaten oder Affinitäten zu anderen Rechtsordnungen, die nicht notwendigerweise wettbewerblich begründet sind.[199] Daher ist es nahezu unmöglich, im Rahmen von komplexen Transaktionen zu parallelen Entscheidungen zu gelangen, die von allen Seiten akzeptiert werden. Das europäische Recht hat diesem Problem im Rahmen der Fusionskontrolle Rechnung getragen, indem Auslegung und Anwendung des geltenden europäischen Fusionskontrollrechts nicht in die Hände der einzelnen Mitgliedsstaaten gelegt sind, sondern zentralisiert der Europäischen Kommission unter Kontrolle der europäischen Gerichte übertragen wurden.[200]

Die wettbewerbliche Beurteilung eines Unternehmenszusammenschlusses verlangt von den Wettbewerbsbehörden die Erstellung von Prognosen über die wettbewerbliche Situation nach dem Zusammenschluss.[201] Auch wenn teilweise dieselben Wettbewerbsgrundsätze und materiellen Untersagungskriterien angewandt werden, bleiben die Prognosekriterien uneinheitlich und schwer zu objektivieren.[202] Je jünger und schnelllebiger der jeweilige Markt ist, desto schwieriger ist es, die zukünftige wettbewerbliche Situation auf diesem Markt zu prognostizieren. Zudem werden den Wettbewerbsbehörden über die Verwendung unbestimmter Rechtsbegriffe ständig größere Beurteilungsspielräume eingeräumt.[203] Unterschiedliche politische und wirtschaftstheoretische Ansätze machen die behördlichen Entscheidungen daher unberechenbar divergent.[204]

2. Mangelnde Berücksichtigung von Schwellen- und Entwicklungsländern

Immer mehr Schwellen- und Entwicklungsländer bzw. Transformationsländer[205] entwickeln ihr eigenes Wettbewerbsrecht.[206] Sie beziehen auch die Kontrolle von

---

[199] S.u. S. 61.

[200] Vgl. EuGH, Entscheidung vom 13.12.1979, *Hoffmann-LaRoche/Kommission*, Rs. 85/76, Slg. 1979, S. 461 (519-535, Rz. 36-79).

[201] Vgl. Nolte, S. 73.

[202] Vgl. Nolte, a.a.O.

[203] Dieses Problem wird teilweise als mangelnde Kontrolldichte des Wettbewerbsrechts bezeichnet.

[204] Vgl. EuGH, Entscheidung vom 13.12.1979, *Hoffmann-LaRoche/Kommission*, Rs. 85/76, Slg. 1979, S. 461 (519-535, Rz. 36-79).

[205] Das sind Staaten, die sich gerade im Wandel von einer Planwirtschaft zu einer Marktwirtschaft befinden.

[206] Einen Überblick über die Schwierigkeiten und Besonderheiten bei der Entwicklung und Verankerung einer Wettbewerbspolitik in Transformationsstaaten bieten am Beispiel der Mongolei:

Unternehmenszusammenschlüssen in das neue Recht mit ein.[207] Importe aus diesen Ländern in Industrienationen und umgekehrt (insbesondere im Rahmen von Entwicklungshilfeprojekten) haben auf den globalen Märkten ein bedeutendes Ausmaß erreicht, was einen entscheidenden Wirtschaftsfaktor auch für die Industrienationen darstellt. Dieser Markt bedarf wie jeder andere Markt einer wettbewerblichen Regulierung.[208]

Allerdings fehlen den Schwellen- und Entwicklungsländern häufig finanzielle Mittel, selbständig ein eigenes Wettbewerbsrecht zu entwickeln. Sie orientieren sich in der Regel leitbildhaft an dem Rechtssystem eines politischen Verbündeten oder großen Handelspartners. Die Bestrebungen, ein Wettbewerbsrecht mit internationalen „Standards“[209] aufzubauen, beruhen zum Teil auf dem Druck von Industrienationen oder supranationalen Organisationen (der Weltbank, dem IWF u.a.). Mittels Kreditvergabe, Schuldentilgung, Moratorium u.a. können Industrienationen oder supranationalen Organisationen entscheidenden Einfluss auf die Wettbewerbs- und Handelspolitik ausüben.[210] Dadurch kommen die Schwellen- und Entwicklungsländer zwar wichtigen Partnern wie den USA oder der EU entgegen, entfernen sich aber gegebenenfalls von anderen Bündnispartnern. Nicht ausgeschlossen ist auch, dass einzelne Forderungen nicht miteinander kompatibel sind.[211]

Auf solche Weise verfehlen diese Länder den eigenen Weg zur Entwicklung eines unabhängigen Wettbewerbsrechts.[212] Angesichts des weiten Spektrums unterschiedlicher Ansätze in den weltweiten Rechtssystemen gelingt es ihnen nicht, sich von diesen zu lösen und ein unabhängiges Konzept zu schaffen. Dadurch wächst die Zahl solcher Kontrollrechte, die nur wenige - wenn überhaupt - Entsprechungen in den übrigen Rechtssystemen der internationalen Gemeinschaft haben. Rechtsunsicherheit und Konfliktträchtigkeit im wettbewerbsrechtlichen Bereich nehmen zu.

Mangels finanzieller Mittel und fachkompetenten Personals ist im zweiten Schritt vielfach die effiziente Durchsetzung des neu geschaffenen Rechts nicht gewährleistet, so dass quasi-rechtsfreie Bereiche entstehen. Entwicklungs- und Schwellenländer könnten enorme Kosten und Ressourcen sparen, wenn sie bei der Entwicklung und Durchsetzung eines eigenen Wettbewerbsrechts nicht auf sich alleine gestellt wären, sondern auf bestehende und allgemein akzeptierte Lösungen zurückgreifen könnten.[213]

Heinemann/Gebhardt, Zeitschrift für vergleichende Rechtswissenschaft – Archiv für Internationales Wirtschaftsrecht 98 1999, 74 (79).

[207] S.a. Steiger, S. 1 (4 ff.).

[208] Vgl. Jenny, S. 15 ff.

[209] Basedow, Weltkartellrecht, S. 51.

[210] Basedow, a.a.O. m.w.N.

[211] Basedow, a.a.O. m.w.N.

[212] Basedow, a.a.O. m.w.N.; Heinemann/Gebhardt, Zeitschrift für vergleichende Rechtswissenschaft – Archiv für Internationales Wirtschaftsrecht 98 (1999), 74 (100).

[213] Basedow, Weltkartellrecht, S. 52.

Daher müssen wettbewerblich orientierte Systeme entwickelt und durchgesetzt werden, die weltweite Akzeptanz erreichen. Anderenfalls sind Konflikte aufgrund wirtschafts- und wettbewerbspolitischer Divergenzen vorprogrammiert.[214]

3. Wettbewerbspolitische Konflikte

Jede Marktwirtschaft braucht ein Ordnungsinstrumentarium, um Wettbewerb aufrechtzuerhalten und zu fördern. Zu den Zielsetzungen gehören die Abwehr von wettbewerbsbeschränkenden Verhaltensweisen und wettbewerbswidrigen Unternehmenszusammenschlüssen. Wie eine Marktwirtschaft dies regelt, richtet sich nach der jeweiligen Wettbewerbspolitik.[215] Eine Gegenüberstellung wettbewerbspolitischer Ansätze gibt Aufschluss über deren Konfliktträchtigkeit. Dies betrifft auch die Politik zur Fusionskontrolle. Von besonderem Interesse ist hierbei der Einfluss der Industriepolitik[216] auf die Wettbewerbspolitik.[217]

a. Wettbewerbspolitik der EU

Eines der wichtigsten Ziele der Europäischen Gemeinschaften (EG) seit Unterzeichnung der römischen Verträge[218] war die Schaffung eines Gemeinsamen Marktes, der sich auf sämtliche Mitgliedsstaaten erstrecken sollte. Der EG-Vertrag (EGV)[219], wie der EWG-Vertrag nach grundlegenden Änderungen und Reformen genannt wurde,[220] regelt nicht nur Rechte und Pflichten der einzelnen Mitgliedsstaaten zur Vermeidung der Diskriminierung des Warenverkehrs, der Dienstleistungen oder Arbeitnehmer, sondern schützt jeglichen Handel und Wettbewerb zwischen den Mitgliedsstaaten gegenüber wettbewerbsfeindlichem Verhalten priva-

---

[214] S.a. unten, Konflikte aufgrund der extraterritorialen Anwendung des nationalen Rechts, ab S. 84.

[215] Herdegen, S. 205 f.

[216] Industriepolitik umfasst Staatsinterventionen zur Ausprägung neuer oder Konservierung alter industrieller Strukturen. Zu unterscheiden sind die defensive Industriepolitik, die zu verhindern versucht, dass „in Bedrängnis geratene Unternehmen der eigenen Volkswirtschaft durch überlegene Auslandskonkurrenz von wichtigen Exportmärkten oder sogar vom heimischen Markt verdrängt werden", und die offensive Industriepolitik, „wenn [der Staat] heimische Unternehmen zum erfolgreichen Eintritt in neue Märkte befähigen will." Typische Mittel sind Protektion, Subventionierung und die Konzentrationsförderung, um einen „national champion" heranzubilden. Berg, WiST 1992, 322 (323 f.).

[217] Einen Überblick über die potentiellen Konflikte bei der Einflussnahme der Industriepolitik auf das Wettbewerbsrecht bietet: Berg, a.a.O. aus französischer Sicht: Vogel, RIW 1996, 638 ff.

[218] EWG-Vertrag und EAG-Vertrag. Sie traten am 1.1.1958 in Kraft, Bekanntmachung vom 27.12.1957, BGBl. 1958 II, S. 1.

[219] S.o. Fn. 180.

[220] Die Verträge von Maastricht (1992), Amsterdam (1997) und Nizza (2000) haben die Europäische Union (EU) begründet und gestaltet. Die EU ist eine supranationale Organisation, welche die Europäischen Gemeinschaften umschließt. Die wichtigste Gemeinschaft ist die Europäische Gemeinschaft, die durch den Vertrag von Rom im Jahre 1957 unter dem Titel Europäische Wirtschaftsgemeinschaft (EWG) gegründet wurde. Durch die „Einheitliche Europäische Akte" von 1986 wurde sie in Europäische Gemeinschaft (EG) umbenannt (ABl. Nr. L 169 vom 29.06.1987).

ter Unternehmen. Schon früh hat die EG eine umfassende eigene Wettbewerbspolitik entwickelt, die nur in Teilen von der noch früher entstandenen Wettbewerbspolitik der USA beeinflusst war. Einer ihrer Schwerpunkte war die Marktintegration. Seit der Reformierung des Wettbewerbsrechts und der Schaffung eines einheitlichen Binnenmarktes sowie der Währungsunion hat sich die Wettbewerbspolitik und das hierzu entstandene Richterrecht zunehmend mehr an objektiven Faktoren orientiert und weniger an wechselhaften politischen Faktoren. Trotzdem dient die europäische Wettbewerbspolitik gleichermaßen politischen und sozialen Zielen, was aber weniger in der Fusionskontrolle als in der übrigen Wettbewerbspolitik Ausdruck findet.[221]

aa. Grundsatz der Wettbewerbspolitik

Die Wettbewerbspolitik der EU beruht auf einem Mischansatz mit Elementen aus dem Gesamtwohlfahrts[222]- und dem Konsumentenwohlfahrtskonzept[223], wobei die zum 01.05.2004 in Kraft getretene Reform des Wettbewerbsrechts und der FKVO eine Verschiebung zugunsten der Konsumentenwohlfahrt fördern soll.[224] Für die EU ist entscheidend, ob ein marktbeherrschendes Unternehmen durch einen Zusammenschluss stärkeren Einfluss auf den Markt ausüben kann und daraus Nachteile für Wettbewerber entstehen. Dahinter tritt die Frage zurück, ob der Konsument die Auswirkungen des Zusammenschlusses spüren wird. In der EU spielt die wirtschaftliche und finanzielle Bedeutung eines Zusammenschlusses also eine größere Rolle als etwa in den USA.[225]

bb. Berücksichtigung nicht-wettbewerblicher Aspekte

Seit jeher wird in der EU diskutiert, ob allein wettbewerbliche oder auch andere Kriterien bei der materiellrechtlichen Überprüfung eines Zusammenschlusses Be-

---

[221] Boner/Krueger, S. 2.

[222] Bei der Orientierung an der Gesamtwohlfahrt (sog. Total Welfare Standard), beispielsweise auch in der kanadischen Fusionskontrolle, wird auf die Summe von Konsumentenrente und Produzentenrente abgestellt. Es wird keine Gewichtung zwischen den Interessen von Konsumenten und Produzenten vorgenommen, d.h. die Einkommensverteilung ist bei der Entscheidung über die Auswirkungen eines Zusammenschlusses nicht von Bedeutung. Bundeskartellamt, Wettbewerbsschutz und Verbraucherinteressen im Lichte neuerer ökonomischer Methoden, S. 8.

[223] Eine enge Auslegung des Begriffs der Konsumentenwohlfahrt beschränkt sich auf das Konzept der Konsumentenrente, d.h. die Differenz zwischen dem Geldbetrag, den die Konsumenten für ein Gut äußerstenfalls zu zahlen bereit wären und dem Marktpreis. Als Ziel der Fusionskontrolle kann die Erhaltung der Konsumentenrente nach einem Zusammenschluss angesehen werden. Bei der Konsumentenrente handelt es sich damit um ein statisches, auf den Preis fokussiertes Modell. Deshalb beinhaltet der im Wettbewerbsrecht angewendete Konsumentenwohlfahrt-Standard im Allgemeinen noch eine zweite, nicht-preisbezogene Komponente. Sie bezieht sich auf Produkteigenschaften und Auswahlmöglichkeiten. Bundeskartellamt, Wettbewerbsschutz und Verbraucherinteressen im Lichte neuerer ökonomischer Methoden, S. 8.

[224] Kinne, S. 122.

[225] Valentine, Building a Cooperative Framework for Oversight in Mergers, S. 8.

rücksichtigung finden sollten. Frankreich[226] und Großbritannien[227] unterstützen einen industriepolitischen Ansatz, während die Bundesrepublik Deutschland ein ausschließlich wettbewerbliches Konzept favorisiert.[228] Das gegenwärtige Ergebnis dieser Diskussion ist eine stark wettbewerblich orientierte Regelung in der FKVO[229]. *Sir Leon Brittan* hat in seiner Amtszeit als Wettbewerbskommissar[230] betont, nicht-wettbewerbliche Kriterien unberücksichtigt zu lassen. In der heftig diskutierten *De Havilland* - Entscheidung[231] ist dieser Ansatz laut der Kommission berücksichtigt worden: Die Untersagung basierte ihrer Stellungnahme nach allein auf den hohen Zutrittsschranken und den hohen Marktanteilen und nicht auf der Durchsetzung anderer politischer Interessen.[232]

Der EGV hat sich die Schaffung eines Wirtschaftsraumes auf marktwirtschaftlicher Grundlage zum Ziel gesetzt. Die Wettbewerbspolitik der EU will gleichzeitig eine Harmonisierung des Wettbewerbsprinzips mit anderen Grundsätzen und Zielen des EGV erreichen.[233] Wettbewerbsrechtliche Entscheidungen werden daher - trotz der zu befürwortenden Zielsetzung der Kommission - immer auch allgemeinpolitischen Charakter haben.[234] Problematisch erscheint vor diesem Hintergrund eine Stärkung der Wettbewerbsfähigkeit der Industrie, wie sie in den Art. 157 I und 163 I EGV niedergelegt ist: Diese sehen vor, dass die Gemeinschaft und die Mitgliedsstaaten dafür Sorgen tragen, „die notwendigen Voraussetzungen für die Wettbewerbsfähigkeit der Industrie der Gemeinschaft [zu] gewährleisten" und die „Wettbewerbsfähigkeit [der Industrie zu] fördern".[235] Die naturgemäßen Spannungen zwischen freiheitssichernder Wettbewerbspolitik und potentiell wohlfahrtssteigern-

---

[226] In Frankreich sind auch makroökonomische Aspekte von Bedeutung. Wood, International Competition Policy in a Diverse World, S. 71 (84); Krüger, Multilaterale Regeln für den Internationalen Wettbewerb, S. 219 (222).

[227] In Großbritannien wurden bis vor kurzem noch sehr allgemein gehaltene ökonomische und soziale Zielsetzungen berücksichtigt. Wood, a.a.O.; Krüger, a.a.O.

[228] Ehlermann, FAZ vom 18.6.1994, S. 13; Schmidt, First Experiences with the EEC Merger Control System, S. 109 (118).

[229] Gleichwohl besteht Uneinigkeit hinsichtlich der Auslegung und Bedeutung einiger Passagen in der FKVO, wo industriepolitische Wertungen Berücksichtigung bei der Kontrolle von Unternehmenszusammenschlüssen finden, so z.B. in Art. 2 Absatz 1 FKVO. Berg, WiST 1992, 322 (324). S.u. ab S. 115, „Effizienzgewinne".

[230] Von 1989 bis 1999.

[231] *Aérospatiale-Alenia/de Havilland*, Kommissions-Entscheidung vom 2.10.1991, Fall IV/M. 53, ABl. 1991 Nr. L 334, S. 42. Dies war die erste Untersagungsentscheidung der Europäischen Kommission seit Geltung der FKVO. Vgl. Berg, WiST 1992, 322.

[232] Camesasca, ECLR 1999, 14 (25). Aus diesem Grunde haben sich die Industriepolitiker scharf gegen diese Entscheidung gewandt. Berg, a.a.O.

[233] Siehe hierzu u.a. EuGH, Entscheidung vom 21.2.1973, *Europemballage und Continental Can/Kommission*, Rs. 6/72, Slg. 1973, S. 215 (243) - *Continental-Can.*

[234] Vgl. Groeben/Thiesing/Ehlermann, Handbuch des Europäischen Rechts, I A 50, Vorbem. zu Art. 85 ff., Rn. 25.

[235] Insbesondere aus diesem Grunde werden mittlere und kleine Unternehmen durch die Wettbewerbspolitik geschützt. Grewlich, World Competition, Law and Economics Review 3/2001, 367 (376).

der Industriepolitik werden durch die Gleichstellung des Wettbewerbsprinzips mit dem industriepolitischen Prinzip noch vergrößert.[236]

Der Europäischen Kommission wird vorgeworfen, handels- und industriepolitische Interessen zu berücksichtigen, um nationalen wirtschaftlichen Interessen auf den Weltmärkten Rechnung zu tragen.[237] Die europäische Entscheidung im Fall *Boeing/MDD* hat man unter anderem aus diesem Grunde kritisiert, und sowohl die US-amerikanische als auch die europäische Wettbewerbsbehörde unterstellten sich gegenseitig die Förderung ihres jeweiligen „national champion". Die Europäische Kommission soll über eine permissive Fusionskontrolle nationalen Unternehmen Vorteile auf dem eigenen Markt oder sogar auf dem Weltmarkt einräumen wollen.[238] Überzeugende Belege für diese Auffassung gibt es bisher jedoch nicht.[239] Der Beschluß der Kommission in der Sache *Mannesmann/Vallourec/Ilva*[240] verdeutlicht jedoch die industriepolitischen Einflüsse bei der Entscheidungsfindung innerhalb der Kommission. Wo die Kommission als Kollegialorgan und nicht allein der Wettbewerbskommissar[241] entscheidet, spielt der Industriekommissar eine entscheidende Rolle.[242] Die Fusion *Mannesmann/Vallourec/Ilva* wurde auf Druck des Industriekommissars *Bangemann* auch im Widerspruch zu dem Votum des Wettbewerbskommissars und der Merger Task Force freigegeben. Hier wurde aufgrund potentieller japanischer Wettbewerber eine Marktstellung mit einem Anteil von 70 % nicht als beherrschend angesehen.[243]

In der FKVO selber finden sich dem Wortlaut nach keine Ansatzpunkte für solche Ergebnisse. Die Abwägung verschiedener politischer Interessen habe sich, so eine Meinung, aus diesem Grunde auf die Feststellung des relevanten Marktes verlagert: Um eine Freigabe zu erreichen, kann der relevante Markt weit gesteckt werden. Je größer er ist, desto geringer sind die Marktanteile und desto eher ist eine Freigabe möglich. Das Gleiche gilt umgekehrt. Auch durch eine nach außen streng am Wettbewerb orientierte europäische Fusionskontrolle kann also nicht verhindert werden, dass industrie- oder allgemeinpolitische Interessen Einfluss finden.[244] Die Definition des Marktes bedarf der Würdigung komplexer handels- und wirtschaftspolitischer Gesichtspunkte, die ständigen Änderungen unterliegen. Dadurch basieren die Einschätzungen teilweise auf politischen und wirtschaftlichen Hypothesen und einer unterschiedlichen Bewertung der Einzelaspekte. Eine objektive Feststellung des relevanten Marktes ist vor diesem Hintergrund schwierig und konfliktträchtig.[245] Denn in Rechtssystemen, die formell eine Berücksichtigung von indust-

---

[236] Schmidt, J., S. 119; Schmidt, Wirtschaftsdienst 1992, 628 ff.

[237] Boner/Krueger, S. 90.

[238] Vgl. Budzinski, S. 6.

[239] Freytag/Zimmermann, RabelsZ 1998, 38 (45).

[240] Kommissions-Entscheidung vom 31.1.1994, Fall IV/M. 315, ABl. 1994 Nr. L 102, S. 15.

[241] Zum Abschluss von Phase I des Kontrollverfahrens. S.u. S. 72.

[242] Davies/Ryan, European Union's Merger Control 2001, S. 70 (71) und s.u. S. 71.

[243] André Schmidt, S. 6 f.

[244] Krakowski, Wirtschaftsdienst 1991, 272.

[245] S.u. ab S. 96, „Marktabgrenzung".

riepolitischen Interessen nicht vorsehen, werden diese Interessen unter Umständen im Wege der Auslegung und über die Ausweitung eines Ermessensspielraumes berücksichtigt.[246]

b. Wettbewerbspolitik der USA

Ursprünglich standen gesellschaftspolitische Ziele und die demokratische Kontrolle wirtschaftlicher Macht im Vordergrund amerikanischer Wettbewerbspolitik[247], um eine Gefährdung der in der Verfassung garantierten Freiheitsrechte zu verhindern:

„The Antitrust Laws [...] are the Magna Carta of Free enterprise. They are as important to the preservation of economic freedom and our free-enterprise system as the Bill of Rights is to the protection of our fundamental freedoms".[248]

Später wurde der Machtbegriff erweitert und als „unangemessene Ausbeutung der Konsumenten durch die Unternehmen" aufgefasst. Der Verbraucher erlangte eine starke Position.[249] Das US-amerikanische Recht basiert seither auf einem konsumentenorientierten Wohlfahrtskonzept[250] („to protect competition not competitors[251]), weniger auf dem Ziel absoluter Wohlfahrtsmaximierung.[252]

aa. Selbstreinigungskräfte des Marktes

Die Wettbewerbsbehörden in den USA sind misstrauisch gegenüber Prognosen und stellen daher hohe Anforderungen an den Nachweis wettbewerbsbeschränkender Handlungen.[253] Nach der US-amerikanischen wettbewerbs- und wirtschaftspolitischen Überzeugung ist der Erfolg im internationalen Handel vornehm-

---

[246] S.a. Immenga, Conflicts between Competition Policy and Industrial Policy, S. 343 (349).

[247] Nicolaides, World Competition, Law and Economics Review, 3/1994, S. 5 (48): Umfassende Übersichten zur Wettbewerbspolitik bieten: Bork; Neale/Goyder; Posner. Zum Vergleich zwischen der EU und der USA: Boner/Krueger; Mendes; Raybould/Firth; Wish.

[248] United Staes v. Topco Associates, Inc. 405 US 596, 610 - 1972.

[249] Kinne, S. 142; Lande, Hastings Law Journal 34/1982, 65 (68 ff.).

[250] Kinne, a.a.O.; Boast, S. 4, 9, 25; Grewlich, World Competition, Law and Economics Review 3/2001, 367 (376).

[251] *Brown Shoe Co. v. United States*, 370 US 294, 320, 344 (1962), insbesondere unter Ziff. 320. In dieser Entscheidung hob das Gericht hervor, das Wettbewerbsrecht sei zum Schutz des Wettbewerbs und nicht der Wettbewerber geschaffen worden. Diesem gesetzlichen Sinn und Zweck sei es abträglich, jemandem für einen Schaden, den er durch einen verstärkten Wettbewerb erlitten habe, Ersatz zuzusprechen. DoJ, Roundtable on Portfolio Effects in Conglomerate Mergers, Range Effects, S. 8 f.

[252] Siehe auch: Supreme Court, *Spectrum Sports, Inc. v. McQuillan, Spectrum Sports, Inc. v. McQuillan*, 506 US 447 (458), 1993 (diese Entscheidung basierte auf dem Sherman Act); *Accord, e.g., Eastman Kodak v. Image Technical Services, Inc.*, 504 US 451 (482, 483), 1992: Nach dieser Entscheidung diene aggressiver Wettbewerb in erster Linie dem Konsumenten und dürfe daher selbst dann nicht durch das Wettbewerbsrecht eingeschränkt werden, wenn er Konkurrenten schade - es sei denn, agressiver Wettbewerb führe ohne wirtschaftliche Notwendigkeit zum Ausschluss anderer; vgl. Muris, 67 Antitrust Law Journal 2000, 693 ff.

[253] Kolasky, Comparative Merger Control Analysis, S. 3.

lich von der Fähigkeit abhängig, sich im Wettbewerb gegenüber anderen einheimischen Konkurrenten durch Überzeugungskraft oder Qualität zu behaupten, von gerigerer Bedeutung seien die Personalkosten, Zinssätze, Wechselkurse, die Größe eines Unternehmens oder darauf beruhende Ertragssteigerungen.[254] Die Konkurrenz werde wettbewerbsschädlichem Verhalten spontan und im freien Spiel der Kräfte Einhalt gebieten.

bb. Einfluss der Regierung

Die US-amerikanischen Regierungen bestimmen im Rahmen ihrer Wettbewerbspolitik, ob und wie wettbewerbliche Aktivitäten verfolgt werden.[255] Die Präsidenten *Ronald Reagan* und *George Bush Senior* unterstützten in besonderem Maße die internationale Wettbewerbsfähigkeit nationaler Unternehmen, die über die Grenzen der USA hinaus tätig waren, indem sie die Kontrolle von Zusammenschlüssen zurückhaltend ausübten.[256] Seit Mitte der Neunziger Jahre verschärfen sich die Auseinandersetzungen über Fragen der internationalen Anwendung nationalen Kartellrechts,[257] weil nationale Interessen und protektionistische Ziele zunehmend in den Vordergrund treten[258].

cc. Berücksichtigung nicht-wettbewerbspolitischer Aspekte

Nach Sec. 7 Clayton Act und Sec. 1 und 2 Sherman Act dürfen die FTC und die Antitrust Division nur dann einen Zusammenschluss verbieten, wenn materielles US Antitrust Law verletzt wird. Nicht-wettbewerbsorientierte Kriterien dürfen wie im europäischen Recht bei der Analyse des Zusammenschlusses nicht zur Anwendung kommen.[259]

---

[254] Porter, S. 662-664; Pitofsky, The Effect of Global Trade on United States Competition Law and Enforcement Policies, S. 3.

[255] Vgl. Meng, S. 435; Zimmer, S. 61 (68).

[256] Dies gilt besonders für Gemeinschaftsunternehmen, deren Ziel es war, neue Technologiebereiche zu entwickeln. Unter *Reagan* gab es so wenige Untersagungen wie unter keinem anderen Präsidenten „seit *Herbert Hoover*". Die Wirtschaft sah dies als Einladung, über Zusammenschlüsse Wettbewerbsvorteile zu erzielen. Krattenmaker/Pitofsky, The Antitrust Bulletin, Vol. 33, S. 211 (228). „Eight mocking years of worshipping the golden calf, eight frenetic years of following the Wall street ticker, eight frustrating years of government prestidigitation may yet prove to have been salutary", Adams/Brock, The Antitrust Bulletin, Vol. 33, S. S. 309 (359). Vgl. auch Garbus, S. 7 (59); Karl, Recht der internationalen Wirtschaft (RIW) 1996, 633 (638).

[257] Schirmer, S. 4.

[258] Frankfurter Allgemeine Zeitung, Energisches Auftreten der amerikanischen Wettbewerbsbehörde. Enge Zusammenarbeit mit der Europäischen Kommission / Zwanzig Zivilklagen in den vergangenen zwölf Monaten, FAZ vom 28.10.1994, S. 18.

[259] DoJ/FTC, Merger Guidelines 1992 (in der Fassung von 1997); Harty, United States' Merger Control 2001, S. 196 (200). Siehe hierzu auch unten, S. 115.

Die Entscheidungen der Wettbewerbsbehörden und die Reglementierungen der Regierung lassen allerdings implizit auch wirtschaftliche, politische und soziale Wertungen erkennen.[260]

c. Wettbewerbspolitische Divergenzen

Zwischenstaatliche Gegensätze in der Wettbewerbspolitik entstehen durch unterschiedliche Anwendung und Auslegung des Wettbewerbsrechts sowie durch verschiedenartige Handels- und Industriepolitiken. Wettbewerbspolitik ist keine Mathematik, sondern beruht auf Geschichte, Kultur und Werten.[261] Die Unterschiede gehen daher oft tiefer, als die reinen gesetzlichen Regelungen erwarten lassen.[262]

USA und EU haben ein fast identisches Wettbewerbsrecht, und die Wettbewerbspolitik beider zielt auf Wohlfahrtsmaximierung ab.

aa. Marktintegration

Dennoch legen die USA anders als die EU keinen Schwerpunkt auf Marktintegration.[263] In den USA werden Schlüsselindustrien durch direkten staatlichen Eingriff in ihrer regionalen oder internationalen Wettbewerbsfähigkeit gefördert. Die Prinzipien „to protect competition not competitors“[264] und die „self-correcting nature of markets“ wurden oben bereits erörtert.[265] Nicht zuletzt spielen auch in der US-amerikanischen Wettbewerbspolitik nationale Interessen - wie im europäischen Recht das besondere Interesse an der Förderung des Binnenmarktes - eine Rolle.

Die EU betreibt Marktintegration ausschließlich aus wirtschaftlichen Erwägungen, wobei der EGV und die FKVO sich auch auf politische und soziale Zielsetzungen beziehen. Primär wurde vor der Neufassung der FKVO im Jahr 2004 allein auf die Verstärkung oder Entstehung einer beherrschenden Stellung abgestellt. Deren Qualifizierung als wettbewerbsschädlich wurde erst im zweiten Schritt untersucht und im Rahmen dessen auch Erwägungen politischer und sozialer Natur berücksichtigt. Mit der Neufassung der FKVO ist von Beginn an die erhebliche Behinderung wirksamen Wettbewerbs im Gemeinsamen Markt maßgebend. Als Regelbeispiel einer solchen Behinderung wird auf die Begründung oder Verstärkung einer

---

[260] S.o. S. 68; Garbus, S. 7 (59) („Eine Analyse der jüngeren Rechtsprechung und Entscheidungspraxis des DoJ (vor 1996) zeigt, dass die USA [...] nicht davor zurückschrecken, durch den Einsatz des Wettbewerbsrechts handelspolitische Ziele zu erreichen.“); Karl, Recht der internationalen Wirtschaft (RIW) 1996, 633 (638); Schirmer, S. 4; Frankfurter Allgemeine Zeitung, Energisches Auftreten der amerikanischen Wettbewerbsbehörde. Enge Zusammenarbeit mit der Europäischen Kommission / Zwanzig Zivilklagen in den vergangenen zwölf Monaten, FAZ vom 28.10.1994, S. 18.

[261] Vgl. Valentine, Merger Enforcement: Multijurisdictional Review and Restructuring Remedies, S. 10; Faull, Why Do We Need More Cooperation In The Field Of Competition Policy?

[262] Rowley/Baker, S. 7.

[263] Valentine, Building a Cooperative Framework for Oversight in Mergers, S. 4.

[264] S.o. S. 67 und Fn. 251.

[265] Majoras, S. 8; s.a. Tyson, New York Times vom 14.7.2001, S. A29.

beherrschenden Stellung verwiesen. Es ist zu erwarten, dass das Regelbeispiel, die Begründung oder Verstärkung einer beherrschenden Stellung, weiterhin prioritär zur Anwendung gelangt und ein Zusammenschluss nicht abstrakt auf eine erhebliche Behinderung wirksamen Wettbewerbs untersucht wird. Damit aber bliebe es bei der erst zweitrangigen Untersuchung des Zusammenschlusses auf seine Wettbewerbsschädlichkeit.

bb. Wettbewerbspolitischer Ansatz

Wie bereits gesagt[266] schützt die EU verstärkt den Wettbewerb als solchen und erst mittelbar hierdurch den Verbraucher.[267] Die USA dagegen legen ihren Schwerpunkt auf den Schutz des Verbrauchers, nicht der Wettbewerber. Die Wettbewerbspolitik der EU geht damit einen anderen, strukturorientierten Weg, indem es den Wettbewerb eher als „Institution" schützt und somit eher strukturell und die der USA eher verhaltensorientiert ist.

cc. Berücksichtigung nicht-wettbewerblicher Aspekte

Weder in Theorie noch Praxis haben EU und USA bisher industriepolitische Überlegungen bei der Fusionskontrolle zu Tragen kommen lassen.[268] Die Europäische Kommission hat allerdings bei ausschließlich europäischen Zusammenschlüssen deutlich gemacht, sie werde „national champion"-Argumente in keinem Fall berücksichtigen. Bei der Untersagung des geplanten Zusammenschlusses zwischen *Schneider Electric* und *Legrand*[269] erklärte die Kommission:

„Diese Untersagung muss in einem breiteren Kontext gesehen werden. Es geht um zwei sich zusammenschließende Unternehmen eines Mitgliedstaates, die voraussichtlich nach dem Zusammenschluss einen „national champion" darstellen werden. Solch ein Zusammenschluss kann nicht freigegeben werden, es sei denn, die Bedingungen für einen wirksamen Wettbewerb [...] werden sichergestellt".[270]

Die FKVO gestattet ausnahmsweise in Art. 2 Absatz 1, die Entwicklung des technischen und wirtschaftlichen Fortschritts bei der Prüfung einer Fusion auf ihre Vereinbarkeit mit dem Gemeinsamen Markt zu berücksichtigen. Dies ist bisher nicht geschehen. Das Wettbewerbsrecht der USA enthält keine vergleichbare Regelung.

---

[266] S.o. S. 63.

[267] So auch: ICPAC, Final Report (2000), Chapter 2. Die Kommission hat sich zum Ziel gesetzt, die Bedeutung der Konsumentenwohlfahrt gegenüber der allgemeinen Wohlfahrtsmaximierung zu steigern. Die damit verbundene Annäherung an die USA könnte dazu führen, dass wettbewerbspolitische Interessenkonflikte künftig eingedämmt werden. Vgl. Monti, Merger Control in the EU: A Radical Reform, S. 8, 11.

[268] Pitofsky, EU and US Approaches to International Mergers, S. 4.

[269] *Schneider Electric* und *Legrand* sind französische Großproduzenten von Elektroinstallationsmaterial.

[270] Europäische Kommission, Pressemitteilung vom 10.10.2001, IP/01/1393.

Auch andere nicht-wettbewerbliche, insbesondere (industrie)politische Kriterien können die Entscheidungen der Kommission beeinflussen,[271] weil zum Abschluss von Prüfungsphase II das gesamte Kollegialorgan, nicht nur der Wettbewerbskommissar beteiligt ist. Die Einzelheiten der Entscheidungsfindung bleiben meist im Dunkeln.[272]

Die USA haben wiederholt betont, ausschließlich wettbewerbliche Kriterien anzulegen. Der Wortlaut des Clayton Act bestätigt das. Anhand des Falles *GE/Honeywell* wurde jedoch gezeigt, dass die jeweiligen Regierungen über Akzentverschiebungen in der Wettbewerbspolitik nicht-wettbewerblichen Kriterien Eingang in das Kontrollverfahren gewähren.[273]

Die Anwendung nicht-wettbewerblicher Kriterien führt zu einer Politisierung der Verfahren und stellt so eine objektive und sachliche Auseinandersetzung zwischen den beteiligten Wettbewerbsbehörden in Frage.[274]Auf den ersten Blick sind sich die Staaten, die über eine Wettbewerbsordnung verfügen, hinsichtlich der Kernaufgabe des Wettbewerbsrechts einig: die Aufrechterhaltung und Förderung des Wettbewerbs, mit dem Ziel, eine effiziente Nutzung der Ressourcen zu gewährleisten und die wirtschaftliche Freiheit der Marktteilnehmer zu sichern. Wettbewerbsbeschränkungen durch das Verhalten Privater werden zu diesem Zweck unterbunden.[275] In den gleichzeitig verfolgten sozialwirtschaftlichen und ökonomischen Zielsetzungen - Pluralismus, Dezentralisierung des wirtschaftlichen Entscheidungsprozesses, Unterstützung kleinerer Unternehmen, Fairness und Billigkeitsgrundsätze (equity) - unterscheiden sich die Politiken. In diesen Differenzen liegt die Ursache von Konflikten und Divergenzen begründet.[276]

4. Konflikte aufgrund der institutionellen Konzepte

Durch die Wahl eines bestimmten institutionellen Konzepts entscheidet sich, mit welcher Effizienz und Transparenz ein Staat sein Kartellrecht durchsetzt und welchem politischen Einfluss die Kartellbehörde ausgesetzt sein wird.

Im folgenden werden die für die Durchsetzung des Fusionskontrollrechts zuständigen Institutionen der USA[277] und der EU dargestellt. Dies geschieht unter fünf

---

[271] S.o. S. 63.

[272] Nicht so im Beschluss über die Fusion zwischen *Mannesmann/Vallourec/Ilva* (Kommissions-Entscheidung vom 31.1.1994, Fall IV/M. 315, ABl. 1994 Nr. L 102, S. 15.). S.o. Fn. 240, 242, 243. Die Fusion wurde auf Druck des Industriekommissars trotz des Widerspruchs der Merger Task Force und des Wettbewerbskommissars freigegeben.

[273] S.o. S. 51.

[274] Großbritannien hat nun seit dem 1.1.2003 seinen Public Interest-Ansatz durch einen wirtschaftlich orientierteren SLC-Test nach US-amerikanischen Vorbild ersetzt.

[275] Khemani, S. 189.

[276] Nähere Darstellung bei: Khemani, S. 189 f.

[277] Vgl. zur allgemeinen Behördenstruktur in den USA: Linneweber, S. 52 ff.

Fragestellungen: 1. Wer hat die Verfahrensinitiative[278]?, 2. Welche staatlichen Organe sind beteiligt und welche Stellung im Staatsgefüge haben sie?, 3. Welche Personalstruktur haben die Institutionen?, 4. Wer ist für die Verfahrensdurchführung zuständig? und 5. Welche Durchsetzungsinstrumentarien stehen den Institutionen zur Verfügung?

a. Grundlegendes

aa. EU

Auf europäischer Ebene existiert keine spezielle Wettbewerbsbehörde. Die Europäische Kommission in Brüssel, zugleich das allgemeine Exekutivorgan der Europäischen Union, übt die Tätigkeit einer Wettbewerbsbehörde aus[279] und ist für alle Entscheidungen über Zusammenschlüsse, die unter die FKVO fallen, ausschließlich zuständig (Art. 21 Absätze 1 und 2 FKVO).[280] Sie kann quasi-verwaltungsverfahrensrechtliche Maßnahmen anordnen, nicht aber zivilrechtlichen Ansprüchen Dritter (z.B. Schadensersatzansprüchen) zur Durchsetzung verhelfen. Dies bleibt den nationalen Gerichten der Mitgliedsstaaten vorbehalten.[281] Die Kommission ist eine reine Verwaltungs-Behörde.[282]

Ihre Mitglieder werden von den Regierungen der Mitgliedsstaaten gemeinsam bestimmt.[283] Ein Bestätigungsverfahren vor dem Europäischen Rat, dem obersten politischen und rechtsetzenden Organ, und dem Parlament verschafft letzterem die volle Mitsprache bei der Wahl und Benennung des Präsidenten und der Mitglieder der Kommission. Die Kommission ist daher auf europäischer Ebene demokratisch legitimiert.[284] Die an der demokratischen Legitimation geäußerten Zweifel betreffen das mangelnde deomokratische Mandat durch die einzelnen europäischen Mitgliedsstaaten.[285] Die Kommissionsmitglieder sind ausschließlich der Gemeinschaft und dem Rat, nicht den jeweiligen Mitgliedsstaaten gegenüber rechenschaftspflichtig.[286] Verfahrensabschließende Entscheidungen der Kommission ergehen entweder durch den Wettbewerbskommissar (bei Verfahrensabschluss nach Phase I) oder durch das Kollegialorgan (bei Verfahrensabschluss nach Phase II).[287]

---

[278] Die Verfahrensinitiative oder Initiativgewalt bezeichnet das Aufgreifen eines Sachverhaltes als formellen Beginn eines Verfahrens. Vgl. Hausmann, S. 135 f.

[279] Hausmann, S. 90; Art. 155, 89 EGV.

[280] Huggenberger, S. 84, 85.

[281] Vgl. EuGH, Entscheidung vom 20.09.2001, *Courage/Crehan*, Rs. C-453/99, Slg. I-2001, S. 6297 - *Courage.*

[282] Wamser, S. 27.

[283] Die Kommission stellt sich auf ihrer Webseite: www.europa.eu.int/comm/index_de.htm selbst dar.

[284] Zu dieser Frage s.o. S. 51.

[285] S.u. S. 75.

[286] Hausmann, S. 90, 91; Bleckmann, S. 34 f.

[287] Die Kommission hat intern eine sogenannte Zeichnungsermächtigung entwickelt, nach der ein Kommissar für seinen Bereich einen Beschluss im Namen der Kommission fassen kann, der mit Ablauf von sechs Tagen Wirksamkeit entfaltet, wenn nicht andere Kommissionsmitglieder dem

bb. USA

Die beiden US-amerikanischen Bundesbehörden, die Antitrust Division des Departement of Justice (Antitrust Division) und die Federal Trade Commission (FTC),[288] sind konkurrierend für die Förderung, Erhaltung und Überwachung des Wettbewerbs sowie die Ahndung und Verfolgung von Verstößen gegen das Antitrust Law zuständig.[289]

Durch die State Attorneys kann daneben eine Fusionskontrolle nach dem Wettbewerbsrecht der einzelnen Staaten erfolgen. Zum Teil entspricht das Wettbewerbsrecht der Einzelstaaten vollkommen dem Bundesrecht, zum Teil verweist es lediglich auf dieses. Die wettbewerbsrechtliche Kontrolle auf Ebene der Einzelstaaten erfolgt ausschließlich in unbedeutenderen Fällen, die weder Zeitaufwand noch Leistungspotential in größerem Umfang erfordern. Für die Durchsetzung des amerikanischen Wettbewerbsrechts ist sie daher weniger bedeutsam,[290] zumal die Gefahr von Konflikten mit ausländischen Staaten gering ist.

Die Aufteilung der Fusionskontrollverfahren zwischen der Antitrust Division und der FTC erfolgt grundsätzlich nach dem Umfang der Erfahrung, welche die Behörden in gewissen Bereichen gesammelt haben. Im Rahmen von informellen Gesprächen wird entschieden, welche Behörde die Überprüfung eines Zusammenschlusses übernimmt. Eine feste Regelung existiert nicht, so dass nicht sicher vorherzusagen ist, welcher Behörde ein Fall übertragen wird.[291]

Antitrust Division

Die Antitrust Division ist allein für die Durchsetzung des Sherman Act zuständig und zugleich neben der FTC für die Fusionskontrolle als Bestandteil des Clayton Act .[292] Da die Antitrust Division dem Justizministerium zugeordnet ist, verantwor-

---

Beschluss entgegentreten und eine mündliche Beratung in einer Kommissionssitzung anberaumen. Dadurch konnte der stetig zunehmende Arbeitsanfall der Kommission bewältigt werden. Groeben/Thiesing/Ehlermann, Kommentar zum EU/-EGV, Art. 163 EGV, Rn. 21, 27, 33; Hausmann, S. 91, 95, 96; Bartodziej, S. 41 ff.

[288] Wamser, S. 29; Harmjanz, S. 49. Dabei gilt: „The FTC belongs to the Congress, the Antitrust Division is owned by the Administration", Baum, S. 111; Hausmann, S. 7, 25.

[289] Hausmann, S. 7, 8; de Frênes, S. 51; Treumann/Peltzer/Kuehn, S. 290.

[290] Wamser, S. 29.

[291] Die Antitrust Division und die FTC schlossen im März 2002 eine Vereinbarung (Clearance Agreement), welche die Kompetenzen formal nach Branchen und Industrien einer der beiden Behörden übertrug. Das Ziel war, die Kontrolle effektiver zu gestalten und Verzögerungen sowie unnötige Belastungen der Unternehmen zu vermeiden (DoJ, Antitrust Division, Pressemitteilung vom 5.3.2002; Dunne, Financial Times vom 18.1.2002, S. 8; Kolasky, Comparative Merger Control Analysis, S. 4.). Mit Presse-Erklärung vom 20. Mai 2002 verkündete die Antitrust Division, dass ein Festhalten an dieser Vereinbarung nicht mehr möglich sei, da von einflussreichen Senatoren eine Kürzung des Budgets in Aussicht gestellt wurde, sollten die beiden Behörden diese Vereinbarung aufrecht erhalten (DoJ, Antitrust Division, Pressemitteilung vom 20.5.2002). Vgl. Harty, United States' Merger Control 2001, S. 196.

[292] Vgl. Section 11 a Clayton Act; Hausmann, S. 7, 9.

tet der Justizminister, zugleich als Attorney General oberster Ankläger und Prozessvertreter der US-amerikanischen Regierung, ihre Entscheidungen.

Die Leitung der hierarchisch aufgebauten Behörde hat der sogenannte Assistant Attorney General (stellvertretender Justizminister), der vom Präsidenten ernannt und vom Senat bestätigt wird.[293] Die übrigen leitenden Positionen werden allein von der Regierung besetzt, es sind politische Ämter.[294] Als Dienstherr beeinflusst das Justizministerium über Richtlinien (Guidelines)[295] die Auslegung des Antitrust Law.

Federal Trade Commission

Die FTC ist eine unabhängige Bundesbehörde, eine sogenannte „independant, quasi-judicial, regulatory agency“[296], und trotz ihrer exekutiven Befugnisse kein der Regierung unterstelltes Exekutivorgan. Ihre institutionelle Stellung und Rechte sind im FTC Act geregelt. Sie ist hierarchiefrei und allein der Kontrolle und personellen Hoheit des Senats unterstellt.[297]

Entscheidungsträger sind Administrative Law Judges, die eine richterähnliche Stellung einnehmen. Das der FTC vorstehende Kollegialorgan, das aus fünf Kommissaren besteht, kann Widerspruch gegen eine Entscheidung eines Administrative Law Judge einlegen. Den Kommissaren steht das Letztentscheidungsrecht zu. Sie werden auf Vorschlag des Präsidenten mit Zustimmung des Senats ernannt, wobei nicht mehr als drei Kommissare derselben Partei angehören dürfen. Nur bei schwerwiegenden Verstößen können sie entlassen werden. Über die Inauguration der Kommissare hinaus hat der Präsident keinerlei Kontrollgewalt über die FTC.[298]

Bundesgerichte

Die United States District Courts sind als Bundesgerichte erster Instanz zuständig für alle Anträge nach dem Wettbewerbsrecht der USA. Dazu gehören neben den Klagen Privater die fusionskontrollrechtlichen Anträge der FTC und der Antitrust Division.[299]

Die Bundesgerichte sind selber naturgemäß keine Kartellbehörden, ihnen steht jedoch für bestimmte Bereiche, etwa bei der Verfahrenseinleitung durch die Antitrust Division, auf Antrag der Kartellbehörden die abschließende Entscheidungsbefugnis zu.[300]

---

293 Wamser, S. 30; Harmjanz, S. 50.

294 Hausmann, S. 7.

295 Diese sind für die Gerichte nicht bindend. Vgl. Hausmann, S. 8.

296 Hausmann, S. 8; siehe allgemein zu solchen „independant regulatory agencies“, Linneweber, S. 59 f.

297 Hausmann, S. 23.

298 Hausmann, S. 8, 9; Bär-Bouyssière, Protektionistische Gefahren der US-Fusionskontrolle, S. 89; Harmjanz, S. 52, 53; Wamser, S. 37, 38, 39, 41.

299 Hausmann, S. 10.

300 Jeder der 50 Bundesstaaten hat einen solchen United States District Court eingerichtet. Weder die Gerichte als solche noch die einzelnen Kammern und Richter sind auf Kartellrechtsverfahren

b. Initiative zur Einleitung kartellrechtlicher Verfahren

Die Initiative zur Einleitung eines kartellrechtlichen Verfahrens ergreifen die Kommission, FTC und Antitrust Division selbständig.

c. Verankerung des zuständigen Organs im jeweiligen Staatsgefüge

In den meisten Staaten ist die staatliche Rechtsdurchsetzung Institutionen aus dem Bereich der Exekutive zugewiesen. Diese können als Unterabteilungen eines politischen Administrationsbereichs oder als eine eigenständige und unabhängige Exekutivgewalt organisiert sein.

Im ersten Fall - die Antitrust Division gehört dazu - sind die Befugnisse zumeist den Justiz- oder Wirtschaftsministern zugewiesen. Die Antitrust Division ist damit unmittelbar ausführendes Organ der Regierung. Es liegt in ihrem Ermessen, ob sie Verstöße gegen Antitrust-Bestimmungen auch anklagt. Dieses Ermessen erlaubt der Antitrust Division den gezielten wirtschaftspolitischen Einsatz des Kartellrechts. Über die Antitrust Division ist somit ein erheblicher unmittelbarer Einfluss der Regierung auf die Kartellrechtspraxis möglich.[301] In der EU dagegen ist ausschließlich die Kommission für die Durchsetzung des europäischen Wettbewerbsrechts zuständig, selbstverständlich unter der Kontrolle des EuG und des EuGH. Sie ist mit den benannten Organen der USA nicht zu vergleichen. Ihr fehlt als supranationale Institution das unmittelbare demokratische Mandat der europäischen Mitgliedsstaaten für eine politische Exekutivstellung. Dennoch nimmt die Kommission neben der rein administrativen Tätigkeit auch politische Aufgaben wahr. Wegen dieser Gemengelage ist sie eher als Unterabteilung eines politischen Administrationsbereichs zu qualifizieren. Eine demokratische Legitimation wird ihr durch das Bestätigungsverfahren verliehen.[302] Die Kommission trifft ihre Entscheidungen als Kollegialorgan, so dass sämtliche Kommissare - die jeweils andere politische Aufgaben wahrnehmen - beteiligt sind. Dies wiederum unterscheidet ihre Arbeit von der politischen Administration der USA, denn dort hat grundsätzlich allein die Politik des Justizministeriums Einfluss auf die wettbewerblichen Entscheidungen.[303]

Ist die Fusionskontrolle einer unabhängigen Exekutivgewalt übertragen, wie in den USA der FTC, so handelt es sich um eine organisatorisch eigenständige Institution, der ein klar abgegrenzter Aufgabenbereich zugeordnet ist. Wenn der Regierung gegenüber einer derartigen Kartellbehörde kein Letztentscheidungs-, Weisungsrecht oder andere unmittelbare Einflussnahmemöglichkeit zusteht, ist die Erfüllung der

---

spezialisiert, sondern für alle nach dem Bundesrecht möglichen Klagen zuständig. Vgl. Hausmann, a.a.O.

301 Hausmann, S. 24, 25; Schmidt, C., Die Entwicklung des technischen und wirtschaftlichen Fortschritts, S. 212; Bär-Bouyssière, Protektionistische Gefahren der US-Fusionskontrolle, S. 75 ff.; s.o. S. 73.

302 S.o. S. 72.

303 Hausmann, S. 137, 138.

übertragenen Aufgaben von der politischen Ebene eindeutig getrennt. Im Vergleich zur FTC ist die Europäische Kommission zwar ebenfalls keinen Weisungen der Mitgliedstaaten unterworfen[304] und besitzt selbst das Letztentscheidungsrecht, ihre Tätigkeit und das Selbstverständnis ihrer Kommissare[305] ist jedoch mehr politisch als verwaltungstechnisch geprägt. Die Unterschiede zwischen den Institutionen in den USA und in der EU fallen ins Auge, ein unmittelbarer Vergleich fällt angesichts der breitgefächerten Tätigkeit und Kompetenzen der Kommission jedoch schwer.

Sowohl die FTC als auch die Kommission sind aus der allgemeinen Verwaltungshierarchie ausgegliedert, bezüglich Budgetierung und Besetzung aber dem Kongress und dem Präsidenten bzw. dem Europäische Parlament und dem Europäischen Rat unterworfen. Ihre Entscheidungen können ausschließlich von den Gerichten überprüft werden. Der US-amerikanische Kongress muss jährlich das Budget der FTC in den Haushalt einstellen. Über die Budgethöhe übt er seine politische Kontrolle aus: Als die FTC und die Antitrust Division vereinbarten, eine sachliche Verteilung der Fusionskontrollverfahren nach Industriebereichen vorzunehmen,[306] drohte der Kongress, das Budget in empfindlicher Weise zu kürzen, so dass die Vereinbarung schon nach zwei Wochen wieder aufgehoben wurde.[307]

d. Personalstruktur

Der Charakter einer Kartellbehörde wird maßgeblich von der personellen Besetzung bestimmt. Neben fachlichen sind auch politische Kriterien von Bedeutung. Die beamtenähnliche Stellung der Administrative Law Judges der FTC, deren Status dem von Richtern gleicht und die unkündbar sind, sichert die Unabhängigkeit der Behörde auch in politischer Hinsicht.[308] Die Kommissare der FTC müssen unterschiedlichen politischen Parteien angehören, um auch insoweit eine Einflussnahme zu erschweren.

Auch die europäischen Kommissare prägt ihre - allerdings zeitlich befristete - beamtenähnliche Stellung. Daneben unterhält die Kommission einen auf das Kartellrecht spezialisierten und konzentrierten „Beamtenapparat", die Generaldirektion (GD) Wettbewerb.[309] Eine Amtsenthebung kommt nur bei schweren Verfehlungen

---

[304] Groeben/Thiesing/Ehlermann, Kommentar zum EU/-EGV, Band 4, Art. 157, Rn. 21, 24.

[305] Hausmann, S. 101; Bartidziej, S. 39; van Miert, EC Competition Policy Newsletter 1996, Vol. 2, Nr. 2, S. 1 (2); Wolf, WM 1996, 2193.

[306] WTO, Administering a Competition Law and Policy: The Mechanics of Setting and Pursuing Policy with Finite Resources, S. 5, 8; DoJ, Antitrust Division, Pressemitteilung vom 5.3.2002. S.o. Fn. 291.

[307] In ähnlicher Weise musste während der Präsidentschaft *Ronald Reagans* das Personal der FTC aufgrund von enormen Budget-Kürzungen reduziert werden. 25 % der personellen Mittel wurden innerhalb von 2 Jahren abgezogen. Hierdurch konnte die politische Administration ungewünschte Initiativen der FTC unmöglich machen. Vgl. Kovacic, The Antitrust Bulletin, Vol. 33, 467 (470, 479, 485, 498). DoJ, Antitrust Division, Pressemitteilung vom 20.5.2002.

[308] Hausmann, S. 143.

[309] Hausmann, S. 100, 101.

oder bei Wegfall der Ernennungsvoraussetzungen in Frage.[310] Die Kommissare unterstreichen durch eine Erklärung ihre persönliche und institutionelle Unabhängigkeit.[311]

Die Antitrust Division wird von Beamten des Justizministeriums geleitet. Bis auf Vergleichsvereinbarungen („consent settlements“) trifft sie keine eigenen Entscheidungen, sondern ist verpflichtet, das Kartellrecht vor Gericht durchzusetzen, so dass die endgültige Beurteilung eines Falles einem Richter vorbehalten ist. Die Gefahr politischer Einflussnahme besteht bereits bei der Entscheidung, ob ein vermeintlich wettbewerbsbeschränkendes Verhalten verfolgt wird, und bei der Ausgestaltung der „consent settlements“, die ein besonders effektives Instrument zur Durchsetzung des Wettbewerbsrechts darstellen.[312]

e. Entscheidungskompetenz

Zu unterscheiden ist zwischen Kartellbehörden mit einem zentralen Entscheidungskollegium wie der Kommission bis zum Abschluss der Phase II und solchen mit dezentralen Kammern, denen die Entscheidungskompetenz obliegt.

Die Antitrust Division ist diesen Kategorien nicht eindeutig zuzuordnen, doch überwiegt bei ihr die zentrale Struktur. Sie unterliegt dem Weisungsrecht des Justizministers und ist nicht berufen, selbst Untersagungsentscheidungen zu fällen oder Freigaben zu erklären, sondern muss den Gerichtsweg einschlagen.[313] Sie ist daher ansatzweise lediglich als verfahrensauslösende Institution zu betrachten. Sie hat jedoch die Kompetenz, mit der Gegenseite - ohne Beteiligung und Einflussnahme des Gerichts - „consent settlement“[314] aushandeln, die unmittelbar vollstreckbar und nur eingeschränkt aufheb- oder abänderbar sind.[315]

Bei der FTC liegt es ebenso: Sie entscheidet über ihre unabhängigen Administrative Law Judges, die keinem Weisungsrecht unterliegen. Allerdings steht den Kommissaren der FTC zu jeder Zeit ein Widerspruchsrecht gegen die Entscheidung eines Administrative Law Judge zu, wodurch die Entscheidungskompetenz letztlich diesen als zentralem Entscheidungsgremium übertragen ist.[316]

---

[310] Nach Art. 160 i.V.m. 157 ff. EGV gehören hierzu: Staatsangehörigkeit eines Mitgliedsstaates der EU sowie die allgemeine Befähigung und Unabhängigkeit.

[311] Groeben/Thiesing/Ehlermann, Kommentar zum EU-/EGV, Band 4, Art. 157, Rn. 21 ff.

[312] S.u. S. 144.

[313] Vgl. Zimmer, S. 61 (64).

[314] Derartige „consent settlements“ haben den Vorteil, dass die Unternehmen keinen Verstoß einräumen müssen, da lediglich vereinbart wird, ein bestimmtes Verhalten in der Zukunft zu unterlassen. Vgl. Wamser, S. 35; s.u. S. 144.

[315] S.u. S. 144.

[316] Hausmann, S. 23, 24.

f. Durchsetzungsinstrumentarien

Typisches Handlungsmittel administrativer Durchsetzung sind Verfügungen. Sie ermöglichen Kartellbehörden, Unternehmen die Erfüllung der gesetzlichen Unterlassungs- oder Handlungspflichten aufzugeben und widrigenfalls mit Hilfe von Verwaltungszwang durchzusetzen.[317]

Die Kommission und die FTC haben einen weiten Ermessensspielraum, so dass sie verschiedenste Formen von Verfügungen ohne gesonderte gesetzliche Ermächtigung erlassen können.[318] Als Zwangsmittel kommen insbesondere Bußgelder in Betracht, welche diese beiden Kartellbehörden bei Verstößen gegen Anordnungen verhängen können. Der Antitrust Division sind solche Kompetenzen nicht übertragen. Sie muss repressive Maßnahmen gegen unternehmerisches Verhalten per Gerichtsverfahren durchsetzen.[319]

Im Gegensatz zur Europäischen Kommission können die US-amerikanischen Wettbewerbsbehörden die Realisierung des Zusammenschlussvorhabens vor der endgültigen Untersagungsentscheidung nicht verhindern. Sie sind gezwungen, durch gerichtliche Verfahren eine Unterlassungsverfügung zu erwirken. Die Erfolgsquote von Unternehmen, die sich gegen eine solche gerichtliche Verfügung wandten, ist laut Statistik besonders hoch, weil den Behörden die Beweislast für ein wettbewerbswidriges Verhalten obliegt und die Beweisführung zumeist schwierig ist.[320]

g. Zusammenfassung

In der Wissenschaft besteht Einigkeit darüber, dass Kartellbehörden unabhängig sein sollten.[321] Jede Einflussnahme von außen schadet einem objektiven, ausschließlich wettbewerbsrechtlichen Verfahren. Gleichzeitig muss die Behörde ausreichend budgetiert und mit der notwendigen Entscheidungs- und Durchsetzungskompetenz ausgestattet sein. Weltweit werden hierbei unterschiedliche Konzepte verfolgt, eine Akzeptanz für ein standardisiertes Konzept gibt es nicht.[322] Die

---

[317] Hausmann, S. 149; Immenga/Mestmäcker, § 37 a EGV, Rn. 2.

[318] Hausmann, S. 152, m.w.N.

[319] Hausmann, S. 155.

[320] Davis, S. 246 (247).

[321] Eine von der American Bar Association (ABA) in Auftrag gegebene Untersuchung versuchte ohne Erfolg zu belegen, dass die einzelnen Institutionen, insbesondere in den USA und der EU, politisch unabhängig seien. Siehe hierzu auch: WTO, Creating a Culture of Competition: Issues Involved in Establishing an Effective Antitrust Agency; Kovacic, 23 Brooklyn J. of Int. Law 1997, 403 (424).

[322] Grundlegende Unterschiede zeigen sich bei einem Vergleich der Konzepte in den USA, Brasilien, Frankreich, Portugal, Spanien und Großbritannien. Vgl. Harty, United States' Merger Control 2001.

Spannbreite reicht von regierungsunabhängigen Behörden[323] bis zu Behörden, die der Exekutive unmittelbar unterstehen[324].

Die interne Verquickung von Administrative und Exekutive, wie sie bei der FTC vorhanden ist, die unmittelbare Zuordnung der Antitrust Division zum Justizministerium und die politisch weitreichenden Kompetenzen der Europäischen Kommission verhindern, dass andere Staaten bzw. Wettbewerbsbehörden den tatsächlichen Einfluss politischer und sozialer Aspekte auf das Kontrollverfahren abschätzen oder berücksichtigen können. Diese Unsicherheit führt zu einem Misstrauen, das vertieften Kooperationsbemühungen abträglich ist.

Die Initiativgewalt, die Personalstruktur, die Entscheidungskompetenzen und die Durchsetzungsinstrumentarien, wie sie vorstehend erläutert wurden, gewährleisten in keiner Weise die notwendige Unabhängigkeit.

Solange die weltweiten institutionellen Konzepte keine ausreichende Transparenz aufweisen bzw. die Unabhängigkeit ihrer Wettbewerbsbehörden nicht garantiert ist, sind Konflikte unvermeidbar. Die Unabhängigkeit der Kartellbehörden gewährleistet demgegenüber keine konfliktfreie Zusammenarbeit, sie reduzierte aber die bestehenden Auseinandersetzungen.

III. Konfliktpotential bei den Aufgreifkriterien

Aufgreifkriterien bestimmen, ab wann eine Transaktion vom jeweiligen Fusionskontrollrecht eines Staates erfasst wird. Entscheidend sind die Definition des Zusammenschlussbegriffes und festgelegte Schwellenwerte in Bezug auf Umsatz oder Vermögenswerte. Der Inlandsbezug als drittes Kriterium ist allein bei extraterritorialen Transaktionen von Bedeutung.

Die Zuständigkeit gemäß FKVO liegt nach dem „One-Stop-Shop-Prinzip" bei der Kommission, nicht den Mitgliedsstaaten. Sie leitet ein Kontrollverfahren ein, wenn es sich um einen Zusammenschluss mit gemeinschaftsweiter Bedeutung und hinreichendem Inlandsbezug handelt. So wird eine parallele Überprüfung durch Kommission und Kartellbehörden der Mitgliedsstaaten vermieden. Den Interessen der Mitgliedsstaaten ist dadurch Rechnung getragen, dass sie an Verfahren und Entscheidungsbildung beteiligt werden. Zu diesem Zweck wurden drei Klauseln in der FKVO verankert: Die Deutsche Klausel[325], die besondere Interessenlage eines

---

[323] Hierzu gehören z.B. die US-amerikanische FTC und die australische, kanadische, deutsche, japanische, mexikanische, polnische, südafrikanische und venezuelanische Wettbewerbsbehörde.

[324] Dazu zählen die US-amerikanische Antitrust Division, Brasiliens drei Kartellbehörden, die Europäische Kommission, Frankreichs DGCCRF und Großbritanniens OFT.

[325] Sie ist in Art. 9 FKVO festgeschrieben. Insbesondere die Bundesrepublik Deutschland hatte zum Schutze ihrer Jurisdiktionshoheit und besonderer regionaler Märkte auf die Einfügung dieser Klausel gedrängt. Hiernach kann die Jurisdiktionshoheit trotz der Anwendbarkeit der FKVO auf die Wettbewerbsbehörde eines Mitgliedsstaates übertragen werden. Siehe z.B. Hawk/Huser, S. 109, 110.

Mitgliedsstaates[326] und die Holländische Klausel[327]. In der Praxis haben diese Regelungen allerdings keine Bedeutung erlangt.[328]

In den USA ist das Fusionskontrollrecht nach Clayton Act und HSR Act auf alle Unternehmenszusammenschlüsse anwendbar, die einen Inlandsbezug aufweisen. Vergleichbare Ausnahmeregelungen wie in der EU gibt es nicht, ein One-Stop-Shop-Prinzip ist nicht erforderlich.[329]

1. Zusammenschlussbegriff

Sinne und Zweck eines kodifizierten Fusionskontrollrechts ist es, „möglichst eindeutig und voraussehbar" zu klären, auf welche Zusammenschlusstatbestände dieses Recht anwendbar ist.[330]

Eine übereinstimmende Definition des „Zusammenschlusses" scheitert bereits an unterschiedlich weiten Anwendungsbereichen der Fusionskontrollrechte in den USA und der EU. Besonders problematisch ist hierbei die Behandlung von Gemeinschaftsunternehmen (Joint Ventures).[331]

---

[326] Nach Art. 21 FKVO kann die Überprüfung eines Zusammenschlusses durch einen Mitgliedsstaat vorgenommen werden, wenn dieser nicht-wettbewerbsrechtliche Interessen, insbesondere die öffentliche Sicherheit (vgl. die Sonderregelung in Art. 296 EGV), die Medienvielfalt oder bestimmte Aufsichtsregeln geltend machen kann. Vgl. Hawk/Huser, S. 112, 113.

[327] Die Namensgebung folgt daraus, dass ein besonderer Verfechter dieses Passus die Niederlande waren. In Art. 22 FKVO ist das Gegenteil der Art. 9 und 21 FKVO geregelt. Die Kommission kann hiernach die Prüfungskompetenz an sich ziehen, obwohl der Zusammenschluss mangels einer gemeinschaftsweiten Bedeutung nicht in den Anwendungsbereich der FKVO fallen würde. Eine der Voraussetzungen ist, dass der Handel zwischen mindestens zwei Mitgliedsstaaten betroffen ist. Vgl. Hawk/Huser, S. 115, 116.

[328] Die neue FKVO (VO EG Nr. 139/2004) erlaubt wesentlich mehr Möglichkeiten, einen Fall von den nationalen Behörden an die Kommission (und umgekehrt) zu verweisen. Hervorzuheben ist dabei, dass die Parteien nunmehr selbst beantragen können, dass ein Zusammenschluss von der nationalen Behörde an die Kommission (und umgekehrt) verwiesen wird. Wesentliche Voraussetzung für eine Verweisung eines Vorhabens nach Brüssel ist, dass der Zusammenschluss zumindest in drei Mitgliedsstaaten der Gemeinschaft angemeldet werden müsste. Wenn die Wettbewerbsbehörden der betroffenen Mitgliedstaaten der Verweisung nicht widersprechen, beurteilt ausschließlich die Kommission das Vorhaben.

[329] Hiervon ist nur die Zuständigkeitsverteilung zwischen der Antitrust Division und der FTC ausgenommen.

[330] Niederleithinger, EWS 1990, 73 (74).

[331] Auf die Unterscheidung zwischen horizontalen, vertikalen und konglomeraten Zusammenschlüssen wird an dieser Stelle nicht näher eingegangen, da diese erst im Rahmen der wettbewerblichen Beurteilung maßgebend ist. Siehe zur Definition solcher Zusammenschlüsse: Möschel, RabelsZ 1980, 203 ff.

a. EU

Die Anwendbarkeit der Verordnung richtet sich nach der Definition des Zusammenschlusses privater Unternehmen gemäß Art. 3 FKVO.[332] Maßgebend ist hierfür ein spezielles kontrollrelevantes Verhalten der an dem Zusammenschluss beteiligten Unternehmen.

Über den Begriff des „Zusammenschlusses" erfasst die FKVO sowohl Fusionen („mergers") wie Erwerbstatbestände („acquisitions").[333] Ein Zusammenschluss in diesem Sinne liegt zum einen vor, wenn „zwei oder mehr bisher voneinander unabhängige Unternehmen fusionieren".[334] Zum anderen wird hiernach ein Verhalten als Zusammenschluss bewertet, bei dem Unternehmen, die bereits ein Unternehmen kontrollieren, die zumindest mittelbare Kontrolle über Teile eines anderen Unternehmens erwerben. Eine solche Kontrolle kann durch den Erwerb von Anteilsrechten oder Vermögenswerten erzielt werden. Der Schlüsselbegriff für den Zusammenschlusstatbestand ist die „Kontrolle" über ein anderes Unternehmen[335]: Jeder Erwerb von Anteilen, Rechten, Vermögenswerten sowie andere Arten der Einflussnahme, etwa das Recht zur Benennung von Vorständen und Aufsichtsräten, fallen unter die FKVO.

Beachtenswert ist, dass kein präziser Anteilstest („shareholding-test") vorgesehen ist, der die „bestimmende Einflussmöglichkeit" (Kontrolle) i.S.d. § 3 FKVO indiziert.[336] Es muss aber zumindest eine dauerhafte Änderung der Unternehmensstruktur der Unternehmen nachweisbar sein.[337] Auch Minderheitsbeteiligungen

---

[332] Vgl. Europäische Kommission, Mitteilung der Kommission über den Begriff des Zusammenschlusses, ABl. 1998 Nr. C 66, S. 5 ff. Von der Anwendbarkeit der FKVO ausgenommen sind einerseits Erwerbsvorgänge, bei denen Kreditinstitute, sonstige Finanzinstitute, Versicherungsgesellschaften oder bestimmte Beteiligungsgesellschaften beteiligt sind (vgl. Art. 3 Absatz 5a und c FKVO) oder die aufgrund einer Liquidation, Insolvenz oder ähnlicher Verfahren bewirkt werden (vgl. Art. 3 Absatz 5b FKVO).

[333] Kerres, S. 7 (9).

[334] Eine Fusion im Sinne der FKVO ist die Verschmelzung von mehreren Unternehmen durch Aufnahme oder Gründung eines neuen Unternehmens. Die Verschmelzung ist damit ein Vorgang ohne Abwicklung, wobei die gesamten Aktiva und Passiva der beteiligten Unternehmen übertragen werden. Vgl. Mitteilung der Kommission über den Begriff des Zusammenschlusses, ABl. 1998 Nr. C 66, S. 5.

[335] Kerres, S. 7 (9); Russell, Comparative Law Yearbook 1978, 183 (186).

[336] Europäische Kommission, Mitteilung der Kommission über den Begriff des Zusammenschlusses, ABl. 1998 Nr. C 66, S. 5.

[337] Europäische Kommission, Bekanntmachung der Kommission über die Unterscheidung zwischen konzentrativen und kooperativen Gemeinschaftsunternehmen, ABl. 1994 Nr. C 385, S. 1; Europäische Kommission, Mitteilung der Kommission über den Begriff des Zusammenschlusses, ABl. 1998 Nr. C 66, S. 5; obwohl diese Bekanntmachung und Mitteilung auf Grund der geänderten Rechtslage nicht mehr unmittelbar anwendbar sind, werden sie bis zu ihrer Neufassung weiterhin herangezogen werden. Die Notwendigkeit einer „Strukturänderung" auch in Bezug auf Gemeinschaftsunternehmen wird insofern vorerst beibehalten.

müssen zu einem bestimmenden Einfluss auf das Unternehmen führen, um von der FKVO erfasst zu werden.[338]

Die FKVO klärt in Art. 3 Absatz 4, dass „die Gründung eines Gemeinschaftsunternehmens, das auf Dauer alle Funktionen einer selbständigen wirtschaftlichen Einheit erfüllt" (Vollfunktions-GU), einen Zusammenschluss darstellt. Ein Gemeinschaftsunternehmen (GU) wird von der Kommission als ein „Unternehmen, das von zwei oder mehreren anderen Unternehmen gemeinsam kontrolliert wird" definiert.[339] Das GU muss unter den gemeinschaftsrechtlichen Unternehmensbeg-

[338] Siehe zu den einzelnen Kriterien auch: Miersch, S. 87 ff. m.w.N.

[339] Europäische Kommission, Mitteilung der Kommission über den Begriff des Vollfunktionsgemeinschaftsunternehmens, ABl. 1998 Nr. C 66 vom 02.03.1998, S. 1; Europäische Kommission, Mitteilung über die Beurteilung von Vollfunktionsgemeinschaftsunternehmen nach den Wettbewerbsregeln der Europäischen Gemeinschaft, ABl. 1998 Nr. C 66, S. 38. Bis zur Änderung der FKVO im Jahre 1997 und der Einführung des damaligen Art. 2 Absatz 4 (jetziger Art. 2 Absatz 5 in Verbindung mit Art. 3 Absatz 4) war bei der rechtlichen Behandlung zwischen konzentrativen GU und kooperativen GU zu unterscheiden. Kooperative GU bezwecken oder bewirken eine Koordinierung des Wettbewerbsverhaltens der Gründerunternehmen im Verhältnis zueinander oder im Verhältnis zu dem GU (sog. Spill-Over-Effekte). Bei konzentrativen GU ist dies nicht der Fall (Europäische Kommission, Bekanntmachung der Kommission über die Unterscheidung zwischen konzentrativen und kooperativen Gemeinschaftsunternehmen, ABl. 1994 Nr. C 385, S. 1; Europäische Kommission, Bekanntmachung der Kommission über die Beurteilung kooperativer Gemeinschaftsunternehmen nach Art. 85 des EWG-Vertrages, ABl. 1993, Nr. C 43, S. 2). In diesem Zusammenhang gab es eine rege Diskussion, unter welchen Voraussetzungen das GU als Zusammenschluss und wann als Kartell einzuordnen sei. Die Beantwortung dieser Frage war für das anzuwendende Recht entscheidend (Miersch, S. 88; vgl. auch: Immenga/Mestmäcker, Art. 3 FKVO, Rn. 64 ff., S. 939 ff). Gegen ein Kartell kann die Kommission schon bei spürbaren Einschränkungen des Wettbewerbs vorgehen, während im Rahmen der FKVO eine erhebliche Einschränkung des Wettbewerbs verlangt wird. Einen guten Überblick über die bis 1998 geltende Rechtsauffassung und rechtliche Situation gibt: Hawk, CMLR 1993, 1155 ff. Mit der Änderung der FKVO wurde diese Frage geklärt, und nunmehr fallen alle Vollfunktions-GU unter die FKVO und nicht mehr unter Art. 81 EGV (siehe Europäische Kommission, Mitteilung der Kommission über die Beurteilung von Vollfunktionsgemeinschaftsunternehmen nach den Wettbewerbsregeln der Europäischen Gemeinschaft, ABl. 1998 Nr. C 66, S. 38; vgl. ausführlich: Bischke.) Durch den im Jahr 1997 neu eingefügten Art. 2 Absatz 4 FKVO i.V.m. Art. 3 FKVO (jetziger Art. 2 Absatz 5 in Verbindung mit Art. 3 Absatz 4) ist auch keine Unterscheidung zwischen konzentrativen und kooperativen Vollfunktions-GU erforderlich. Die formelle Behandlung (mit Fristen und Anmeldung) bleibt identisch. Erst bei der materiellen Überprüfung des GU ist eine Unterscheidung vorzunehmen. Die kooperativen GU werden dann materiellrechtlich mittels der FKVO i.V.m. Art. 81 EGV überprüft. Denn in wettbewerbsrechtlicher Hinsicht genügt die reine Marktstrukturkontrolle der FKVO nicht, vielmehr muss auch die Verhaltenskontrolle des Art. 81 Absatz 1 und 3 EGV vorgenommen werden (vgl. Schröer in Frankfurter Kommentar, Bd. VI, Art. 2 FKVO, Tz. 224 ff.). Die Besonderheit bei der Änderung des Art. 2 FKVO im Jahr 1997 liegt darin, dass seitdem die Fristen und die Anmeldepflicht der FKVO gelten und das One-Stop-Shop-Prinzip Anwendung findet. Auseinandersetzungen um die Feststellung, ob kooperative Elemente vorliegen, entfallen. Jede Überprüfung ist daher auch bei einer zusätzlichen Kontrolle nach Art. 81 EGV an die Fristen der FKVO gebunden (vgl. Davies/Cameron, S. 75). Bis zur Änderung der FKVO im Jahr 1997 war dies im Sinne der Unternehmen, um eine abschließende Entscheidung der Kommission zeitnah zu gewährleisten. Vgl. Bischke.

riff fallen und insbesondere einen bestimmten wirtschaftlichen Zweck verfolgen.[340] Damit ist der Begriff des GU im europäischen Recht enger als der Begriff des Joint Venture im anglo-amerikanischen Rechtskreis.[341]

b. USA

Nach dem Clayton und HSR Act liegt ein Zusammenschluss vor, wenn ein Unternehmen „directly or indirectly, the whole or any part of the stock or other share capital [...] and [...] the whole or any part of the assets of another person" erwirbt (Sec. 7 Clayton Act).[342] Ein Zusammenschluss kann danach verschiedenste Formen aufweisen: den Erwerb von Mehrheits- oder Minderheitsstimmrechten, die Gründung eines Gemeinschaftsunternehmens, die Fusion zweier Unternehmen oder jegliche andere Art und Weise des Erwerbs von Vermögensgütern oder Anteilen.[343] Der Zusammenschlussbegriff ist demnach in den USA weiter gefasst als in der EU. Anders als die FKVO verzichtet das US-amerikanische Antitrust Law auf das Tatbestandsmerkmal des Kontrollerwerbs zur Feststellung eines Zusammenschlusses. Die USA sind der Meinung, der Wettbewerb könne immer dann betroffen sein, wenn ein Wettbewerber Anteile eines anderen Wettbewerbers erwirbt.[344] Eine Wertung der einzelnen Zusammenschlussvarianten erfolgt erst im Rahmen der Prüfung des Untersagungskriteriums durch die Wettbewerbsbehörden. Entscheidend ist an dieser Stelle allein, ob die Auswirkungen eines Zusammenschlusses erheblich den Wettbewerb reduzieren.[345]

Der HSR Act enthält zwar eine Regelung zur Bestimmung des Umfangs des Kontrollerwerbs. Diese fungiert aber nicht als Ausschlusskriterium, sondern qualifiziert die beteiligten Unternehmen als erwerbendes bzw. erworbenes Unternehmen.[346]

Die US-amerikanischen Wettbewerbsbehörden behandeln Joint Ventures (GU) wie einen horizontalen Zusammenschluss,[347] wenn die beteiligten Unternehmen auf

---

[340] Schröer in Frankfurter Kommentar, Bd. VI, Art. 3 FKVO, Tz. 82 ff.

[341] Siehe Miersch, S. 121.

[342] Von dieser Grundregel gibt es einige Ausnahmen: Der Webb-Pomerene Act (15 USC. § 62.) z.B. sieht vor, dass (Gemeinschafts-)Unternehmen, die sich allein zum Zwecke des Exports zusammenschließen, nicht von den Kontrollregelungen erfasst werden. Solche (Gemeinschafts-) Unternehmen sind jedoch auch anzumelden. Sie können bei der Antitrust Division und dem Departement of Commerce einen „certificate of review" („business review letter") beantragen und erhalten bei Erfüllung der Voraussetzungen einen „Freibrief" für das angemeldete Verhalten. Allerdings darf ein solcher Zusammenschluss weder wettbewerbshindernde Auswirkungen auf die US-amerikanischen Märkte haben, noch den Export eines Wettbewerbers in den USA einschränken (15 USC. § 4001-3 und 4011-21).

[343] Russell, Comparative Law Yearbook 1978, 183 (185 f.); Harty, United States' Merger Control 2001, S. 196.

[344] Russell, a.a.O.; Harty, a.a.O.

[345] Russell, a.a.O.

[346] Harty, United States' Merger Control 2001, S. 196.

[347] Die US-amerikanische Fusionskontrolle erfasst anders als die europäische unterschiedslos alle Arten von Joint Ventures.

dem relevanten Markt Wettbewerber sind und durch die Integration verschiedener wirtschaftlicher Aktivitäten Effizienzvorteile erlangen. Der Wettbewerb zwischen den beteiligten Unternehmen muss durch das Joint Venture ausgeschaltet werden.[348] Anderenfalls wird anhand der Rule of Reason - einer Einzelfallbetrachtung - geprüft, welche wettbewerbsschädlichen Auswirkungen dieses konkrete Joint Venture haben wird.

c. Divergenzen bei der Definition des Zusammenschlussbegriffs

Dem Untersagungskriterium kommt also in den USA von Beginn der Untersuchung an eine gesteigerte Bedeutung zu. Möglichst viele Transaktionen werden von der Fusionskontrolle erfasst, um erst in einem weiteren Schritt deren schädliche Auswirkungen zu prüfen. In der EU dagegen werden viele Transaktionen von vornherein als wettbewerbsfördernd verstanden und aus diesem Grunde nicht dem umfangreichen Kontrollverfahren unterworfen.

Beide Seiten kritisieren an den Verfahren des jeweils anderen den Mangel an objektiven Kriterien und den Mangel neutraler Umsetzung des Kartellrechts. In politisch motivierten Kommentaren zu den oben besprochenen Fällen werfen sich die USA und die EU gegenseitig Subjektivität und Protektionismus vor. Die hierdurch verursachte Rechtsunsicherheit und fehlende Transparenz führen zu Konflikten zwischen den beiden Mächten. Der eigenen Industrie und ihrer internationalen Wettbewerbsfähigkeit wird aus politischen Gründen ein zu hoher Stellenwert beigemessen. Das Prüfungsergebnis ist daher schwer berechenbar, eine Untersagung immer möglich, weil von der weitgefassten Definition des Zusammenschlussbegriffs in den USA nahezu alle Transaktionen erfasst werden. Schon im Moment der Eröffnung des Verfahrens kommt es daher zu Spannungen, insbesondere wenn der Zusammenschluss in einem Drittstaat vollzogen werden soll.

2. Extraterritoriale Anwendung des Wettbewerbsrechts

Viele Unternehmen, die ihren Hauptsitz in den USA oder in der EU haben, zeigen zugleich starke Präsenz auf anderen Weltmärkten. Im Rahmen der Globalisierung wachsen einzelne Märkte zusammen und nahezu jede wirtschaftliche Betätigung bekommt einen globalen Bezug. Die multinationalen Unternehmen, die ihre Produktions-, Vertriebs- oder andere Unternehmenseinheiten in verschiedenen Ländern aufbauen, sind nicht mehr allein dem Recht eines einzelnen Staates unterworfen. Wenn ein Zusammenschluss ausschließlich in einem Drittstaat wettbewerbliche oder wirtschaftliche Auswirkungen hat, wo keines der beteiligten Unternehmen ansässig ist, muss das jeweilige Recht extraterritorial angewendet werden. Das US-amerikanische und das europäische Wettbewerbsrecht haben unterschiedliche Wege gewählt, um solche Zusammenschlüsse zu kontrollieren.

---

[348] DoJ/FTC, Antitrust Guidelines for Collaborations Among Competitors, S. 5, 12, 28.

a. EU

Weder der EGV noch die FKVO enthalten spezielle Regelungen, die sich mit der Frage der Jurisdiktionshoheit über private Unternehmen ohne Geschäftssitz, Produktionsstätte oder Vertrieb in einem der Mitgliedsstaaten befassen. Daher haben die Kommission und die Europäischen Gerichte allgemeine Prinzipien des Völkerrechts herangezogen, um ihre Jurisdiktionshoheit zu begründen.[349] Die zwei maßgebenden Entscheidungen des EuGH fielen im *Farben*-Fall[350] und im *Zellstoff*-Fall[351].

Nach dem völkerrechtlich anerkannten Territorial- und Personalprinzip ist das Europäische Wettbewerbsrecht auf alle Zusammenschlüsse anwendbar, bei denen mindestens eines der beteiligten Unternehmen seinen Hauptsitz („principle place of business") innerhalb der EU hat und so der Jurisdiktion eines Mitgliedsstaates unterliegt.

Der EuGH entwickelte aus dem Territorial- und Personalprinzip das Prinzip der Unternehmenseinheit („economic-entity-doctrine")[352] und die Durchführungs-Doktrin („implementation-doctrine")[353] zur Rechtfertigung seiner Zuständigkeit. Nach dem Prinzip der Unternehmenseinheit werden der Hauptsitz eines Unternehmens, seine Tochtergesellschaften, Niederlassungen und Agenturen als eine Einheit betrachtet, so dass ein hinreichender territorialer Bezug zur Gemeinschaft hergestellt ist, wenn auch nur einer dieser Konzernteile seinen Sitz in einem der Mitgliedsstaaten hat.[354] Im *Farben*-Fall[355], der britische[356] und Schweizer Unterneh-

---

[349] Da die FKVO erst im Jahre 1990 in Kraft trat, beruhen die grundlegenden Entscheidungen des EuGH zur extraterritorialen Jurisdiktionshoheit auf Art. 81, 82 EGV. Die hierbei entwickelten Grundsätze sind aber gleichermaßen auf die Verfahren nach der FKVO anwendbar („It would be surprising if the approach taken in relation to Art. 81 and 82 in *Dyestuffs* and *Woodpulp* were not followed [in order to jurisdiction over concentrations to be established]", Cook/Kerse, S. 12.). Grundlegend hierzu: *Lotus* Case, Entscheidung des Internationalen Gerichtshofes vom 7.9.1927, Ser. A, Nr. 10; für weitere Nachweise: Leenen, Netherlands Yearbook of International Law, 139 (147).

[350] EuGH, Entscheidung vom 14.7.1972, *ICI/Commission*, Rs. 48/69, Slg. 1972, S. 619 - *Dyestuffs/Farbstoffe.*

[351] EuGH, Entscheidung vom 27.9.1988, *A Ahlström Osakeyhtiö u.a./Kommission*, Verb. Rs. 89, 104, 114, 116, 117, 125 und 129/85, Slg. 1988, S. 5193 - *Woodpulp/Zellstoff.*

[352] EuGH, Entscheidung vom 14.7.1972, *ICI/Kommission*, Rs. 48/69, Slg. 1972, S. 619 - *Dyestuffs/Farbstoffe*; EuGH, Entscheidung *Geigy/Kommission*, Rs. 47/69, Slg. 1972, S. 787 - *Dyestuffs/Farbstoffe*; EuGH, Entscheidung vom 31.10.1974,*Centrafarm/Sterling Drug*, Rs. 15/74, Slg. 1974, S. 1147; EuGH, Entscheidung vom 24.10.1996,*Viho Europe BV/Kommission*, Rs. C-73/95, Slg. I-1996, S. 5457.

[353] EuGH, Entscheidung vom 27.9.1988, *A Ahlström Osakeyhtiö u.a./Kommission*, Verb. Rs. 89, 104, 114, 116, 117, 125 und 129/85, Slg. 1988, S. 5193 - *Woodpulp/Zellstoff.*

[354] Faull/Nikpay, S. 100.

[355] EuGH, Entscheidung vom 14.7.1972, *ICI/Commission*, Rs. Rs. 48/69, Slg. 1972, S. 619 - *Dyestuffs/Farbstoffe.*

[356] Großbritannien ist erst 1973 der EG beigetreten, so dass das beteiligte englische Unternehmen *ICI* seinen Geschäftssitz zur Zeit der Entscheidung des EuGH nicht in einem Mitgliedsstaat der EG hatte.

men betraf, wurde die Existenz von Tochtergesellschaften in einem Mitgliedsstaat als ausreichend betrachtet.[357] Unerheblich war, welche Kontrollgewalt dem Mutterunternehmen über die Tochtergesellschaft zustand.

Nach der Durchführungs-Doktrin ergibt sich die europäische Jurisdiktionshoheit aus der Durchführung des Zusammenschlusses in der EU. Unter den Begriff der Durchführung fallen Vereinbarungen, abgestimmte Verhaltensweisen, der Missbrauch einer beherrschenden Stellung oder der Vollzug eines Unternehmenszusammenschlusses. Entscheidend ist hiernach allein, ob die vorbezeichneten Folgen innerhalb der EU zum Tragen kommen. Ist das der Fall, werden auch Zusammenschlüsse in einem Drittstaat, sofern eine beherrschende Stellung missbraucht wird, oder von Drittstaatsunternehmen, die beispielsweise die Zusammenschlussvereinbarung innerhalb der EU unterzeichnen, vom europäischen Recht erfasst.[358]

Die Kommission vertritt demgegenüber das Auswirkungsprinzip. Dieses ist eine Erweiterung des Territorialprinzips und besagt, dass eine Anwendung des nationalen Rechts auf ein Verhalten, welches zwar außerhalb der nationalen Grenzen stattfindet, aber Auswirkungen im Inland hat, möglich und zulässig ist.[359] Nach Auffassung der Kommission setzt ihre Jurisdiktionshoheit immer dann ein, wenn ein Vorhaben die Wettbewerbsbedingungen auf dem Gemeinsamen Markt beeinflusst.[360]

Im Gegensatz zur Auswirkungstheorie verlangt die Durchführungs-Doktrin einen Vollzug des Zusammenschlusses in der EU, während die Auswirkungs-Doktrin jede Auswirkung in den Mitgliedsstaaten ausreichen lässt, seien es auch nur Preiserhöhungen oder Produktionsreduzierungen.

Die europäischen Gerichte vermeiden eine ausdrückliche Bezugnahme auf das Auswirkungsprinzip, indem sie sich auf eine weite Auslegung des Territorialprinzips berufen, so das EuG in seiner *Gencor/Lonrho*-Entscheidung. [361]

---

[357] Nach der „economic entity doctrine“ können bei der Entscheidungsvollstreckung Zwangsgelder oder Verfügungen auch gegenüber der Tochtergesellschaft geltend gemacht werden.

[358] EuGH, Entscheidung vom 27.9.1988, *A Ahlström Osakeyhtiö u.a./Kommission*, Verb. Rs. 89, 104, 114, 116, 117, 125 und 129/85, Slg. 1988, S. 5193 - *Woodpulp/Zellstoff*; Faull/Nikpay, S. 100; Cook/Kerse, S. 12.

[359] Weitbrecht, Die Untersagung transnationaler Unternehmenszusammenschlüsse durch das Bundeskartellamt, S. 26.

[360] Vgl. Europäische Kommission, 27. Wettbewerbsbericht, 1997, Ziff. 168; Immenga/Mestmäcker, Einleitung, Rn. 59, S. 72.

[361] EuG, Entscheidung vom 25.3.1999, *Gencor Ltd./Kommission*, Rs. T-102/96, Slg. II-1999, S. 753 (Ziff. 90-92) - *Gencor/Lonrho*. Das EuG betonte unter bewusster Verwendung der Begrifflichkeit der Auswirkungstheorie, die FKVO sei dann anwendbar, wenn ein Unternehmenszusammenschluss unmittelbare und erhebliche Auswirkungen in der EG habe. Eine solche Bezugnahme wäre nicht erforderlich gewesen, da eines der betroffenen Unternehmen seinen Sitz in England hatte, das mittlerweile der EG beigetreten war, so dass auch nach bisheriger Rechtsprechung das allgemeine Territorialprinzip anwendbar und damit die europäische Jurisdiktionshoheit eröffnet war.

b. USA

In den USA findet bei rein extraterritorialen Zusammenschlüssen ausschließlich das Auswirkungsprinzip Anwendung.[362] Die Erfahrungen der US-amerikanischen Behörden mit solchen Zusammenschlüssen setzten schon zu Anfang des 20. Jahrhunderts ein.[363] Zunächst urteilten Gerichte und Kartellbehörden noch nach dem strengen Territorialprinzip, so dass reine Auslandszusammenschlüsse nicht von einer US-amerikanischen Institution überprüft werden konnten.[364] 1911 wandte der Supreme Court das erste Mal nationales Recht auf ein exterritoriales Verhalten an.[365] Im *Pacific and Arctic Railway* Fall[366] rechtfertigte der Supreme Court sein Dictum damit, dass anderenfalls derartige wettbewerbswidrige Aktivitäten nicht mehr von den USA kontrolliert werden könnten.[367]

Das Auswirkungsprinzip wurde offiziell im *Alcoa*-Fall[368] anerkannt, und 1962 entschied der Supreme Court, das strenge Territorialprinzip komme nicht mehr zur Anwendung, sondern werde durch das Auswirkungsprinzip ersetzt.[369] Im *Alcoa*-Fall erklärte sich das Gericht für zuständig, als es über ein Schweizer Kartell zu entscheiden hatte, weil das kartellrechtlich relevante Verhalten unmittelbare und erhebliche („direct and substantial") Auswirkungen auf den US-amerikanischen Markt habe, die von den Unternehmen auch beabsichtigt[370] oder wenigstens für sie vorhersehbar waren.[371] Insofern modifizieren die USA die klassische Auswirkungstheorie, indem sie nach einer speziellen wirtschaftlichen Intensität der Auswirkungen verlangen. Eine exakte gerichtliche Definition dieses Kriteriums gibt es allerdings bislang noch nicht.[372]

---

[362] Siehe die Fälle: American Banana Co. v. United Fruits, 213 US 347, 357; U.S. v. Aluminium Co. of America (Alcoa), 148 F.2d 416 - 2d Cir. 1945 und Timberlane Lumber Co. v. Bank of America, 549 F 2d 597, 9th Cir. 1976.

[363] Beck, S. 64; Meng, S. 355.

[364] *American Banana Co. v. United Fruits*, 213 US 347, 357: „the character of an act as lawful or unlawful must be determined wholly by the law of the country where the act is done".

[365] U.S. v. American Tobacco Co. 211 US 106 (1911).

[366] U.S. v. Pacific and Arctic Railways & Navigation Co. 221 US 106.

[367] *U.S. v. Pacific and Arctic Railways & Navigation Co.* 221 US 106; insbesondere die Aussage von Justice McKenna, 228 US 87, 105; Dreher, RIW 1985, 843 (845). Hier wird der politische Wille deutlich, die nationale Wirtschaft vor jeglichem wettbewerbsfeindlichen Verhalten zu schützen, unabhängig von seiner örtlichen Ansiedlung. Der Ansatz galt zu dieser Zeit als neu und „radical". Vgl. Jennings, British Yearbook of International Law 33/1957, 146 (147, 163).

[368] *U.S. v. Aluminium Co. of America (Alcoa)*, 148 F.2d 416 - 2d Cir. 1945; Lewald, NJW 1976, 1566 (1567). Weiter entwickelt wurde diese Theorie v.a. durch die Entscheidungen in: *Timberlane* Case (*Timberlane Lumber Co. v. Bank of America*, 549 F 2d 597, 9th Cir. 1976) und *Mannington Mills* Case (*Mannington Mills, Inc. v. Congoleium Corp.* 595 F. 2d 1287).

[369] So z.B. *Continental Ore Co. v. Union Carbide Corp.*, 370 US 690, 704, 1962; Beck, WuW 1984, 447 (452).

[370] Vgl. *Zenith Radio Corp. v. Matsushita*, 494 F. Supp. 1161 - E.D. Penn. 1980.

[371] Meng, S. 360.

[372] Beck, S. 76.

Seitdem wenden die Gerichte bei Fällen nach dem Clayton oder Sherman Act das reine Territorialprinzip nicht mehr an. Seit der Entscheidung in *International Shoe Co. v. Washington*[373] ist eine extraterritoriale Anwendung des nationalen Rechts jedoch nur dann zulässig, wenn ein „minimum contact" zum US-amerikanischen Markt existiert. Die Antitrust Division und die FTC haben reagiert und im Jahre 1995 sogenannte Antitrust Enforcement Guidelines for International Operations veröffentlicht, um den Einklang ihrer Politik mit der Rechtsauffassung der Gerichte klarzustellen.[374] Danach ist das nationale Wettbewerbsrecht nur bei einem „direct, substantial and reasonably foreseeable effect" mit einem „minimum contact" zum amerikanischen Markt oder Handel anwendbar.[375] Eine solche „Minimalbeziehung" wird typischerweise über die Existenz von Vermögenswerten oder Tochtergesellschaften in den USA hergestellt. Im letzten Fall ist weiterhin ein kontinuierliches Aufsichts- und Eingriffsrecht der Muttergesellschaft bezüglich des Verhaltens der Tochtergesellschaft erforderlich.[376] Auch der bloße Import von Gütern oder Dienstleistungen in die USA oder jede andere einfache Handelsbeziehung dürfte für einen solchen „minimum contact" ausreichen; eine gerichtliche Entscheidung liegt jedoch hierzu noch nicht vor.

c. Völkerrechtliche Zulässigkeit der Ansätze der EU und der USA

Die Anwendbarkeit nationalen US-amerikanischen bzw. europäischen Rechts auf extraterritoriale Sachverhalte ist nicht per se rechtswidrig, sondern nach allgemeinem Völkerrecht grundsätzlich zulässig. Trotzdem führen gerade in diesem Punkt unterschiedliche Auslegungen und Anwendungen zu Konflikten.

Der Internationale Gerichtshof (IGH) hat in seiner *Lotus*-Entscheidung im Jahre 1927[377] bestätigt, dass nationales Recht auf extraterritoriale Sachverhalte angewendet werden darf. Dies gilt auch für die EU als Staatenbündnis.[378]

Dieser Grundsatz erfährt durch das in Art. 2 Absatz 7 der Charta der UN kodifizierte völkerrechtliche Nichteinmischungsgebot Einschränkungen.[379] Das Gebot untersagt Staaten, sich in interne oder externe Angelegenheiten eines dritten Staates einzumischen. Als Ausdruck dieses Grundprinzips genießen alle Staaten eine „sovereign equality". Jede Einmischung in politische, wirtschaftliche oder soziale An-

---

[373] International Shoe Co. v. Washington, 316 US 310, 316 (1945).

[374] DoJ/FTC, Antitrust Enforcement Guidelines for International Operations 1995, S. 1, 2. Die gleichnamigen Guidelines aus dem Jahre 1988 wurden hierdurch ersetzt. Vgl. Garbus, S. 7 (57)

[375] DoJ/FTC, Antitrust Enforcement Guidelines for International Operations 1995, S. 1, 2. Vgl. Fugate, Virginia Law Review 5/1963, 925 (928).

[376] US v. Scophony Co. of America, 333 U.S 795 (1948); US v. Watchmakers of Switzerland Information Center, 133 F. Supp. 40 - S.D.N.Y. 1955.

[377] Internationaler Gerichtshof (IGH), Entscheidung vom 7. September 1927, Ser. A, Nr. 10.

[378] Ipsen, S. 248, 249; Leenen, Netherlands Yearbook of International Law 1974, 139 (155, 156), m.w.N.

[379] Brownlie, S. 309; Slot/Grabandt, CMLR 1986, 545 (552); Leenen, a.a.O., 139 (147).

gelegenheiten eines anderen Staates bedeutet gleichzeitig eine Einmischung und Störung der Souveränität des Staates.

Auslegung und Anwendung des Nichteinmischungsgebots stehen im Spannungsfeld der Grundsätze der Verhältnismäßigkeit[380] und des mildesten Mittels[381] und unter der Voraussetzung eines territorialen Bezugs.

Die Souveränität eines Staates ist daher nur dann verletzt, wenn die Interessen des betroffenen Staates gegenüber denen des eingreifenden Staates überwiegen.[382] Jede Einmischung muss außerdem verhältnismäßig sein und einen Bezug zum eigenen Territorium aufweisen, den einige Völkerrechtler in einer unmittelbaren, erheblichen und intendierten Auswirkung auf den Wettbewerb des nationalen Marktes sehen.

Unter den genannten Voraussetzungen ist eine Einmischung in fremde Angelegenheiten nach dem Völkerrecht zulässig. Die Regelungen des US Antitrust Law und des Europäischen Wettbewerbsrechts gehen mit den völkerrechtlichen Prinzipien überein. Das Auswirkungsprinzip, wie es von den USA angewandt wird, ist Bestandteil des Wettbewerbsrechts auch anderer Staaten.[383] Manche definieren den Begriff der Auswirkung enger und verlangen einschränkend eine „just and reasonable“ Beziehung zu dem betroffenen Staat oder eine unmittelbare, spürbare und beabsichtigte Auswirkung.[384]

Problematisch bleibt die jeweilige Auslegung der vorbezeichneten völkerrechtlichen Voraussetzungen. In welcher Weise hat zum Beispiel eine Interessenabwägung stattzufinden, welche Interessen überwiegen wann, wie sind sie in ihrer Bedeutung einzustufen? Dies sind Fragen, die sehr unterschiedlich beantwortet werden.[385]

---

[380] Kutscher, S. 89, m.w.N. Siehe zu einer Ausprägung dieses Grundsatzes unten, S. 128. Trotz der Supreme Court Entscheidung *Hartford Fire Insurance Co. v. California* - 509 US 764, 113 S.Ct. 2891 (1993), in dem das Gericht eine Interessenabwägung vorsieht, sind der Stellenwert und die dogmatische Einordnung des Prinzips bisher noch nicht klar herausgearbeitet worden.

[381] Montag, The Comparative Law Yearbook of International Business 1991, 47 (59).

[382] Montag, a.a.O. S. 47 (54); Basedow, NJW 1989, 627 (638); Meessen, Kollisionsrecht der Zusammenschlusskontrolle, S. 35; Kevekordes, S. 111 ff.

[383] Dazu gehören auch einige OECD-Mitgliedsstaaten. Vgl. Georgieff, S. 29, m.w.N.

[384] Mann, International and Comparative Law Quarterly 1973, 35 (35, 44); Huber, ZGR 1981, 510; Meessen, Kollisionsrecht der Zusammenschlusskontrolle, S. 25; Schwartz, Deutsches Internationales Kartellrecht, S. 255; Georgieff, S. 47, insbesondere Fn. 15.

[385] Umfassend hierzu: Schirmer; Tepaß; Beck. Vgl. auch Monti, Antitrust in the US and Europe: A History of Convergence, S. 2.

d. Divergenzen bei der extraterritorialen Anwendung des Wettbewerbsrechts[386]

aa. Rechtsunsicherheit

Die fehlende exakte Definition der in den USA vorausgesetzten Kriterien durch die Gerichte der USA[387] zeigt die Unzulänglichkeit dieses Ansatzes, der Rechtsunsicherheit hervorruft.[388]

In der EU herrscht demgegenüber Rechtsunsicherheit, weil die Europäische Kommission die Auswirkungstheorie vertritt, während die europäischen Gerichte diese Theorie nie ausdrücklich als Grundlage für eine extraterritoriale Anwendung des europäischen Rechts herangezogen haben. Sie begründeten ihre Entscheidungen mit der Durchführungstheorie und dem Prinzip der Unternehmenseinheit.[389]

Erstaunlicherweise entstehen trotz der breiten Akzeptanz der Auswirkungstheorie in den USA Konflikte auch daraus, dass die Europäische Kommission gleichfalls diese Theorie anwendet. In den Fällen *Boeing/McDonnell Douglas* und *GE/Honeywell* argumentierten beispielsweise Beteiligte auf US-amerikanischer Seite, dass die Europäische Kommission das eigene Wettbewerbsrecht unzulässigerweise auf das allein in den USA vollzogene Vorhaben anwende.[390] Hintergrund ist, dass die Auswirkungstheorie bislang noch nicht in rechtsverbindlichen multilateralen oder bilateralen Vereinbarungen verankert und daher global noch nicht akzeptiert wurde.[391]

bb. Bilaterale Verträge nicht ausreichend

Bilaterale Verträge reichen bislang nicht aus, um diesen Konflikten zu begegnen. Die EU und die USA verpflichteten sich zwar in ihrer Vereinbarung von 1991, die Entscheidungen des jeweils anderen zu akzeptieren. Wie die Diskussionen am Rande des *Boeing/McDonnell Douglas* Falles zeigen, wurde trotzdem keine Rechtssicherheit und auch keine Akzeptanz der jeweils anderen Entscheidung erreicht.[392]

In Einzelfällen wird den Konflikten durch das in bilateralen Vereinbarungen verankerte Prinzip der „comity of nations" und dem darin enthaltenen Interessenabwägungsgedanken Rechnung getragen. In komplizierten Fällen greift dieses jedoch zu kurz, und die Eingrenzungsversuche bleiben in ihren Konturen undeutlich.[393] Solange keine Einigung über die Ausgestaltung der extraterritorialen Rechtsanwendung existiert und es weiterhin an international angewandten Durchführungsricht-

---

[386] Vgl. Fikentscher/Heinemann, Der Draft International Antitrust Code - Initiative für ein Weltkartellrecht im Rahmen des GATT, S. 97.

[387] Beck, S. 76.

[388] Beck, RIW 1990, 91 (94).

[389] Beck, S. 76.

[390] S.o. im Rahmen der Fallanalyse, S. 51.

[391] Freytag/Zimmermann, RabelsZ 1998, 38 (51).

[392] S.o. S. 43.

[393] Voß, S. 42; Immenga, Grundsätze extraterritorialer Anwendung, S. 203 (215); Niederleithinger/Schaub, WuW 1981, 469 (469, 472).

linien und -verfahren mangelt,[394] kann kein wirksamer Schutz des Wettbewerbs garantiert werden.[395]

cc. Wertungskonflikte

In der Sache geht es allerdings weniger um Jurisdiktions- als Wertungskonflikte. Konflikte entstehen vor allem, wenn unterschiedliche wettbewerbsrechtliche Wertungen eines Zusammenschlusses bestehen.[396] Erst dann wird Anstoß daran genommen, dass ein Staat ein solches Vorhaben mit extraterritorialer Wirkung untersagt. Die Harmonisierungsbestrebungen müssen daher auch in materiellrechtlicher Hinsicht verstärkt werden,[397] weil in vielen Ländern die Sorge besteht, die unterschiedlichen Prinzipien könnten willkürlich angewendet werden.[398]

dd. Vollzugsdefizite

Von einer globalen wettbewerbspolitischen Perspektive aus gibt es außerdem Vollzugsdefizite. Staaten, die ihr Recht zwar extraterritorial anwenden könnten, tun dies u.a. dann nicht, wenn die wettbewerblichen Auswirkungen inländischer Handlungen allein im Ausland negativ zu spüren sind.

ee. Ergebnis

Die extraterritoriale Anwendung nationalen Rechts hat damit noch keine gesicherte Grundlage gefunden. Die Souveränität der Staaten, die Rechtssicherheit, die Vermeidung unverhältnismäßiger Gegenmaßnahmen und wettbewerbsschädigende

---

394 Immenga, Basic Principles for an International Antitrust Code, S. 46 (47, 48); Immenga, Rechtsregeln für eine Internationale Wettbewerbsordnung, S. 593 (597).

395 Voß, S. 42, 43; Meng, ZaöRV 1984, 675 (779).

396 S.o. in den Fallanalysen, ab S. 35; Handelsblatt, Brüssel klagt über Washington. EU / Kommission listet US-Handelshemmnisse auf, vom 30.7.1997, S. 7.

397 Siehe auch Basedow, Weltkartellrecht, S. 49.

398 Als Reaktion ergänzten die USA Sec. 301 des Omnibus Trade and Competitiveness Act von 1988. Diese Änderung ermöglichte eine Diskriminierung ausländischer Unternehmen zum Schutze nationaler Unternehmen. Vgl. Freytag/Zimmermann, RabelsZ 1998, 38 (51). Nach dem als „Super 301" bezeichneten Gesetz ist die US-Regierung verpflichtet, ihrer Meinung nach unfaire Handelspraktiken bestimmter Länder, aufgrund derer der US-amerikanische Export und auch der inneramerikanische Handel einheimischer Unternehmen beeinträchtigt wird, aufzulisten. Im Anschluss an die Auflistung müssen Verhandlungen zur Beseitigung der Handelshemmnisse geführt werden. Führen die Verhandlungen nach einer festgelegten Frist zu keinem Ergebnis, sind Handelssanktionen zu verhängen. Sämtliche Entscheidungen werden unabhängig von einer gerichtlichen Bestätigung und ausschließlich von der Regierung, bzw. durch sie eingesetzte Personen getroffen. Auch nach der Ratifizierung des NAFTA-Vertrags und des WTO-Abkommens im Jahr 1993 setzten die USA die „Super 301"-Bestimmung nicht außer Kraft, obwohl die USA auf das Streitschlichtungsverfahren der WTO und damit einen entsprechenden - jedoch unabhängigen und multilateralen - Mechanismus zurückgreifen können.

Folgen[399] gebieten eine Einschränkung dieses Prinzips. Anderenfalls können weitere Konflikte nicht vermieden werden.

3. Schwellenwerte

Schwellenwerte als drittes Aufgreifkriterium bestimmen, welchen Umfang eine Transaktion bzw. welche Größe die beteiligten Unternehmen haben müssen, damit ein Kontrollverfahren eröffnet wird. Wie die Definition des Zusammenschlussbegriffs und der Inlandsbezug sind auch die Schwellenwerte maßgeblich für den sachlichen Anwendungsbereich der jeweiligen Kontrollregelungen und das entscheidende Aufgreifkriterium für die Anmeldepflicht sowie - in einigen Rechtordnungen - die Überprüfungskompetenz.

a. EU

Im europäischen Recht ist die Anmeldepflicht für Unternehmenszusammenschlüsse abschließend. Darüber hinaus findet eine Kontrolle lediglich ex post anhand des allgemeinen Wettbewerbsrechts statt.[400] Die Anmeldepflicht und die Reichweite des materiellen Untersagungskriteriums in der FKVO decken sich hier also.

Nur ein Unternehmenszusammenschluss mit „gemeinschaftsweiter Bedeutung" wird überprüft. Die „gemeinschaftsweite Bedeutung" wird nach den in Art. 1 Absätze 2 und 3 FKVO festgelegten Schwellenwerten einschließlich der sogenannten Zwei-Drittel-Klausel (oder Schwerpunktklausel) ermittelt.[401] Die Schwellenwerte knüpfen an die Umsatzzahlen[402] der „beteiligten Unternehmen"[403] an: Nach Art. 1 FKVO[404] ist die FKVO anwendbar, wenn entweder alle am Zusammenschluss be-

---

[399] Zum Teil werden dadurch Zusammenschlüsse verhindert, die auf einigen Märkten verbraucherfreundliche Effizienzvorteile und Wohlfahrtsgewinne bewirkt hätten.

[400] Dies geschieht über die Art. 81 f. EGV (vgl. ICPAC, Final Report (2000), Chapter 3). Eine erneute Untersuchung kommt nur dann in Betracht, wenn die Beteiligten der Kommission falsche oder irreführende Informationen übergeben haben (Art. 21 FKVO; Körber, S. 100).

[401] Niederleithinger, EWS 1990, 73 (75).

[402] Siehe Art. 1, 5 FKVO zur Berechnung der Umsatz-Schwellenwerte, insbesondere die Hinzurechnung von Umsätzen bei verbundenen Unternehmen und die geographische Zuordnung der jeweiligen Umsätze: Europäische Kommission, Mitteilung der Kommission über die Berechnung des Umsatzes, ABl. 1998 Nr. C 66, S. 25.

[403] Bei anderen Formen des Zusammenschlusses als der Fusion wird der Begriff des beteiligten Unternehmens anhand des Kontrollerwerbs bestimmt. Zu den übrigen Kriterien für die Beteiligung eines Unternehmens siehe: Europäische Kommission, Mitteilung der Kommission über den Begriff der beteiligten Unternehmen, ABl. 1998 Nr. C 66, S. 14.

[404] 1998 wurde aufgrund der Verordnung (EG) Nr. 1310/97 des Rates vom 30. Juni 1997 (ABl. 1997 Nr. L 180 vom 09/07/1997, S. 1) der weiterhin bestehende Art. 1 Absatz 3 FKVO eingeführt. Hintergrund war, dass zahlreiche Zusammenschlüsse, welche die Umsatzanforderungen des Art. 1 Absatz 2 nicht erfüllten, in einer Vielzahl von Mitgliedstaaten angemeldet werden mussten (sogenannte Mehrfachanmeldungen). Folglich konnten Zusammenschlüsse, welche die in Art. 1 Absatz 2 vorgesehenen relativ hohen Schwellenwerte nicht erreichten, dennoch aber erhebliche grenzüberschreitende Auswirkungen hatten, von der Kommission nicht überprüft werden. In der Ratsverordnung wurden daher neue und niedrigere Umsatzschwellenwerte festge-

teiligten Unternehmen zusammen einen weltweiten Gesamtumsatz von mehr als € 5 Milliarden und einen gemeinschaftsweiten Gesamtumsatz von jeweils mehr als € 250 Millionen erzielen. Beträgt der weltweite Gesamtumsatz aller beteiligten Unternehmen lediglich € 2,5 Milliarden, findet die FKVO gleichfalls Anwendung, wenn der Gesamtumsatz aller beteiligten Unternehmen innerhalb von drei Mitgliedsstaaten jeweils mindestens € 100 Millionen und der gemeinschaftsweite Umsatz von mindestens zwei der beteiligten Unternehmen jeweils € 100 Millionen übersteigt.[405]

Eine Ausnahme ist die sogenannte Zwei-Drittel-Klausel. Erzielen die beteiligten Unternehmen jeweils mehr als zwei Drittel ihres gemeinschaftsweiten Umsatzes in demselben Mitgliedsstaat, darf die Kommission nach Art. 1 Absätze 2 und 3 FKVO auch bei Überschreiten der oben genannten Schwellenwerte den Zusammenschluss nicht überprüfen.[406]

b. USA

Erreichen nach US-amerikanischem Recht die Unternehmen bestimmte Schwellenwerte, besteht für sie ebenfalls eine Anmeldepflicht bei den Kartellbehörden. Neben den Umsatzzahlen sind auch Vermögenswerte oder erworbene Anteile für das Erreichen dieser Werte maßgebend. Als Besonderheit können die Wettbewerbsbehörden – anders als in der EU - jederzeit ein fusionskontrollrechtliches Prüfungsverfahren einleiten, unabhängig davon, ob die Schwellenwerte erreicht werden oder eine Befreiung oder Ausnahme greift.[407] Im Gegensatz zum europäischen Recht besteht also keine Kongruenz zwischen der Anmeldepflicht und der Anwendbarkeit des materiellen Rechts: Das materielle Recht greift bei vielen Zusammenschlüssen, die nicht von der Anmeldepflicht erfaßt werden.

Eine Anmeldepflicht wiederum besteht für Zusammenschlüsse, welche alle Voraussetzungen der nachfolgenden Tests im Sinne des Sec. 7A Clayton Act erfüllen:

Der „Commerce Test“ verlangt, dass wenigstens eines der beteiligten Unternehmen in den USA Handel treibt oder zumindest seine Aktivitäten Berührungen mit dem US-Handel aufweisen.[408] Er ist aufgrund der üblichen internationalen wirtschaftlichen Aktivitäten bei größeren Transaktionen regelmäßig erfüllt.

---

legt. Siehe hierzu: Europäische Kommission, Bericht der Kommission an den Rat über die Anwendung der in der FKVO vorgesehenen Schwellenwerte; Cones-Starr, Wisconsin International Law Journal 17/1999, 145; Hirsbrunner, EuZW 1998, 69.

405 Art. 1 Absatz 2 FKVO; vgl. Bundeskartellamt, Merkblatt des Bundeskartellamtes zum Anwendungsbereich der EG-Fusionskontrolle und Hirsbrunner, a.a.O. S. 69 (75).

406 Niederleithinger, EWS 1990, 73 (75). Die neue FKVO (VO EG Nr. 139/2004) erlaubt wesentlich mehr Möglichkeiten, einen Fall von den nationalen Behörden an die Kommission (und umgekehrt) zu verweisen. S.o. Fn. 328.

407 Reynolds, S. 64 (76).

408 Harty, United States' Merger Control 2001, S. 196 (219).

Der „Size-of-Transaction-Test“ entspricht zusammen mit dem „Size-of-Parties-Test“der „gemeinschaftsweiten Bedeutung“ in der EU. Danach werden nur solche Zusammenschlüsse von der Anmeldepflicht erfasst, die Vermögenswerte oder Stimmrechte[409] zu einem Gesamtwert von mehr als US$ 50 Millionen auf das erwerbende Unternehmen übergehen lassen.[410]

Der „Size-of-the-Parties-Test“ bestimmt[411] die Anmeldepflicht für einen Zusammenschluss, der zu einer Holdinggesellschaft mit einem Wert von mehr als US$ 200 Millionen führt. Wenn an einem Zusammenschluss mindestens ein ausländisches Unternehmen beteiligt ist, gilt die zusätzliche Voraussetzung, dass ein gemeinsamer weltweiter Netto-Umsatz oder ein Gesamtwert der in den USA belegenen Vermögenswerte beider Unternehmen von mindestens US$ 110 Millionen erreicht wird.[412]

c. Divergenzen bei Höhe und Art der Schwellenwerte

Die Pflicht zur Anmeldung eines Unternehmenszusammenschlusses besteht in vielen Staaten.[413] Die Aufgreifkriterien aber, welche die Anmeldepflicht auslösen, variieren von Staat zu Staat.

Die soeben dargestellten Schwellenwerte richteten sich nach jährlichen Umsätzen, nationalen oder weltweiten, oder nach der Größe der beteiligten Unternehmen.[414] Es gibt aber auch Staaten, die den Schwellenwerten ganz andere Aspekte zugrunde legen.[415]

---

[409] Dabei handelt es sich um Anteile in Stammaktien, die gegenüber den Vorzugsaktien ein Stimmrecht bei der Hauptversammlung verbriefen.

[410] Dies gilt seit Februar 2002. Vgl. Harty, United States, Merger Control 2001, S. 196 (219).

[411] Diesen Test gibt es seit Inkrafttreten der Änderungen des HSR Acts im Februar 2001.

[412] Es existieren weitere Regelungen für eine Anmeldepflicht bei kleineren Transaktionen. Diese Bestimmungen haben jedoch für die hier zu behandelnden Konflikte nahezu keine praktische Bedeutung: vgl. 15 USC. § 18 a (a); 16 C.F.R. § 802.50; 16 C.F.R. § 802.51. Rowley, International Mergers: Antitrust Notification Requirements, S. 221 (265 f.); Rowley, International Mergers: Antitrust Notification Requirements, S. 221 (266); Kevekordes, S. 47; Harty, United States' Merger Control 2001, S. 196 (221, 238).

[413] Neben den USA und der EU gehören Argentinien, Australien, Brasilien, Kanada, Russland, Slowenien, Tschechien und die Türkei dazu. Vgl. Harty, United States' Merger Control 2001.

[414] Neben der EU und den USA werden die Schwellenwerte z.B. in Argentinien, Brasilien und Russland nach diesen Kriterien bestimmt.

[415] So bemisst Slowenien die Anmeldepflicht nach der Marktmacht der an dem Zusammenschluss beteiligten Unternehmen: Eine Anmeldepflicht wird ausgelöst, wenn die beteiligten Unternehmen gemeinsam einen Anteil von 40 % auf dem slowenischen Markt überschreiten. Die Unternehmen sind verpflichtet, ihre Marktanteile eigenständig zu berechnen und erforderlichenfalls ihrer Anmeldepflicht nachzukommen. Ein derartiges Kriterium wird überwiegend als besonders ungeeignet beurteilt. Zu komplex und schwierig sei die Bestimmung des relevanten Marktes und die Bestimmung des jeweiligen Marktanteils. Insbesondere würden zu viele subjektive Komponenten hierbei eine Rolle spielen. Die Übertragung dieser Aufgabe auf die Unternehmen, die den Zusammenschluss planen, führe zu einer großen Rechtsunsicherheit. Vgl. Rowley, Streamlining International Merger Control, S. 3 f.

Diese Unterschiedlichkeit der Maßstäbe verunsichert weltweit Unternehmen wie Wettbewerbsbehörden. Es ist nicht vorhersehbar, ob und von welcher Wettbewerbsbehörde ein Zusammenschluss überprüft oder von vornherein als wettbewerblich unbedenklich eingestuft wird.

Der Vergleich der Wettbewerbsrechte der EU und der USA ergibt weitere Schwierigkeiten. Zum einen handelt es sich bei der FKVO um eine abschließende Regelung, d.h. wenn die Schwellenwerte nicht erreicht werden, findet eine Überprüfung des Zusammenschlusses auf der Grundlage der FKVO nicht statt.[416] Im Gegensatz dazu sind die US-amerikanischen Wettbewerbsbehörden flexibler. Die Schwellenwerte dienen lediglich der Feststellung, ob eine Anmeldepflicht ausgelöst wird oder nicht. Hinsichtlich der Überprüfungskompetenz treffen sie keine Aussage.

Zum anderen sehen die beiden Kontrollgesetze sehr unterschiedliche Schwellenwerte vor. Die europäische Grenze ist weitaus höher gezogen, so dass sehr viel weniger Zusammenschlüsse von der FKVO erfasst werden als vom HSR Act.[417] Unter den HSR Act fallen zehnmal mehr Zusammenschlüsse als unter die FKVO.[418] Zu berücksichtigen ist bei einem solchen Vergleich allerdings, dass die FKVO eine Art von „zweiter Instanz" einleitet. Denn grundsätzlich bleibt es Aufgabe der Mitgliedsstaaten, Zusammenschlüsse auf ihre wettbewerbsschädlichen Auswirkungen hin zu überprüfen. Durch die FKVO wird lediglich ab einer gewissen Größenordnung und bei einer gemeinschaftsweiten Bedeutung verhindert, dass innerhalb der EU Doppelkontrollen und Mehrfachanmeldungen vorkommen. Dadurch wollte man dem One-Stop-Shop-Prinzip Rechnung tragen.

Aufgrund der unterschiedlichen Kriterien erfolgt in einzelnen Staaten oder der EU auf Grund der Anmeldepflicht eine Überprüfung, in anderen dagegen nicht. Es können Zusammenschlüsse untersagt werden, die nach Einschätzung der Staaten, die keine Überprüfung vornehmen, wettbewerblich unbedenklich sind. Bei den nicht überprüfenden Staaten entsteht der Eindruck, inländische Unternehmen würden von anderen Staaten benachteiligt. Derartige Vorwürfe wurden etwa bei der Überprüfung des Zusammenschlusses *Boeing/MDD* erhoben. Solche politische Konflikte werden aufgrund nationaler und protektionistischer Interessen noch verschärft.

---

[416] Lediglich in eingeschränktem Maße kann die Kompetenz zur Überprüfung eines Zusammenschlusses von den Mitgliedsstaaten auf die Europäische Kommission übertragen werden, obgleich diese Möglichkeiten seit der Neufassung der FKVO (VO EG Nr. 139/2004) zum 01.05.2004 erweitert wurden.

[417] Das wird bei einem Vergleich der bisher überprüften Verfahren in der EU und den USA deutlich: Während im Jahre 2000 die Kommission 345 Fälle untersuchte, mussten im gleichen Jahr die Antitrust Division und die FTC 4.926 Fälle in Augenschein nehmen; vgl. Studie der Rechtsanwaltskanzlei Sherman & Sterling, auf die Bezug genommen wird in: Eaglesham/Guerrera, Financial Times vom 9.1.2002, S. 9.

[418] Davis, S. 246 (247).

IV. Materiellrechtliche Konflikte

Die materiellrechtliche Beurteilung und wirtschaftliche Analyse von Auswirkungen eines Unternehmenszusammenschlusses sind Kern des Überprüfungsverfahrens. Hier werden wettbewerbsverzerrende und wettbewerbsfördernde Auswirkungen auf dem relevanten Markt beurteilt bzw. prognostiziert. Diese Analyse, an deren Ende die Entscheidung der jeweiligen Kartellbehörde steht, ob sie gegen einen Zusammenschluss vorzugehen gedenkt, ist besonders kritisch und komplex.

1. Marktabgrenzung

Ob ein Zusammenschluss nach Auffassung der Kartellbehörden wettbewerbsbeschränkende Auswirkungen hat, wesentlich den Wettbewerb reduziert oder reduzieren wird, wirksamen Wettbewerb erheblich behindert oder eine beherrschende Stellung der sich zusammenschließenden Unternehmen begründet oder verstärkt,[419] hängt von der Festsetzung des relevanten sachlichen und räumlichen Marktes ab. Diese Feststellung dient der Abgrenzung des Wettbewerbsgebietes und der Produkte, mit denen andere Produkte in Wettbewerb stehen.

Staaten, die das Konzept der freien Marktwirtschaft gerade erst eingeführt haben, mangelt es häufig an Ressourcen, um ihre Wettbewerbsbehörden, mit den notwendigen Grundlagen für eine anspruchsvolle und komplexe Marktanalyse auszustatten. Daher wird in den jungen Marktwirtschaften häufig jede Produktüberschneidung bzw. jede räumliche Überschneidung als relevantes Merkmal zur Marktabgrenzung herangezogen.[420]

Demgegenüber führen die EU und die USA eine sehr viel komplexere Marktanalyse durch. Hierfür werden externe Wirtschaftsberater herangezogen und die beteiligten Unternehmen, sowie die Zulieferer, Kunden und (potentielle) Wettbewerber aufgefordert, die Kartellbehörden detailliert über wesentliche Aspekte der Produkte zu informieren.[421]

a. EU

Für die sachliche Beurteilung eines Zusammenschlusses in der EU ist allein Art. 2 FKVO maßgebend.[422] Die europäische Rechtsprechung sowie die Entscheidungspraxis der Europäischen Kommission haben die maßgeblichen Auslegungskriterien zur Marktabgrenzung nach Art. 2 FKVO entwickelt. Sie werden nachfolgend dargestellt. Der von der Kommission herausgegebenen Bekanntmachung[423] betreffend

---

[419] So lauten die häufigsten Untersagungskriterien (u.a. in den USA und der EU). Russell, Comparative Law Yearbook 1978, 183 (186 f.).
[420] ICPAC, Final Report (2000), Chapter 2.
[421] Schütz, S. 77 (82).
[422] Niederleithinger, EWS 1990, 73 (77)
[423] Europäische Kommission, Bekanntmachung der Kommission über die Definition des relevanten Marktes im Sinne des Wettbewerbsrechts der Gemeinschaft, ABl. 1997 Nr. C 372, S. 5 (11,12). Vgl. hierzu auch die in der Form CO zur Anmeldung von Zusammenschlüssen nach der

die Definition des relevanten Marktes können weitere Aspekte zur Marktanalyse entnommen werden.

aa. Sachlich relevanter Markt

Die Definition des sachlich relevanten Marktes basiert auf dem Bedarfsmarktkonzept,[424] dem die Kreuzpreiselastizität und die Preiselastizität zugrunde liegen.[425]

Die Kreuzpreiselastizität gibt an, in welchem Maße die Nachfrage nach einem Produkt von der Preisänderung eines anderen Produktes abhängt.[426] Eine hohe Kreuzpreiselastizität meint, dass ein Gut sich einfach durch andere Güter ersetzen lässt. Man unterscheidet hierbei zwischen substitutionalen und komplementären Gütern. Erstere erfüllen ähnliche Wünsche und sind deshalb gegeneinander austauschbar. Die zweite Gruppe beschreibt Güter, deren Nutzen unmittelbar in Zusammenhang steht.

Die Preiselastizität der Nachfrage besagt, wie stark die Nachfrage nach einem Produkt auf eine Preisänderung dieses Produktes reagiert. Sie ist als prozentuale Veränderung der Nachfrage im Vergleich zur prozentualen Änderung des Preises definiert. Sowohl für die Preiselastizität wie die Kreuzpreiselastizität sind die Verbraucherpräferenzen maßgebend.[427]

Die Kommission berücksichtigt neben der Nachfragesubstituierbarkeit auch die Angebotssubstituierbarkeit.[428] Darüber hinaus werden bei der Marktabgrenzung sowohl aktuelle als auch potentielle Wettbewerbsbeziehungen erfasst, wodurch der relevante Markt über die aus der Sicht der Nachfrager wahrgenommenen Konkurrenten hinausreicht.[429]

FKVO genannten Kriterien: Formblatt CO, Anhang I zur VO 802/04, abgedruckt in ABl. 2004 Nr. L 133, S.1.

[424] Kinne, S. 122.

[425] Langen/Bunte, Art. 2 FKVO, Rn. 13, 16; Immenga/Mestmäcker, Art. 2 FKVO, Rn. 34 und Rn. 54; *Aérospatiale-Alenia/de Havilland*, Kommissions-Entscheidung vom 2.10.1991, Fall IV/M. 53, ABl. 1991 Nr. L 334, S. 42 (44) und EuG, Entscheidung vom 24.3.1994, *Air France/Commission*, Rs. T-3/93, Slg. II-1994, S. 323 (353). Vgl. zu den quantitativen Tests wie den Preis-, Kreuzpreis- und Kreuzwerbungselastizitäten der Nachfrage auch Wiedemann, Handbuch des Kartellrechts, S. 519 m.w.N. zu Entscheidungen der Kommission.

[426] Immenga/Mestmäcker, a.a.O.; *DuPont/ICI*, Kommissions-Entscheidung vom 30.9.1992, Fall IV/M. 214, ABl. 1993 Nr. L 7, S. 13, Tz. 23; *Tetra Pak/Alfa-Laval*, Kommissions-Entscheidung vom 22.7.1991, Fall IV/M. 68, ABl. 1991 Nr. L 290, S. 35; *Nestlé/Perrier*, Kommissions-Entscheidung vom 22.7.1992, Fall IV/M. 190, ABl. 1992 Nr. L 356, S. 1, Tz. 13.

[427] EuGH, Entscheidung vom 14.2.1978, *United Brands/Kommission*, Rs. 27/76, Slg. 1978, S. 207 - *Chiquita*; Europäische Kommission, 27. Wettbewerbsbericht (1997), S. 52.

[428] Vgl. Europäische Kommission, Bekanntmachung der Kommission über die Definition des relevanten Marktes im Sinne des Wettbewerbsrechts der Gemeinschaft, ABl. 1997 Nr. C 372, S. 5 ff.

[429] Kinne, S. 122.

Die Kommission betont, sie wolle die Homogenität der Wettbewerbsbedingungen neben der Austauschbarkeit von Produkten als zweites Kriterium heranziehen.[430] Hiernach können bei austauschbaren oder selbst identischen Produkten separate Märkte festgestellt werden, wenn in bestimmten Regionen unterschiedliche Nachfragestrukturen und damit unterschiedliche Wettbewerbsbedingungen herrschen.[431]

bb. Räumlich relevanter Markt

Die Kommission und die europäischen Gerichte bestimmen den räumlich relevanten Markt, indem sie diejenigen Gebiete vergleichen, in denen die beteiligten Unternehmen ihre Produkte oder Dienstleistungen vertreiben,[432] in denen die Konditionen des Wettbewerbs ausreichend homogen gestaltet sind[433] und in denen anhand des Wettbewerbsverhaltens und der Konditionen des Wettbewerbs eine Abgrenzung zu benachbarten Gebieten erfolgen kann. Weitere Abgrenzungsmerkmale zur Feststellung des räumlich relevanten Marktes sind Marktzutrittsschranken, Verbraucherpräferenzen, spürbar unterschiedliche Marktanteile der beteiligten Unternehmen, erhebliche Preisunterschiede für dieselben Produkte oder Dienstleistungen und schließlich Transportkosten.

Von Bedeutung ist in diesem Zusammenhang das Spannungsfeld zwischen Marktabgrenzung und Binnenmarktkonzept. Das Binnenmarktkonzept sieht das Zusammenwachsen der nationalen Märkte in der EU vor, indem die Abschottung einzelner regionaler Märkte beseitigt und so eine europaweite Marktöffnung und -durchdringung erreicht wird.[434] Die Integrations- und Harmonisierungsentwicklungen sind in den verschiedenen Branchen unterschiedlich weit vorangeschritten. Trotz der offiziellen Einführung des Binnenmarktes im Jahre 1993 bieten die Unternehmen ihre Waren oder Dienstleistungen nicht zwingend in der gesamten EU an. Daher ist häufig nicht der gesamte Binnenmarkt als räumlich relevanter Markt zu betrachten.[435] Die FKVO dient jedoch nicht der Stärkung des nationalen Charakters der Märkte, sondern der Förderung der Marktöffnung und -durchdringung zur weiteren Stabilisierung eines einheitlichen Binnenmarktes.[436] Auch wenn sich die Kommission bemüht, innerhalb dieses Spannungsfelds zwischen der Förderung des Binnenmarktes und realistischer Marktabgrenzung politische oder ideologische Präferenzen außer Acht zu lassen,[437] berücksichtigt sie durchgehend mehr das Bin-

---

[430] Immenga/Mestmäcker, Art. 2 FKVO, Rn. 48.

[431] Immenga/Mestmäcker, a.a.O. Rn. 48; kritisch hierzu: Kerber, S. 32 f.; Drauz/Schroeder, S. 81 f.

[432] Immenga/Mestmäcker, a.a.O. Rn. 73.

[433] Zu diesem Konzept siehe: Kinne, S. 122; Immenga/Mestmäcker, a.a.O. Rn. 68 ff.

[434] Lange, Räumliche Marktabgrenzung in der Europäischen Fusionskontrolle, S. 44 f.; Faull, The Enforcement of Competition Policy in the European Community: A Mature System, S. 141.

[435] Immenga/Mestmäcker, Art. 2 FKVO, Rn. 92; Ehlermann, WuW 1991, 535 (541).

[436] Immenga/Mestmäcker, a.a.O.; Lange, Räumliche Marktabgrenzung in der Europäischen Fusionskontrolle, S. 44 f.

[437] Ehlermann, WuW 1991, 535 (541); Immenga/Mestmäcker, a.a.O.; Schütz, S. 77 (82); Bechtold, EuZW 1994, 653 (656).

nenmarktkonzept im Rahmen ihrer dynamischen Zukunftsprognosen und stärkt damit die Erwartung, dass mit dem Wegfall der Handelshemmnisse die nationalen Märkte immer mehr zusammenwachsen.[438] Insofern wird die Feststellung des räumlich relevanten Marktes durch das in der EU verankerte Binnenmarktkonzept deutlich beeinflusst.[439]

Die Kommission hat vor diesem Hintergrund unterschiedlichste relevante Märkte bestimmt: lokale, regionale, nationale, gemeinschaftsweite und auch weltweite.

b. USA - Sachlich und räumlich relevanter Markt

Das US-amerikanische Untersagungskriterium basiert auf den Marktanteilen, dem Konzentrationsgrad und dem Konzentrationstrend der beteiligten Unternehmen. Diese Merkmale sind nur mittels einer Marktabgrenzung zu bestimmen.[440]

aa. Grundsatz

Die amerikanischen Kartellbehörden haben sich mittlerweile auf ein gemeinsames Konzept zur Feststellung des sachlich und räumlich relevanten Marktes geeinigt und die Kriterien hierfür in ihren Merger Guidelines festgelegt.[441]

Angebots- und Nachfrage-Substituierbarkeit, d.h. Konsumentenpräferenzen im Falle einer Preiserhöhung für ein bestimmtes Produkt/in einer bestimmten Region, sind zentrale Merkmale.[442]

Außerdem wird ein Preiserhöhungs-Test vorgenommen[443]: Der sachlich relevante Markt bestimmt sich danach, durch welches Produkt Konsumenten ein Produkt der beteiligten Unternehmen im Falle einer „small but significant and non-transitory" Preiserhöhung substituieren würden. Für den räumlich relevanten Markt ist entscheidend, auf welche Produkte anderer Regionen Konsumenten im Falle einer solchen Preiserhöhung ausweichen würden. Bei dem Versuch, die Auswirkungen einer Preiserhöhung festzustellen, wird grundsätzlich eine ein Jahr lang dauernde Preiserhöhung in Höhe von ca. 5 % simuliert.[444]

Im Rahmen dieses Tests sind folgende Faktoren von Bedeutung: die Marktbedingungen und ihre Homogenität, die individuellen Wettbewerber, die Unternehmens-

---

[438] Immenga/Mestmäcker, a.a.O.

[439] Lange, Räumliche Marktabgrenzung in der Europäischen Fusionskontrolle, S. 44 f.; Faull, The Enforcement of Competition Policy in the European Community, S. 141.

[440] Schmidt, J., S. 142.

[441] DoJ/FTC, Horizontal Merger Guidelines aus den Jahren 1992 und 1997; vgl. hierzu FTC, Pressemitteilung vom 11.6.2002, Fn. 12, Part VI (B) und Part VI (A).

[442] DoJ/FTC, Horizontal Merger Guidelines (1997), Sec. 1.3 and 3.

[443] DoJ/FTC, a.a.O. Sec. 1.2.

[444] DoJ/FTC, a.a.O. Sec. 1.1 und 1.0.

und Produkt-Heterogenität sowie die Kosten für einen Produktwechsel[445] und die Charakteristiken der Käufer und Verkäufer.[446]

bb. Differenzierung

Die Kriterien zur Feststellung des sachlich und des räumlich relevanten Marktes sind annähernd identisch. Die US-amerikanische Praxis differenziert allerdings beim einschlägigen Ermessensspielraum.

Der sachlich relevante Markt ergibt sich aus einer streng an den gesetzlichen und eigenen Vorgaben orientierten Analyse, die, insbesondere hinsichtlich der Kriterien der Homogenität und der Elastizitäten, der oben dargestellten Praxis in der EU entspricht. Demgegenüber üben die Wettbewerbsbehörden in den USA ihren Ermessensspielraum bei der Feststellung des räumlich relevanten Marktes sehr viel stärker aus. Je nach Interessenschwerpunkt wird dieser eingeschränkt oder erweitert. Die Entscheidung des US-amerikanischen Gerichts im *Ciba-Geigy/Sandoz*-Fall[447] beispielsweise verdeutlicht den politischen Willen, sich nicht in die Interessen anderer Staaten einzumischen. Der räumliche Markt wurde auf das eigene Hoheitsgebiet beschränkt. Auch in den Fällen *Boeing/MDD* und *GE/Honeywell* spielten bei der Bestimmung des räumlich relevanten Marktes nationale und protektionistische Interessen eine maßgebliche Rolle. Die Marktsituation außerhalb der USA hat aus diesem Grunde in den beiden Entscheidungen nur am Rande Berücksichtigung gefunden.

c. Divergenzen bei der Marktabgrenzung

Anhand der Marktabgrenzung wird bestimmt, ob die beteiligten Unternehmen eine beherrschende Stellung einnehmen oder den Wettbewerb auf einem Markt behindern.[448]

Diese „Zusammenfassung von geschäftlichen Transaktionen, um die ein [undurchlässiger] Kreis gezogen wird“[449], ist Ergebnis einer Auswertung komplexer handels- und wirtschaftspolitischer Faktoren, die einer ständigen Änderung unterliegen. Dazu gehören beispielsweise Transportkosten, Wechselkurse oder die Zollpolitik eines

---

[445] *Brown Shoe Co. v. United States*, 370 US 294 (1962) Ziff. 325; DoJ/FTC, a.a.O. Sec. 2.0.

[446] *United States v. Aluminium Co. of America (Rome Cable)*, 377 US 271 (1964) Ziff. 275-277. DoJ/FTC, a.a.O.

[447] *U.S. vs. Ciba Corp.*, 1970 Trade Cases (CCH), Ziff. 73, 269 (270); Beck, S. 44. Zwei Schweizer Unternehmen jeweils mit Tochtergesellschaften in den USA hatten ihren Zusammenschluss bei der Antitrust Division angezeigt. Diese entschied, der Zusammenschluss verstoße gegen Sec. 7 Clayton Act, da die Fusion der Tochterunternehmen zu einer Behinderung des Wettbewerbs auf dem allein relevanten US-amerikanischen Markt führen werde. Die wettbewerbliche Situation in der Schweiz fand bei der Entscheidung keine Berücksichtigung. Vgl. OECD, Bericht des Wettbewerbsausschusses, S. 47; Beck, WuW 1984, 447 (450); Ginsburg/Angstreich, 68 Antitrust Law Journal 2000, 219 (220, Fn. 4).

[448] Vgl. Hay/Hilke/Nelson, Geographic Market Definition in an International Context, S. 51 ff.

[449] OECD, Bericht des Wettbewerbsausschusses, S. 29.

Landes.[450] Diese Gesichtspunkte sind auch für die Substituierbarkeit eines Produktes und die entsprechenden Abgrenzungs-Tests[451] von Bedeutung, so dass „zuverlässige Voraussagen manchmal von ungewissen politischen und wirtschaftlichen Annahmen ausgehen"[452] müssen. Daraus ergeben sich naturgemäß Konflikte.

aa. Sachlich relevanter Markt

Sowohl in den USA als auch in der EU werden die sachlich relevanten Märkte anhand der Substituierbarkeit von Produkten festgelegt, so dass das Käuferverhalten ein entscheidendes Kriterium darstellt. Wegen der streng an der Sache orientierten Analyse liegt hier nahezu kein Konfliktpotential.

bb. Räumlich relevanter Markt

Anders ist dies bei der Bestimmung des räumlich relevanten Marktes. Zwar sind die jeweiligen Definitionen in der FKVO und den Merger Guidelines ähnlich.[453]

Aber in den USA existiert kein Pendant zum europäischen Binnenmarktkonzept. Außerdem besitzen und nutzen die US-amerikanischen Wettbewerbsbehörden einen weitaus größeren Interpretations- und Auslegungsspielraum bei der Bestimmung des räumlich relevanten Marktes. Insbesondere nationale Interessen und protektionistische Ziele kommen auf diese Weise zum Tragen - was die USA allerdings auch der EU vorwerfen.

Die FTC hat beispielsweise im Fall *Boeing/MDD* entschieden, allein den nationalen US-amerikanischen Markt zu überprüfen, und dadurch den Weltmarkt und insbesondere die Auswirkungen des Zusammenschlusses auf *Airbus*, den einzigen großen Konkurrenten, nicht ausreichend berücksichtigt.[454]

Aufgrund der im allgemeinen relativ niedrigen Transportkosten und eines relativ homogenen Verbraucherverhaltens auf verschiedensten Märkten in der Welt entwickeln sich mehr und mehr transnationale Märkte. Das e-Business trägt seinen Teil hierzu bei. Im Rahmen dieser Globalisierung und Internationalisierung des Handels und des Wettbewerbs führt der protektionistische Schutz nationaler Interessen durch die Festsetzung interessengerechter räumlicher Märkte zu Spannungen. Denn einzelne Staaten sehen nationale Unternehmen durch nicht ausschließlich

---

[450] OECD, a.a.O. S. 30.

[451] S.o. im Rahmen der Darstellung der beiden Rechtsordnungen hinsichtlich der Marktabgrenzung, S. 96 ff., S. 99 ff.

[452] OECD, Bericht des Wettbewerbsausschusses, S. 30.

[453] Siehe Baker/Wu, ECLR 1998, 273; Pitofsky, EU and US Approaches to International Mergers, S. 3.

[454] Grundsätzlich führt die Bestimmung des Weltmarktes als räumlich relevanten Markt dazu, dass die beteiligten Unternehmen privilegiert werden, denn je größer der Markt, desto schwieriger dessen Beherrschung. Hier lag der Fall ausnahmsweise anders, da der entscheidende Konkurrent - Airbus - auf dem Weltmarkt, nicht aber in dem gleichen Umfang auf dem US-amerikanischen Markt zu finden war.

sachliche und wettbewerbsbezogene Kriterien diskriminiert und befürchten eine Wettbewerbsverzerrung zum Nachteil ihrer Wirtschaft.

2. Untersagungskriterium

Die Rechtsmäßigkeit von Unternehmenszusammenschlüssen beurteilt sich nach dem „materiellen Kriterium" („substantive test"). Die Ausgestaltung des Untersagungskriteriums ist nur in wenigen Rechtsordnungen vollkommen identisch. Grundsätzlich aber kann nach dem Wortlaut der Regelungen zwischen dem Dominanz-Test und dem SLC-Test unterschieden werden. Nach dem Dominanztest ist ein Zusammenschluss zu untersagen, der eine Marktbeherrschung begründet oder verstärkt. Über den SLC-Test wird ein Zusammenschluss bereits dann untersagt, wenn er wirksamen Wettbewerb erheblich verringert.

a. EU

Nach Gemeinschaftsrecht war bis zur Neufassung der FKVO zum 01.05.2004 ein Unternehmenszusammenschluss für unvereinbar mit dem Gemeinsamen Markt zu erklären und zu untersagen, wenn er eine beherrschende Stellung auf den betroffenen Märkten begründete oder verstärkte und diese beherrschende Stellung den wirksamen Wettbewerb auf dem Gemeinsamen Markt oder in einem wesentlichen Teil desselben erheblich behindern würde. Die EU verfügte damit über einen Mischansatz, der seinen Schwerpunkt jedoch in dem Dominanz-Test fand.[455] Die Merkmale der marktbeherrschenden Stellung und der wettbewerbsbeschränkenden Auswirkung in Form der „erheblichen Behinderung wirksamen Wettbewerbs" mussten demnach kumulativ vorliegen, um ein Verbot zu rechtfertigen.[456] Mit der Neufassung der FKVO ist ein Zusammenschluss „bereits" dann unvereinbar mit dem Gemeinsamen Markt, wenn wirksamer Wettbewerb im Gemeinsamen Markt oder in einem wesentlichen Teil desselben erheblich behindert wird.[457] Die EU hat damit zwar die Schwerpunktsetzung in ihrem neuen Mischansatz zwischen SLC- und Dominanztest geändert, hat die Marktbeherrschung (den Dominanz-Test) nun aber als Hauptanwendungsfall der FKVO definiert.[458] Selbst die Europäische Kommission betrachtet den geänderten Wortlaut des Tests eher als Klarstellung

---

[455] Art. 2 Absatz 3 FKVO bis zur Neufassung mit Wirkung zum 01.05.2004; Schmidt, J., S. 110-111; dieser „substantive test" wurde erstmals in der *Continental-Can* Entscheidung (EuGH, Entscheidung vom 21.2.1973, *Europemballage und Continental Can/Kommission*, Rs. 6/72, Slg. 1973, S. 215) im Rahmen der Anwendung des Art. 82 EGV entwickelt und sodann in der FKVO verankert.

[456] Koch, EWS 1990, 65 (67); Niederleithinger, EWS 1990, 73 (77).

[457] SIEC-Test (Significant Impediment to Effective Competition).

[458] Art. 2 Absatz 3 FKVO und Erwägungsgründe Nr. 24-26 in seiner Fassung seit dem 01.05.2004 (VO (EG) Nr. 139/2004 des Rates über die Kontrolle von Unternehmenszusammenschlüssen, ABl. EG Nr. L 24/1 vom 29.01.2004.

denn als Erweiterung ihrer Befugnisse.[459] Das neue Untersagungskriterium klärt nun unmissverständlich darüber auf, dass - wie bisher auch - alle genannten Kategorien wettbewerbswidriger Zusammenschlüsse umfasst werden und bringt auf diese Weise größere Rechtssicherheit mit sich.[460]

Eine Legaldefinition des Dominanz-Tests gibt es nicht. Durch Art. 82 EGV und die hierzu ergangene Rechtsprechung hat es jedoch eine klarere Bestimmung erhalten, die auch nach der Neufassung der FKVO weiterhin Anwendung findet:[461] Danach liegt eine marktbeherrschende Stellung vor, wenn ein Unternehmen die „Fähigkeit [hat], sich in spürbarem Maße unabhängig von den Wettbewerbern und letztlich von den Abnehmern zu verhalten oder - anders ausgedrückt - [dem Unternehmen ein] nicht mehr hinreichend kontrollierter Verhaltensspielraum“ zu eigen ist.[462] In Art. 2 Absatz 1 FKVO[463] sind die wesentlichen Kriterien aufgezählt: die Struktur der betroffenen Märkte, der tatsächliche und potentielle Wettbewerb, die Marktanteile, Marktstellung und Finanzkraft der Unternehmen, die Wahlmöglichkeiten der Abnehmer und Lieferanten, deren Zugang zu den Beschaffungs- und Absatzmärkten, die rechtlichen und tatsächlichen Marktzutrittsschranken sowie die Interessen und die Kaufkraft der Zwischen- und Endverbraucher. Von Bedeutung ist außerdem die Entwicklung des Angebotes bzw. der Nachfrage bei den jeweiligen Produkten oder Dienstleistungen.[464]

Es kommt demnach auf die konkreten Folgen eines Zusammenschluss für den relevanten Markt an. Die wettbewerbliche Würdigung basiert demnach auf einer Prognose.[465] Auch wenn eine Marktbeherrschung nach der Rechtsprechung der

---

[459] Dogmatisch gesehen ist die Änderung grundsätzlicher Natur, da der Dominanz-Test zu einem Regelbeispiel zurückgestuft wird. Böge, WuW 2004, 138 (144); Christiansen, WuW 2005, 285 (286).

[460] Europäische Kommission, Pressemitteilung vom 20.01.2004, IP/04/70.

[461] Bundeskartellamt, Diskussionspapier über das Untersagungskriterium in der Fusionskontrolle, S. 5 (im folgenden: Bundeskartellamt, Diskussionspapier); vgl. auch: Bundeskartellamt: Ergebnisprotokoll der Tagung des Arbeitskreises Kartellrecht am 08. / 09.10.2001 zum Thema „Das Untersagungskriterium in der Fusionskontrolle - Marktbeherrschende Stellung versus Substantial Lessening of Competition?“ vom 7.11.2001 (im folgenden: Bundeskartellamt, Ergebnisprotokoll).

[462] EuGH, Entscheidung vom 13.12.1979, *Hoffmann-LaRoche/Kommission*, Rs. 85/76, Slg. 1979, S. 461 (520); EuGH, Entscheidung vom 11.12.1980, *L'Oréal/De nieuwe Amck*, Rs. 31/80, Slg. 1980, S. 3775 (3793) - *L'Oréal*; *Tetra Pak/Alfa-Laval*, Kommissions-Entscheidung vom 22.7.1991, Fall IV/M. 68, ABl. 1991 Nr. L 290, S. 35; *Aérospatiale-Alenia/de Havilland*, Kommissions-Entscheidung vom 2.10.1991, Fall IV/M. 53, ABl. 1991 Nr. L 334, S. 42; *Procter & Gamble/VP Schickedanz (II)*, Kommissions-Entscheidung vom 21.6.1994, Fall IV/M. 430, ABl. 1994 Nr. L 354, S. 32; *Mercedes-Benz/Kässbohrer*, Kommissions-Entscheidung vom 14.2.1995, Fall IV/M. 477, ABl. 1995 Nr. L 211, S. 1; Wiedemann, Handbuch des Kartellrechts, S. 525; Schmidt, J., S. 90; Bundeskartellamt, Diskussionspapier, S. 5; vgl. auch Bundeskartellamt, Ergebnisprotokoll.

[463] Bis zum 01.05.2004 in Art. 2 Absätze 2 und 3 FKVO.

[464] Im einzelnen hierzu siehe: Camesasca, ECLR 1999, 14 (22); Wiedemann, Handbuch des Kartellrechts, S. 526-534 und Bundeskartellamt, Diskussionspapier, S. 5 f.; vgl. auch Bundeskartellamt, Ergebnisprotokoll.

[465] Wiedemann, a.a.O. S. 526, 535; eine Dauerhaftigkeit wurde verneint in *Mannesmann/Hoesch*, Kommissions-Entscheidung vom 12.11.1992, Fall IV/M. 222, ABl. 1993 Nr. l 114, S. 34.

europäischen Gerichte nicht aufgrund einer bloßen Vermutung festgestellt werden darf, ist die Fiktion von Konsequenzen auf der Basis von nicht eindeutig und sicher vorhersehbaren Umständen der Prognose wesenseigen.[466] Unterschiedliche Bewertungen dieser Umstände sind vorhersehbar.

Das prognostische Hauptkriterium ist die Marktstellung der Unternehmen zum Zeitpunkt des Zusammenschlusses. Zu ihrer Feststellung gibt es keine festen Schwellenwerte in Form von Benchmarks[467], Safe-Harbours[468] oder Likely-Challenge Thresholds[469]. Teilweise errechnet die Kommission zwar zur Bewertung der Marktstellung den Hirschman-Herfindahl-Index (HHI)[470], der HHI dient aber lediglich als Indiz für die weitere Beurteilung des Zusammenschlusses.[471] Aus Erwägungsgrund Nr. 32 der FKVO[472] ist zu entnehmen, dass bei einem Markanteil von weniger als 25 % eine Behinderung des Wettbewerbs unwahrscheinlich ist. Hieraus ergibt sich sowohl ein Indiz für einen Safe-Harbour als auch für einen Likely-Challenge Threshold. Da es sich selbst dem Wortlaut der FKVO nach[473] lediglich um ein „Indiz" handelt, lässt sich jedoch auch hieraus kein fester Schwellenwert ableiten.[474] Damit kann die Europäische Kommission nicht gezwungen sein,

---

[466] Vgl. hierzu: Divergenzen bei der Marktabgrenzung, oben, S. 100.

[467] „Benchmarks" sind Richtwerte, die die Annahme wettbewerbsnachteiliger, -fördernder, bzw. -neutraler Folgen begründen.

[468] Bei „Safe Harbours" handelt es sich um Richtwerte, die eine wettbewerbseinschränkende Auswirkung ausschließen.

[469] „Likely-Challenge Thresholds" sind ein wesentliches Indiz für eine Marktmacht.

[470] Der Index ergibt sich aus der Summe der quadrierten Marktanteile aller auf dem Markt tätigen Unternehmen (sog. „quantitativer benchmark"), d.h. auf einem Markt mit fünf Unternehmen, die jeweils über einen Marktanteil von 20 % verfügen, beträgt der HHI 5 x 20^2 = 2000. Dadurch erhalten größere Unternehmen im Index ein stärkeres Gewicht als kleinere Unternehmen. Kinne, S. 143; Bundeskartellamt, Diskussionspapier, S. 5.; vgl. auch Bundeskartellamt, Ergebnisprotokoll. Genaueres dazu weiter unten S. 107 ff. und insbesondere: Laine, Antitrust Bulletin 1995, 423.

[471] Christensen/Rabassa, ECLR 2001, 227 (230); Bundeskartellamt, Diskussionspapier, S. 5 und Anhang II des Diskussionspapiers sowie Bundeskartellamt, Ergebnisprotokoll; Vgl. International Competition Network, Project on Merger Guidelines, Kapitel 4, Rn. 11.

[472] Ehemals Erwägungsgrund Nr. 15 zur FKVO in seiner Fassung bis zum 01.05.2004.

[473] „Bei Zusammenschlüssen, die wegen des begrenzten Marktanteils der beteiligten Unternehmen nicht geeignet sind, wirksamen Wettbewerb zu behindern, kann davon ausgegangen werden, dass sie mit dem Gemeinsamen Markt vereinbar sind. Unbeschadet der Artikel 81 und 82 des Vertrages besteht ein solches Indiz insbesondere dann, wenn der Marktanteil der beteiligten Unternehmen im Gemeinsamen Markt oder in einem wesentlichen Teil desselben 25 % nicht überschreitet."

[474] In der Praxis werden in der Regel begründete Bedenken ab einem addierten Marktanteil von 45-50 % angezeigt. Bei Marktanteilen unter 40 % geht man grundsätzlich nicht von einer marktbeherrschenden Stellung aus. Vgl. hierzu: *United Brands Company*, Kommissions-Entscheidung vom 17.12.1975, Fall IV/26.699 - Chiquita, ABl. 1976 Nr. L 95, S. 1; Wiedemann, Handbuch des Kartellrechts, S. 526; Kerres, S. 7 (10); Bundeskartellamt, Diskussionspapier, S. 5; vgl. auch Bundeskartellamt, Ergebnisprotokoll.

einen wettbewerbsbeeinträchtigenden Zusammenschluss allen deswegen freigeben zu müssen, weil die Schwelle des Safe-Harbours nicht überschritten ist.[475]

Lange war umstritten, ob das Untersagungskriterium der FKVO auch auf eine kollektive Marktbeherrschung (Oligopol[476]) anwendbar ist,[477] denn die Anwendbarkeit der FKVO hierauf ist nicht ausdrücklich geregelt. Im *Nestlé/Perrier*-Fall[478] wandte die Kommission das Konzept kollektiver Marktbeherrschung[479] zum ersten Mal bei der Fusionskontrolle an[480] und wurde darin vom EuG bestätigt.[481] Seit der Neufas-

---

[475] Vgl. International Competition Network, Project on Merger Guidelines, Kapitel 1, Rn. 57 ff. (67).

[476] Eine oligopolistische Marktbeherrschung, also eine gemeinsame marktbeherrschende Stellung mehrerer Unternehmen, kann entstehen, wenn die Zahl der Wettbewerber auf dem betroffenen Markt so gering ist und zwischen ihnen eine so starke Reaktionsverbundenheit besteht, dass strategische Entscheidungen unter Berücksichtigung der (wahrscheinlichen) Verhaltensweisen der Konkurrenten getroffen werden. Vgl. Erwägungsgrund Nr. 25 der FKVO in der Fassung seit dem 01.05.2004, Bundeskartellamt, Diskussionspapier, S. 16 und Bundeskartellamt, Ergebnisprotokoll.

[477] Vgl. Stellungnahmen des Beratenden Ausschusses, ABl. 1992, Nr. C 319, S. 3; Winckler/Hansen, CMLR 1993, 787 (806).

[478] *Nestlé/Perrier*, Fall IV/M.190, Kommissions-Entscheidung vom 22.7.1992, ABl. 1992 Nr. L 356, S. 1 ff.

[479] Nach dem Konzept der kollektiven Marktbeherrschung (sog. Collective Dominance Theory) findet die FKVO und insbesondere der Dominanz-Test auch auf Oligopole Anwendung, wenn zunächst eine Markttransparenz herrscht, die den Unternehmen des Oligopols ermöglicht, das Verhalten der anderen Unternehmen des Oligopols mit dem eigenen Verhalten zu vergleichen. Denn nur so können die einzelnen Unternehmen feststellen, ob tatsächlich eine gemeinsame Firmenpolitik verfolgt wird. Außerdem müssen den einzelnen Unternehmen negative Konsequenzen drohen, wenn sie versuchen, von diesem gemeinsamen Verhalten Abstand zu nehmen, um eine eigene Strategie zu etablieren. S. im einzelnen hierzu: EuG, Entscheidung vom 6.6.2002, *Airtours plc./Kommission*, Rs. T-342/99, Slg. II-2002, S. 2585, Tz. 62.

[480] „Eine Behinderung des wirksamen Wettbewerbs, die verboten ist, kann nicht zulässig werden, wenn sie das Ergebnis einer beherrschenden Stellung von zwei oder mehreren Unternehmen ist." (*Nestlé/Perrier*, Kommissions-Entscheidung vom 22.7.1992, Fall IV/M. 190, ABl. 1992 Nr. L 356, S. 1, Tz. 112-114). Zu dem ökonomischen Hintergrund und der entsprechenden Analyse sowie weiteren Fällen, in denen die Kommission diesem Ansatz gefolgt ist, vgl. Winckler/Hansen, CMLR 1993, 787 (788 ff., 806 ff., 816 ff.); vgl. *Kali & Salz/MdK/Treuhand*, Kommissions-Entscheidung vom 14.12.1993, Fall IV/M. 308, ABl. 1994 Nr. L 186, S. 38; Montag/Leibenath, WuW 2000, 842 (855); Montag/Kaessner, WuW 1997, 781 (782). Der EuGH hob die Entscheidung der Kommission zwar auf, bestätigte jedoch die grundsätzliche Anwendbarkeit der FKVO auf Fälle der oligopolistischen Marktbeherrschung (EuGH, Entscheidung vom 31.3.1998, verb. Rs. C-68/94, *Französische Republik/Kommission* und C-30/95, *SCPA und EMC/Kommission*, Slg. I-1998, S. 1375 - *Kali & Salz*); Bundeskartellamt, Diskussionspapier, S. 19; vgl. auch Bundeskartellamt, Ergebnisprotokoll; Pitofsky, EU and US Approaches to International Mergers, S. 5; Bishop, ECLR 1999, 37; Lofaro/Ridyard, European Business Organization Law Review, 1/2000, 539 (548 f.). Wiedemann, Handbuch des Kartellrechts, S. 525, 540; Montag/Leibenath, WuW 2000, 842 (855); s.a. EuG, Entscheidung vom 25.3.1999, *Gencor Ltd./Kommission*, Rs. T-102/96, Slg. II-1999, S. 753 - *Gencor/Lonrho*.

[481] *Airtours/First Choice*, Kommissions-Entscheidung vom 22.7.1999, Fall IV/M.1524, ABl. 2000 Nr. L 93, S. 1. EuG, Entscheidung vom 6.6.2002, *Airtours plc./Kommission*, Rs. T-342/99, Slg. II-2002, S. 2585; Davies/Cameron, European Union's Merger Control 2003, S. 75 (81). Zwar hat

sung der FKVO zum 01.05.2004 wird hierauf ausdrücklich in Erwägungsgrund Nr. 25 zur FKVO Bezug genommen.

Auch bei konglomeraten Zusammenschlüssen[482] findet die FKVO Anwendung. Wie im Fall einer kollektiven Marktbeherrschung kann hier nicht allein auf die Marktanteilsprüfung zurückgegriffen werden, da die beteiligten Unternehmen auf räumlich bzw. sachlich (weitgehend) getrennten Märkten tätig sind. Hier wendet die Kommission daher u.a. die Portfolio Effect Theory an, im Rahmen derer sie insbesondere mögliche schädliche Auswirkungen des Zusammenschlusses aufgrund einer Kopplung von Produkten überprüft.[483] Die Portfolio Effect Theory geht von einer Wettbewerbsbehinderung aus, wenn der Zusammenschluss aufgrund des entstandenen Größenvorteils eine Ertragssteigerung bewirken würde, die andere Unternehmen nicht erreichen können. Hinzu muss kommen, dass die zusammengeschlossenen Unternehmen aufgrund der Größe und der finanziellen Ressourcen entscheidende Vorteile gegenüber Wettbewerbern erzielen und der Zusammenschluss eine Kopplung von sich ergänzenden Produkten oder Dienstleistungen erleichtert.[484]

Im Falle einer vertikalen Integration[485] befürwortet die Kommission gleichermaßen die Anwendung der FKVO. In den Fällen *Vivendi/Seagram*[486] und *GE/Honeywell*[487]

---

das EuG die Entscheidung der Kommission aufgehoben, dennoch aber diesen neuen Ansatz bei der Behandlung von Oligopolen (der Erweiterung des Anwendungsbereiches der Theorie der kollektiven Marktbeherrschung auf mehrere Unternehmen anstelle reiner Duopole) gebilligt. Mayer-Lindemann, FAZ vom 30.10.2002, S. 23.

[482] Diese Unternehmenszusammenschlüsse werden auch als diagonale oder diversifizierende bezeichnet, es existiert hier noch kein gemeinsamer Begriff. In diesen Fällen schließen sich Unternehmen zusammen, die weder in einem Wettbewerber-, noch in einem Zulieferer- oder Bezugsverhältnis stehen und auch keine horizontalen oder vertikalen wettbewerblichen Beziehungen zueinander haben. Vgl. Boner/Krueger, S. 76; Bundeskartellamt, Diskussionspapier, S.30; Bundeskartellamt, Ergebnisprotokoll.

[483] Ausführlicher hierzu s.u. S. 121. *Guinness/Grand Matropolitan/Diageo*, Kommissions-Entscheidung vom 15.10.1997, Fall IV/M. 938, ABl. 1998 Nr. L 288, S. 24; *GE/Honeywell*, Kommissions-Entscheidung vom 3.7.2001, Fall VI/M. 2220, WuW/E EU-V 631 und unter http://europa.eu.int/comm/competition/mergers/cases/decisions/m2220_en.pdf; Bundeskartellamt, Diskussionspapier, S.32 f.; Bundeskartellamt, Ergebnisprotokoll.

[484] Ausführlicher hierzu s.u. S. 121.

[485] Vertikale Zusammenschlüsse sind solche von Unternehmen, die auf nachgelagerten Marktstufen und damit sachlich unterschiedlichen Märkten tätig sind und damit in einer Käufer-Verkäufer-Situation stehen, beispielsweise Produzent und Verteiler. Vgl. Boner/Krueger, S. 76.

[486] Vgl. *Vivendi/Canal+/Seagram*, Kommissions-Entscheidung vom 13.10.2000, Fall IV/M.2050, MCR B1378 und unter: http://europa.eu.int/comm/competition/mergers/cases/decisions/m2050_en.pdf, über die Gründung eines Gemeinschaftsunternehmens durch *Vivendi* und *Seagram*, welches zu einer vertikalen Integration des Pay-TV-Anbieters *Canal+* und des Inhalteanbieters *Universal* führen sollte.

[487] *GE/Honeywell*, Kommissions-Entscheidung vom 3.7.2001, Fall VI/M. 2220, WuW/E EU-V 631 und unter http://europa.eu.int/comm/competition/mergers/cases/decisions/m2220_en.pdf; Bundeskartellamt, Diskussionspapier, S. 25, 33; vgl. auch Bundeskartellamt, Ergebnisprotokoll; Abbamonte/Rabassa, ECLR 2001, S. 214 (218 f.).

betonte sie, hierdurch könnten auch die mit einer „vertikalen Integration von Unternehmen verbundenen spezifischen Wettbewerbsbeschränkungen wirksam erfasst und begrenzt werden“.[488] Der möglichen Wechselwirkung zwischen den unterschiedlichen Marktstufen, auf denen die beteiligten Unternehmen tätig sind, komme besondere Bedeutung zu.[489]

Die FKVO findet nach alledem sowohl auf die Einzelmarktbeherrschung wie die kollektive, die vertikale und die konglomerate Marktbeherrschung Anwendung.

b. USA

Nach Sec. 7 Clayton Act ist jeder Zusammenschluss zu verbieten, der „ den Wettbewerb erheblich reduziert“ („Substantial Lessening of Competition“, sogenannter SLC-Test). Jede unvernünftige Behinderung des Wettbewerbs reicht aus, um ein Verbot zu rechtfertigen.[490]

Der SLC-Test basiert auf fünf Prüfungspunkten: Die Marktmacht der beteiligten Unternehmen wird anhand des Konzentrationsgrads und -trends inklusive der Marktanteile auf dem relevanten Markt, anhand möglicher wettbewerbsfeindlicher Auswirkungen, anhand von Zutrittsschranken, möglichen Effizienzvorteilen[491] und einer etwaigen Anwendbarkeit der Failing Company Defense[492] festgestellt.[493]

Nach den aktuellen Richtlinien (Guidelines)[494] wird ein Zusammenschluss voraussichtlich zu einem „substantial lessening of competition“ führen, wenn dadurch eine Marktmacht der beteiligten Unternehmen begründet, verstärkt oder deren Ausübung erleichtert wird.[495] Markmacht wird als Fähigkeit definiert, mit einer beträchtlichen Unabhängigkeit agieren zu können,[496] und kann sowohl auf Anbieter-

---

[488] Bundeskartellamt, Diskussionspapier, S.27; Bundeskartellamt, Ergebnisprotokoll.

[489] Bundeskartellamt, Diskussionspapier, S. 25; Bundeskartellamt, Ergebnisprotokoll.

[490] Schmidt, J., S. 141; Bundeskartellamt, Diskussionspapier, S. 7; Bundeskartellamt, Ergebnisprotokoll. Auch in Australien, Neuseeland und Kanada genügt jede unvernünftige Behinderung des Wettbewerbs zur Untersagung eines Zusammenschlusses.

[491] S.u. S. 115.

[492] Im Rahmen der US-amerikanischen Failing Company Defense wird ähnlich wie bei der Sanierungsfusion in der EU die Entstehung einer Marktmacht für unwahrscheinlich gehalten und ein Zusammenschluss freigegeben, wenn das zu erwerbende Unternehmen sich in einer finanziell besonders schwachen Situation befindet. Denn Grundvoraussetzung einer Untersagung ist die Kausalität zwischen Zusammenschluss und Beherrschung des Marktes. Hieran aber fehlt es, wenn bei Ausscheiden des zu übernehmenden Unternehmens aus dem Markt die gleiche Wettbewerbssituation wie bei dem Zusammenschluss einträte. Das ist nach der Theorie der Sanierungsfusion bzw. der Failing Company Defense insbesondere dann der Fall, wenn die relevanten Marktressourcen und -anteile auf einen der Zusammenschlussbeteiligten übergehen würden. Ausführlicher hierzu, s.u. S. 126.

[493] DoJ/FTC, Horizontal Merger Guidelines (1997), Sec. 0.2; Camesasca, ECLR 1999, 14 (20); Schmidt, J., S. 142.

[494] S.o. S. 59 und Fn. 196.

[495] Vgl. hierzu: Rowley/Baker, S. 452.

[496] Bundeskartellamt, Diskussionspapier, S. 9; Bundeskartellamt, Ergebnisprotokoll.

wie auf Nachfragerseite entstehen. Ein Anbieter ist marktmächtig, wenn er den Preis eines angebotenen Gutes für einen erheblichen Zeitraum oberhalb des Wettbewerbspreises zu halten und zusätzlich den Wettbewerb über die Qualität des Produktes, Service oder Innovation zu beeinflussen vermag; ein Nachfrager (sei es ein Monopsonist, d.h. ein Nachfragemonopolist oder nicht) ist dagegen in wettbewerbsbehindernder Weise marktmächtig, wenn er den Preis für das nachgefragte Produkt für einen erheblichen Zeitraum unterhalb des Wettbewerbspreises drücken kann.[497]

Marktmacht wird in drei Abschnitten geprüft: es werden die jeweiligen Marktanteile vor und nach dem Zusammenschluss bestimmt, dann - seit Aufgabe des CR 4-Tests (the „Four-Firm Concentration Ratio")[498] - der Konzentrationsgrad des relevanten Marktes entsprechend dem HHI festgestellt und schließlich der Einfluss des Zusammenschlusses hierauf untersucht.

In die Berechnung der Marktanteile sind sämtliche, auch ausländische Unternehmen[499] einzubeziehen, die zueinander im Wettbewerb stehen. Die Berechnung basiert auf den Umsatzzahlen bzw. den möglichen Kapazitäten der Unternehmen zur Steigerung ihres Umsatzes auf dem relevanten Markt. Auch die Möglichkeiten zu Gegenreaktionen im Falle einer „small but significant and nontransitory" Preiserhöhung werden berücksichtigt. In der Regel ist das letzte Jahr der maßgebliche Bezugszeitraum.[500].

Welche Marktanteile Marktmacht wahrscheinlich erscheinen lassen (Likely-Challenge Threshold), wurde in der Vergangenheit unterschiedlich bewertet, feste Richtwerte gibt es auch in den USA nicht.[501]

---

497 DoJ/FTC, Horizontal Merger Guidelines (1997), Sec. 0.1; Bundeskartellamt, Diskussionspapier, S. 6-10; Bundeskartellamt, Ergebnisprotokoll.

498 Dieser Test knüpft an die Summe der Marktanteile der vier führenden Unternehmen an. Ein hoher Konzentrationsgrad besteht ab einem gemeinsamen Marktanteil von 75 %. Im Gegensatz zu dem CR-4-Test reflektiert der HHI beides: die Verteilung der Marktanteile der vier führenden Unternehmen und die Zusammensetzung des Marktes unabhängig von diesen. Außerdem haben nach HHI die größeren Unternehmen proportional mehr Gewicht als die kleineren.

499 DoJ/FTC, Horizontal Merger Guidelines (1997), Sec. 1.4.

500 Nur bei unregelmäßigen Individual-Geschäften von besonderer Größe wird ein längerer Zeitrahmen gewählt, um eine repräsentativere Berechnung zu erhalten.

501 In den Anfängen der Zusammenschlusskontrolle vor Verabschiedung des Clayton Acts wurde nahezu jeder Zusammenschluss als illegal eingestuft (vgl. *Northern Securities Co. v. U.S.* 193 US 197, 331 [1904]); Immenga, International Restrictive Practices and Economic Concentration, S. 119 [127]). Auch noch nach Inkrafttreten des Sec. 7 Clayton Act wurden Zusammenschlüsse verboten, bei denen die beteiligten Unternehmen einen Marktanteil von wenig mehr als 10 % erreichten (vgl. *Brown Shoe Co. v. United States*, 370 US, 294 ff. [1962]; Immenga, International Restrictive Practices and Economic Concentration, S. 119 [128]; Bundeskartellamt, Diskussionspapier (2001), S. 7; Bundeskartellamt, Ergebnisprotokoll, 2001). Einen der Richter des Supreme Court veranlasste dies in einem abweichenden Votum zu der Aussage: „The sole consistency that I can find is that in litigation under [Sec.] 7, the Government always wins". (Vgl. *U.S. v. Von's Grocery Co.* 384 U.S. 270/301 [1966], *Stewart, J.* dissenting.) In den damals aktuellen Merger Guidelines wurden vertikale Zusammenschlüsse als kritisch eingestuft, wenn sie zu Marktanteilen auf den

Nach den Merger Guidelines wird im Rahmen der US-amerikanischen Fusionskontrolle zwischen drei Konzentrationsgraden nach dem HHI innerhalb eines Marktes differenziert:

Märkte, die nach dem Zusammenschluss unkonzentriert (HHI < 1000),

mäßig konzentriert (HHI 1000 - 1800) und

hochgradig konzentriert (HHI > 1800) sind.[502]

Handelt es sich um einen mäßig konzentrierten Markt (sogenannter Likely-Challenge Threshold), so bestehen Bedenken gegen den Zusammenschluss, wenn der Zusammenschluss den HHI um mehr als 100 Punkte ansteigen lässt. Bei einem hochgradig konzentrierten Markt reicht ein durch den Zusammenschluss bewirkter Anstieg um 50 Punkte, um eine widerlegbare Vermutung für eine Marktmacht zu begründen. Innerhalb eines unkonzentrierten Marktes oder bei einem HHI unterhalb der genannten Werte (sogenannte Safe-Harbours), liegt keine Marktmacht vor. Die Wettbewerbsbehörden werden nicht gegen das Vorhaben einschreiten.[503] Je höher also der Konzentrationsgrad auf dem Markt, desto eher führt eine auch nur geringe Steigerung der Konzentration zu negativen Auswirkungen auf den Wettbewerb. Werden die vorbezeichneten Richtwerte des HHI überschritten, wird prognostiziert, ob die Unternehmen durch einseitige Maßnahmen oder durch ein koordiniertes Verhalten den Wettbewerb einzuschränken vermögen.[504]

Der „substantive test" erfasst seit dem Inkrafttreten des Cellar-Kefauver Act[505] nicht nur horizontale, sondern auch konglomerate und vertikale Zusammenschlüsse.[506]

---

relevanten Märkten in Höhe von 10 % (vorgelagerter Markt) und 6 % (nachgelagerter Markt) führten; vgl. Williamson, University of California Law Review 1983, 604 (616).

502 Bundeskartellamt, Diskussionspapier (2001), S. 6-10; Bundeskartellamt, Ergebnisprotokoll (2001); Baxter, 71 University of California Law Review 1983, 619 (627), sowie - differenzierend - Schmidt/Reis, WuW 1983, 525 (527 f.).

503 Bundeskartellamt, Diskussionspapier (2001); Bundeskartellamt, Ergebnisprotokoll (2001).

504 Bundeskartellamt, Diskussionspapier (2001), S. 6-10; Bundeskartellamt, Ergebnisprotokoll (2001).

505 Vgl. zu der Entwicklung des Celler-Kefauver-Act seit 1950: Bok, 74 Harvard Law Review 1960, 226 (236 f.); Areeda/Turner, Vol. 4, § 903 f.

506 Die US-amerikanischen Wettbewerbsbehörden unterscheiden nicht zwischen vertikalen und konglomeraten Zusammenschlüssen. Während lange Zeit die Auffassung herrschte, von vertikalen Zusammenschlüssen seien keine wettbewerblichen Gefahren zu erwarten seien, werden diese seit Anfang der 90er Jahre wieder verstärkt überprüft. Vgl. Bundeskartellamt, Diskussionspapier (2001), S. 6-10, 27, 28, 32 f.; Bundeskartellamt, Ergebnisprotokoll (2001); Möschel, RabelsZ 1980, 203 ff.; Arquit/Wolfram (2000), S. 147 (212 f., 215 ff.); Schmidt, J. (1992), S. 143; Büscher, Diagonale Unternehmenszusammenschlüsse im Amerikanischen und Deutschen Recht: Bedeutung (S. 157), Kritik (S. 195) und Unterscheidung zwischen Marktstrukturbestimmender" (S. 160 ff.) und „Marktverhaltensbestimmender potentieller Konkurrenz" (S. 186 ff.), sowie S. 215 ff.; s. auch: *FTC v. Procter & Gamble Co.* 386 US 568 (1967); *United States v. Falstaff Brewing Corp.*, 410 US 526 (1973); *FTC v. Consolidated Foods Corp.* 380 US 592 (1965); Markert, S. 407 ff.; Sullivan, §§ 205,

Neben diesen fallen auch Oligopole unter den „substantive test". Auch hier werden die Prüfungskriterien geringfügig modifiziert:[507] Die amerikanische Praxis beurteilt einen Oligopolfall außer nach den Marktanteilen der beteiligten Unternehmen und dem Konzentrationsgrad insbesondere nach der Produkthomogenität, der Elastizität sowie Stabilität der Nachfrage, nach der Symmetrie der Kostenstrukturen und den Marktzutrittsschranken bzw. der Preistransparenz.[508] Außerdem werden oligopolistische Marktstrukturen neben zusätzlichen Erleichterungen, die durch den Zusammenschluss eintreten würden (z.B. Wegfall eines Außenseiter-Wettbewerbers), als Indizien für eine hohe Koordinierungswahrscheinlichkeit gewertet.[509]

c. Divergenzen im Rahmen des Untersagungskriteriums

Der Wortlaut der bis zum 01.05.2004 anwendbaren Fassung der europäischen FKVO und des Untersagungskriteriums in den USA - Entstehung oder Verstärkung einer beherrschenden Stellung bzw. die erhebliche Reduzierung des Wettbewerbs - vermittelte den Eindruck, der Dominanz-Test der EU und der SLC-Test der USA wiesen keinerlei Gemeinsamkeiten auf. Das war zwar nicht der Fall[510], die Divergenzen waren und dürften auch weiterhin erheblich sein.[511] Die Änderung des Wortlauts der FKVO zum 01.05.2004 scheint auf den ersten Blick eine deutliche Annäherung der beiden Untersagungskriterien mit sich zu bringen. Das aber ist gleichfalls nicht der Fall.[512]

207; Bork, S. 246 ff.; Dreher, Konglomerate Zusammenschlüsse, Verbotsvermutungen und Wiederlegungsgründe, S. 29 ff.

[507] Bundeskartellamt, Diskussionspapier, S. 6-10; Bundeskartellamt, Ergebnisprotokoll.

[508] Vgl. hierzu und zum Folgenden: OECD, Roundtable on Oligopoly, S. 235 f. und 264 f.; Bundeskartellamt, Diskussionspapier, S. 21; Bundeskartellamt, Ergebnisprotokoll.

[509] Im Jahre 1998 wurde z.B. ein Zusammenschluss wegen der hohen Wahrscheinlichkeit einer Verhaltensabstimmung zwischen den Beteiligten gestoppt; gemeinsam hätten sie einen Marktanteil von 80 % erreicht: vgl. *FTC v. Cardinal Health, Inc.* (1998) - 2 Trade Chas. 72, 226; Bundeskartellamt, Diskussionspapier, S. 21; Bundeskartellamt, Ergebnisprotokoll.

[510] Beide „Kriterien [verfolgen] letztlich mit der Verhinderung unerwünschter Marktmacht [...] das gleiche Oberziel und erlauben jeweils die Analyse von Zusammenschlüssen in einer strengen, flexiblen und effektiven Art und Weise. Der Befund der Abwesenheit signifikanter Unterschiede erstreckt sich zunächst auf die Betrachtung der beiden (theoretischen) Konzepte als solche." Vgl. Bundeskartellamt: Stellungnahme des Bundeskartellamtes zum Grünbuch der Kommission zur Revision der Verordnung Nr. EG 4064/89, S. 17 f.

[511] Bundeskartellamt, a.a.O.

[512] Zu beachten ist unter anderem, dass selbst eine wortgleiche Übernahme des SLC-Tests keine Anpassung von Standards und Interpretationen garantiert hätte. Das zeigt sich schon an den unterschiedlichen Auslegungen des US-amerikanischen Untersagungskriteriums durch die FTC und die Beschwerdegerichte in den USA. Darüber hinaus gilt das – wenn auch zunächst häufig in formalistischer Weise – angeführte Argument unterschiedlicher Standards in den USA und der EU fort (Böge, WuW 2004, 138, 144, m.w.N.). Dennoch ist der Versuch einer Annäherung an die US-amerikanische Fusionskontrolle bei der Einführung des neuen Untersagungskriteriums positive zu würdigen (vgl. Christiansen, WuW 2005, 285, 293; Monti, Private Litigation as a key complement to public enforcement of competition rules, S. 6 f.; Vgl. International Competition Network, Project on Merger Guidelines, Kapitel 4, Rn. 5).

Entscheidend für die Differenzen war zunächst die unterschiedliche Bewertung der Tests: Bei der Neufassung des Wettbewerbsrechts in Neuseeland wurde der bis dahin verwandte Dominanz-Test nach eingehendem Vergleich mit dem SLC-Test durch das US-Kriterium ersetzt.[513] Auch in Großbritannien kam es im Rahmen von Reformbestrebungen zu umfangreichen Diskussionen darüber, ob der „substantive test" nach europäischem oder US-amerikanischem Vorbild gestaltet werden sollte.[514] Durch die Enterprise Bill vom März 2002 wurde der Public Interest Test[515] im Jahr 2003 von dem SLC-Test abgelöst.[516] Sogar der europäische Gesetzgeber erwog bei der Reform der FKVO, anstelle des Dominanz-Tests ausschließlich den SLC-Test einzuführen. Er hat sich nun dem Wortlaut nach für eine Zwischenlösung entschieden, nach welcher der SLC-Test zwar in der FKVO verankert, gleichzeitig aber auch der Dominanz-Test als besondere Ausformung des SLC-Tests beibehalten wurde und hält somit an dem bisherigen Untersagungskriterium weiterhin fest.[517] Diese Überlegungen zeigen, welche unterschiedlichen Konsequenzen der Entscheidung für den einen oder anderen Test folgen.

aa. Struktur- und verhaltensbezogene Kontrolle

Besonders konfliktträchtig ist die Einordnung der Untersagungskriterien in struktur- oder verhaltensbezogene Kontrollansätze. Nach einer Meinung beinhaltet sowohl der Dominanz-Test als auch der neue europäische SIEC-Test[518] eine strukturbezogene Kontrolle, der SLC-Test eher eine verhaltensbezogene.[519] Andere sind der Ansicht, in den USA werde mehr Wert auf strukturelle Aspekte gelegt, während

---

[513] Ursprünglich wurden dort Zusammenschlüsse freigegeben, die einen Marktanteil von bis zu 40 % erreichten, denn man stufte sie nicht als marktbeherrschend ein. Die neuseeländische Wettbewerbsbehörde ergriff die Gelegenheit, eine restriktivere Wettbewerbspolitik einzuführen. Einige nach dem alten Recht freigegebene Zusammenschlüsse wären nach dem neuen Recht untersagt worden: so z.B. *TransAlta/Contact*, *BP/TopGroup* and *BP/Solo*. Vgl. Ministry of Economic Development (MED), Backgrounder on the Commerce Act Reforms, S. 5; Bundeskartellamt, Diskussionspapier, S. 11; Ministry of Economic Development (MED), Review of the Competition Thresholds in the Commerce Act and Related Issues, S. 5 ff.

[514] Entscheidend für die Beurteilung eines Zusammenschlusses war in Großbritannien allein das sogenannte Öffentliche Interesse (Public Interest Test). Mit der Einführung des SLC-Tests verfolgt die Wettbewerbsbehörde das Ziel, einen praxis- und wettbewerbsorientierteren Test zur Verfügung zu haben. Der SLC-Test habe einen weiteren Anwendungsbereich, er sei flexibler und wirtschaftsorientierter, u.a. weil er die Berücksichtigung von Effizienzen erleichtere. Vgl. DTI, Productivity and Enterprise, A World Class Competition Regime, S.1 ff.; Bundeskartellamt, Diskussionspapier, S. 11; Bundeskartellamt, Ergebnisprotokoll.

[515] S.o. Fn. 514.

[516] Spearing/Jones/Gillen, United Kingdom's Merger Control 2003, S. 232.

[517] Vgl. Hoenig/Scheerer, Handelsblatt vom 13.2.2001, S. 8; Frankfurter Allgemeine Zeitung, Monti beharrt auf den EU-Vorrechten, FAZ vom 8.11.2002, S. 14; Frankfurter Allgemeine Zeitung, Richter kippen Montis Drittes Fusionsverbot, FAZ vom 26.10.2002, S. 11; Europäische Kommission, Pressemitteilung vom 20.01.2004, IP/04/70.

[518] Significant Impediment to Effective Competition.

[519] Immenga, International Restrictive Practices and Economic Concentration, S. 119 (127).

die EU größeres Augenmerk auf das Verhalten der Unternehmen bei der Fusionskontrolle richte.[520]

Der letzten Auffassung ist zuzustimmen. Das US-amerikanische Untersagungskriterium ist durch die Heranziehung der HHI-Werte als feste Benchmarks deutlich strukturell geprägt. Ausschließlich objektive wirtschaftliche Faktoren liegen im Rahmen einer genau definierten Berechnung der Beurteilung zugrunde. Die Marktstruktur ist maßgebend für eine Untersagungsentscheidung. Die EU berücksichtigt demgegenüber das potentielle zukünftige Verhalten der beteiligten Unternehmen und der übrigen Wettbewerber sehr viel stärker.[521]

Dieser eher verhaltensbezogene Ansatz der EU erscheint flexibler. In den USA wird diese Flexibilität jedoch dadurch erreicht, dass ein Zusammenschluss aufgrund besonderer Effizienzvorteile freigegeben werden kann,[522] während nach dem europäischen Recht eine Berücksichtigung von Effizienzgewinnen weitgehend ausgeklammert wird.[523]

bb. Anwendungsbereich des Untersagungskriteriums

Ein weiteres Konfliktfeld ergibt sich daraus, dass der Anwendungsbereich der US-amerikanischen Fusionskontrolle weiter und eine Untersagung daher schneller möglich ist. Beispielsweise ist weder ein Kontrollerwerb[524] noch eine konkrete Marktbeherrschung nötig. Abgestellt wird ausschließlich auf die Marktanteile und den HHI. Ob der hohe Marktanteil und der Konzentrationstrend eine Marktbeherrschung mit sich bringen, ist von untergeordneter Bedeutung.[525] Allein maßgebend und damit auch hinreichend ist, dass der Zusammenschluss mit großer Wahrscheinlichkeit den Wettbewerb erheblich vermindern wird.[526] Mit der Neufassung der FKVO scheint der US-amerikanische flexiblere Ansatz übernommen worden zu sein. Erwägungsgrund Nr. 26 zur FKVO in seiner Fassung vom 01.05.2004 weist ausdrücklich darauf hin, dass die bisherigen Entscheidungen zur vorhergehenden Fassung der FKVO weiterhin als Orientierung dienen sollen. Es bleibt daher abzuwarten, ob die Neufassung der FKVO tatsächlich einen Umschwung in der Rechtspraxis bewirkt, durch den der US-amerikanische Ansatz, wonach weder ein Kontrollerwerb noch eine konkrete Marktbeherrschung erforderlich sind, übernommen wird. Die Marktbeherrschung wird vor dem Hintergrund der neuen Formulierung und des Erwägungsgrundes Nr. 26 zumindest vorerst weiterhin maßgebend für eventuelle Untersagungsentscheidungen bleiben.

---

[520] Boner/Krueger, S. 75 f.

[521] Bundeskartellamt: Stellungnahme des Bundeskartellamtes zum Grünbuch der Kommission zur Revision der Verordnung Nr. EG 4064/89, S. 17 f.

[522] S.u. Divergenzen im Rahmen der Effizienzgewinne, S. 115.

[523] S.u. S. 116.

[524] Nach der Definition des Zusammenschlussbegriffs. S.o. S. 83.

[525] Körber, S. 100.

[526] Russell, Comparative Law Yearbook 2/1978, 183 (188).

Konfliktträchtig ist auch die Möglichkeit der US-amerikanischen Wettbewerbsbehörden, einen Zusammenschluss freizugeben, obwohl die Untersagungskriterien erfüllt sind, sobald anderen Aspekten ein bedeutenderes Gewicht beigemessen wird, etwa möglichen Effizienzgewinnen[527].

Dieser breite Spielraum der US-amerikanischen Wettbewerbsbehörden bei ihren Entscheidungen zeigt sich auch darin, dass in den USA weitaus mehr Zusammenschlüsse mit Marktanteilen von weniger als 40 % - dies ist der informelle europäische Richtwert für eine marktbeherrschende Stellung[528] - als in der EU untersagt wurden. Die Untersagungsentscheidungen in den USA können sich zudem wegen des flexibleren Systems nach der jeweils vorherrschenden politischen Stimmung richten, während man in Europa ein streng rechtsgebundenes und infolgedessen politisch eher unabhängiges Konzept umzusetzen versucht.[529]

cc. Würdigung konglomerater Zusammenschlüsse

Während die USA der Ansicht sind, eine Trennung zwischen konglomeraten und vertikalen Zusammenschlüssen sei überflüssig, modifiziert die EU jeweils den Prüfungsschwerpunkt und die Kategorien, die im Rahmen des Untersagungskriteriums zu berücksichtigen sind. So findet bei der europäischen Fusionskontrolle anders als bei der US-amerikanischen die Portfolio Effects Theory[530] Anwendung - ein besonders konfliktträchtiger Gegensatz.[531]

dd. Würdigung kooperativer Gemeinschaftsunternehmen

Kooperative Gemeinschaftsunternehmen (GU)[532] werden nach der FKVO i.V.m. Art. 81 Absätze 1 und 3 EGV gemischt marktstrukturell und verhaltensbezogen kontrolliert,[533] während in den USA das Untersagungskriterium unmodifiziert Anwendung findet.[534]

ee. Bedeutung von Marktzutrittsschranken

Die US-amerikanischen Wettbewerbsbehörden berücksichtigen grundsätzlich nur die rechtlichen Marktzutrittsschranken, die EU legt demgegenüber besonderen Wert auf die tatsächlichen. Hierunter fallen auch all diejenigen Umstände, welche

---

[527] S.u. S. 115 ff.

[528] S.o. Fn. 474.

[529] Fikentscher/Immenga, S. 91; hinsichtlich der EU: Bundeskartellamt, Diskussionspapier, S. 6. Das Bundeswirtschaftsministerium und das Bundeskartellamt haben sich dafür ausgesprochen, den europäischen Ansatz fortzuführen, da er strengere Maßstäbe setze. Vgl.: Keine neue Attacke gegen Deutschland, Gespräch mit Mario Monti, FAZ vom 6.5.2002, S. 14. Ausführlicher hierzu, s.o. S. 71.

[530] S.u. S. 121.

[531] S.o. bei der Fallanalyse und ausführlicher s.u. S. 48 ff. und 121 ff.

[532] S.o. bei der Definition des Zusammenschlussbegriffs, S. 80 ff.

[533] S.o. a.a.O.

[534] S.o. S. 83.

den marktsteuernden Auswirkungen des potentiellen Wettbewerbs entgegenwirken und damit verhindern, dass das unabhängige Verhalten eines beherrschenden Unternehmens beeinflusst wird.[535] Da kaum noch rechtliche Marktzutrittsschranken existieren, kommt den tatsächlichen Marktzutrittsschranken eine übermäßige Bedeutung zu.

ff. Berechnung der Marktkonzentration

In den USA findet mit dem HHI eine transparentere Methode zur Berechnung der Marktkonzentration als in der EU Anwendung. In der EU dagegen wird der HHI zwar berechnet, ist jedoch nicht entscheidungserheblich. Auf unterschiedliche Marktkonzentrationen kann die Europäische Kommission daher mittels der FKVO flexibler als die US-amerikanischen Kartellbehörden mittels ihrer Merger Guidelines reagieren.[536] Beispielsweise gab die Kommission den Zusammenschluss *Nestlé/Perrier* mit einem Konzentrationsgrad von 75 % unter Auflagen und Bedingungen frei. Die Unternehmen verpflichteten sich, einige Unternehmensbestandteile abzustoßen und so eine weitere Kraft auf dem Markt zu etablieren. In den USA wäre eine solche Genehmigung nach Ansicht der OECD und der US-amerikanischen Wettbewerbsbehörden nicht erteilt worden, da schon die hohe Marktkonzentration allein als inakzeptabel eingestuft worden wäre.[537] Die EU verfolgt damit einerseits mit dem Marktmacht-Test einen sehr viel stringenteren Ansatz als die USA, andererseits nehmen die US-amerikanischen Wettbewerbsbehörden den objektiven HHI-Test zu Hilfe, wodurch eine höhere Transparenz bei der Entscheidungsfindung erreicht wird.

gg. Berücksichtigung von Effizienzvorteilen[538]

Während Effizienzvorteile nach US-amerikanischem Recht im Rahmen des SLC-Tests zu berücksichtigen sind, sieht die FKVO dies zumindest nicht ausdrücklich vor. Die bisherige Entscheidungspraxis der europäischen Gerichte und der Kommission spiegelt diese Beschränkungen wider.[539] Wie bereits erwähnt, ist auch durch

---

[535] Niedrige Marktzutrittsschranken sind allerdings nicht mit potentiellem Wettbewerb gleichzusetzen. Dieser erfordert nämlich, dass der Markteintritt objektiv möglich und wahrscheinlich ist sowie nach kurzer Zeit erfolgt, um so das beherrschende Unternehmen daran zu hindern, seine Marktmacht durchzusetzen.

[536] Das wird dann relevant, wenn gegebenenfalls durch unflexible Schwellenwerte unproblematische Zusammenschlussvorhaben das gesamte Prüfverfahren durchlaufen müssen oder aber aufgrund festgelegter Safe Harbours wettbewerbsbeschränkende Zusammenschlüsse freigegeben werden. Vgl. International Competition Network, Project on Merger Guidelines, Kapitel 1, Rn. 38.

[537] OECD, Competition Policy and Efficiency Claims in Horizontal Agreements, S. 75. Im Fall *Boeing/MDD* aber hat die FTC trotz des hohen Konzentrationsgrades den Zusammenschluss freigegeben, konnte dafür allerdings die ihrer Ansicht nach unbedeutende wettbewerbliche Stellung von *MDD* in die Waagschale werfen.

[538] S.u. S. 115 ff.

[539] Bundeskartellamt, Diskussionspapier, S. 6; Bundeskartellamt, Ergebnisprotokoll. S.u. S. 115 ff.

die Erwähnung der Effizienzgesichtspunkte in Erwägungsgrund Nr. 29 zur FKVO in seiner Fassung vom 01.05.2004 zunächst keine maßgebliche Änderung der Rechtspraxis zu erwarten.

hh. Stellungnahme

Die Konflikte aufgrund der trotz des vergleichbaren Wortlauts unterschiedlichen Untersagungskriterien sind nicht rein theoretischer Natur, wie man an den Fällen *Boeing/MDD* und *GE/Honeywell* sieht. Ursache für die divergierenden Entscheidungen waren u.a. die Feststellung einer beherrschenden Stellung der Unternehmen und die unterschiedlich errechneten Marktanteile, womit die Europäische Kommission ihre Untersagung begründete[540]. Die Entscheidungen in den USA nahmen demgegenüber in keiner Weise Bezug auf eine beherrschende Stellung der Unternehmen und sahen auch trotz der hohen Marktanteile keine Veranlassung, die Zusammenschlüsse zu untersagen.

Die unterschiedliche Akzeptanz und Anwendung der Portfolio Effects Theory führte darüber hinaus zu den unterschiedlichen Ergebnissen im *GE/Honeywell* Fall.[541]

Die jeweiligen Wettbewerbsbehörden, insbesondere die US-amerikanischen, üben ihr Ermessen bei der Berücksichtigung und Gewichtung der Aspekte, die im Rahmen des Untersagungskriteriums von Bedeutung sind, weitreichend aus.[542] Auch hierdurch kommt es selbst dann zu Irritationen, wenn die komplexen Analysen überwiegend auf vergleichbaren Fakten und Regelungen aufbauen.[543] Unberechenbarkeit und Rechtsunsicherheit der parallelen Fusionskontrolle sind die Folge und verhindern eine stärkere Koordinierung und Kooperation zwischen den Wettbewerbsbehörden.

3. Effizienzgewinne

Jeder Zusammenschluss, der wettbewerbliche Gefahren in sich birgt, kann gleichzeitig zu Effizienzgewinnen („efficiencies") führen. Hierunter versteht man „gesamtwirtschaftliche Kostenersparnisse (statische und dynamische) in allen Funktionsbereichen des Unternehmens".[544] Sie entstehen durch Rationalisierungs- und Synergieeffekte und basieren auf verbesserter Nutzung der Ressourcen und dadurch reduzierten Kosten. Über erhöhte Qualität, neue Produkte und niedrigere Preise können sie an den Verbraucher weitergegeben werden.[545]

---

540 Der Marktanteil von *Boeing* und *MDD* hätte nach dem Zusammenschluss 70 % betragen. *Airbus* als einziger Wettbewerber hatte 30 % Marktanteil. S.o. S. 36 ff.

541 S.o. S. 52. Ausführlicher zu den unterschiedlichen Auffassungen, s.u. S. 121 ff.

542 Hoekman/Holmes, S. 19 f.; Schaub, Antitrust Law Enforcement - A Shared Transatlantic Vision, S. 7.

543 Vgl. Böge, WuW 2004, 138 (145).

544 Kinne, S. 144.

545 Immenga/Stopper, RIW 2001, 512 (513, 517).

Während einige Rechtsordnungen die Berücksichtigung von Effizienzen bei der Fusionskontrolle ablehnen, ist in anderen Ländern[546] ohne Einschränkung vorgesehen, positive Effizienzgewinne und wettbewerbsbehindernde Auswirkungen gegeneinander abzuwägen.[547] Überwiegen in diesem Fall erstere, darf der Zusammenschluss freigegeben werden (sogenannte „Efficiency Defense“).[548] Der gesamtgesellschaftliche Wohlstand der Gesellschaft kann nach dieser Ansicht durch ein wettbewerbsbehinderndes Verhalten noch erhöht werden, wenn die Effizienzgewinne an die Verbraucher weitergegeben werden.[549]

Für die Berücksichtigung von Effizienzvorteilen gibt es zwei Ansätze: Zum einen finden nur solche Effizienzen Berücksichtigung, die unmittelbar an den Verbraucher weitergegeben werden.[550] Zum anderen wird ein absoluter Wohlfahrtsstandard zum Maßstab genommen. Dabei werden neben der Konsumentenwohlfahrt solche Effizienzvorteile berücksichtigt, die den Herstellern des Produktes selber zu Gute kommen, da in diesem Fall eine Umsetzung der Effizienzen in wettbewerblich positive Aufwendungen, wie z.B. eine verbesserte Verteilung, erwartet wird.[551]

a. EU

Im europäischen Recht ist die Berücksichtigung von Effizienzvorteilen ausdrücklich erst seit der Neufassung der FKVO zum 01.05.2004 vorgesehen (Erwägungsgrund 29)[552], doch war der Rechtsgedanke ihm auch vorher nicht fremd: Die FKVO und der EGV bekennen sich seiher zu einer offenen Marktwirtschaft mit freiem Wettbewerb und verweisen gleichzeitig auf die Notwendigkeit der Entwicklung des technischen und wirtschaftlichen Fortschritts und einer Stärkung des wirtschaftlichen und sozialen Zusammenhalts innerhalb der Gemeinschaft. Durch die Einbeziehung vorbezeichneter Aspekte war damit seit jeher auch die Bedeutung

---

546 Hierzu gehören Australien, Neuseeland, Kanada, die USA und Großbritannien. Vgl. World Bank/OECD, A Framework for the Design and Implementation of Competition Law and Policy, S. 125.

547 Vgl. International Competition Network, Project on Merger Guidelines, Kapitel 1, Rn. 57 ff. (67).

548 Nach dem Begründer der Theorie zur Berücksichtigung von Effizienzvorteilen wird dieser Vorgang auch „Williamson Tradeoff“ genannt. Vgl. Immenga, Conflicts between Competition Policy and Industrial Policy, S. 343 (356).

549 Camesasca, ECLR 1999, 14 (16); Williamson, U.Pa.L.Rev. 125/1977, 699 (709); Immenga/Stopper, RIW 2001, 512 (513, 517).

550 Dies ist etwa in der EU der Fall. Downes/Ellison, S. 96; Immenga, WuW 1990, 371 (377).

551 Pitofsky, The Effect of Global Trade on United States Competition Law and Enforcement Policies, S. 7.

552 Siehe hierzu Europäische Kommission, Leitlinien zur Bewertung horizontaler Zusammenschlüsse gemäß der Ratsverordnung über die Kontrolle von Unternehmenszusammenschlüssen, ABl. (EU) vom 05.02.2004 Nr. C 31/3.

industriepolitischer Gesichtspunkte berücksichtigt worden. Diese stellen Effizienzvorteile dar.[553]

Nach einer verbreiteten Auffassung können von Beginn der Fusionskontrolle an Effizienzgewinne über Art. 2 Absatz 1b FKVO (Entwicklung des technischen[554] und wirtschaftlichen[555] Fortschritts) Prüfungsinhalt werden, sofern der Fortschritt dem Verbraucher dient[556] und den Wettbewerb nicht behindert.[557]

Die Berücksichtigung von Effizienzvorteilen über den Art. 2 Absatz 1b FKVO war jedoch schon bei den ersten Beratungen zur FKVO höchst umstritten. Man befürchtete, hierdurch könne die strikte Trennung zwischen Wettbewerbs- und Industriepolitik verschwimmen und die europäische Fusionskontrolle industriepolitisch instrumentalisiert werden.[558] Die Kommission und die europäischen Gerichte

---

[553] Siehe: Art. 3, 102, 105 EGV, die Erwägungsgründe zur FKVO und Art. 2 FKVO. Nicht unerwähnt bleiben darf trotz seiner sehr geringen Bedeutung in diesem Zusammenhang der 4. Erwägungsgrund zur FKVO (ehemals 13. Erwägungsgrund), wonach Veränderungen der Wettbewerbsstruktur zu begrüßen sind, wenn sie zu einer Steigerung der Wettbewerbsfähigkeit der europäischen Industrie, zu einer Verbesserung der Wachstumsbedingungen sowie zur Anhebung der Lebensstandards in der Gemeinschaft führt. Von praktisch geringer Bedeutung ist die nach dem EGV zu fördernde Stärkung des wirtschaftlichen und des sozialen Zusammenhalts der Gemeinschaft (vgl. Art. 157 Absatz 1, 158, 163 Absatz 1 EGV; vgl. Kinne, S. 123). Dieser Grundsatz findet jedoch nur auf strukturschwache Regionen Anwendung und hat im Rahmen des (internationalen) Fusionskontrollrechts keine praktische Relevanz. So hat die Kommission in der *Kali & Salz/MdK/Treuhand*-Entscheidung (*Kali & Salz/MdK/Treuhand*, Kommissions-Entscheidung vom 14.12.1993, Fall IV/M. 308, ABl. 1994 Nr. L 186, S. 38) festgestellt, ihr Prüfungsergebnis im Hinblick auf die schwerwiegenden Strukturprobleme in den ostdeutschen Bundesländern, die von diesem Zusammenschlussvorhaben betroffen waren, stehe in Einklang mit dem Ziel der Stärkung des wirtschaftlichen und des sozialen Zusammenhalts der Gemeinschaft (vgl. Drauz/Schroeder, S. 168; Miersch, S. 61; Europäische Kommission, WuW 1990, 240, 241). Eine vergleichbar geringe Bedeutung hatten die nachfolgenden in der Fassung der FKVO bis zum 30.04.2004 in den Erwägungsgründen bezeichneten wettbewerbsfremden Zielsetzungen: sonstige nicht-wettbewerbliche Interessen der Mitgliedsstaaten - Erwägungsgrund 28 - sowie die kollektiven Arbeitnehmerrechte - Erwägungsgrund 31 (vgl. Kinne, S. 122; Langen/Bunte, Vorbemerkungen zur FKVO, Rn. 15 ff., S. 2385 ff.). Vgl. hierzu, aber auch zu der Beurteilung des Effizienzgedankens als eines Wettbewerbsgedankens und nicht als industriepolitischen Faktors: Immenga/Stopper, RIW 2001, 512 (517, 518).

[554] Unter technischem Fortschritt versteht Schmidt, Wettbewerbspolitik und Kartellrecht, S. 233: Innovationstätigkeit der Unternehmen zur Entwicklung neuer Verfahren, die zu geringeren Kosten oder zu einer erhöhten Produktivität bzw. Produktqualität führen (dynamische Effizienzvorteile).

[555] Unter wirtschaftlichem Fortschritt versteht Schmit a.a.O: den effizienten Einsatz der Produktionsmittel zur Erhöhung der Erträge aus der Produktion.

[556] Miersch, S. 47, 60; Kinne, S. 125; vgl. das Ratsprotokoll, Nr. 2 d, abgedruckt in WuW 1990, 241.

[557] Kinne, S. 125.

[558] Vgl. im einzelnen hierzu: Miersch, S. 46; Camesasca, ECLR 1999, 14 (24), m.w.N. in Fn. 9. Downes/Ellison, S. 96; Kinne, S. 125 (hiernach erlangt dieses Kriterium erst dann Bedeutung, wenn sich eine marktbeherrschende Stellung nicht eindeutig feststellen lässt); Immenga, WuW 1990, 371 (377); Immenga/Mestmäcker, Art. 2 FKVO, Rn. 169, 170; vgl. auch die in vorherigen Entwürfen zur FKVO enthaltenen Klauseln, die eine Abwägung zwischen der Wettbewerbspoli-

sind daher weiterhin zurückhaltend bei der Feststellung eines technischen und wirtschaftlichen Fortschritts aufgrund eines Zusammenschlusses und der Rechtfertigung eines wettbewerblich nachteiligen Zusammenschluss hierüber.[559] Sie favorisieren vielmehr einen streng wettbewerbsorientierten Wettbewerbsschutz und wollen jeden Anschein vermeiden, eine industriepolitisch motivierte und opportunistische Wettbewerbsaufsicht auszuüben.[560] Vor diesem Hintergrund hat die Europäische Kommission zwar im Rahmen ihrer *De Havilland*-Entscheidung[561] darauf hingewiesen, dass Effizienzvorteile dann berücksichtigt werden könnten, wenn sie erheblich und zusammenschlussspezifisch seien.[562] In der Folgezeit aber schloss sie eine Rechtfertigung eines Zusammenschlusses über die Efficiency Defense ausdrücklich aus und betonte, Synergieeffekte in Gestalt von Effizienzvorteilen seien wettbewerbsfeindlich.[563] Eine zwischenzeitlich gegenläufige Tendenz wurde schnell wieder aufgegeben.[564] Ob Effizienzvorteile bei einer Entscheidung doch eine Rolle ge-

---

tik und anderen Politiken vorsahen, Nachweise in: Immenga/Mestmäcker, FKVO-A-Entstehungsgeschichte, Rn. 20; Koch, EWS 1990, 65 (70); Schütz, S. 77 (85), m.w.N.

[559] Schmidt, Wettbewerbspolitik und Kartellrecht, S. 236 ff.: Nach Schmidt hat erstmalig eine Abwägung stattgefunden, die zu Gunsten der Marktmacht ausgefallen ist. Vgl. *Aérospatiale-Alenia/de Havilland*, Kommissions-Entscheidung vom 2.10.1991, Fall IV/M. 53, ABl. 1991 Nr. L 334, S. 42 (Tz. 69); *MSG/Media Service*, Kommissions-Entscheidung vom 9.11.1994, Fall IV/M. 469, ABl. 1994 Nr. L 364, S. 1 (Tz. 100); *Nordic Satellite Distribution (NSG)*, Kommissions-Entscheidung vom 19.7.1995, Fall IV/M. 490, ABl. 1996 Nr. L 53, S. 20 (Tz. 151); *Gencor/Lhonro*, Kommissions-Entscheidung vom 24. April 1996, Fall IV/M. 619, ABl. 1997 Nr. L 011 und unter: http://europa.eu.int/comm/competition/mergers/cases/decisions/m619_en.pdf (Tz. 212); *Saint-Gobain/Wacker-Chemie/NOM*, Kommissions-Entscheidung vom 4.12.1996, Fall IV/M. 774, ABl. 1997 Nr. L 247, S. 1 (Tz. 244); eine kurze Beschreibung der Fälle und der Rolle dieses Kriteriums findet sich bei Kinne, S. 127 ff.; Immenga/Stopper, RIW 2001, 512 (512, 515); siehe hierzu grundsätzlich: Kinne, S. 144; Noel, ECLR 1997, 498 ff.; Camesasca, ECLR 1999, 14; ausführlich hierzu: Opgenhoff.

[560] Immenga/Stopper, RIW 2001, 512 (515).

[561] *Aérospatiale-Alenia/de Havilland*, Kommissions-Entscheidung vom 2.10.1991, Fall IV/M. 53, ABl. 1991 Nr. L 334, S. 42 (Ziff. 65 ff.); Camesasca, ECLR 1999, 14 (25).

[562] Vertreter der US-amerikanischen Wettbewerbsbehörden haben darin einen gemeinsamen Ansatz gesehen. Vgl. Pitofsky, EU and US Approaches to International Mergers, S. 5; Kleemann, Enthält Art. 2 der EG-FKVO eine wettbewerbsrechtliche Abwägungsklausel?, S. 379 (385); Camesasca, ECLR 1999, 14 (25).

[563] *AT&T/NCR*, Kommissions-Entscheidung vom 18.1.1991, Fall IV/M. 50, ABl. 1991 Nr. C 16, S. 20. Vgl. im übrigen: Camesasca, ECLR 1999, S. 14 (25) mit Fallnachweisen: *RTL/Veronica/Endemol*, Kommissions-Entscheidung vom 20.9.1995, Fall IV/M. 553, ABl. 1996 Nr. L 134, S. 32; *MSG Media Service*, Kommissions-Entscheidung vom 9.11.1994, Fall IV/M. 469, ABl. 1994 Nr. L 364, S. 1.; *Nordic Satellite Distribution (NSG)*, Kommissions-Entscheidung vom 19.7.1995, Fall IV/M. 490, ABl. 1996 Nr. L 53, S. 20; *ACCOR/Wagons-Lits*, Kommissions-Entscheidung vom 28.4.1992, Fall IV/M. 126, ABl. 1992, Nr. L 204, S. 1.

[564] *Alcatel/Telettra*, Kommissions-Entscheidung vom 12.4.1991, Fall IV/M. 42, ABl. 1991 Nr. L 12, S. 48; *Mannesmann/Vallcour/Ilva*, Kommissions-Entscheidung vom 31.1.1994, Fall IV/M. 315, ABl. 1994 Nr. L 102, S. 15; *Mercedes-Benz/Kässbohrer*, Kommissions-Entscheidung vom 14.2.1995, Fall IV/M. 477, ABl. 1995 Nr. L 211, S. 1; *ABB/Daimler-Benz*, Kommissions-Entscheidung vom 18.10.1995, Fall IV/M. 580, ABl. 1997, Nr. L 11, S. 1; *Agfa-Gevaert/DuPont*, Kommissions-Entscheidung vom 11.2.1998, Fall IV/M. 986, ABl. 1998, Nr. L 211, S. 22. Vgl. Camesasca,

spielt haben mögen, ist mangels Transparenz der Entscheidungsfindung nicht nachweisbar.[565] Der ehemalige Wettbewerbskommissar, *Sir Leon Brittan*, wies wiederholt darauf hin, dass Effizienzgewinne zwar in Augenschein genommen, im Rahmen einer formellen Verteidigungsstrategie aber nicht anerkannt worden seien.[566]

Die Neufassung der FKVO hat damit einen bereits existierenden Ansatz aufgegriffen und klargestellt, dass gewisse industriepolitische Gesichtspunkte und auch Effizienzen zu berücksichtigen sind. Eine klare Aussage zu den Voraussetzungen und der Konsequenz deren Berücksichtigung enthält die neue FKVO aber nicht. Dies scheint den Verfassern der neuen FKVO bewusst gewesen zu sein, denn der Erwägungsgrund 29 zur FKVO sieht vor, dass eine Leitlinie über Form und Konsequenzen der Berücksichtigung von Effizienzvorteilen zu veröffentlichen ist. Vor Verabschiedung dieser Leitlinie wird aber eine konkrete Aussage zu der veränderten Situation nicht möglich sein. Eine radikale Änderung der bisherigen Überzeugung, dass Effizienzen dem Verbraucher eher schaden als nutzen und daher nur gemäßigt Einfluss auf eine Kontrollentscheidung haben dürfen, ist nicht zu erwarten.[567]

b. USA

In den USA dagegen haben Effizienzvorteile von Anfang an eine bedeutende Rolle gespielt.[568] Nach der „rule of reason", wie sie vom Supreme Court in seiner Ent-

---

ECLR 1999, 14 (25) mit weiteren Fallnachweisen; Nicolaides, Intereconomics, Review of European Economic Policy, Vol. 29, 5/1994, 211 (217). Camesasca, ECLR 1999, 14 (25), m.w.N.; Immenga/Mestmäcker, Art. 2 FKVO, Rn. 174; Kinne, S. 130. Auch die Kommissions-Entscheidung in dem Fall *BASF/Eurodiol/Pantochim* (Kommissions-Entscheidung vom 11. 7. 2001, Fall IV/M. 2314, ABl. 2002 Nr. L 132, S. 45) ging nicht weiter, da es sich allein um eine Sanierungsfusion handelte und diese Situation nicht mit anderen wettbewerblichen Situationen gleichgestellt werden kann.

565 Schütz, Diskriminierung durch die deutsche Fusionskontrolle?, S. 77 (85); Wolf, FAZ vom 5.11.1994, S. 15; Groger/Janicki, WuW 1992, 991 (1001).

566 Vgl. Brittan, 15 European Law Review 1990, 351 (353); OECD, Competition Policy and Efficiency Claims in Horizontal Agreements, Note by the European Commission Delegation, S. 53: „In a 1995 submission to the OECD, the Commission stated: There is no real legal possibility of justifying an efficiency defense under the Merger Regulation. Efficiencies are assumed for all mergers up to the limit of dominance – the concentration privilege. Any efficiency issues are considered in the overall assessment to determine whether dominance has been created or strengthened and not to justify or mitigate that dominance in order to clear a concentration which would otherwise be prohibited". Vgl. Pitofsky, EU and US Approaches to International Mergers, S. 6.

567 Vgl. Bechtold, EuZW 1996, 389 ff.; Immenga/Mestmäcker, Art. 2 FKVO, Rn. 27, 28 ff.; Kleemann, Enthält Art. 2 der EG-FKVO eine wettbewerbsrechtliche Abwägungsklausel?, S. 379 ff.; Groeben/Thiesing/Ehlermann, Kommentar zum EU-/EG-Vertrag, Art. 87, Rn. 273, m.w.N.; Hirsbrunner, EuZW 1997, 748 (752); Wiedemann, Handbuch des Kartellrechts, § 16, Rn. 119 ff., S. 556 f.; Schmidt, WuW 2004, 359; Böge, WuW 2004, 138 (146).

568 Kolasky, Comparative Merger Control Analysis: Six Guiding Principles for Antitrust Agencies - New and Old, S. 2.

scheidung in *Standard Oil*[569] vor fast einem Jahrhundert formuliert wurde, ist zur Bestimmung der Rechtmäßigkeit eines Verhaltens nach dem Wettbewerbsrecht eine Abwägung der wettbewerbsschädlichen Auswirkungen mit den wettbewerbsfördernden erforderlich.[570] Im Rahmen dieser Abwägung sind die positiven Auswirkungen auf Preise, Qualität, Innovation und damit die Konsumentenwohlfahrt zu bestimmen.[571] Die US-amerikanischen Wettbewerbsbehörden haben die Berücksichtigung von Effizienzgewinnen bei der Analyse wettbewerblicher Auswirkungen von Zusammenschlüssen anerkannt.[572] Jedoch ist zugleich in ihren Guidelines festgelegt, dass solche Effizienzvorteile nicht allein zu einer Freigabe eines Zusammenschlusses führen können („no absolute defense"), sondern lediglich ein - wenn auch wesentliches[573] - Kriterium im gesamten Abwägungsvorgang darstellen.[574]

Das Problem der Messbarkeit und der Vorhersehbarkeit solcher Effizienzvorteile wird auch in den USA gesehen. Doch ist die Konsequenz in den USA lediglich, den betroffenen Unternehmen die Beweislast aufzuerlegen und besonders hohe Anforderungen an ihre Beweisführung zu stellen.[575]

c. Divergenzen bei Effizienzgewinnen

Das Fusionskontrollrecht der USA ist strenger als das der EU. Nach US-amerikanischem Recht wird Marktmacht bereits in ihren Anfängen verfolgt, während das europäische Recht bislang erst im Falle einer marktbeherrschenden Stel-

---

[569] *Standard Oil Co. v. United States*, 221 US 1 (1911).

[570] Siehe hierzu auch im allgemeinen: Waldherr.

[571] Kolasky, Comparative Merger Control Analysis: Six Guiding Principles for Antitrust Agencies - New and Old, S. 2.

[572] Die einschlägigen Entscheidungen des Supreme Court stammen aus den 60er Jahren: Von besonderer Bedeutung waren *Philadelphia National Bank/Girard Trust Corn Exchange Bank* (*U.S. vs. Philadelphia National Bank*, 374 US (1963), 321, 364 f., 371) und *Procter & Gamble/Clorox Chemical* (*FTC vs. Procter & Gamble*, 386 US (1967) 568, 574, 602). Danach wurden keine weiteren für die Prüfung von Effizienzvorteilen relevanten Entscheidungen mehr gefällt. Vgl. Kinne, S. 152 f.; Pitofsky, The Effect of Global Trade on United States Competition Law and Enforcement Policies, S. 8; Monti, The Future for Competition Policy in the European Union, S. 2: „[W]e are not against mergers that create more efficient firms. Such mergers tend to benefit consumers, even if competitors might suffer from increased competition."

[573] Kinne, S. 155 f.

[574] Kinne, S. 145; DoJ, Statement Accompanying the Merger Guidelines; Pitofsky, EU and US Approaches to International Mergers, S. 7; Hintergrund und weitere Anmerkungen zu diesem Thema: Pitofsky, Efficiencies in Defense of Mergers: 18 Months After; Pitofsky, The Effect of Global Trade on United States Competition Law and Enforcement Policies, S. 8.

[575] DoJ/FTC, Horizontal Merger Guidelines (1997), Sec. 4; Kinne, S. 166. Vgl. hierzu den Fall *Heinz/Beech Nut*: United States District Court for the District of Columbia, Civil Action No. 00-1688 (JR), http://www.dcd.uscourts.gov/00-1688.pdf (Oktober 2000); United States Court of Appeals for the District of Columbia, Action No. 00-5362, http://pacer.cadc.uscourts.gov/common/opinions/200104/00-5362a.txt.; Bundeskartellamt, Diskussionspapier, S. 21 f.; Kinne, S. 166 f.; *FTC v. Staples*, 970 F.Suppl. 1066, 1089 (1997); Pitofsky, Staples and Boeing: What They Say About Merger Enforcement at the FTC, S. 2 ff.; Pitofsky, EU and US Approaches to International Mergers, S. 6, 7.

lung und einer hierdurch verursachten Wettbewerbsbehinderung eingriff, aber auch seit Neufassung der FKVO weiterhin eine erhebliche Behinderung des Wettbewerbs erforderlich ist. Dies wird in den USA über einen größeren Spielraum bei der Anwendung der Efficiency Defense aufgefangen.

Die Ablehnung der Efficiency Defense wird in der EU u.a. mit Nachteilen für den Verbraucher und die Gesamtwirtschaft begründet, die im Fall falscher Prognosen über die Marktenwicklung entstehen. Die USA dagegen berücksichtigen diesen Gedanken nicht und sehen allein die Vorteile für den Verbraucher bei der Förderung von Effizienzen.[576]

Weitere Schwierigkeiten ergeben sich daraus, dass nach US-amerikanischem Wettbewerbsrecht[577] Effizienzvorteile auf einem ausländischen Markt nicht zu berücksichtigen sind, wenn der Zusammenschluss für den eigenen nationalen Markt ausschließlich wettbewerbsschädlich ist.[578]

Die jeweilige Wettbewerbspolitik beeinflusst somit die Bewertung einzelner Prüfungskategorien und führt zu unterschiedlichen Ergebnissen. Der Verbraucherschutz steht dem Wettbewerbsschutz gegenüber. Die Wettbewerbsbehörden auf beiden Seiten des Atlantiks rücken nicht von ihren Positionen ab. Auch wenn die USA selber die Gefahr von falschen Prognosen sehen, bleibt für sie die Efficiency Defense ein wichtiger Bestandteil des Fusionskontrollrechts.

4. Ökonomische Analyse

Bei der ökonomischen Analyse ist die bereits erwähnte Portfolio Effects Theory[579] in ihrer Effizienz, wettbewerbspolitischen Bedeutung und Akzeptanz zwischen den USA und der EU umstritten.

Während Effizienzgewinne marktbezogen festzustellen und allgemeinpolitisch geprägt sind, zielt die Portfolio Effects Theory auf die konkreten Folgen des Zusammenschlusses auf die beteiligten Unternehmen und deren Marktstellung ab.

a. EU

Die Kommission befürwortet die Portfolio Effects Theory, ihre grundsätzliche Anwendbarkeit hat das EuG in seiner Entscheidung *Schneider/Legrand* ausdrücklich bestätigt.[580] Gemäß ihrer Entscheidungspraxis sind drei Faktoren für eine mögliche Wettbewerbsbehinderung nach dieser Theorie von Bedeutung: Zu prüfen ist, ob der bei dem Zusammenschluss entstehende Größenvorteil eine Ertragssteigerung

---

[576] Pitofsky, Staples and Boeing: What They Say About Merger Enforcement at the FTC, S. 2, 7 f.

[577] Z.B. Frankreich, Kanada und Großbritannien vertreten eine entgegengesetzte Auffassung.

[578] Pitofsky, The Effect of Global Trade on United States Competition Law and Enforcement Policies, S. 9.

[579] S.o. S. 51, 52, 102, 113, 115.

[580] EuG, Entscheidung vom 22.10.2002, *Schneider Electric SA/Kommission*, verb. Rs. T 310/01 und Rs. T 77/02, Bull. 12-2002, Ziff. 1.9.78 (http://www.curia.eu.int/de/actu/communiques/index.htm); Mayer-Lindemann, FAZ vom 30.10.2002, S. 23.

bewirken wird, die andere Unternehmen nicht erreichen können; ob weitere entscheidende Vorteile aufgrund der Größe und der finanziellen Ressourcen gegenüber den Wettbewerbern entstehen; ob eine Kopplung von Produkten oder Dienstleistungen erleichtert wird.[581]

Die Kommission sieht die Gefahr einer Entstehung oder Verstärkung einer marktbeherrschenden Stellung vor allem in einer Kopplung von Produkten in Form eines „bundling" oder eines „tying" und in der Ausnutzung von Effizienzgewinnen.[582] „Bundling" bedeutet, ein Paket von einander ergänzenden Produkten zu einem niedrigeren Preis anzubieten, als für die Summe der einzelnen Produkte zu bezahlen wäre, und so den Marktzutritt für tatsächliche oder potentielle Bewerber zu erschweren.[583] Unter „Tying" versteht man die Abhängigkeit des Erwerbs eines (begehrten) Produktes von dem gleichzeitigen Erwerb eines anderen (weniger begehrten) Produktes, d.h. die Ausnutzung einer Zwangslage des Erwerbers.[584]

Die Produktintegration durch den Zusammenschluss gewährt den Unternehmen eine Hebelkraft zur Verstärkung ihrer Marktmacht. Die Folgen sind nach Meinung der Kommission der Ausschluss von Wettbewerbern, eine Eliminierung des Wettbewerbs und letztendlich eine Verschlechterung von Produktqualität, Service und Verbraucherpreisen.[585]

Die Kommission gab zum Beispiel den Zusammenschluss *Guinness/Grand Metropolitan*[586] nur unter Auflagen frei, da sie wegen des Portfolio Effects eine zu große Preis-Flexibilität und zu hohe Marktzutrittschancen prognostizierte. Außerdem ermöglichte der Zusammenschluss eine Kopplung von Produkten. Auch im industriellen Sektor kam es zu solchen Entscheidungen. Der Zusammenschluss von *Boeing/McDonnell Douglas* hätte nach Auffassung der Kommission zu einer beherrschenden Stellung sowohl auf dem Markt für düsengetriebene Großraumverkehrsflugzeuge wie auf dem kleineren Markt für Schmalrumpfflugzeuge geführt. Hier-

---

[581] DoJ, Roundtable on Portfolio Effects in Conglomerate Mergers, Range Effects, S. 1. Die Bezeichnung dieser Theorie ist jedoch noch nicht einheitlich: „portfolio power", „conglomerate effects" oder „range effects". Siehe: *Boeing/McDonnell Douglas*, Kommissions-Entscheidung vom 30.7.1997, Fall IV / M. 877, ABl.1997 Nr. L 336, S. 16 (25, 40 ff.); *GE/Honeywell*, Kommissions-Entscheidung vom 3.7.2001, Fall VI/M. 2220, WuW/E EU-V 631 und unter http://europa.eu.int/comm/competition/mergers/cases/decisions/m2220_en.pdf, S. 20, 73, 79, 85 ff.; *Guinness/Grand Matropolitan/Diageo*, Kommissions-Entscheidung vom 15.10.1997, Fall IV/M. 938, ABl. 1998 Nr. L 288, S. 24 (29).

[582] DoJ, a.a.O. S. 11.

[583] Beim „mixed bundling" sind die einzelnen Komponenten auch gesondert erhältlich, während dies beim „pure bundling" nicht der Fall ist. Vgl. DoJ, a.a.O. S. 13.

[584] DoJ, a.a.O. Die Unterscheidung zwischen „bundling" und „tying" fällt zuweilen recht schwer. Vgl. zu den verschiedenen Abgrenzungen und Anwendungsmöglichkeiten: DoJ, a.a.O. Diese Frage ist für Konflikte zwischen Wettbewerbsbehörden nicht von Bedeutung.

[585] Europäische Kommission, Pressemitteilung vom 3.7.2000, IP/01/939.

[586] *Guinness/Grand Matropolitan/Diageo*, Kommissions-Entscheidung vom 15.10.1997, Fall IV/M. 938, ABl. 1998 Nr. L 288, S. 24 (Ziff. 24-54 und 99-100); DoJ, Roundtable on Portfolio Effects in Conglomerate Mergers, Range Effects, S. 11.

durch hätte Boeing als einziger auf dem Markt die gesamte Palette an großen Verkehrsflugzeugen abdecken und in dieser Position von Wettbewerbern wegen der geringen Marktzutrittschancen (u.a. aufgrund der hohen Kapitalkosten) auch nicht angegriffen werden können.[587]

Bei *GE/Honeywell*, dem bedeutsamsten Anwendungsfall der Portfolio Effect Theory, hat sich die Kommission auf alle drei oben genannten Aspekte bezogen (Ertragssteigerung aufgrund Größenvorteils, Vorteile aufgrund Größe und finanzieller Ressourcen, Kopplung von sich ergänzenden Produkten) und aus diesem Grunde den Zusammenschluss untersagt.[588]

b. USA

Das Wettbewerbsrecht der USA dient der Förderung allokativer und produktiver Effizienzen und dadurch der Verbesserung der Konsumentenwohlfahrt. Ein Zusammenschluss, der eine Effizienzsteigerung bewirkt, steht - im Gegensatz zur Portfolio Effects Theory - einer stabilen Wettbewerbspolitik gerade nicht entgehen. Denn nach Meinung der US-amerikanischen Wettbewerbsbehörden erhöhen solche Zusammenschlüsse die Konsumentenwohlfahrt. Es wird in Kauf genommen, dass die härtere Wettbewerbssituation andere Unternehmen zu einer Effizienzsteigerung zwingt, um nicht aus dem Markt gedrängt zu werden.[589]

Die US-amerikanischen Wettbewerbsbehörden haben in den Jahren 1965 - 1975 die Entrenchment-Doktrin angewandt, um Wettbewerbsbeschränkungen durch konglomerate Zusammenschlüsse zu begegnen. Der Supreme Court bestätigte diese Doktrin, die große Ähnlichkeiten zur der Portfolio Effects Theory aufweist, in seiner *Procter & Gamble* Entscheidung.[590] Hiernach können Zusammenschlussvorhaben untersagt werden, die eine schon vorhandene beherrschende Stellung durch höhere Effizienzen verstärken oder einem übernommenen Unternehmen Zugang zu einer größeren Produkt-Palette bzw. größeren Finanzreserven verschaffen und damit zugleich Wettbewerber verdrängen. Ein „bundling" oder ein „tying" verschiedener Produkte wurde als wettbewerbsschädlich bewertet. Etwa 1975 aber beschlossen die Wettbewerbsbehörden, diese Doktrin nicht mehr anzuwenden. Deren Anwendbarkeit und eine Untersagung eines Zusammenschlusses unter Berufung auf die Entrenchment-Doktrin oder die Portfolio Effects Theory ist daher in den USA mittlerweile ausgeschlossen.[591]

---

587 Europäische Kommission, 27. Wettbewerbsbericht (1997), S. 55 f.; OECD, Roundtable on Portfolio Effects in Conglomerate Mergers, S. 6, Fn. 7.

588 S.o. S. 48 ff. und DoJ, Roundtable on Portfolio Effects in Conglomerate Mergers, Range Effects, S. 12.

589 DoJ, a.a.O. S. 1 f.

590 Entscheidung des Supreme Court in *FTC v. Procter & Gamble* (386 US 568 1967); vgl. DoJ, a.a.O. S. 4 f.

591 Da der Supreme Court nach der *Procter & Gamble*-Entscheidung kein weiteres Mal über die Anwendbarkeit der Entrenchment-Doktrin zu entscheiden hatte, liegt eine aktuelle höchstrichterliche Bestätigung der Praxis der Kartellbehörden nicht vor. Entscheidungen anderer US-

Die beiden US-amerikanischen Wettbewerbsbehörden begründeten ihre Entscheidung damit, dass die Entrenchment-Doktrin wie auch die Portfolio Effects Theory im Gegensatz zu den wettbewerbspolitischen Zielen die Interessen der Wettbewerber über die der Konsumenten stellt. Die Konsequenz, eine Untersagung wettbewerbs- und effizienzfördernder Zusammenschlüsse, müsse vermieden werden.[592] Außerdem stelle die unklare Definition der beiden Theorien die Berechenbarkeit wettbewerbsrechtlicher Entscheidungen in Frage. Nach ihrer Ansicht sind Effizienzvorteile und grundsätzlich auch aggressiver Wettbewerb positiv für die Konsumenten. Dies auch dann, wenn Wettbewerber, die dem Fortschritt nicht standhalten und den Konsumenten keine entsprechenden Angebote unterbreiten können, Umsatzeinbußen erleiden, Marktanteile verlieren oder gänzlich vom Markt verdrängt werden.[593] Insbesondere im *GE/Honeywell* Fall haben die US-amerikanischen Wettbewerbsbehörden die Portfolio Effects Theory wieder in Frage gestellt. Sie betonten, dass ein „bundling" oder „tying" den effektiven Wettbewerb nicht behindere, sondern - im Gegenteil - über Effizienzvorteile und niedrigere Preise an die Kunden und Konsumenten weitergereicht worden wäre.[594]

c. Divergenzen bei der Ökonomischen Analyse

Das europäische Kontrollverfahren zum Zusammenschluss *Schneider/Legrand* kann als Beispiel für die Schwierigkeiten dienen, vor denen eine Wettbewerbsbehörde bei Anwendung der Portfolio Effects Theory steht. Die Europäische Kommission untersagte[595] den Zusammenschluss *Schneider/Legrand* insbesondere unter Berufung auf diese Theorie. Das EuG hob diese Entscheidung am 22.10.2002 auf.[596] Es stell-

---

amerikanischer Gerichte seit 1993 scheinen wiederum darauf hinzudeuten, dass ein Zusammenschluss nicht mehr unter Verweis auf diese Theorie untersagt werden wird: „[W]e have rejected elsewhere the notion that above-cost prices that are below general market levels or the costs of a firm's competitors inflict injury to competition cognisable under the antitrust laws ... As a general rule, the exclusionary effect of prices above a relevant measure of cost either reflects the lower cost structure of the alleged predator, and so represents competition on the merits, or is beyond the practical ability of a judicial tribunal to control without courting intolerable risks of chilling legitimate price cutting." *Brooke Group Ltd. v. Brown and Williamson Tobacco Corp.*, 509 US 209 (1993), Ziff. 223. Vgl. Auch: *Matsushita Electric Industrial Co. v. Zenith Radio Corp.*, 475 US 574 (1986); *Brooke Group. Ltd. v. Brown and Williamson Tobacco Corp.*, 509 US 209 (1993); *Atlantic Richfield Co. v. USA Petroleum Co.* 495 US 328 (1990).

[592] Die niedrigeren Preise dürfen keine „Kampfpreise" sein, sondern müssen oberhalb der Kosten liegen. Vgl. DoJ, a.a.O.; Vgl. Chen, 97 Colum. L. Rev. 1997, 835 (866); DoJ, a.a.O.; OECD, Roundtable on Portfolio Effects in Conglomerate Mergers, S. 2.

[593] Ihrer Meinung nach steht die Entrenchment-Theorie den fundamentalen Zielen des Wettbewerbsrechts entgegen. Vgl. DoJ, Roundtable on Portfolio Effects in Conglomerate Mergers, Range Effects, S. 1 f.

[594] DoJ, a.a.O. S. 8 f.

[595] *Schneider Electric/Legrand*, Kommissions-Entscheidung vom 10.10.2001, Fall IV/M. 2283, Abl. 2004 Nr. L 101, S. 1.

[596] EuG, Pressemitteilung vom 22.10.2002, Nr. 84/02, unter: http://www.curia.eu.int/de/actu/communiques/index.htm. (zu: *Schneider Electric SA/Kommission*, Rs. T 310/01, EuG-Entscheidung

te zwar die allgemeine Anwendbarkeit der Portfolio Effects Theory nicht in Frage, unterstrich aber die hohen Anforderungen an die Beweisführung und die wettbewerblichen Nachteile, bevor ein Zusammenschluss aufgrund von möglichen Kopplungsgeschäften untersagt werden kann. Das EuG bestätigte damit ansatzweise die Befürchtungen der US-amerikanischen Wettbewerbsbehörden und sah dieselben Schwierigkeiten und drohende Rechtsunsicherheit.

Vor diesem Hintergrund ist eine Annäherung der US-amerikanischen und der europäischen Position nur durch ein Einlenken der Kommission oder eine für die Kommission verbindliche Grundsatzentscheidung des EuGH zu erwarten, da die US-amerikanischen Wettbewerbsbehörden die Anwendung der Portfolio Effects Theory solange nicht akzeptieren werden, wie selbst das EuG die Praxis der Kommission angreift. Demgegenüber besteht für die Europäische Kommission kein Anlass, die Portfolio Effects Theory gänzlich aufzugeben, da das EuG dessen grundsätzliche Anwendbarkeit bestätigt hat. In der Praxis kam es aus diesem Grunde vor allem bei der parallelen Überprüfung des Zusammenschlussvorhabens *GE/Honeywell* zu Konflikten zwischen der US-amerikanischen Antitrust Division und der Europäischen Kommission. Letztere untersagte den Zusammenschluss u.a. aufgrund möglicher wettbewerbsbeschränkender Kopplungen.[597] Die Antitrust Division analysierte in einer Mitteilung an die OECD die europäische Entscheidung. Sie betonte, sie könne eine Anwendung der Portfolio Effects Theory in diesem Fall nicht akzeptieren. Gerade die von der EU in diesem Fall gewonnenen Ergebnisse machten deutlich, dass der Zusammenschluss ausschließlich positive Auswirkungen für die Konsumenten mit sich gebracht hätte. Diese wären in den Genuss unmittelbarer (Preisreduzierung bei den Produkten und Verbesserung der Produkte) und mittelbarer Vorteile (Wettbewerber müssen bei der Preisreduzierung und der Verbesserung der Produkte Schritt halten) gekommen.[598]

5. Sanierungsfusion / Failing Company Defense

Sowohl in den USA als auch in der EU findet das Rechtsinstitut der Failing Company Defense[599] bzw. der Sanierungsfusion, wenn auch in etwas unterschiedlicher Auslegung, Anwendung, um so die besondere finanzielle Situation eines zu erwerbenden Unternehmens zu berücksichtigen.[600]

---

vom 22.10.2002 und Rs. T 77/02, EuG-Entscheidung vom 22.10.2002, Bull. 12-2002, Ziff. 1.9.78, unter: http://www.curia.eu.int/de/actu/communiques/ index. htm).

[597] S.o. S. 50.

[598] DoJ, Roundtable on Portfolio Effects in Conglomerate Mergers, Range Effects, S. 12, 17 ff.

[599] Das Rechtsinstitut wird teilweise auch als „Failing Firm Defense" bezeichnet.

[600] Einen Überblick über das Konzept der Failing Firm Defence, seine bisherige Anwendung sowie Stellungnahmen hierzu von Mitgliedsstaaten wie Australien, der EU, Frankreich, Großbritannien und den USA siehe in: OECD (Organisation for Economic Cooperation and Development): Report on Failing Firm Defense.

a. EU

Die Sanierungsfusion findet keine ausdrückliche Erwähnung in der FKVO,[601] aber Anwendung über die allgemeinen Voraussetzungen des Untersagungskriteriums: Grundvoraussetzung für die Freigabe eines Zusammenschlusses ist dessen Vereinbarkeit mit dem Gemeinsamen Markt. Diese Vereinbarkeit ist gegeben, wenn der Zusammenschluss keine beherrschende Stellung verstärkt oder begründet. An der erforderlichen Kausalität zwischen Zusammenschluss und Beherrschung fehlt es jedoch, wenn bei Ausscheiden des zu übernehmenden Unternehmens aus dem Markt die gleiche Wettbewerbssituation wie bei dem Zusammenschluss einträte. Das ist nach der Theorie der Sanierungsfusion insbesondere dann der Fall, wenn die relevanten Marktressourcen und -anteile auf einen der Zusammenschlussbeteiligten übergehen würden, also bei einer Sanierungsfusion.[602] In diesen Fällen ist der Zusammenschluss freizugeben.[603] Der Einwand der Sanierungsfusion ist an drei Voraussetzungen gebunden:

- Das erworbene Unternehmen hätte anderenfalls wegen Sanierungsbedürftigkeit seine eigene unternehmerische Tätigkeit kurzfristig aufgeben müssen.
- Die Marktposition des erworbenen Unternehmens müsste anderenfalls im Falle seines Ausscheidens aus dem Markt dem erwerbenden Unternehmen zuwachsen;
- Es gibt keine weniger wettbewerbsschädliche Erwerbsalternative als den Zusammenschluss.[604]

Bislang kam es in zwei Fällen zu einer erfolgreichen Berufung auf dieses Rechtsinstiut: im Fall *Kali+Salz/MdK/Treuhandanstalt*[605] und im Fall *BASF/Eurodiol/ Pantochim*[606].

b. USA

In den USA wird unter Berufung auf die sogenannte Failing Company Defense für unwahrscheinlich gehalten, dass eine Marktmacht entsteht, wenn das zu erwerben-

---

[601] Fleischer/Körber, WuW 2001, 6 (11); Wiedemann, Handbuch des Kartellrechts, S. 564 f.

[602] Immenga/Mestmäcker, Art. 2 FKVO, Rn. 31, 32.

[603] Wiedemann, Handbuch des Kartellrechts, S. 564; Immenga/Mestmäcker, a.a.O.; Fleischer/Körber, WuW 2001, 6 (11).

[604] Wiedemann, a.a.O.; Immenga/Mestmäcker, a.a.O.; *Aérospatiale-Alenia/ de Havilland*, Kommissions-Entscheidung vom 2.10.1991, Fall IV/M. 53, ABl. 1991 Nr. L 334, S. 42 (insbesondere Tz. 31); *Kali & Salz/MdK/Treuhand*, Kommissions-Entscheidung vom 14.12.1993, Fall IV/M. 308, ABl. 1994 Nr. L 186, S. 38 (insbesondere Tz. 70 ff.); Drauz/Schroeder, S. 165.

[605] *Kali & Salz/MdK/Treuhand*, Kommissions-Entscheidung vom 14.12.1993, Fall IV/M. 308, ABl. 1994 Nr. L 186, S. 38, bestätigt durch EuGH, Entscheidung vom 31.3.1998, verb. Rs. C-68/94, *Französische Republik/Kommission* und C-30/95, *SCPA und EMC/Kommission*, Slg. I-1998, S. 1375 (Tz. 114 ff.) - *Kali & Salz*; Wiedemann, Handbuch des Kartellrechts, S. 564 f.

[606] *BASF/Eurodiol/Pantochim*, Kommissions-Entscheidung vom 11.7.2001, Fall Comp/M. 2314, ABl. 2002 Nr. L 132, S. 45 (Ziff. 135 ff., 163).

de Unternehmen sich in einer fest definierten finanziellen Situation befindet. Daraus folgt ein Safe Harbour. Nach den Merger Guidelines müssen folgende Voraussetzungen erfüllt sein:

- Die Zahlungsunfähigkeit des zu erwerbenden Unternehmens muss bevorstehen.
- Eine Restrukturierung nach Ch. 11 des Bankruptcy-Act[607] (also eine insolvenzrechtliche Sanierung) darf keinen Erfolg versprechen.
- Es darf weder einen Erwerber, der in wettbewerbsrechtlicher Hinsicht geringere Bedenken aufwirft, noch eine andere Erwerbsalternative, welche die immateriellen Güter und sonstigen Vermögenswerte auf dem Markt belassen würde, geben.
- Die Vermögenswerte des insolvenzgefährdeten Unternehmens müssten ohne den Zusammenschluss aus dem relevanten Markt ausscheiden.[608]

Mit diesen Voraussetzungen entspricht die Failing Company Defense weitestgehend der Sanierungsfusion. Die US-amerikanischen Wettbewerbsbehörden zögern weitestgehend, dieses Institut tatsächlich anzuwenden. Im Fall *Boeing/MDD* betonte die FTC, *MDD* besäße auf dem Markt für Verkehrsflugzeuge keine berücksichtigenswerte Position mehr. Ihre Produktionskapazitäten würden in absehbarer Zeit von den Konkurrenten, vor allem von *Boeing*, übernommen. Obwohl die FTC hervorhob, dass dem Grunde nach die Voraussetzungen einer Failing Company Defense vorgelegen hätten, entschied sie sich - ohne Angabe von Gründen -, dieses Institut nicht anzuwenden.[609]

c. Divergenzen bei der Sanierungsfusion / Failing Company Defense

Die Failing Company Defense und die Sanierungsfusion unterscheiden sich insbesondere darin, dass in den USA nicht von Bedeutung ist, wem die Marktposition des zu erwerbenden Unternehmens ohne den Zusammenschlusses zu Gute käme. Die Möglichkeit eines Wettbewerbs um die Marktposition des zu übernehmenden Unternehmens steht der Anwendung der Failing Company Defense damit nicht entgegen. Das strengere[610] europäische Recht wendet im Gegensatz hierzu die Sanierungsfusion nur dann an, wenn die Marktposition des zu erwerbenden Unternehmens bei seinem Ausscheiden aus dem Markt dem Erwerber zugewachsen wäre.

---

[607] Sec. 1101-1174 des Bankruptcy Act, 11 USC (1988).

[608] DoJ/FTC, Horizontal Merger Guidelines (1997), Sec. 5; Bundeskartellamt, Diskussionspapier, S. 9, 10; Fleischer/Körber, WuW 2001, 6 (10 f.).

[609] S.o. S. 40.

[610] Vgl. Fleischer/Körber, WuW 2001, 6 (11); Wiedemann, Handbuch des Kartellrechts, S. 564 f.

In der Praxis kommt es allerdings selten zu einer Konstellation, welche die Anwendbarkeit einer der beiden Rechtsinstitute rechtfertigen könnte.[611] Der Fall *Boeing/MDD* ist eine seltene Ausnahme, bei dem die US-amerikanischen Wettbewerbsbehörden zumindest nahezu auf diese Rechtfertigung zur Freigabe des Zusammenschlusses zurückgriffen.

6. Comity of Nations

Es sind lange und intensive Auseinandersetzungen darüber geführt worden, ob und inwieweit völkerrechtliche Grundsätze die Anwendbarkeit bzw. die Durchsetzung des Wettbewerbsrechts beschränken.[612] Bei der Analyse von Jurisdiktionskonflikten[613] wurde bereits die Möglichkeit der Konfliktreduzierung durch eine Interessenabwägung erwähnt. Das völkerrechtliche Nichteinmischungsgebot und der völkerrechtliche Grundsatz der Verhältnismäßigkeit verpflichten grundsätzlich zu einer solchen Interessenabwägung. Diese Verpflichtung wird jedoch noch nicht weltweit akzeptiert. Unter den Staaten, die diese völkerrechtlichen Prinzipien anerkennen, besteht wiederum keine Übereinstimmung über die Reichweite und die Rechtsfolgen einer solchen Abwägung.

Auch das Prinzip der „comity of nations" (der „traditional comity")[614] sieht eine solche Interessenabwägung vor. Es führt nach einer Auffassung dazu, dass die Eingriffskompetenz einer Wettbewerbsbehörde trotz des Vorliegens der Aufgreifkriterien eingeschränkt wird.[615] Nach einer anderen Meinung besteht lediglich die Pflicht, widerstreitende Interessen beteiligter Staaten im Entscheidungsprozess zu berücksichtigen.[616] Die Mehrheit in der Rechts- und Staatengemeinschaft sieht in der „comity of nations" eine unverbindliche Regelung[617] zur Förderung zwischenstaatlicher Kooperationen.[618] Dieser Grundsatz basiert auf völkerrechtlichen Prin-

---

[611] Vgl. die Entscheidung der FTC im Rahmen der Prüfung des Zusammenschlusses *Boeing/MDD*, s.o. S. 40.

[612] Vgl. Groeben/Thiesing/Ehlermann, Kommentar zum EU-/EGV, §§ 29-30 vor Art. 85-89; Basedow, NJW 1989, 627 (636).

[613] S.o. S. 84.

[614] Vgl. van Miert, The Transatlantic and Global Implications of European Competition Policy, S. 3, 4; zu einem Überblick über das Konzept der „positive comity" und seine bisherige Anwendung siehe: OECD (Organisation for Economic Cooperation and Development): CLP Report on Positive Comity. Siehe hierzu auch die Ausführungen im Rahmen der Darstellung der Kooperation zwischen der EU und der USA, oben S. 31.

[615] Das beinhaltet die US-Amerikanische Auslegung des Prinzips der „comity of nations": vgl. Schödermeier, WuW 1989, 21 (25).

[616] So will es die europäische Auslegung: vgl. van Miert, The Transatlantic and Global Implications of European Competition Policy, S. 3, 4; Maier, American Journal of International Law, 78/1982, 280 (286).

[617] Nur noch wenige sind der Meinung, es handele sich bei diesem Prinzip um rechtlich verbindliches Völkerrecht oder dieses Prinzip sei grundsätzlich unzulässig; vgl. Maier, a.a.O., 280 (281).

[618] S. o. S. 31; Kaffanke, S. 162, 163.

zipien wie u.a. dem Gebot der Nichteinmischung, dem Grundsatz internationaler Mindeststandards und dem Prinzip der Immunität.[619]

Mit dieser Interessenabwägung wird das Ziel verfolgt, Streitigkeiten und Spannungen bei internationalen Beziehungen zu reduzieren und den internationalen Handel bzw. die internationalen Wirtschaftsbeziehungen zu fördern.

a. EU

Die europäischen Gerichte und die Europäische Kommission haben sich noch nicht abschließend dahingehend geäußert, ob im Rahmen der Fusionskontrolle eine Pflicht zur Anwendung der „comity of nations" besteht.

Die wichtigste Entscheidung zu dem Thema fällte der EuGH in seinem *Zellstoff*-Urteil.[620] Darin hat er die „comity of nations" nicht ausdrücklich benannt, aber den Gedanken aufgegriffen, dass widerstreitende staatliche Interessen gegeneinander abzuwägen seien. Eine solche Abwägung sei allerdings nicht verbindlich vorzunehmen. In keinem Fall werde dadurch die Prüfungskompetenz der Europäischen Kommission in Frage gestellt.[621] Die Abwägung könne lediglich in den Prüfungsvorgang aufgenommen werden und darüber die Entscheidung mit beeinflussen.

Unterstrichen wird diese Auslegung durch den Verlauf der Verhandlungen zwischen der US-amerikanischen Regierung und der Europäischen Kommission über die Vereinbarungen von 1991 und 1998.[622] Man einigte sich zwar grundsätzlich über die Anwendbarkeit der „comity of nations": Bedeutende Interessen des anderen sollten berücksichtigt werden. Trotzdem bleibt man in diesem Punkt de facto unverbindlich: Beide Seiten behalten sich vor, sich jederzeit ohne Nennung besonderer Gründe von dieser Pflicht lösen zu können. Die Bedeutung und Reichweite der Interessenabwägung und damit der „comity of nations" im europäischen Recht bleibt danach weiterhin umstritten.

---

[619] Montag, The Comparative Law Yearbook of International Business, Vol. 13/1991, 47 (54); Basedow, NJW 1989, 627 (638); Beck, RIW 1990, 91 (95); siehe im allgemeinen zu diesem Thema: Brownlie.

[620] EuGH, Entscheidung vom 27.9.1988, *A Ahlström Osakeyhtiö u.a./Kommission*, Verb. Rs. 89, 104, 114, 116, 117, 125 und 129/85, Slg. 1988, S. 5193 (5203) - *Woodpulp/Zellstoff* (infolge: *British Columbia Forest Products Ltd., u.a.*, Kommissions-Entscheidung vom 19.12.1984, Fall IV/29.725 - *Woodpulp/Zellstoff*, ABl. 1985, Nr. L 85, S. 1). Die Kommission nahm in ihrer Aluminium-Entscheidung (*Branders Goldschmidt & Co Ltd., u.a.*, Kommissions-Entscheidung vom 19.12.1984, Fall IV/26.870 - *Aluminium*, ABl. 1985 Nr. L 92, S. 1) zwar Bezug auf entgegenstehende Rechtsvorschriften aus dem Herkunftsstaat des betroffenen Unternehmens. Dies entspricht jedoch allein der „foreign government compulsion" in der US-amerikanischen Praxis, nicht aber dem Ansatz der „comity of nations".

[621] Schödermeier, WuW 1989, 21 (28).

[622] S.o. S. 31.

b. USA

Die US-amerikanischen Gerichte stellten in den 70er Jahren fest, dass die Wettbewerbsbehörden nicht ausreichend die Interessen anderer betroffener Staaten berücksichtigten.[623] Aus diesem Grunde schrieben sie die Anwendung eines „balancing of interests"-Ansatzes bei der Überprüfung von Zusammenschlüssen rechtsverbindlich vor.[624] Die dogmatische Einordnung dieses Prinzips wird unterschiedlich vorgenommen: Einige subsumieren es unter die sachliche Zuständigkeit[625]. Die Mehrheit[626] betrachtet es als Möglichkeit, eine vorhandene Entscheidungskompetenz freiwillig nicht auszuüben.[627] Die gegensätzlichen Entscheidungen *Hartford Fire*[628], *Timberlane Lumber*[629] und *Mannington Mills*[630] einerseits sowie *Laker Airways*[631] andererseits dokumentieren, wie unterschiedlich die Beantwortung dieser Frage in den USA ausfällt.[632] Während in den Entscheidungen *Hartford Fire*, *Timberlane Lumber* und *Mannington Mills* die miteinander in Konflikt stehenden Interessen beteiligter Staaten gegeneinander abgewogen wurden, um die eigene Prüfungskompetenz

---

[623] Wiedemann, Handbuch des Kartellrechts, S. 1067; Bingaman, S. 4. Deutlich wurde hierauf in der *Timberlane*-Entscheidung hingewiesen: *Timberlane Lumber Co. v. Bank of America*, 549 F 2d 597, 9th Cir. 1976: Das Gericht betonte, die Auswirkungstheorie berücksichtige nicht ausreichend die Interessen anderer Staaten.

[624] Dies geschah unter Berücksichtigung von Sec. 40 of the Restatement (2d) of the Law of the Foreign Relations of the United States. *Timberlane Lumber Co. v. Bank of America*, 549 F 2d 597, 9th Cir. 1976. Vgl. Roth, RabelsZ 1981, 501 (526).

[625] Dabei handelt es sich um sogenannte „subject matter jurisdiction".

[626] Beck, WuW 1984, 447 (461).

[627] Sogenannte „abstention". Vgl. Groeben/Thiesing/Ehlermann, Kommentar zum EU-/EG-Vertrag, vor Art. 85-89, Fn. 149; Beck, WuW 1984, 447 (459, 463) m.w.N. in Fn. 86; zu beachten ist insbesondere auch die unterschiedliche Einordnung im Rahmen der beiden wichtigsten Entscheidungen: *Mannington Mills, Inc. v. Congoleium Corp.* 595 F. 2d 1287 und *Timberlane Lumber Co. v. Bank of America*, 549 F 2d 597, 9th Cir. 1976.

[628] *Hartford Fire Insurance Co. v. California* (509 US 764, 113 S.Ct. 2891 (1993). Der Supreme Court beschäftigte sich in der Hartford-Entscheidung allerdings nicht unter „comity-Gesichtspunkten" mit seiner Jurisdiktionshoheit, weil für dafür jede erhebliche Auswirkung auf den US-amerikanischen Markt ausreichte. Die zentrale Frage bestand darin, ob es einen tatsächlichen und unmittelbaren Konflikt zwischen dem englischen und dem US-amerikanischen Recht gebe. Das sei nicht der Fall, befand das Gericht, wenn die betroffenen Unternehmen in der Lage seien, im Einklang mit beiden Rechtsordnungen zu handeln. Ob die jeweiligen Rechtsordnungen dabei unterschiedliche Ziele verfolgten, sei ohne Bedeutung. Vgl. Fox, Antitrust Law Journal, 68/2000, 73 (77).

[629] Timberlane Lumber Co. v. Bank of America, 549 F 2d 597, 9th Cir. 1976.

[630] Mannington Mills, Inc. v. Congoleium Corp. 595 F. 2d 1287

[631] *Laker Airways Ltd. v. Sabena*, 731 F.2d 909, 949 (D.C. Cir. 1984).

[632] Karl, RIW 1996, 633 (634); Georgieff, S. 95 ff., 111; Zimmer, S. 61 (93 ff.). Die Anwendung des Prinzips der „comity of nations" wurde z.B. in folgenden Entscheidungen mit jeweils unterschiedlichen Ergebnissen in Erwägung gezogen: *United States v. Nippon Paper Industries Co. Ltd.* 109 F.3d 1 (1st Cir. 1997); *Metro Industries, Inc. v. Sammi Corporation*, 82 F.3d 839 (9th Cir. 1996); *Filetech S.A.R.L. v. France Telecom*, 978 F.Supp. 464 (S.D.N.Y. 1997) und 157 F.3d 922 (2d. Cir. 1998). Siehe allgemein hierzu: Waller.

zu klären,[633] berief sich das US-amerikanische Gericht im Fall *Laker Airways* auf seine umfassende Kompetenz sowie die vorrangige Bedeutung der nationalen US-amerikanischen Interessen, weswegen eine Interessenabwägung seine Prüfungskompetenz nicht beeinflussen könne.[634]

Das Restatement of the Law of Foreign Relations of the US (Second)[635], welches der Unterstützung bei der Auslegung des US-amerikanischen Rechts dient, bezeichnet demgegenüber in § 40 das Prinzip der „comity of nations" als eine völkerrechtlich gebotene Pflicht und damit als rechtsverbindlich. Auch in den von der FTC und der Antitrust Division erlassenen Guidelines for International Operations aus dem Jahre 1995 ist das Abwägungsprinzip aufgeführt.[636] Hiernach sind die Wettbewerbsbehörden verpflichtet, miteinander in Konflikt stehende Interessen anderer Staaten zu ermitteln und über ihre Auswirkungen auf einen angemeldeten Zusammenschluss zu entscheiden. Aber weder das Restatement of the Law of Foreign Relations of the US (Second) noch die Guidelines for International Operations zeigen die Konsequenzen für die Prüfungskompetenz der Gerichte auf.

Gerichte, Wissenschaftler und Kartellbehörden verlangen als Kriterium für eine Interessenabwägung[637] einen bedeutenden Konflikt zwischen Handelsinteressen,[638] der sich als Spannungsverhältnis zwischen rechtlichen Grundsätzen ausdrückt. Die US-amerikanischen Kartellbehörden berücksichtigen gemäß ihren Guidelines nicht nur Konflikte rechtlicher Natur, sondern auch sonstige Interessenkonflikte. Klare und berechenbare Standards einer solchen Abwägung sind jedoch noch nicht er-

---

[633] Kaffanke, S. 178; Maier, The American Journal of Comparative Law, Vol. 31, 4/1983, 579 (588, 589).

[634] Letztlich kam es in beiden Entscheidungen jedoch nicht zu einer tatsächlichen Abwägung der verschiedenen Interessen, da es hier lediglich um die „jurisdiction to prescribe" (Regelungshoheit) und nicht um die „jurisdiction to enforce" (Durchsetzungshoheit) ging. Der Fall wurde an den District Court zurückverwiesen. Vgl. Maier, a.a.O.

[635] Die Restatements waren ursprünglich reine Stellungnahmen und Erläuterungen zur Rechtslage, herausgegeben vom American Law Institute (einer privaten Einrichtung). Mittlerweile sind es zugleich Vorschläge für noch zu setzendes Recht. Diese Privatmeinungen sind haben in den USA einen hohen Stellenwert und werden häufig auch von den Gerichten freiwillig befolgt. Vgl. Deville, S. 24 f.; Reimann, S. 8.

[636] DoJ/FTC, Antitrust Enforcement Guidelines for International Operations, (1995), Sec. 3.2 (Comity); Basedow, Weltkartellrecht, S. 25.

[637] Wiedemann, Handbuch des Kartellrechts, S. 1067, Fn. 17; Maier, The American Journal of Comparative Law, Vol. 31, 4/1983, 579 (589).

[638] Die oben erwähnte *Timberlane*-Entscheidung wurde aufgehoben, weil die US-amerikanischen Interessen im Verhältnis zu den Interessen der anderen betroffenen Staaten keine ausreichende Berücksichtigung gefunden hatten. Die Aufhebungs-Entscheidung hielt jedoch an der dogmatischen Einordnung fest (vgl. *Timberlane Lumber Co. v. Bank of America*, 549 F 2d 597, 9th Cir. 1976; *Timberlane Lumber Co. v. Bank of America*, 749 F 2d 1378, 9th Cir. 1984; 574 F. Supp. 1453, N.D. Cal. 1983; Beck, WuW 1984, 447, 455 ff.). Dieser Ansatz wurde vornehmlich in folgenden Entscheidungen entwickelt: *Hartford Insurance Co. v. California*, 113 S. Ct. 2891 (1993); *Mannington Mills, Inc. v. Congoleium Corp.* 595 F. 2d 1287; *Montreal Trading Ltd., v. AMAX Inc.*, 661 F. 2d 864, 10th Cir., 1981; *Industrial Investment Development Corp. v. Mitsui & Co.* 671 F. 2d 876, 5th Cir. 1982; vgl. Veltins, RIW 1982, 157, 160; Beck, S. 71, Fn. 55, 56.

kennbar, was an deren politischer Prägung liegen mag.[639] Einzige Vorgabe ist, dass im Abwägungsergebnis die Interessen eines Staates überwiegen müssen. Die Abwägung kann auf rechtlichen, politischen oder wirtschaftlichen Überlegungen basieren.[640] Ihre Bedeutung ist dadurch gering, dass die US-amerikanischen Kartellbehörden[641] sich dieser Pflicht nicht rechtsverbindlich unterwerfen. Der Abwägungsprozess ist daher nicht gerichtlich nachprüfbar. Das Korrelat hierzu findet sich in den Vereinbarungen von 1991 und 1998. Auch dort verständigten sich die EU und die USA auf eine Anwendung der „comity of nations", behielten sich jedoch vor, hiervon jederzeit Abstand nehmen zu können.[642]

c. Divergenzen bei dem Prinzip der Comity of Nations

Für die „comity of nations" mangelt es an einer allgemein anerkannten Definition. Die Grundsätze sind zwar klar umrissen, Anwendungsbereich und Konsequenzen der Interessenabwägung werden jedoch sehr unterschiedlich gehandhabt.[643] In den USA hat das Prinzip wachsende Bedeutung erlangt, unter anderem durch seine Verankerung in den Guidelines der Wettbewerbsbehörden und im Restatement of the Foreign Relations Law. Im Gegensatz dazu haben die Europäer weder in der FKVO noch in den Bekanntmachungen oder Mitteilungen der Kommission hierzu verbindlich Stellung bezogen. In einigen Entscheidungen haben die Grundsätze des Prinzips der „comity of nations" jedoch Erwähnung gefunden und im Rahmen dessen wurde klargestellt, dass - entgegen der teilweise vertretenen Ansicht in den USA - dieses Prinzip keinen Einfluss auf die Entscheidungskompetenz habe.[644] Einig ist man sich weitestgehend auf beiden Seiten des Atlantiks allein darüber, dass die „comity of nations" kein verbindliches nationales Recht oder Völkerrecht darstellt.[645]

Auch die Verankerung der „comity of nations" in der Vereinbarung von 1991 führte nicht zu einer breiteren Anwendung und Akzeptanz. In keinem der beiden zu Beginn der Arbeit dargestellten Fälle wurden die jeweiligen entgegenstehenden Interessen des anderen Staates umfassend berücksichtigt, obwohl die Vereinbarung von 1991 bereits in Kraft war. Im *Boeing/MDD*-Fall waren zwar positive Ansätze beider Seiten erkennbar, zwischen dem nach außen verkündeten Willen zur Interessenberücksichtigung und der tatsächlichen Umsetzung gab es jedoch eine deutliche Diskrepanz. Weder haben die Europäer die Rüstungsinteressen der USA, noch haben die US-Amerikaner die Interessen der Europäer in dem Maße berücksichtigt,

---

[639] Immenga, Rechtsregeln für eine Internationale Wettbewerbsordnung, S. 593 (597).

[640] Brewster, Antitrust and American Buisness Abroad, S. 303; Beck, S. 139; Kaffanke, S. 166.

[641] DoJ/FTC, Antitrust Enforcement Guidelines for International Operations, (1995), Sec. 3.2 (Comity).

[642] S.o. S. 31.

[643] Man erhoffte sich, dass die „comity of nations" Bedenken ausräumen würde, die durch die weite Anwendung der Auswirkungstheorie entstehen. Dazu ist es aber bisher nicht gekommen. Vgl. Immenga, Basic Principles for an International Atitrust Code, S. 46 (47).

[644] Roth, RabelsZ 1981, 501 (525).

[645] Schödermeier, WuW 1989, 21.

wie es erforderlich gewesen wäre, um Konflikte zu vermeiden. Der *Boeing/MDD*-Fall veranschaulicht, wie entscheidend die Interessenabwägung der „comity of nations“, für die Konfliktentschärfung zwischen den Kontrollbehörden ist. Ihre Anwendung hätte eine Koordinierung beider Verfahren in besonderem Maße gefördert.

Wegen der Uneinigkeit über die Anwendung des Prinzips und seine Rechtsfolgen entstehen weitere Konflikte. Die allgemein aufgestellten Regeln sind kaum fassbar, und das Prinzip der Einzelfallentscheidung im Bereich des Wettbewerbsrechts macht Entscheidungen noch weniger vorhersagbar. Es bleibt unklar, welche Interessen wie miteinander abzuwägen sind und welche Rechtsfolgen sich daraus ergeben.[646] Der Komplexität eines Zusammenschlusses mit seinen rechtlichen, politischen und wirtschaftlichen Komponenten kann so nicht ausreichend begegnet werden.[647] Das erhöht wiederum die Rechtsunsicherheit. Die Erwartung einer Interessenberücksichtigung wird enttäuscht, die fehlende Transparenz erlaubt keinen Einblick, in welchem Umfang widerstreitende Interessen die Entscheidung tatsächlich beeinflussten.

V. Verfahrensrechtliche Konflikte

Als Folge der starken Zunahme an neuen Kontrollregelungen müssen sich internationale Unternehmen, die einen Zusammenschluss planen, mit zur Zeit bis zu 75 verschiedenen Rechtssystemen auseinandersetzen. Dies bringt für die Unternehmen eine Vielzahl von Verpflichtungen mit sich[648]: Durchführung der Anmeldung nach den unterschiedlichen komplexen Regelungen; Zahlung von teilweise erheblichen Anmeldegebühren an unterschiedliche Wettbewerbsbehörden und von Honoraren für die rechtliche Beratung zu den unterschiedlichen Rechtssystemen; exakte Einhaltung verschiedener Fristen. Die hierdurch verursachten Kosten und Verzögerungen sind besonders nachteilig für diejenigen Unternehmen, deren Zusammenschluss mangels negativer Auswirkungen auf den Wettbewerb ohne weiteres freigegeben wird. Nur bei einem geringen Prozentsatz (im allgemeinen zwischen 1 und 5 %) aller angemeldeten Zusammenschlussvorhaben ergeht eine Untersagungsentscheidung oder eine Freigabe unter Auflagen oder Bedingungen.

Diese Situation hat eine entscheidende Wirkung auf die Wettbewerbspolitik vieler Staaten und führt zu Konflikten zwischen den einzelnen Wettbewerbsbehörden. Jede unnötige Komplikation der Kontrollverfahren und jede Einmischung von außen in diese Verfahren führt zu Differenzen.

Wenn deren Hauptursachen auch die unterschiedlichen materiellrechtlichen Regelungen sind, so spielen dabei doch ebenfalls verfahrensrechtliche Gesichtspunkte

---

[646] Immenga, Basic Principles for an International Antitrust Code, S. 46 (47, 48); Immenga, Rechtsregeln für eine Internationale Wettbewerbsordnung, S. 593 (597).

[647] Brewster, S. 303; Beck, S. 139; Kaffanke, S. 166.

[648] ICPAC, Final Report (2000), Chapter 3.

eine Rolle.[649] Unterschiedliche Verfahrensarten erschweren Kooperationsbestrebungen und schwächen die immer notwendiger werdende globale Perspektive der Wettbewerbsbehörden. Der Druck durch beschleunigte Verfahren in einem anderen Staat oder durch politische Stellungnahmen der anderen Seite kann dazu führen, dass nationalen Interessen im Rahmen eines Kontrollverfahrens ein zu hoher Stellenwert eingeräumt und die ausschließlich wettbewerbliche Beurteilung eines Zusammenschlusses demgegenüber zurückgedrängt wird.[650]

Im europäischen Recht ist neben den materiellrechtlichen Grundlagen auch das Verfahrensrecht in der FKVO geregelt. Die entsprechenden Regelungen werden durch die VO 802/2004[651], die auch nach der Reform der FKVO anwendbar bleibt, insbesondere hinsichtlich der Anmeldung und der Fristen konkretisiert.[652]

In den USA finden sich allgemeine verfahrensrechtliche Regelungen im Administrative Procedure Act (APA)[653]. Spezielle Bestimmungen, die das Verfahren nach dem Antitrust Law betreffen, sind zusätzlich im FTC Act, HSR Act und im Clayton Act geregelt.

1. Präventives Anmeldeverfahren und Vollzugsverbot

Das US-amerikanische wie das europäische Fusionskontrollverfahren sind durch ein präventives Vorabanmeldeverfahren mit einem befristeten Vollzugsverbot gekennzeichnet.

a. EU

Die präventive europäische Fusionskontrolle greift, sobald die oben genannten Umsatzkriterien erreicht sind und Jurisdiktionshoheit besteht.[654] Der Zusammenschluss ist vor seinem Vollzug bei der Kommission anzumelden.[655] Das Anmelde-

---

[649] Vgl. Monti, Antitrust in the US and Europe: A History of Convergence, S. 11.

[650] S.o. im Fall *GE/Honeywell* S. 51.

[651] Art. 23 FKVO. Die bisherige VO (EG) Nr. 447/98 (vom 01. März 1998 über die Anmeldungen, über die Fristen, sowie über die Anhörung nach der Verordnung (EWG) Nr. 4064/89 des Rates über die Kontrolle von Unternehmenszusammenschlüssen, ABl. Nr. L 61 vom 2.3.1998, S. 1) wurde zum 1. Mai 2004 aufgehoben und durch die Verordnung (EG) Nr. 802/2004 der Kommission vom 7. April 2004 zur Durchführung der Verordnung (EG) Nr. 139/2004 des Rates über die Kontrolle von Unternehmenszusammenschlüssen (ABl. (EU) Nr. L 133 vom 30. April 2004, S. 1 ff.) ersetzt. Die VO 802/2004 ist damit die *Nachfolge*-VO der VO (EG) 447/98, die wiederum bereits die VO (EWG) 2367/90 der Kommission vom 25. Juli 1990, geändert durch die VO (EG) Nr. 3384/94 vom 21.12.1994 ersetzte. Die VO 802/2004 enthält in ihrem Anhang das Formblatt CO.

[652] Huggenberger, S. 75.

[653] 5 U.S.C. §§ 551-59, 701-06, 1305, 3105, 3344, 5372, 7521, 1946.

[654] S.o. S. 84 und 92 ff.

[655] Vgl. Art. 4 FKVO; Hausmann, S. 95.

verfahren ist eingeteilt in Phase I - die summarische Vorprüfung - und Phase II - eine umfassende und intensive Beurteilung des Zusammenschlusses.[656]

Für den formalen Ablauf des Anmeldeverfahrens[657] ist von Bedeutung, dass das europäische Recht einen „one-step-notification process"[658] verfolgt, indem es von Anfang an detaillierte Informationen und umfassende Unterlagen von den Unternehmen anfordert und nicht erst in einem zweiten Schritt - nach einer kurzen und knappen Überprüfung - diese Unterlagen verlangt.[659] Die Anmeldung muss sämtliche Informationen über die Art des Zusammenschlusses, die beteiligten Unternehmen und die betroffenen Märkte enthalten. Zumeist wird es erforderlich sein, eine umfassende Unternehmensanalyse einzureichen, wobei der Schutz von Unternehmensgeheimnissen gewährleistet wird.[660] Damit wird neben rein objektiv messbaren Informationen auch die Mitteilung subjektiver Einschätzungen der Parteien verlangt.

Ein Zusammenschluss muss „nach dem Vertragsschluss, der Veröffentlichung des Kauf- oder Tauschangebotes oder des Erwerbs einer die Kontrolle begründenden Beteiligung und vor dem Vollzug" angemeldet werden (Art. 4 FKVO). Damit ist klargestellt, dass eine Anmeldung bereits auf Basis einer Grundsatzvereinbarung, einer Absichtserklärung (Letter of Intent) oder der öffentlich bekundeten Absicht eines Unternehmensangebots eingereicht werden kann. Bis zur Neufassung der FKVO zum 01.05.2004 musste von den Unternehmen noch eine einwöchige Frist ab dem formellen Abschluss des Fusionsvertrages oder der formellen Bekanntgabe eines öffentlichen Übernahmeangebotes eingehalten werden. Diese Frist und die Verlagerung der Anmeldung auf die relativ späten Zeitpunkte im Rahmen eines Zusammenschlussvorhabens wurden nun ersatzlos gestrichen.[661] In der Praxis stellte die Kommission den beteiligten Unternehmen allerdings oft mehr Zeit für die

---

[656] Vgl. Hootz/Müller-Henneberg/Schwartz, EU-Fusionskontrolle, Art. 6 FKVO, S. 7.

[657] Die Kommission hat mit der Reform der FKVO eine Lockerung der Anmelde- und Prüfungsfristen durchgesetzt. Die ursprüngliche Einwochenfrist wurde aufgehoben, und ein Zusammenschluss kann schon vor einer verbindlichen Vereinbarung angemeldet werden. Weiterhin kann die Kommission die Prüfungsfrist um weitere drei Wochen und in Absprache mit den beteiligten Unternehmen um darüber hinausgehende vier Wochen verlängert werden.

[658] OECD, Report on Notification of Transnational Mergers, S. 3; vgl. auch Pitofsky, EU and US Approaches to International Mergers, S. 3.

[659] Die Unternehmen haben das sogenannten Formblatt CO auszufüllen. Vgl. Anhang I zur VO 802/2004, ABl. (EU) Nr. L 133 vom 30. April 2004, S. 1 ff.

[660] Zu den genauen Vorgaben hinsichtlich der einzureichenden Unterlagen und Informationen siehe VO 802/2004, ABl. (EU) Nr. L 133 vom 30. April 2004, S. 1 ff, in dessen Anhang I sich das zur Anmeldung erforderliche Formblatt CO befindet.

[661] Zur Neufassung und „Flexibilisierung" des Fristenregimes siehe Dittert, WuW 2004, 148 (149, 151).

Anmeldung zur Verfügung.[662] Die Anmeldung wird im Amtsblatt der EU bekannt gegeben (Art. 4 Absatz 3 FKVO).

Die Kommission kann den beteiligten Unternehmen Geldbußen bis zu einem Höchstbetrag von 10 % des Gesamtumsatzes auferlegen (vgl. Art. 5, 14 FKVO), wenn diese den Zusammenschlss unter Verstoß gegen die Anmeldepflicht ohne eine solche vollziehen oder fahrlässig falsche oder irreführende Informationen einreichen (Art. 14 Absätze 1 und 2 FKVO). Die ursprüngliche Begrenzung auf maximal € 50.000.- wurde mit der Neufassung der FKVO zum 01.05.2004 aufgehoben.[663]

Nach Art. 7 Absatz 1 FKVO besteht ein gesetzliches Vollzugsverbot unabhängig von der Anmeldung bis zur (Freigabe-)Entscheidung in Phase I nach 25 Arbeitstagen.[664] Kommt es nicht oder nicht rechtzeitig zu einer Freigabe-Entscheidung in Phase I, läuft das Vollzugsverbot weiter bis zu einer abschließenden Entscheidung in Phase II oder dem Eintritt der Freigabe-Vermutung mit Ablauf der Entscheidungs-Fristen nach Art. 10 FKVO (Art. 7 Absatz 1 FKVO). Die Fristen beginnen nur zu laufen, wenn die Anmeldung vollständig vorliegt (Art. 10 Absatz 1 FKVO). Hierdurch kann sich das Verfahren erheblich verzögern.

Das automatische Vollzugsverbot kann nicht ohne weiteres von der Kommission verlängert werden. Der ursprüngliche Absatz 2 des Art. 7 FKVO, welcher der Kommission die Möglichkeit einer Fristverlängerung einräumte, wurde im Jahre 1997 aufgehoben. Nunmehr ist lediglich eine Hemmung der Fristen möglich, die gemäß Art. 7 Absatz 4 FKVO eintritt, „wenn die Kommission durch Umstände, die von einem der beteiligten Unternehmen zu vertreten sind, gezwungen [ist], eine [weitere] Auskunft [...] anzufordern oder eine Nachprüfung [...] anzuordnen".[665]

Den an dem Zusammenschluss beteiligten Unternehmen wird in Art. 7 Absatz 3 FKVO die Möglichkeit eingeräumt, bei der Europäischen Kommission eine Befreiung von dem vorbezeichneten Vollzugsverbot zu beantragen. Die Entscheidung der Kommission hierüber unterliegt ihrem umfänglichen Ermessen unter Berück-

---

662 Vgl. *Hewlett Packard/Compaq*, Kommissions-Entscheidung vom 31.1.2002, Fall IV/M. 2609, ABl. 2002 Nr. C 039, S. 23. Hier gewährte die Kommission den beteiligten Unternehmen einen Aufschub von mehreren Wochen.

663 Europäische Kommission, 28. Bericht über die Wettbewerbspolitik - 1998, S. 68, Ziff. 138, Fn. 63; *Samsung/AST*, Kommissions-Entscheidung vom 26.5.1997, Fall IV/M.920, ABl. 1997 Nr. C 203, S. 3.

664 Es sei denn, die Kommission gewährt eine Befreiung nach Art. 7 Absatz 3 FKVO oder die Frist wird nach Art. 10 Absatz 4 gehemmt bzw. verlängert sich aufgrund einer Anfrage eines Mitgliedsstaates gemäß Art. 10 Absatz 1 FKVO oder unter Absprache zwischen der Europäischen Kommission und den beteiligten Unternehmen. Durch die Neufassung der FKVO zum 01.05.2004 wurde das Vorprüfungsverfahren (Phase I) von einem Monat auf 25 Arbeitstage ausgedehnt; unterbreiten die beteiligten Unternehmen bereits in der ersten Phase Zusagen, so verlängert sich diese Frist automatisch auf 35 Arbeitstage. Im Hauptprüfungsverfahren (Phase II) führen Zusagenangebote nun zu einer automatischen Fristverlängerung um 15 Arbeitstage. Zusätzlich besteht die Möglichkeit einer Fristverlängerung um bis zu 20 weitere Arbeitstage.

665 Vgl. Rowley, International Mergers: Antitrust Notification Requirements, S. 221 (236 f.).

sichtigung aller Umstände und darf nur dann positiv für die Unternehmen ausfallen, wenn die Voraussetzungen zum Erhalt eines wirksamen Wettbewerbs gewährleistet sind.

b. USA

Durch den HSR Act wurde im Jahre 1976 Sec. 7A und damit eine förmliche Anmeldepflicht[666] in den Clayton Act eingeführt. Diese findet Anwendung, sobald die Aufgreifkriterien erfüllt sind.[667] Auch die USA praktizieren also eine präventive Fusionskontrolle. Die Anmeldung soll sobald wie möglich nach einer Vereinbarung über den Zusammenschluss erfolgen, eine konkrete Frist zur Anmeldung und zur Einreichung der erforderlichen Unterlagen existiert nicht. Den Beteiligten ist es unbenommen, schon nach Unterzeichnung eines „letter of intent" den beabsichtigten Zusammenschluss anzumelden.[668]

Die USA verfolgen bei der Anmeldung einen „two-step-process": Die einleitend eingereichten Informationen müssen lediglich dazu geeignet sein, die Wettbewerbsbehörden auf mögliche wettbewerbliche Probleme aufmerksam zu machen. Ein sogenannter Second Request für weitere Informationen wird den Unternehmen gegenüber geäußert, wenn wettbewerbliche Probleme erkannt wurden und in diesem Stadium nicht gelöst werden konnten.

Geschäftsgeheimnisse werden gewahrt, indem die Anmeldungen nach dem HSR Act ausdrücklich vom US Freedom of Information Act ausgenommen sind, der die Verpflichtung der Behörden enthält, ihnen vorliegende Dokumente öffentlich zugänglich zu machen.[669]

Die Anmeldung erfolgt mittels der „Notification and Report Form" und muss neben einer Beschreibung des geplanten Zusammenschlussvorhabens Grundinformationen über die beteiligten Unternehmen enthalten. Dazu gehören: ihre Geschäftsfelder; Zahlen und Daten über die Umsätze; vorherige Akquisitionen mit horizontalen Überschneidungen; vertikale Verbindungen der beteiligten Unternehmen; eine Auflistung der Tochter- und Schwestergesellschaften; Bilanzen und Finanzberichte sowie alle Analysen, die zum Zwecke der Vorbereitung dieses Zusammenschlusses gefertigt wurden.[670] Nur wenn den Unternehmen bereits Daten über Marktanteile, Wettbewerber, Marktanalysen, Potential für Expansionen etc. vorliegen, müssen diese gleichfalls eingereicht werden. Es besteht ausschließlich die Pflicht zur Erstellung und Einreichung objektiver Unternehmensdaten, nicht aber subjektiver Analysen.

---

[666] Die Anmeldepflicht gilt gegenüber beiden Wettbewerbsbehörden, der Antitrust Division und der FTC.

[667] Vgl. 15 USC. § 18a. S.o. S. 84 und 92 ff. In Sec. 7 A (c) Clayton Act sind immerhin zwölf Ausnahmetatbestände für die Anmeldepflicht vorgesehen. Vgl. Rowley, International Mergers: Antitrust Notification Requirements, S. 221 (266 f.).

[668] Harty, United States' Merger Control 2001, S. 198.

[669] Freedom of Information Act, 5 USC. § 552.

[670] Vgl. Pre-Merger notification Form, 16 C.F.R. 803, Appendix.

Erst mit dem bereits erwähnten Second Request werden die Unternehmen aufgefordert, den Behörden weitere Informationen zu übermitteln. Der Second Request wird von den Unternehmen als enorm aufwendig und belastend empfunden, denn hier ist meist umfangreiches Material einzureichen, welches häufig auch für den Unternehmenszusammenschluss nicht relevante Daten betrifft.[671] Bis die Anforderungen des Second Request erfüllt sind, vergehen nicht selten mehrere Wochen oder gar Monate.[672]

Wie im europäischen Recht darf nach dem HSR Act[673] ein Zusammenschluss erst vollzogen werden, wenn er ordnungsgemäß angemeldet wurde und entweder die Wartefrist abgelaufen oder der Zusammenschluss freigegeben ist. Auch hier besteht ein automatisches gesetzliches Vollzugsverbot. Die Wartefrist beträgt nach der Anmeldung 30 Tage, nach der Einreichung der mit Second Request angeforderten Unterlagen weitere 20 Tage.[674] Diese Fristen beginnen jedoch erst zu laufen, wenn die eingereichten Unterlagen der Unternehmen die Fragen der Behörden umfassend beantworten.[675] Auch wsenn nach Ablauf der Wartefristen der Zusammenschluss vollzogen werden darf, gibt es im Gegensatz zur europäischen Regelung keine Freigabe-Fiktion. Lediglich das Vollzugsverbot wird außerkraftgesetzt. Um den Vollzug des Zusammenschlusses weiterhin zu blockieren, müssen die US-amerikanischen Wettbewerbsbehörden die Gerichte anrufen und die Verlängerung des Vollzugsverbots erwirken.[676]

c. Divergenzen beim Anmeldeverfahren

Den Rechtsordnungen der EU und der USA sind viele Gemeinsamkeiten beim Anmeldeverfahren zu entnehmen, so z.B. Anmeldepflicht und Vollzugsverbot sowie die Möglichkeit der Auferlegung von Geldbußen.[677] Dadurch werden einige Verfahrensverzögerungen und Rechtsunsicherheiten verhindert. Voraussetzung ist aber auch, dass die ein Zusammenschlussvorhaben anmeldenden Unternehmen von der ihnen durch einzelne Fristenregime eingeräumten Flexibilität Gebrauch machen und beispielsweise durch die Wahl des Anmeldezeitpunktes in der EU und in Drittstaaten eine Koordinierung der parallelen Verfahren erleichtern.[678]

Problematisch ist bei den Gemeinsamkeiten, dass die Geldbußen parallel verhängt werden können. Dies kann dazu führen, dass insgesamt von den Unternehmen Bußgelder zu zahlen sind, die den Vollzug des u.U. potentiell wettbewerbsfördern-

---

[671] Rowley/Baker, S. 485.

[672] Vgl. McCarty, 54 Antitrust Law Journal 1985, 103 (105).

[673] 15 USC. § 18a.

[674] 15 USC. § 18 a (b) (1).

[675] 15 USC. § 18 a (e).

[676] Dieses wird als „preliminary injunction" oder „hold seperate order" bezeichnet. Vgl. Harty, United States' Merger Control 2001, S. 198; Davis, S. 246 (247).

[677] Insbesondere durch die Reform der FKVO, die am 1.05.2004 in Kraft getreten ist, hat sich die europäische Rechtslage der US-amerikanischen weiter angenähert.

[678] Dittert, WuW 2004, 151 f., m.w.N.

den Zusammenschlussvorhabens verhindern. Denn die gegebenenfalls kurzfristig erwarteten Effizienzen und Kostensenkungen aufgrund des Zusammenschlusses, die ausschlaggebend für die Vereinbarung über den Zusammenschluss gewesen sein könnten, würden sich für die beteiligten Unternehmen unter Umständen nicht mehr rechnen.

Ein entscheidender Unterschied bei den beiden Anmeldeverfahren ist der Umfang der Anmeldung. Problematisch ist, dass teilweise sachlich irrelevante Informationen bei der Analyse berücksichtigt werden und so sachfremde Erwägungen das Prüfungsergebnis beeinflussen. Wegen der angesprochenen geringen Transparenz der Verfahren ist nicht erkennbar, auf welche Weise nationale Interessen oder andere sachfremde Erwägungen eine Untersagungsentscheidung bestimmen. Darüber hinaus ist der Umfang des Second Request nicht einschätzbar, da keine verbindlichen Vorgaben über die einzureichenden Unterlagen existieren. Trotz der ähnlichen Anmeldungsmodi sind die in den einzelstaatlichen Verfahren erhobenen Informationen daher nicht kompatibel.[679]

Konfliktträchtig ist hierbei zusätzlich, dass sich aus den Unterlagen, die bei den jeweiligen Wettbewerbsbehörden eingereicht werden, unterschiedliche Anhaltspunkte für die Beurteilung des Zusammenschlusses ergeben.[680] Unter Umständen werden keine identischen Daten und Fakten zugrunde gelegt. Schon dadurch kommt es zu unterschiedlichen Entscheidungen.

Schließlich werden die Kooperationsmöglichkeiten zwischen den Wettbewerbsbehörden dadurch eingeschränkt, dass auf der einen Seite ein „one-step-notification-process“ (z.B. in der EU) und auf der anderen Seite ein „two-step-notification-process“ (z.B. in den USA) vorgesehen ist. Hierdurch wird künstlich dafür gesorgt, dass die parallelen Überprüfungen unterschiedlichen Zeitabläufen unterliegen. Dieses Problem wird noch dadurch verschärft, dass die Unterlagen in der entsprechenden Landessprache eingereicht werden müssen. Deren Übermittlung an andere Wettbewerbsbehörden zur Förderung einer Kooperation erfordert zunächst eine Übersetzung. Aufgrund des Umfangs der Unterlagen[681] ist diese zeit- und kostenintensiv. Verfahrensverzögerungen sind die Folge und finanzschwache Wettbewerbsbehörden[682] u.U. nicht in der Lage, diese Kosten zu übernehmen.

Bei einer Verzögerung des Verfahrens kann ein Zusammenschluss unter Umständen ganz gestoppt werden.[683] Denn die beteiligten Unternehmen sind in der Regel sehr sensibel, was die termingerechte Umsetzung des Zusammenschlusses betrifft. Jede Verzögerung kann wettbewerbsfördernde Zusammenschlüsse verhindern oder

---

[679] Vgl. Rowley, Streamlining International Merger Control, S. 3 (4).

[680] Siehe zu diesen Konflikten auch: Körber, S. 100; Hoekman/Holmes, S. 17 f.

[681] Im Fall *Boeing/MDD* haben die Parteien bei der Anmeldung ca. 5 Millionen Seiten eingereicht.

[682] Das sind vor allem die Wettbewerbsbehörden der Entwicklungs- und Schwellenländer und der Staaten, die erst kürzlich ein Wettbewerbs- und Fusionskontrollrecht eingeführt haben.

[683] „In matters of antitrust, the most prohibitive nation wins.“ Vgl. Fox, Antitrust Law Journal, 68/2000, 73 (80); ICPAC, Final report (2000), Chapter 3.

aufgrund erhöhter Kosten die positiven marktwirtschaftlichen Wirkungen reduzieren. Im schlimmsten Fall kommt es zu einer Verlängerung eines Verfahrens auf über ein Jahr.[684] Das US-amerikanische Fusionskontrollrecht ist in dieser Hinsicht unternehmensfreundlicher, denn 20 Tage nach Einreichung der mit dem Second Request angeforderten Unterlagen besteht kein Vollzugsverbot mehr. Die Unternehmen können bei zügiger und ordnungsgemäßer Einreichung der angeforderten Unterlagen den Zusammenschluss grundsätzlich spätestens nach ca. zwei Monaten vollziehen. Im Unterschied zum europäischen Recht können die US-amerikanischen Wettbewerbsbehörden lediglich gerichtlich eine Verlängerung dieser Fristen herbeiführen.

Hinzu kommt, dass viele Staaten das die Anmeldepflicht auslösende Ereignis bzw. den zeitlichen Rahmen des Anmeldeverfahrens nicht klar definieren.[685] Anders als in der EU ist dies auch in den USA nur vage umschrieben. Eine zeitlich parallele Überprüfung desselben Zusammenschlusses ist damit nicht gewährleistet. Die Wettbewerbsbehörden profitierten sicherlich davon, wenn die Ereignisse, welche die Anmeldepflicht auslösen, harmonisiert würden. Hierdurch wird die Grundlage dafür geschaffen, dass ein Zusammenschluss etwa zur gleichen Zeit und mit demselben Zeitrahmen untersucht werden könnte, was eine effektivere Kooperation, einen effizienteren Austausch von Informationen und eine frühzeitige Beratung über eventuelle wettbewerbliche Bedenken und etwaige Entscheidungsalternativen ermöglichen würde. Ressourcen können besser genutzt und ausgetauscht werden. Nicht zuletzt würde auch das Risiko eingedämmt, nach der eigenen Entscheidungsfindung politischen Druck auf eine andere Wettbewerbsbehörde auszuüben, wie es bei der Überprüfung des *GE/Honeywell*-Zusammenschlusses geschehen ist.[686] Der Kontrast zwischen dem engen zeitlichen Rahmen der Europäischen Kommission und dem leicht zu verzögernden Verfahren der USA führt unvermeidlich zu Konflikten.[687]

Große internationale Zusammenschlüsse müssen sich nach einer Vielzahl von Fusionskontrollregelungen richten, deren Missachtung äußerst kostenintensiv werden kann, obwohl viele der zunächst beteiligten Staaten letztlich kaum oder zumindest nicht in wettbewerbsbehindernder Weise von dem Zusammenschluss betroffen sind. Es ist unverhältnismäßig und behindert wettbewerbsfördernde wirtschaftliche Aktivitäten, wenn Zusammenschlüsse ohne wettbewerbliche Bedenken allein aus „technischen" Gründen Anmeldepflichten verschiedener Staaten unterfallen.[688]

---

[684] Rowley/Opashinov, S. 3 (6); International Competition Network, Report on Costs and Burdens, S. 6; PriceWaterhouseCoopers LLP, A Tax on Mergers?, S. 29.

[685] International Competition Network, Report on Costs and Burdens, S. 11, m.w.N.

[686] S.o. S. 52 ff.

[687] Mit der Reform der FKVO will die Kommission durch eine Lockerung der Anmelde- und Prüfungsfristen die Kooperationsmöglichkeiten bei parallelen Kontrollverfahren mehrerer Wettbewerbsbehörden stärken. Es wird dadurch einfacher sein, auch eine zeitliche Annäherung der Verfahren zu erreichen und politische Konflikte zu verhindern. Ob dieser Effekt eintritt, bleibt anzuwarten.

[688] Vgl. auch International Competition Network, Report on Costs and Burdens, S. 13.

Konflikte zwischen den Wettbewerbsbehörden und erschwerte Kooperation sowie Koordinierung paralleler Kontrollverfahren[689] ist die zusätzliche Folge.

2. Konflikte beim Untersuchungsverfahren und bei Durchsetzungsmaßnahmen

Wettbewerbsverletzungen sind oft schwer zu erkennen. Den Wettbewerbsbehörden werden daher Instrumentarien in die Hand gegeben, um eine umfassende tatsachenorientierte Untersuchung und gleichzeitig die Durchsetzung der späteren Entscheidungen zu gewährleisten.[690]

Das Prüfungsverfahren der Antitrust Division kommt einem Strafverfahren gleich, die der Europäischen Kommission und der FTC entsprechen einem Verwaltungsverfahren. Gemeinsam sind allen drei Verfahren die speziellen Ermittlungsrechte und Vollstreckungsinstrumente.[691]

Bei der Durch- und Umsetzung von Maßnahmen oder Entscheidungen, sei es während des Kontrollverfahrens oder nach der endgültigen Entscheidung, kann es aus völkerrechtlichen Gründen oder aufgrund nationaler (protektionistischer) Interessen zu Konflikten kommen.[692] Das ist besonders dann der Fall, wenn die betroffenen Unternehmen nicht im Inland ansässig sind und das nationale Recht extraterritorial angewendet wird. Besondere Konfliktbereiche liegen

- in der Ermächtigung zu förmlichen Zustellungen,
- in der Reichweite von Ermittlungsbefugnissen und
- bei Vollstreckungsmaßnahmen mit extraterritorialer Wirkung.

Hoheitliche Maßnahmen sind im Ausland ohne Erlaubnis des Drittstaates als Eingriffe in die staatliche Souveränität völkerrechtlich unzulässig.[693] Ermittlungen können in hoheitlicher, aber auch in nicht-hoheitlicher Form durchgeführt werden.[694] Die völkerrechtliche Zulässigkeit ist bei nicht-hoheitlichen Maßnahmen umstritten. Eine bedeutende Zahl von Rechtswissenschaftlern hält auch diese für

---

[689] Vgl. auch International Competition Network, Report on Costs and Burdens, S. 18.

[690] Bingaman, S. 5.

[691] Vgl. für die EU: Art. 11-13, 18 FKVO; Miersch, Kommentierung zu Art. 11-13 und Art. 18 FKVO; Hausmann; für die USA: Sec. 1311-1314 in 15 USC; Sec. 1505 in 18 USC; Section 15 Clayton Act, Section 4 Sherman Act; Sec. 16 a FTC Act; Hausmann, S. 8, 11, 13, 21; Kobak, Alabama Law Review 23/1970, 43 (52); Harmjanz, S. 58; Wamser, S. 31, 34 f.

[692] Vgl. Fikentscher/Heinemann, Der Draft International Antitrust Code - Initiative für ein Weltkartellrecht im Rahmen des GATT, S. 98.

[693] Voß, S. 43; Mozet, S. 8; Immenga, Die Europäische Fusionskontrolle im wettbewerbspolitischen Kräftefeld, S. 593 (597 f.); Basedow, Weltkartellrecht, S. 31, 46; Fikentscher/Heinemann, a.a.O.; vgl. Großfeld, S. 184; Stockmann, WuW 1975, 243 (246).

[694] Hoheitlich ist die Ermittlung, wenn der Staat im Rahmen eines öffentlich-rechtlichen Über-Unterordnungsverhältnisses tätig wird und insbesondere öffentlich-rechtliche Zwangsmaßnahmen zur Durchsetzung androht. Nicht-hoheitlich handelt ein Staat, wenn er um ein bestimmtes Verhalten bittet, ohne Zwang anzudrohen.

unzulässig,[695] da nicht freiwillig Auskunft erteilt, sondern wirtschaftlicher und politischer Druck auf die Unternehmen ausgeübt wird.[696] Hoheitliche Ermittlungen, wie z.B. die Anhörung von Zeugen, allgemeine Untersuchungsmaßnahmen, die Einleitung eines behördlichen Verfahrens sowie die Zustellung von hoheitlichen Anordnungen, etwa Beschlagnahmen, der Erlass und die Zustellung von Durchsuchungsbefehlen oder Bußgeldanordnungen und auch Vollstreckungsakte sind auf fremdem Territorium verboten. Dies gilt gleichermaßen für die Zustellung von Anordnungen über Zwangsmaßnahmen oder rechtlich relevanten Anweisungen. Zulässige Handlungen nationaler Behörden auf dem Territorium eines Drittstaates sind einfache Benachrichtigungen oder Mitteilungen, welche die betroffenen Unternehmen z.B. über ihr Recht auf Gehör aufklären.[697]

Das Völkerrecht gestattet es allerdings, die Erlaubnis zu hoheitlichen Maßnahmen in einem Drittstaat zwischenstaatlich zu vereinbaren. Solche Vereinbarungen sind selten. Staaten haben bisher fremde hoheitliche Maßnahmen auf dem eigenen Territorium und auch fremde hoheitliche Maßnahmen, die Auswirkungen auf im eigenen Land ansässige Unternehmen hatten, nicht akzeptiert. Vielmehr wurden spezielle Abwehrgesetze („blocking statutes")[698] verabschiedet und andere Schutzmaßnahmen getroffen, um jegliche „Einmischung" von außen, insbesondere Untersuchungsmaßnahmen gegenüber innerstaatlichen Unternehmenszusammenschlüssen, zu unterbinden.[699] In diesen „blocking statutes" wird inländischen Unternehmen beispielsweise verboten, ausländische Ge- oder Verbote zu befolgen, sofern inländische Handelsinteressen oder inländischer Wettbewerb betroffen sind.[700] Im Jahr 2004 waren immer noch mehr als ein Dutzend solcher Gesetze in Kraft,[701] neue

---

695 Mozet, S. 8.

696 Dies belegt z.B. ein von der Antitrust Division informell genanntes Schreiben mit folgendem Wortlaut: „We wish to emphasize that this letter is only a request for voluntary submission of documents and information and is not a subpoena. [...] In many cases firms have voluntarily responded to our requests in order not to jeopardize their optimal future utilisation of business opportunities in the United States." Vgl. Mozet, S. 8.

697 Basedow, Weltkartellrecht, S. 32, 46; Meng, S. 245 f.

698 Vgl. Georgieff, S. 57, 59-69; Behrens, S. 165 (169). Für einen Überblick siehe Atwood/Brewster, S. 100 ff.

699 Vgl. Beck, S. 83, m.w.N.; Leenen, Netherlands Yearbook of International Law 15/1974, 139 (153); Lowe, International and Comparative Law Quarterly, Vol. 34, 4/1985, 724 (729); Pettit/Styles, 37 Bus. Law, 1981-82, 697 (707-709); Herzog, AJIL 33/1981, 382 ff.; Anmerkungen des Attorney General vor dem House of Lords, in: *In re Westinghouse Electric Corporation Uranium Contracts Litigation*; Lowe, Public International Law, 133, 159 ff. ; van Miert, Transatlantic Relations and Competition Policy, S. 2.

700 Vgl. Meng, S. 520; Mozet, S. 94 ff.; Schwartz/Basedow, S. 94.

701 Schwartz/Basedow, S. 99, m.w.N. 1982 hatten 15 Staaten solche - nicht immer wettbewerbsbezogene - Regelungen verabschiedet. Dazu gehören Australien, Belgien, die Bundesrepublik Deutschland, Dänemark, die EU, Frankreich, Großbritannien, Kanada, Neuseeland und Südafrika. Gleichzeitig kam es zu diplomatischen Protesten oder Kooperationsverweigerungen. Vgl. Beck, S. 83, m.w.N.; Leenen, Netherlands Yearbook of International Law 15/1974, 139 (153); Lowe, International and Comparative Law Quarterly, Vol. 34, 4/1985, 724 (729); Pettit/Styles, 37 Bus. Law, 1981-82, 697 (707-709); Herzog, AJIL 33/1981, 382 ff.; Anmerkungen des Attorney

werden verabschiedet. Beispielhaft seien der britische Protection of Trading Interests Act von 1980[702] und 1983[703] und die europäische EG-Abwehrverordnung[704] angeführt.[705] Die „blocking statutes" haben häufig einen sehr weiten Beurteilungs- und Ermessensspielraum und beeinträchtigen dadurch zwischenstaatliche Kooperationen. Mit ihrer Hilfe werden protektionistische Vorstellungen umgesetzt, indem ausschließlich nationalen wirtschaftlichen und außenpolitischen Interessen[706] Priorität vor den Belangen anderer Staaten eingeräumt wird.

Die dargestellten völkerrechtlichen Prinzipien, die beispielsweise die Vollstreckung oder die Anordnung von Zwangsmaßnahmen im Ausland untersagen, führen gleichzeitig zu Vollzugsdefiziten, wenn die an dem Zusammenschlussvorhaben beteiligten Unternehmen keine Vermögenswerte im Inland besitzen. Die Wettbewerbsbehörden können allenfalls politischen Druck auf den Drittstaat ausüben und so die Gestattung eigener Durchsetzungsmaßnahmen oder deren Durchführung durch den Drittstaat zu erreichen suchen. Anderenfalls besteht nur eine mittelbare Durchsetzungsmöglichkeit, weil den Drittstaatsunternehmen jede Tätigkeit im Inland unmöglich gemacht ist: Jede Unternehmung und physische Präsenz dort kann als Gegenstand für Vollstreckungsmaßnahmen dienen.[707]

General vor dem House of Lords, in: *In re Westinghouse Electric Corporation Uranium Contracts Litigation*; Lowe, Public International Law, 133, 159 ff. ; van Miert, Transatlantic Relations and Competition Policy, S. 2.

702 Abgedruckt in: Halsbury's Statutes of England 3rd ed., Continuation Volume 1980, 50 (1), S. 258-267. S. hierzu *Mannington Mills v. Congoleum*, 595 F 2d 1287 (1979), 1293; *Interamerican Refining Corporation v. Texaco Maracaibo, Inc.*, 307 F. Suppl. 1291, 1296 und 1302; Lowe, RabelsZ 1988, 157 (183 ff.); Jennings, British Yearbook of International Law 33/1957, 146 (151); Meng, ZaöRV 1984, 675 (757 ff., 765).

703 Dies ist die sogenannte Protection of Trading Interest Order 1983 (ILM 23 - 1984, S. 736), die auf dem Protection of Trading Interest Act 1980 basiert; Meng, S. 368; Beck, S. 84.

704 Nachdem der US-amerikanische Präsident den Helms-Burton Act und den D'Amato Act unterzeichnet hatte, reagierten die Europäische Kommission, der Rat und das Parlament unmittelbar. Sie hielten diese Gesetze wegen ihrer extraterritorialen Reichweite für völkerrechtswidrig und unvereinbar mit den WTO-Vereinbarungen. Um Schaden von europäischen Unternehmen, aber auch von deren amerikanischen Handelspartnern abzuwenden, wurde eine Abwehrverordnung (EG-Abwehrverordnung Nr. 2271/96 zum Schutz vor den Auswirkungen der extraterritorialen Anwendung von einem Drittland erlassener Rechtsakte sowie von darauf beruhenden oder sich daraus ergebenden Maßnahmen, ABl. 1996 Nr. L 309, S. 1) erlassen und eine Gemeinsame Aktion des Rates angenommen, welche die Befolgung von Gerichtsurteilen und Verwaltungsentscheidungen auf der Grundlage der genannten Acts verbot (Vgl. van Miert, Transatlantic Relations and Competition Policy, S. 2). Die Abwehrverordnung hat den britischen Protection of Trading Interests Act zum Vorbild, geht aber noch über ihn hinaus.

705 Vgl. auch den kanadischen Foreign Extraterritorial Measures Act, der erst Mitte der neunziger Jahre wieder reformiert wurde. Kayser, S. 54.

706 Meessen, Völkerrechtliche Grundsätze des Internationalen Kartellrechts, S. 29, insbesondere Fn. 54 und S.30; Voß, S. 44 ff.; Lowe, RabelsZ 1988, 157 (159, 189); Immenga, Grundsätze extraterritorialer Anwendung, S. 203 (217).

707 Vgl. Cones-Starr, Wisconsin International Law Journal, 17/1999, 145 (158); Pearlstein, Washington Post vom 23.7.1997, S. D 10.

Von Bedeutung war die völkerrechtliche Unzulässigkeit hoheitlicher Maßnahmen der EU in den USA bei den Entscheidungen der Kommission in den oben besprochenen Fällen *GE/Honeywell* und *Boeing/MDD*. Der Kommission war klar, dass sie eine Untersagungsentscheidung nicht förmlich durchsetzen konnte. Ein Bußgeld hätte sie mangels unternehmerischer Präsenz der Beteiligten in der EU nicht vollstrecken können. So musste sie darauf hoffen, dass die Unternehmen auf Grund des mittelbaren Drucks die Auflagen und Bedingungen erfüllen (so bei dem Fall *Boeing/MDD*) bzw. von ihrem Zusammenschlussvorhaben Abstand nehmen würden (so bei dem Fall *GE/Honeywell*). In der Rechts- und Wirtschaftsgemeinschaft nicht gleichermaßen anerkannten Staaten steht mangels Größe oder wirtschaftlicher Macht ein solches mittelbares Druckmittel in der Regel nicht zur Verfügung.

Politischer und wirtschaftlicher Druck im Sinne eines „Rechts des Stärkeren"[708] kann also den gewünschten Erfolg bringen. Die Wettbewerbsbehörden als solche aber sind auf die Zusammenarbeit mit den Wettbewerbsbehörden anderer Staaten angewiesen. Setzt eine Wettbewerbsbehörde ihre Entscheidungen mittelbar durch, wird die Wettbewerbsbehörde des betroffenen Staates künftig nur noch eingeschränkt zur Kooperation bereit sein. Die bisherigen zwischenstaatlichen Kooperations-Abkommen konnten eine solche Folge nicht verhindern.

3. Abhilfemaßnahmen und Sanktionen

Neben der Untersagung und Freigabe eines Zusammenschlusses sind als weitere abschließende Entscheidungen der Wettbewerbsbehörden Abhilfemaßnahmen („remedies") und Sanktionen aufgrund von Verstößen gegen das Wettbewerbsrecht oder gegen Anordnungen der Wettbewerbsbehörden oder Gerichte zu nennen.

a. Abhilfemaßnahmen

In den USA kommen als Abhilfemaßnehmen „consent settlements", d.h. sogenannte „consent order" und „consent decrees", zwischen den Wettbewerbsbehörden und den beteiligten Unternehmen zustande. In der EU dienen die Zusagen der beteiligten Unternehmen und die hiermit korrespondierenden Auflagen und Bedingungen der Europäischen Kommission demselben Ziel.

aa. Rechtlicher Hintergrund

Die Antitrust Division und die FTC können mit den beteiligten Unternehmen sogenannte „consent settlements"[709] aushandeln und dadurch die Unternehmen zu einem bestimmten Verhalten in der Zukunft verpflichten. Die „consent orders" der FTC und die „consent decrees" der Antitrust Division sollen der Gefahr einer Wettbewerbsbeschränkung durch Unternehmenszusammenschlüsse begegnen. Sie

---

[708] Voß, S. 44.

[709] Die Möglichkeit, mit den beteiligten Unternehmen „consent settlements" auszuhandeln, ist gesetzlich nicht geregelt. Vgl. Harmjanz, S. 284.

sind unmittelbar vollstreckbare, urteilsähnliche Vereinbarungen.[710] Die Vollstreckbarkeit gewährleistet die Durchsetzung der vereinbarten Abhilfen, so dass wettbewerbsrechtliche Bedenken ausgeräumt werden können.

Im europäischen Recht erfüllen die Zusagen[711] der beteiligten Unternehmen zusammen mit den Auflagen und Bedingungen der Europäischen Kommission die gleiche Funktion (Art. 6 Absatz 2 und 8 Absatz 2 FKVO). Zusagen sind von den Parteien ausgehende Initiativen, um wettbewerbsrechtliche Bedenken aus dem Weg zu räumen. Sie können sowohl in Phase I[712] wie in Phase II[713] berücksichtigt werden. Die Erfüllung der Zusagen wird im Rahmen der Vereinbarkeitsentscheidung der Kommission mittels Auflagen oder Bedingungen[714] abgesichert. Eine Auflage ist ein belastender Verwaltungsakt, der selbständig vollstreckt werden kann.[715] Eine bedingte Entscheidung wird erst mit dem Eintritt der Bedingung, d.h. mit Erfüllung der Zusage wirksam,[716] bzw. - im Falle einer auflösenden Bedingung - entfällt mit Nichterfüllung der Zusage rückwirkend.[717] Bei Nichterfüllung der Auflagen oder Bedingungen können den Unternehmen erhebliche Geldbußen oder Zwangsgelder auferlegt werden (Art. 14, 15 FKVO), oder die Entscheidung kann insgesamt widerrufen werden (Art. 8 Absatz 4b, 5b FKVO).

Die Abhilfemaßnahmen sind entweder struktureller Natur[718] oder betreffen das Verhalten der beteiligten Unternehmen[719]. Die meisten Wettbewerbsbehörden - so auch die FTC, die Antitrust Division und die Europäische Kommission - sind befugt, einer Freigabeentscheidung beide Arten von Abhilfemaßnahmen - auch gleichzeitig - zu Grunde zu legen.

---

[710] Die durch die Antitrust Divison erlangten „consent decrees" sind als gerichtliche Akte (*US vs. Swift & Co.* 286 US, 106, 115, 52 S.Ct. 460, 1932) unmittelbar vollstreckbar, während die „consent orders" der FTC den im regulären Adjudication-Verfahren der FTC erlangten Titeln entsprechen; vgl. Harmjanz, S. 62.

[711] Europäische Kommission, Mitteilung der Kommission über im Rahmen der FKVO zulässige Abhilfemaßnahmen, ABl. 2001 Nr. C 68, S. 3; Europäische Kommission: Mitteilung über Abhilfen bei Unternehmenszusammenschlüssen: Wie und wann Marktbeherrschungsprobleme gelöst werden können, Pressemitteilung vom 21.12.2000, IP/00/1525.

[712] Art. 6 Absatz 2 FKVO. Vgl. Hirsbrunner, EuZW 1998, 69 (70, 73).

[713] Art. 8 Absatz 2 FKVO.

[714] Vgl. hierzu: Europäische Kommission, Mitteilung der Kommission über im Rahmen der FKVO zulässige Abhilfemaßnahmen, ABl. 2001 Nr. C 68, S. 3; Harmjanz, S. 38, Fn. 44. Tatsächlich erteilt die Kommission eher Auflagen als Bedingungen.

[715] Harmjanz, S. 38; Fuchs, WuW 1996, 269 (278); Immenga/Mestmäcker, Art. 8 FKVO, Rn. 10.

[716] Heidenhain, EuZW 1994, 135 (136).

[717] Uhlig, S. 221; Leibenath, S. 40 f.

[718] Hierunter fällt beispielweise das Abstoßen von Unternehmensteilen. Vgl. World Bank/OECD, S. 53.

[719] Damit ist z.B. die Verpflichtung gemeint, bestimmte Abnehmer mit bestimmten Produkten zu versorgen, bestimmte Vereinbarungen mit anderen Unternehmen oder Verbrauchern (nicht) einzugehen oder sogar die Preise für bestimmte Produkte nicht oder nur maximal zu einem bestimmten Prozentsatz zu erhöhen. Vgl. World Bank/OECD, S. 55.

Voraussetzung für die Zulässigkeit der Abhilfen ist sowohl in den USA als auch in der EU, dass deren Durchsetzung möglich ist und sie auch dazu geeignet sind, den wettbewerblichen Bedenken zu begegnen.

bb. Einflussnahme der beteiligten Unternehmen

Zusagen und „consent settlements" kommen vielfach informell zustande, Dritte, insbesondere andere Wettbewerbsbehörden, erhalten daher nur spärliche Informationen hierüber. Das Ermessen im Zusammenhang mit den Zusagen ist weit und gerichtlich nicht umfassend überprüfbar. Insbesondere der Prüfungsumfang der Dictrict Courts in den USA ist gering: sie prüfen lediglich, ob die „consent settlements" im öffentlichen Interesse geschlossen wurden. Die geringe Transparenz birgt die Gefahr in sich, dass die hoheitlichen Entscheidungen der Wettbewerbsbehörden durch die Unternehmer sachfremd beeinflusst worden sein könnten,[720] so dass die vereinbarten Abhilfen den Wettbewerb negativ beeinflussen und den Verbraucher belasten.[721] Die Interessen Dritter, die an den informellen Gesprächen nicht beteiligt werden, werden damit unzureichend berücksichtigt.[722] Auch wenn diese Gefahren mangels Transparenz der Kontrollverfahren nicht konkret belegt werden können, erhöht allein deren abstrakte Möglichkeit die Rechtsunsicherheit. Bei den oben angesprochenen[723] und insbesondere zwei weiteren Fällen - *Aérospatiale-Alenia/ de Havilland*[724] und *Mercedes-Benz/ Kässbohrer*[725] - lassen sich Versuche zur Einflussnahme während und nach dem Verfahren feststellen. Das Vertrauen in die Unvoreingenommenheit der Kartellbehörden und die Kooperation zwischen ihnen wird hierdurch gefährdet.[726]

cc. Unvereinbarkeit paralleler Maßnahmen

Grundsätzlich sollten Abhilfemaßnahmen im Falle einer parallelen Überprüfung eines Zusammenschlusses zwischen den Wettbewerbsbehörden frühzeitig besprochen und aufeinander abgestimmt werden.[727] Mangels solcher Absprachen oder mangels ausreichender Berücksichtigung der unterschiedlichen Interessen können mehrere beteiligte Wettbewerbsbehörden - theoretisch - jeweils Abhilfemaßnahmen anordnen, die nicht miteinander vereinbar sind (logische Inkompatibilität). Dies ist im Verhältnis der EU zu den USA - unter anderem aufgrund der Vereinbarung von 1991 - eher unwahrscheinlich, da die Zusammenarbeit und der Informa-

---

[720] Harmjanz, S. 97, 123, 200 f.

[721] Schmidt, Wettbewerbspolitik und Kartellrecht, S. 58 f., 67 f.

[722] Harmjanz, S. 79, 105-110, 133, 135.

[723] Vgl. insbesondere die „National Champion - Vorwürfe" der US-amerikanischen Regierung und Wettbewerbsbehörden; s.o. S. 43.

[724] *Aérospatiale-Alenia/ de Havilland*, Kommissions-Entscheidung vom 2.10.1991, Fall IV/M. 53, ABl. 1991 Nr. L 334, S. 42; s.o. S. 65 und 118.

[725] *Mercedes-Benz/ Kässbohrer*, Kommissions-Entscheidung vom 14.2.1995, Fall IV/M. 477, ABl. 1995 Nr. L 211, S. 1; s.o. Fn. 462 und 564.

[726] Harmjanz, S. 79, 133 f., 135, 318.

[727] ICPAC, Final Report (2000), Chapter 2.

tionsaustausch stetig gewachsen sind. Dass einzelne Wettbewerbsbehörden den Unternehmen unterschiedliche Abhilfemaßnahmen auferlegen, weil sie auf die jeweiligen regionalen oder nationalen wettbewerblichen Bedenken reagieren (wie z.B. im oben besprochenen Fall *Boeing/MDD*), bleibt aber problematisch.[728]

Allein die Summe der unterschiedlichen Abhilfemaßnahmen kann sämtliche Vorteile eines Zusammenschlusses zunichte machen, die für die beteiligten Unternehmen Anlass des Zusammenschlusses waren, so dass das Vorhaben fallen gelassen wird.[729]

Aber nicht nur die Unternehmen sind hiervon betroffen, sondern auch die Interessen der Wettbewerbsbehörden werden hierdurch berührt. Denn deren Ziel ist es, wettbewerbspolitische Interessen eines Staates zu vertreten und Transaktionen zu unterstützen, die volkswirtschaftliche und wettbewerbspolitische Vorteile mit sich bringen. Verhindert eine Wettbewerbsbehörde eine Transaktion in einem Drittstaat aufgrund nationaler Interessen, kann die Wettbewerbsbehörde des Drittstaates ihr politisches Ziel nicht mehr verwirklichen.[730]

dd. Extraterritoriale Wirkung

Ein hiermit zusammenhängendes Konfliktfeld sind die extraterritorialen Wirkungen der Abhilfemaßnahmen. Alle Wettbewerbsbehörden versuchen, durch ihre Abhilfemaßnahmen wettbewerbswidrige Auswirkungen auf dem nationalen Markt zu verhindern.[731] Unternehmen, die sich zusammenschließen wollen, werden möglicherweise von einer Wettbewerbsbehörde verpflichtet, in Drittstaaten belegene Unternehmensteile abzustoßen oder dort mit Konkurrenten Lizenzvereinbarungen abzuschließen, obwohl der Zusammenschluss in dem Drittstaat längst freigegeben wurde. Die Folge sind Souveränitätsverluste und Jurisdiktionskonflikte.

Erwähnenswert ist in diesem Zusammenhang das australische Wettbewerbsgesetz, das diesem Risiko im Trade Practices Act bei Zusammenschlüssen zwischen rein ausländischen Unternehmen Rechnung getragen hat:[732] Zur Vermeidung von Kollisionen mit dem Recht und der Politik anderer Staaten sind die Abhilfemaßnahmen und das Kontrollverfahren nur auf in Australien belegene Konzernteile oder Vermögenswerte anwendbar.[733]

---

[728] Vgl. Europäische Kommission, Best Practices on Cooperation in Merger Investigations, Ziffer 14.

[729] So war es im Fall *GE/Honeywell*. S. die Kommentare von Greg A. Sivinski, Senior Attorney von *American Airlines, Inc.*, die dem ICPAC übergeben wurden, in: ICPAC, Final Report (2000), Chapter 2. Die Folgen einer solchen Konfliktlage wurde oben schon erörtert, s.o. S. 51.

[730] Vgl. *Boeing/MDD*, s.o. S. 43.

[731] Betroffen sind hiervon auch sogenannte Spill-Over-Effekte. S.o. Fn. 339.

[732] OECD, Bericht des Wettbewerbsausschusses, S. 46.

[733] Z.B. kann nur eine Entflechtung einer in Australien ansässigen Tochtergesellschaft verlangt werden.

ee. Hoheitliche Gestaltung von Marktstrukturen

Ein weiteres Problem liegt in der hoheitlichen Gestaltung von Marktstrukturen, wenn Kartellbehörden durch Zusagen nicht nur die Veräußerung von Beteiligungen durchsetzen, sondern auch Einfluss auf den Erwerber dieser Beteiligungen nehmen können.[734]

Veräußerungszusagen etwa beziehen sich auf die Veräußerung von Kapitalanteilen, Unternehmensteilen oder anderen Vermögensgegenständen.[735] Sie haben direkten Einfluss auf die Marktstellung der am Zusammenschluss beteiligten Unternehmen und dienen häufig dazu, deren Marktanteile zu reduzieren und so die Wettbewerbsfähigkeit eines Konkurrenten zu stärken.[736] Auch Marktöffnungszusagen zielen darauf ab, den Wettbewerb zu beleben, indem sie abgeschottete Märkte durch den Abbau von Marktzutrittsschranken öffnen und anderen Wettbewerbern den Eintritt in diesen Markt erleichtern.[737] Die Gefahr liegt in der Stärkung eines „national champion“. Der weite Handlungsspielraum der Kartellbehörden erlaubt Maßnahmen ohne Berücksichtigung eines Markteinflusses und gefährdet die freie Marktwirtschaft.[738] Andere Wettbewerbsbehörden, auf deren nationale Märkte sich diese Marktgestaltung niederschlägt, empfinden ein solches Verhalten häufig als Eingriff in ihre Souveränität.

ff. Ergebnis

Im Bereich der Abhilfemaßnahmen gibt es vier Konfliktquellen: die unsachliche Beeinflussung von Entscheidungen der Wettbewerbsbehörden durch die beteiligten Unternehmen; Inkompatibilität oder unverhältnismäßige Kumulation von Abhilfemaßnahmen; deren unsachgemäße extraterritoriale Auswirkungen und schließlich die unsachgemäße hoheitliche Gestaltung der Marktstrukturen durch die Wettbewerbsbehörden.

---

[734] In den Jahren 1997 - 2000 kannte die FTC in ungefähr 60% der von ihr auferlegten Abhilfemaßnahmen schon vorher den Käufer der Beteiligungen oder Konzernteile. „[...] the [FTC] generally prefers to know in advance who will be the purchaser of the divested assets and the details of that buyer's business plan“ (Valentine, Merger Enforcement: Multijurisdictional Review and Restructuring Remedies, S. 8).

[735] Beteiligungen, Rechte, Anlagen, Geschäftsbereiche. Siehe Uhlig, S.187; Hirsbrunner, EuZW 1997, 748 (754).

[736] Fuchs, WuW 1996, 269 (272 f.).

[737] *Alcatel/Telettra*, Kommissions-Entscheidung vom 12.4.1991, Fall IV/M. 42, ABl. 1991 Nr. L 12, S. 48 (Tz.19); *Nestlé/Perrier*, Kommissions-Entscheidung vom 22.7.1992, Fall IV/M. 190, ABl. 1992 Nr. L 356, S. 1(Tz.136); *Swissair/Sabena (II)*, Kommissions-Entscheidung vom 20.7.1995, Fall IV/M. 616, Abl. 1995 Nr. C 200, S. 10; *Varta/Bosch*, Kommissions-Entscheidung vom 31.7.1991, Fall IV/M. 12, ABl. 1991 Nr. L 320, S. 26 (Tz.64); *Kali & Salz/MdK/Treuhand*, Kommisisons-Entscheidung vom 14.12.1993, Fall IV/M. 308, ABl. 1994 Nr. L 186, S. 38 (39); vgl. Uhlig, S.190; Leibenath, S.72.

[738] Immenga, WuW 2002, 439; vgl. Ginsburg/Angstreich, Antitrust Law Journal 68/2000, 219 (220).

b. Sanktionen

Meinungsverschiedenheiten entstehen auch aus parallel auferlegten Sanktionen oder anderen Verpflichtungen, weil die beteiligten Unternehmen doppelt belastet werden.[739] Nahezu alle Staaten, die eine Fusionskontrolle eingeführt haben, sehen für die Durchsetzung ähnliche Sanktionen vor.

Kritiker der Praxis der Europäischen Kommission, bei der Bemessung ihrer Bußgelder keine in anderen Staaten zu erwartenden Bußgelder zu berücksichtigen,[740] sehen in dieser „doppelten Bestrafung" einen Verstoß gegen den Grundsatz „ne bis in idem" sowie gegen das Verhältnismäßigkeits- und Rechtsstaatsprinzip.[741]

Die herrschende Meinung jedoch vertritt den Standpunkt, der Grundsatz „ne bis in idem" fände keine Anwendung, denn die wettbewerbsrechtlichen Sanktionen würden sich nicht an einer einzigen Tat, sondern an deren Auswirkungen orientieren. Diese Auswirkungen stellten jede für sich einen eigenen Verstoß dar, der mit einer gesonderten Sanktion belegt werden dürfe. Der EuGH ist darüber hinaus der Auffassung, das Prinzip „ne bis in idem" finde ausschließlich innerhalb eines Rechtssystems und nicht im Verhältnis zwischen verschiedenen Rechtsordnungen Anwendung.[742]

Die danach zulässige „Doppelbestrafung" führt wiederum dazu, dass Wettbewerbsbehörden sich in ihrer Souveränität und Jurisdiktionshoheit beeinträchtigt fühlen. Denn Unternehmen lassen bei kumulierten Sanktionen ihr Zusammenschlussvorhaben unter Umständen wieder fallen, auch wenn eine einzelne Kartellbehörde es als wettbewerblich positiv bewertet hat. Dadurch werden diesem Markt wettbewerbsfördernde Auswirkungen versagt, was wiederum als Eingriff in die Souveränität und Jurisdiktionshoheit der dieser Wettbewerbsbehördeverstanden werden kann.

4. Stellung Dritter im Verfahren

Von einem Zusammenschluss betroffene Dritte haben in einigen Rechtsordnungen die Möglichkeit, sich bei den beteiligten Unternehmen schadlos zu halten (a), ein

---

[739] Der innerhalb der EU verankerte Grundsatz der Anrechnung von Sanktionen, die von der EU auferlegt werden, auf solche von Seiten der einzelnen Mitgliedsstaaten gilt nicht in Bezug auf Drittstaaten. Vgl. Kuck, WuW 2002, 689 (695). Siehe zur tatsächlichen Unvereinbarkeit paralleler Maßnahmen auch die Ausführungen im vorhergehenden Abschnitt, S. 144.

[740] Zschocke, WuW 2002, 553.

[741] Dazu ausführlich: Winkler, RIW/AWD, 11/1972, 565 ff.

[742] EuGH, Entscheidung vom 13.2.1969, *Wilhelm/Bundeskartellamt*, Rs. 14/68, Slg. 1969, S. 1 - *Walt Wilhelm* (zum Verhältnis des nationalen und europäischen Rechts zueinander); Kuck, WuW 2002, 689 (696), m.w.N.; Weitbrecht, Das Vorgehen der Kommission gegen Internationale Kartelle, S. 151 (153).

behördliches Kontrollverfahren einzuleiten (b) oder die Fusionskontrollentscheidung anzufechten (c).[743]

a. Privatklagen Dritter

Im europäischen Recht[744] ist eine Schadloshaltung betroffener Dritter - zumeist der Wettbewerber - nicht vorgesehen. Diese können nur über das nationale Recht der Mitgliedsstaaten Schadenersatz[745] geltend machen, sofern dieses Recht einen solchen Drittschutz vorsieht. Er ist dann vor den Gerichten der Mitgliedsstaaten durchzusetzen.

In den USA haben private[746] Dritte umfangreiche Rechte auf Schadenersatz, als Korrelat hierzu jedoch nur wenig Möglichkeiten, ein kartellbehördliches Verfahren einzuleiten.[747] Sie können, sofern sie einen Schaden geltend machen, der kausal und unmittelbar auf der Verletzung des Wettbewerbsrechts - auch durch einen Zusammenschluss - beruht, Gerichtsverfahren einleiten und dreifachen Schadensersatz[748], positives Tun oder auch ein Unterlassen fordern.[749] Solche Verfahren privater Dritter sind selbst dann noch zulässig, wenn ein Zusammenschluss bereits von den Behörden freigegeben worden ist.[750]

Einige Staaten sehen in diesen Verfahren und den darauf basierenden Urteilen ausländischer Gerichte zum Nachteil inländischer Unternehmen einen Eingriff in ihre staatliche Rechtsetzungssouveränität und akzeptieren nicht, dass inländische Unternehmen einem ausländischen Privatrecht unterworfen werden. Sie reagierten mit den bereits erwähnten „blocking statutes", um nationale Unternehmen u.a. vor den hohen Schadensersatzzahlungen zu schützen, die im eigenen Recht nicht vorgesehen waren. Gleichzeitig sollten nationale wirtschaftspolitische Interessen geschützt und der Rechtsunsicherheit entgegengewirkt werden, wenn der Vollzug eines bereits genehmigten Zusammenschlusses durch Drittunternehmen aus anderen Ländern gefährdet wurde. In den USA unterliegen wie gesagt Privatklagen Dritter keinen dem Wettbewerbsrecht angepassten Fristen. So können noch Jahre nach Freigabe und Vollzug eines Unternehmenszusammenschlusses Entflechtungsanord-

---

[743] Nicht berücksichtigt wird in diesem Zusammenhang die Frage, auf welche Weise betroffene Unternehmen oder Dritte gegen an sie selbst gerichtete Entscheidungen vorgehen können.

[744] Für einen Überblick s. Lange, Beteiligungsrechte Dritter im europäischen Fusionskontrollverfahren, S. 885.

[745] Wettbewerbern kann ein Schaden beispielsweise dadurch entstehen, dass ihre Marktstellung durch einen wettbewerbsbehindernden Zusammenschluss verringert wird und sie dadurch Umsatzeinbußen erleiden.

[746] Als Gegensatz zur Öffentlichen Hand.

[747] Wamser, S. 114.

[748] Sec. 4 Clayton Act („treble-damage action"); Sec. 6a Foreign Trade Antitrust Improvement Act.

[749] Vgl. 15 USC, §§ 15, 16 und 26; Fleischer/Körber, WuW 2001, 6 (12); Hausmann, S. 22; Blechmann/Bernstein in Frankfurter Kommentar, Band I, Ausland, USA, Tz. 153; Maxeiner, S. 144; Linder, S. 38; Wamser, S. 42 ff.

[750] California v. American Stores Co. 110 S. Ct. 1853 (1990).

nungen ergehen oder die beteiligten Unternehmen hohen Schadensersatzforderungen ausgesetzt werden.[751]

In dieser Spannungslage zwischen Rechtssicherheit zu Gunsten der beteiligten Unternehmen und effektivem Rechtsschutz zu Gunsten Dritter steckt ein beträchtliches Konfliktpotential, das sich in den Abwehrgesetzen niedergeschlagen hat.

b. Initiativrecht Dritter

Die EU und die USA sehen zwei unterschiedliche Arten des Rechtsschutzes für private Dritte vor.

In den USA liegt der Schwerpunkt in der Gewährung eines unmittelbaren Schadenersatzanspruches gegenüber den beteiligten Unternehmen. Im übrigen ist privaten Dritten lediglich freigestellt, bei den Wettbewerbsbehörden Beschwerden mangels Einleitung eines Verfahrens einzulegen. Die FTC oder die Antitrust Division entscheiden aber nach eigenem und freiem Ermessen und ohne die Möglichkeit einer gerichtlichen Nachprüfung, ob sie eine allgemeine Untersuchung oder gar ein förmliches Fusionskontrollverfahren einzuleiten gedenken.[752]

In der EU[753] liegt der Schwerpunkt in dem Initiativrecht zur Einleitung von Untersuchungen durch die Europäische Kommission.[754] Ist ein Dritter, etwa ein Wettbewerber, von einem Zusammenschluss unmittelbar betroffen, so hat er ein berechtigtes Interesse und kann die Kommission verpflichten, (weitere) Untersuchungen über den betroffenen Zusammenschluss anzustellen und der Beschwerde nachzugehen. Zur Einleitung eines förmlichen Verfahrens nach der FKVO kann sie nicht gezwungen werden.[755]

Konflikte entstehen auch hier durch Rechtsunsicherheit. Je stärker die Interessen privater Dritter berücksichtigt werden, desto größer ist die Möglichkeit einer - unsachgemäßen - Beeinflussung des Verfahrens durch sie in informellen Gesprächen, die „Sabotage" eines Zusammenschlusses durch Verzögerung des Vollzugs des Zusammenschlusses und die Gefahr der Favorisierung eines „national champion".[756] In den USA herrscht wenig Verständnis für die Einleitung eines europäischen Kontrollverfahrens, wenn der in Rede stehende Zusammenschluss in den USA bereits freigegeben wurde.

---

[751] Heidenhain, EuZW 1991, 590 (595).

[752] Wamser, S. 114, 118.

[753] Für einen Überblick siehe Lange, Beteiligungsrechte Dritter im europäischen Fusionskontrollverfahren, S. 885.

[754] Wamser, S. 114.

[755] Der Dritte kann die positive oder abschlägige Entscheidung der Kommission, ein förmliches Verfahren einzuleiten, nach Art. 173 EGV vor dem EuGH anfechten. Vgl. Wamser, S. 117; Heidenhain, EuZW 1991, 590 (593) mit einer Anmerkung zum EuGH-Urteil *Metro I* aus dem Jahre 1977 zur VO Nr. 17 (EuGH, Entscheidung vom 25.10.1977, Rs. 26/76, Slg. 1977, S. 1875 - *Metro I*).

[756] So lauteten auch die Vorwürfe im Rahmen der Diskussionen um den *Boeing/MDD* Fall. Hierzu und zu vergleichbaren Konflikten, s.o. S. 43.

Diese Situation spiegelt sich auch bei der Berücksichtigung der Stellungnahmen Dritter in den Fusionskontrollverfahren wider. Während die US-Amerikaner solchen Stellungnahmen gegenüber skeptisch sind,[757] berücksichtigt die EU sie umfassend.[758] Die unterschiedlichen Einstellungen der jeweiligen Wettbewerbsbehörden und die möglichen hieraus resultierenden Konflikte wurden am Fall *Boeing/MDD* und den Stellungnahmen von *Airbus* deutlich.[759]

c. Anfechtung der Entscheidung der Wettbewerbsbehörden durch Dritte

Betroffenen Dritten wird sowohl nach US-amerikanischem als auch nach europäischem Recht die Möglichkeit eingeräumt, Kommissionsentscheidungen (insbesondere Freigaben) im Rahmen von Fusionskontrollverfahren anzufechten.[760]

Die hierdurch erzeugten Konflikte zwischen den Wettbewerbsbehörden gleichen den soeben unter Buchstabe a) aufgeführten.[761]

5. Transparenz

Transparenz dient der Gewährleistung von Rechtssicherheit für alle Beteiligten und Betroffenen sowie der Vermeidung von Interessenkollisionen und Willkür. Sie kann durch Veröffentlichungen, Begründungen und Rechtfertigungen von staatlichen Entscheidungen und Maßnahmen sowie durch Erläuterung des anwendbaren Rechts über Leitlinien[762] erreicht werden, aber auch durch die Einbindung der Beteiligten und Dritter[763] in das Verfahren.

a. EU

Die Europäische Kommission ist verpflichtet, jede Anmeldung bekannt zu geben und jede Fusionskontroll-Entscheidung zu veröffentlichen und zu begründen (Art. 4 Absatz 3 und Art. 20 Absätze 1 und 2 FKVO).[764] Dies gilt unabhängig davon, ob eine Freigabe oder eine Untersagung eines Zusammenschlusses beschlossen wird,[765] und unabhängig davon, ob der Wettbewerbskommissar allein im Ein-

---

757 S.o. S. 63 ff.

758 ICPAC, Final Report (2000), Chapter 2; Hawk/Huser, S. 309 f.

759 S.o. S. 43.

760 S.o. S. 151. Für die EU: Wamser, S. 114. Für die USA: Campbell/Trebilcock, International Merger Review: Problems of Multijurisdictional Conflict, S. 129 (139).

761 S.o. S. 150.

762 Von weltweit ungefähr 200 souveränen Staaten haben ca. 100 ein eigenes Wettbewerbsrecht entwickelt, von diesen 100 Staaten haben wiederum ca. 75 Staaten eine Fusionskontrolle eingeführt und von diesen 75 Staaten haben wiederum lediglich ca. 1/3 solche Leitlinien oder Guidelines veröffentlicht. Vgl. International Competition Network, Project on Merger Guidelines, Preface.

763 Hiermit sind sowohl Private wie andere Wettbewerbsbehörden gemeint.

764 ICPAC, Final Report (2000), Chapter 2; Körber, S. 101.

765 Vgl. Art. 1 III FKVO.

vernehmen mit dem Präsidenten der Kommission Phase I abschließt[766] oder die Kommission als Kollegial-Behörde unter Mitwirkung aller Kommissare eine Entscheidung zum Abschluss von Phase II trifft.[767] Vor jeder förmlichen Entscheidung informiert die Kommission - ohne hierzu gesetzlich verpflichtet zu sein - die beteiligten Unternehmen über etwaige Bedenken. Zur besseren Information der Beteiligten über das Fusionskontrollverfahren hat die Kommission zahlreiche Mitteilungen und Bekanntmachungen über einzelne Kontrollaspekte herausgegeben.[768] Ohne bindende Regelungen sind aber trotz dieser Selbstverpflichtung der Kommission zu erhöhter Transparenz Informationsdefizite nicht auszuräumen.

Die internen Beurteilungen waren bis zur Neufassung der FKVO und der Eingliederung der Merger Task Force in die einzlenen Sektorengruppen[769] weder nachvollzieh- noch einsehbar, da für sie keine Veröffentlichungspflicht bestand. Der Wettbewerbskommissar und die Kommission als Kollegialorgan waren gehalten, diese Beurteilungen umfassend zu berücksichtigen. Für Dritte ist jedoch nicht erkennbar, ob die Kommission sich der jeweiligen Meinung angeschlossen oder anderen Gesichtspunkten in ihrer Entscheidung Priorität eingeräumt hatte und im letzteren Fall, warum ein abweichender Schwerpunkt gesetzt wurde. Noch ist nicht absehbar, ob diese gängige Praxis sich aufgrund der Neufassung der FKVO ändern wird. Eine spezielle Regelung zur Erhöhung der Transparenz in dieser Hinsicht existiert auch nicht in der neuen FKVO.

Die Mitgliedsstaaten der EU werden an dem europäischen Verfahren über den Beratenden Ausschuss beteiligt. Dieser ist vor jeder endgültigen Entscheidung der Kommission zu hören, sein Votum aber ist für die Kommission unverbindlich. Welchen Einfluss die Stellungnahme des Beratenden Ausschusses auf die endgültige Entscheidung der Kommission hat, ist mangels Veröffentlichung regelmäßig nicht durchschaubar.[770]

Ein weiterer Transparenzmangel im europäischen Fusionskontrollrecht besteht darin, dass der europäische Gesetzgeber sich entschieden hat, ein einheitliches Prüfungsverfahren durchzuführen und die Beurteilung wettbewerbs- und industriepolitischer Gesichtspunkte nicht voneinander zu trennen.[771] Ohne die explizite Kenntlichmachung industriepolitischer Aspekte ist ihre Bedeutung für die Entscheidung

---

[766] Dies bedeutet, dass entweder Phase II eingeleitet oder eine endgültige Entscheidung getroffen wird.

[767] ICPAC, Final Report (2000), Chapter 2; Körber, S. 101.

[768] Die Kommission hat sich mit der Reform des Fusionskontrollrechts zur Aufgabe gemacht, eine noch größere Transparenz zu erreichen, indem sie sich verpflichtete, weitere Mitteilungen und Bekanntmachungen herauszugeben. Siehe hierzu auch Europäische Kommission, Leitlinien zur Bewertung horizontaler Zusammenschlüsse gemäß der Ratsverordnung über die Kontrolle von Unternehmenszusammenschlüssen, ABl. (EU) vom 05.02.2004 Nr. C 31, S. 3; Europäische Kommission, Entwurf von Best Practices für Fusionskontrollverfahren, http://europa.eu.int/comm/competition/mergers/legislation/regulation/best_practices.pdf.

[769] S.o. S. 76.

[770] Schütz, S. 77 (85).

[771] Andere Rechtsordnungen haben sich für eine getrennte Darstellung entschieden.

aber nicht nachvollziehbar. Welche Konflikte aufgrund unterschiedlicher Auffassungen bei der Berücksichtigung industriepolitischer Erwägungen bestehen, wurde bereits erläutert.[772]

b. USA

Im Vergleich zu der europäischen Praxis ist die Fusionskontrolle in den USA noch weniger transparent. Zwar gibt der Freedom of Information Act (FOIA) Dritten grundsätzlich das Recht, Einsicht in alle öffentlichen und zu veröffentlichenden Dokumente zu nehmen, die Anmeldung von Unternehmenszusammenschlüssen aber wird hiervon ausdrücklich ausgenommen. Außerdem sind die Wettbewerbsbehörden in den USA nicht zur Veröffentlichung einer umfassenden Begründung ihrer Entscheidungen verpflichtet.

Freigaben von Zusammenschlüssen werden dementsprechend nur mit knapper und oberflächlicher Erläuterung bekannt gegeben. Auf etwaige anfänglichen Bedenken wird nicht eingegangen.[773] Einigungen zwischen den beteiligten Unternehmen und der FTC erfolgen ohne Anrufung eines Gerichts und zumeist ohne Veröffentlichung der Gründe.[774] Eine Einigung zwischen der Antitrust Division und den beteiligten Unternehmen kommt zwar ausschließlich in einem öffentlichen Verfahren zustande, zu dem Dritte und auch Wettbewerbsbehörden anderer Staaten als Zuhörer zugelassen sind. Aber auch hier besteht keine Pflicht zu einer umfassenden Bekanntgabe der Hintergründe.[775]

Sec. 5 (b) Clayton Act bestimmt, dass die abschließenden Entscheidungen mit einer ausführlichen Begründung zu veröffentlichen sind („competitive impact statement"). Sanktionen bei Verstößen hiergegen sind aber nicht vorgesehen.[776] Die US-amerikanischen Wettbewerbsbehörden halten sich daher an die Veröffentlichungspflicht, verzichten jedoch auf eine Begründung.[777]

Einen weiten Vorsprung gegenüber der Europäischen Kommission haben die US-amerikanischen Wettbewerbsbehörden bei der Veröffentlichung ihrer politischen und rechtlichen Richtlinien, den Merger Guidelines. Diese sind weitaus detaillierter als die bisherigen Mitteilungen und Bekanntmachungen der Kommission.[778]

---

[772] S.o. S. 120.

[773] Vgl. die knappe Freigabeentscheidung der FTC vom 1.7.1997, unter www.FTC.org. Eine Ausnahme war der Fall *Boeing/MDD*. Die Freigabe wurde in einer Stellungnahme der Mehrheit der Kommissare und einem Minderheitsvotum einer Kommissarin, die der europäischen Entscheidung entsprach, ausführlich begründet. Die Ursachen hierfür aber waren einerseits die Existenz dieses Minderheitsvotums und andererseits der politische Druck aus Europa. Vgl. Pitofsky/Steiger/Starek/Varney und Azcuenaga.

[774] Kinne, S. 150.

[775] ICPAC, Final Report (2000), Chapter 2.

[776] Körber, S. 102.

[777] Vgl. Kolasky/Adkinson, Legal Times, Nov. 2, 1998, S. 544 (545), zitiert nach: ICPAC, Final Report (2000), Chapter 2.

[778] Vgl. Sec. 5 (b) ff. Clayton Act.; Körber, S. 100; ICPAC, Final Report (2000), Chapter 3.

Der erhebliche Mangel an Transparenz in der übrigen Praxis in den USA[779] kann jedoch durch die Merger Guidelines nicht aufgefangen werden.

c. Divergenzen aufgrund mangelnder Transparenz

Kartellrechtliche Bestimmungen mit einem umfassenden Transparenzgebot fehlen in den meisten Rechtsordnungen.[780] Das daraus folgende Transparenzdefizit verursacht Konflikte zwischen Kartellbehörden und den beteiligten Unternehmen, aber auch zwischen Wettbewerbsbehörden untereinander.[781]

Die materiellrechtliche Beurteilung eines Zusammenschlusses basiert sowohl in den USA als auch in der EU auf unbestimmten Rechtsbegriffen, die, um dem Einzelfall gerecht zu werden, unterschiedlich ausgelegt und angewandt werden.[782] Transparenzmängel führen dazu, dass die Wettbewerbsbehörden die Interessen und Überlegungen der Parallelbehörde bei der Beurteilung eines Zusammenschlusses nicht erschöpfend berücksichtigen. Die in der Vereinbarung von 1991 vorgesehene Kooperation, insbesondere die Umsetzung des Grundsatzes der „comity of nations", ist ohne die entsprechenden Informationen zum Scheitern verurteilt. Bei dem Zusammenschlussvorhaben *Boeing/MDD* führte das Transparenzdefizit dazu, dass sich die Wettbewerbsbehörden gegenseitig vorwarfen, sachfremde, industriepolitische bzw. protektionistische Maßstäbe anzulegen. Bei größerer Transparenz und umfangreicherer Beteiligung der jeweils anderen Speite hätten die Auseinandersetzungen reduziert und das Verständnis für die Interessen des anderen erhöht werden können. Zu berücksichtigen ist allerdings, dass in den USA zehn Mal soviele Zusammenschlüsse von der Anmeldepflicht erfasst werden wie in Europa und jede Pflicht zur Begründung von Entscheidungen sehr viel umfangreichere Konsequenzen für die US-amerikanischen Wettbewerbsbehörden hätte als für die Europäische Kommission.[783]

Transparenz in rechtlicher, wirtschaftlicher und politischer Hinsicht fördert die Kooperation zwischen Wettbewerbsbehörden und die Koordinierung paralleler Verfahren; durch Transparenzmängel werden Unregelmäßigkeiten in den Verfahrensabläufen verdeckt. Entwicklungs- und Schwellenländer, die im Begriff sind, ein Fusionskontrollrecht (weiter) zu entwickeln, können sich an transparenten Rechtssystemen orientieren und von den jahrzehntelangen Erfahrungen anderer Länder profitieren; mangelnde Transparenz wird diese Entwicklungsmöglichkeiten verzögern.

---

[779] Seit 2004 werden die „Merger Data reports" herausgegeben. Hiermit versuchen die beiden US-amerikanischen Wettbewerbsbehörden den Mangel an Transparenz abzubauen. Weitere Maßnahmen sind vorgesehen, jedoch noch nicht umgesetzt. Siehe hierzu Majoras, Looking Forward: Merger and Other Policy Initiatives at the FTC.

[780] ICPAC, a.a.O. und Chapter 3.

[781] Vgl. Monti, Antitrust in the US and Europe: A History of Convergence, S. 13.

[782] Vgl. auch Nolte, S. 73.

[783] Davis, S. 246 (247); Körber, S. 99.

VI. Zusammenfassung

Die obigen Ausführungen zeigen, dass in nahezu allen Bereichen der Fusionskontrolle Konfliktpotentiale existieren. Sie sind zahlreicher, als bei Betrachtung der gesetzlichen Regelungen zu vermuten wäre:

Konflikte entstehen aus der Natur der Sache heraus (1), aus grundlegenden Unterschieden zwischen den jeweiligen politischen Zielen (2), aufgrund unterschiedlicher institutioneller Verankerung der Wettbewerbsbehörden im Staatsgefüge (3) und wegen Außerachtlassung der Interessen von Entwicklungs- und Schwellenländern (4). Rein rechtliche Divergenzen (5) der Staaten untereinander verstärken das Konfliktpotential und verhindern engere Kooperationen und eine Annäherung der unterschiedlichen Rechtsordnungen. Davon werden gleichermaßen die Aufgreifkriterien (5a), die materiellrechtlichen Regelungen (5b) und das Verfahrensrecht (5c) umfasst. Die mangelnde Abstimmung bei Abhilfemaßnahmen und Sanktionen (6) birgt weiteres Konfliktpotential in sich. Nicht zuletzt fördern auch unterschiedliche rechtliche Möglichkeiten Dritter, einen Zusammenschluss zu verhindern oder sich nachträglich an den zusammengeschlossenen Unternehmen schadlos zu halten (7), die zwischenstaatlichen Auseinandersetzungen und erschweren Kooperationsversuche der Wettbewerbsbehörden sowie die Durchsetzung der jeweiligen Rechtsordnungen. Die gleichen Konsequenzen ergeben sich aus den Transparenzmängeln (8) der Fusionskontrollverfahren in der EU und den USA.

1. Konflikte aus der Natur der Sache

Das Fusionskontrollrecht ist schon aus der Natur der Sache heraus konfliktträchtig. Die Märkte, in denen Unternehmen im Wettbewerb stehen, sind zunehmend dynamisch und schnelllebig, was Entwicklungsprognosen erschwert. Auf nationaler Ebene sind die Staaten bislang nicht in der Lage, ihre Rechtsordnungen dieser Dynamik anzupassen, so dass sich das Wettbewerbsrecht nicht mit der gleichen Geschwindigkeit wie der Wettbewerb weiterentwickelt. Darüber hinaus fehlt es auf internationaler Ebene an einer gegenseitigen Annäherung der Rechtsordnungen. Gleichzeitig wächst der Beurteilungsspielraum der Wettbewerbsbehörden, so dass Kontrollentscheidungen nicht vorhersehbar sind und Rechtsunsicherheit zunimmt.

2. Unterschiedliche politische Ziele

Die unterschiedliche politische Prägung des Wettbewerbsrechts in den USA und der EU ist besonders bedeutsam für die zwischenstaatlichen Auseinandersetzungen. Die Politik bestimmt, ob das Ordnungsinstrumentarium Wettbewerbsrecht dem Schutz des Wettbewerbs oder der Durchsetzung nichtwettbewerbsspezifischer, insbesondere industriepolitischer Ziele dienen soll. Geschichte, Kultur und Werte eines Staates formen und prägen die politischen Ziele: Während die EU mit einer strukturellen Wettbewerbspolitik stärker den Wettbewerb als solchen zu schützen versucht, stellen die USA bei ihrer verhaltensorientierten Wettbewerbspolitik mehr den Verbraucher in den Vordergrund.

3. Unterschiedliche institutionelle Gefüge

Ein international standardisiertes institutionelles Konzept existiert nicht. Die Bandbreite reicht von unabhängigen Behörden wie der FTC bis zu regierungsnahen und politisch untergeordneten Behörden wie der Antitrust Division. Diese unterschiedliche institutionelle Verankerung der Wettbewerbsbehörden im Staatsgefüge sorgt für weitere politische Konflikte, da die jeweilige Struktur das Ausmaß potentieller staatlicher Einflussnahme sowie Effizienz und Transparenz der Durchsetzung des Wettbewerbsrechts bestimmt.

4. Außerachtlassung der Interessen von Entwicklungs- und Schwellenländern

Die Industrienationen berücksichtigen die Interessen der Schwellen- und Entwicklungsländer in zu geringem Maße. Sie versuchen, ihren Einfluss bei der Entwicklung eines Wettbewerbsrechts in diesen Ländern geltend zu machen. Ziel ist dabei nicht notwendigerweise ein effizientes Rechtssystem, sondern die Verankerung handelspolitischer Interessen. Dadurch wird das Interesse der Schwellen- und Entwicklungsländer an breitgefächerten Beziehungen zu anderen Industrienationen außer Acht gelassen und die Kernaufgabe nicht realisiert: die Schaffung eines objektiv effektiven Wettbewerbsrechts und die Förderung effizienten Wettbewerbs. Landesspezifische Schwierigkeiten oder Notwendigkeiten bleiben darüber hinaus häufig unberücksichtigt. Durch die wachsende Anzahl unterschiedlicher Rechtsordnungen werden Kooperationen erschwert und die Koordinierung paralleler Verfahren verhindert, so dass in Parallelverfahren ungleiche Entscheidungen von Wettbewerbsbehörden unvermeidbar sind.

5. Rechtliche Divergenzen

Neben den grundlegenden politischen Konflikten beruht ein weiterer Schwerpunkt auf rechtlichen Unterschieden.

a. Unterschiedliche Aufgreifkriterien

Im Rahmen der Aufgreifkriterien konnten relevante Unterschiede bei der Definition des Zusammenschlusses (aa), bei der extraterritorialen Reichweite nationalen Rechts (bb) und bei den Schwellenwerten (cc) festgestellt werden. Diese Divergenzen führen dazu, dass ein Zusammenschluss, der in einem Staat bereits anhand der Aufgreifkriterien als wettbewerblich unbedenklich eingestuft wurde, in einem anderen möglicherweise untersagt wird. Dies kann als diskriminierend und als Eingriff in die nationalen Angelegenheiten empfunden werden.

aa. Unterschiedliche Definition des Zusammenschlusses

Bereits über die Definition des Zusammenschlusses wird ein unterschiedlich weiter Anwendungsbereich des jeweiligen Fusionskontrollrechts eröffnet. Teilweise wird jede Transaktion erfasst, die den Erwerb von Vermögensgütern oder Anteilen beinhaltet (so in den USA), teilweise ist ein konkreter Kontrollerwerb erforderlich (so in der EU). Unterschiedliche Ausnahmetatbestände verstärken diese Uneinigkeit.

bb. Unterschiedliche Reichweite nationalen Rechts

Die extraterritoriale Anwendung nationalen Rechts dient dem Schutz eigener Interessen und fördert protektionistisches Verhalten von Staaten. Die Staatengemeinschaft hat sich nicht auf ein einheitliches Konzept einigen können, die Reichweite der extraterritorialen Anwendung nationalen Rechts variiert enorm; einzelne Versuche, die extraterritoriale Anwendung nationalen Rechts einzugrenzen, bleiben in ihren Konturen undeutlich. Dieser Mangel an international anerkannten Durchführungsrichtlinien und -verfahren sowie Vollzugsdefizite aufgrund völkerrechtlicher Schranken verhindern eine konfliktfreie Zusammenarbeit der Kartellbehörden. Die Folge von Eingriffen in die Souveränität anderer Staaten sind politische Auseinandersetzungen, die unter anderem in Abwehrgesetzen ihren Ausdruck fanden.

cc. Unterschiedliche Schwellenwerte

Die einzelnen Rechtsordnungen sehen auch unterschiedliche Bezugnahmen für die jeweiligen der Anmeldepflicht zu Grunde liegenden Schwellenwerte vor. Schwellenwerte werden beispielsweise anhand der nationalen oder weltweiten Umsätze der beteiligten Unternehmen, ihrer Größe oder ihrer Marktmacht bestimmt. Sofern die Bezugnahmen vergleichbar sind, variiert die kritische Höhe der Schwellenwerte. Eine Transaktion kann dementsprechend von den Schwellenwerten eines Staates erfasst werden, während sie in einem anderen Staat nach den dort anwendbaren Schwellenwerten als wettbewerblich unbedenklich eingestuft wird. Während es in einigen Staaten (z.B. in der EU) von den Schwellenwerten abschließend abhängt, ob ein Zusammenschluss überprüft wird, eröffnen andere Staaten den Wettbewerbsbehörden ein weitaus größeres Ermessen bei ihrer Prüfungskompetenz (so z.B. die USA) und gestatten die Kontrolle eines Zusammenschlusses, obwohl die Schwellenwerte nicht erreicht wurden. Hierdurch ist nicht vorhersehbar, ob eine Wettbewerbsbehörde gegen einen Zusammenschluss vorgehen wird, und umgekehrt können Zusammenschlüsse untersagt werden, die in einem anderen Staat von vornherein als wettbewerblich unbedenklich oder gar als wettbewerbsfördernd aufgefasst werden.

b. Unterschiedliche materiellrechtliche Regelungen

Die wettbewerbsrechtliche Beurteilung ist ein kritischer und komplexer Prüfungsteil bei der Zusammenschlusskontrolle. Gerade Staaten, die im Begriff sind, ihr wirtschaftliches System auf die freie Marktwirtschaft umzustellen, fehlt es häufig an Ressourcen, um die notwendige umfassende Marktanalyse auf der Grundlage von ungewissen politischen und wirtschaftlichen Annahmen durchzuführen. Die beträchtlichen Interpretations- und Auslegungsspielräume und die hierdurch erhöhte Gefahr falscher bzw. unterschiedlicher Einschätzungen der Situation führen zu weiteren Differenzen.

Entscheidende Unterschiede waren bei der Marktabgrenzung (aa), bei dem Untersagungskriterium (bb), bei der ökonomischen Analyse (cc), der Berücksichtigung von Effizienzvorteilen (dd) und bei der Anwendung des Prinzips der „comity of nations“ (ee) festzustellen.

aa. Unterschiedliche Marktabgrenzung

Bei der Bestimmung des räumlich relevanten Marktes haben nationale Interessen und protektionistische Ziele oft einen bedeutenden Einfluss. Deren Schutz und Verfolgung verursachen im Rahmen der Globalisierung und Internationalisierung von Handel und Wettbewerb Komplikationen, da Kooperationen geschwächt und rechtliche Annäherungen verhindert werden. Grenzüberschreitende Transaktionen laufen Gefahr, willkürlichen oder diskriminierenden Verfahren ausgesetzt zu werden.

bb. Unterschiedliche und unbestimmte Untersagungskriterien

Unterschiedliche und zu unbestimmte Untersagungskriterien fördern Rechtsunsicherheit und Spannungen zwischen Wettbewerbsbehörden. Das gegenseitige Verständnis für divergierende Entscheidungen von Wettbewerbsbehörden ist besonders gering. Auch nach der Annäherung des europäischen Tests an das US-amerikanische Vorbild werden rechtliche und tatsächliche Unterschiede zwischen beiden Prüfungskriterien bestehen bleiben. Insbesondere die unterschiedliche Anwendung des jeweiligen Untersagungskriteriums auf konglomerate oder vertikale Zusammenschlüsse und auf kooperative Gemeinschaftsunternehmen sowie die häufig politisch motivierte Gewichtung der Kontrollverfahren führt trotz (an sich) identischer Fakten zu unterschiedlichen Entscheidungen.

cc. Unterschiedliche ökonomische Analyse

Bei der ökonomischen Analyse eines Unternehmenszusammenschlusses kommt es insbesondere bei der Anwendung der Portfolio Effects Theory zu Auseinandersetzungen über ihre Effizienz, wettbewerbspolitische Bedeutung und Akzeptanz.

dd. Unterschiedliche Berücksichtigung von Effizienzvorteilen

Ein weiterer Streitpunkt ist die unterschiedliche Berücksichtigung von Effizienzvorteilen bei internationalen Zusammenschlüssen. Während einige Länder einen absoluten Wohlfahrtsstandard zugrunde legen und daher auch Effizienzvorteile berücksichtigen, stellen andere Staaten allein auf die Verbraucherwohlfahrt ab und lehnen deren Berücksichtigung ab. Manche Staaten wollen auch bloß diejenigen Effizienzen außer Acht lassen, die in einem ausländischen Markt entstehen. Diese Inkonsistenzen verhindern eine Identität der den Untersuchungen zu Grunde liegenden Aspekte und damit sich entsprechende Entscheidungen verschiedener Wettbewerbsbehörden.

ee. Unterschiedliche Anwendung des Prinzips der „comity of nations"

Das Prinzip der „comity of nations" ist bisher noch nicht allgemein anerkannt. Staaten fühlen sich weder durch nationales noch durch Völkerrecht an dieses Prinzip gebunden. Auch den bilateralen Vereinbarungen, wie derjenigen von 1991 zwischen den USA und der EU, können sich die Vertragspartner aufgrund der weitreichenden Ausnahmeregelungen entziehen. Entgegenstehenden Interessen anderer Staaten wird daher in der Regel nicht, zumindest aber nicht ausreichend Rechnung getragen. Es bleibt unklar, welche Interessen wie hoch bewertet und wie miteinander abzuwägen sind.

c. Unterschiedliche Verfahrensordnungen

Unterschiedliche Verfahrensordnungen führen zu einer ungleichmäßigen Kontrolle von Unternehmenszusammenschlüssen.

In einigen Staaten ist eine obligatorische Anmeldung des Zusammenschlusses vor dem Vollzug vorgesehen. Hier besteht zumeist auch ein Vollzugsverbot bis zur Freigabe. In anderen existiert zwar eine Anmeldepflicht, zulässig ist aber der Vollzug des Zusammenschlusses vor dem Abschluss der Untersuchungen. Wieder andere Staaten überlassen den Unternehmen die Entscheidung, ob ein Kontrollverfahren vor Vollzug eingeleitet wird. Bereits die Existenz dieser unterschiedlichen Verfahren verursacht Rechtsunsicherheit.

Hinzu kommt, dass die Anmeldefristen sich nicht decken, die die Anmeldepflicht auslösenden Ereignisse unklar oder unterschiedlich geregelt sind und, dass an die Anmeldeformalitäten unterschiedlich hohe Anforderungen gestellt werden. Eine zeitlich parallele Überprüfung ist daher nicht möglich und die Kooperation zwischen den Wettbewerbsbehörden wird eingeschränkt. Werden die Kontrollverfahren nicht aufeinander abgestimmt, besteht die Gefahr, dass die Kartellbehörde, die über den Zusammenschluss früher befindet, auf eine andere Kartellbehörde (politischen) Druck ausübt, um eine Entscheidung herbeizuführen, die mit ihrer im Einklang ist. Die Behörde aber, die das Kontrollverfahren noch nicht abgeschlossen hat, kann wiederum über Verfahrensverzögerungen einen von einer anderen Wettbewerbsbehörde bereits freigegebenen Zusammenschluss so lange verhindern, bis die beteiligten Unternehmen von ihrem - oft zeitsensiblen - Zusammenschluss ganz Abstand nehmen. Wettbewerbsfördernde Zusammenschlüsse oder positive marktwirtschaftliche Wirkungen werden abgewehrt.

Auseinandersetzungen resultieren aber auch aus völkerrechtlichen Grundsätzen, welche die Zulässigkeit von förmlichen Zustellungen und Vollstreckungsmaßnahmen, die Reichweite von Ermittlungsbefugnissen in Drittstaaten und die Anrechnung von anderweitig verhängten Geldbußen regeln. Die hierdurch entstehenden Vollzugsdefizite führen zu zwischenstaatlichem politischen Druck auf einen anderen Staat, um so einer eigenen Entscheidung zur Durchsetzung zu verhelfen. Die vor diesem Hintergrund erlassenen Abwehrgesetze haben die Kooperation und Koordination zwischen den Wettbewerbsbehörden weiter erschwert.

6. Mangelnde Abstimmung von Abhilfemaßnahmen und Sanktionen

Abhilfemaßnahmen zwischen Wettbewerbsbehörden und Unternehmen werden häufig in informellen Absprachen vereinbart. Hierdurch ist deren Abstimmung zwischen verschiedenen Wettbewerbsbehörden schwierig und eine unsachliche Beeinflussung der Abhilfemaßnahmen möglich. Im sehr unwahrscheinlichen Extremfall kommt es zu einer logischen Inkompatibilität der doppelt auferlegten Sanktionen oder Verpflichtungen. Deren Kumulation jedenfalls kann die Vorteile einer Transaktion aufheben, so dass die Unternehmen gegebenenfalls von einem Vorhaben Abstand nehmen, das wettbewerbspolitisch und volkswirtschaftlich positiv in einem Staat bewertet wurde.

Aus der extraterritorialen Wirkung von Abhilfemaßnahmen[784] können sich auch Souveränitäts- und Jurisdiktionskonflikte ergeben, denn der Drittstaat, in dem der Zusammenschluss bereits freigegeben wurde, wird die Abhilfemaßnahmen als Eingriff in seine Souveränität verstehen.

Problematisch ist außerdem die Gefahr der hoheitlichen Gestaltung von Marktstrukturen, indem eine Wettbewerbsbehörde beispielsweise nicht nur auf die Veräußerung von Beteiligungen Einfluss nimmt, sondern zugleich auch den Erwerber einer solchen Beteiligung bestimmt.

7. Unterschiedliche Abwehrrechte Dritter

Die Rechte betroffener Dritter, gegen einen Zusammenschluss vorzugehen, sind in den einzelnen Rechtsordnungen unterschiedlich ausgestaltet. Einige Rechtsordnungen sind zurückhaltend gegenüber solchen Initiativrechten Dritter, andere räumen ihnen eine entscheidungserhebliche Position ein. Je stärker das Initiativrecht ausgestaltet ist, desto größer ist der Einfluss, den Dritte auf das Verfahren nehmen können – und damit die Gefahr von Konflikten. Gleiches gilt für die Möglichkeit betroffener Dritter, sich an den beteiligten Unternehmen schadlos zu halten. Solche Privatklagen sind in den USA beispielsweise auch noch nach der Freigabe eines Zusammenschlusses möglich.

Die Überzeugung einzelner Staaten von der Unzulässigkeit solcher Rechte Dritter hat bereits zu politischen und rechtlichen Auseinandersetzungen in großem Ausmaß, bis zur Verabschiedung von Abwehrgesetzen, geführt. Denn ausländischen Drittunternehmen - zumeist Wettbewerbern - wird hierdurch ermöglicht, einen Zusammenschluss zu gefährden, der für sie nachteilig, für den Wettbewerb als solchen aber positive Auswirkungen mit sich bringen könnte.

Durch die unterschiedliche Ausgestaltung der Abwehrrechte Dritter wird die Rechtsunsicherheit für die an dem Zusammenschluss beteiligten Unternehmen erhöht und der Vollzug gefährdet.

---

[784] Abhilfemaßnahmen haben extraterritoriale Wirkung, wenn die beteiligten Unternehmen z.B. verpflichtet werden, in Drittstaaten belegene Unternehmensteile abzustoßen oder dort mit Konkurrenten Lizenzvereinbarungen abzuschließen.

8. Transparenzmängel

Transparenz und Rechtssicherheit stehen in direkt proportionalem Verhältnis. Transparenz ermöglicht nicht nur den beteiligten Unternehmen, sich im Vorfeld auf die Ansichten der Wettbewerbsbehörden und der Gerichte einstellen zu können, sondern auch den Wettbewerbsbehörden, Interessenkollisionen zu vermeiden.

Transparenz fördert die Kooperation zwischen Wettbewerbsbehörden, die Koordinierung parallel verlaufender Verfahren und reduziert die Gefahr willkürlicher, protektionistischer oder merkantilistischer Entscheidungen. Nicht zuletzt dient Transparenz auch dem besonderen Verständnis der jeweiligen Rechtsanwendung und damit der Entwicklung kompatibler Rechtsordnungen in Entwicklungs- und Schwellenländern.

Die gravierenden Transparenzmängel des US-amerikanischen und des europäischen Systems erschweren in beträchtlichem Ausmaß mögliche Kooperationen und die Koordination paralleler Verfahren. Politische Auseinandersetzungen sind die unmittelbare Folge.

Teil E. Lösungsansatz

Die aufgezeigten Konflikte machen deutlich, dass für eine effektive grenzüberschreitende Wettbewerbspolitik und eine effiziente Durchsetzung des Wettbewerbsrechts Mechanismen zur Konfliktlösung dringend erforderlich sind.

Der letzte Teil der Arbeit wird die bestehenden Ansätze zur Konfliktlösung analysieren. Auf der Grundlage dieser Ansätze wird ein Lösungsvorschlag erarbeitet, der den weiteren Harmonisierungs- und Konvergenz-Prozess in der Welt voranbringen soll. Ziel dieses Teils der Arbeit ist nicht, ein umfassendes Regelwerk zu erstellen. Vielmehr sollen klare Ziele und erste Maßnahmen aufgezeigt werden, die eine Harmonisierung der Rechtsordnungen fördern und Konflikte reduzieren.

Der Verfasser verzichtet auf Überlegungen, ob eine Konfliktvermeidung durch ein unilaterales Vorgehen unter Befolgung bestimmter Grundprinzipien möglich sein könnte. Denn er schließt sich der Meinung an, dass für sich genommen jede „unilaterale, extraterritoriale Rechtsanwendung [...] zu keiner Ordnung, sondern zu Konflikten“[785] führt.

I. Existente Abkommen und Bemühungen

Zwischenstaatliche Abkommen existieren auf bilateraler und multilateraler Ebene. Einige werden im Folgenden besonders hervorgehoben, insbesondere die bilateralen Abkommen zwischen den USA und der EU sowie zwischen Neuseeland und Australien und die multilateralen Ansätze internationaler Organisationen und von Rechtswissenschaftlern.

Das Staatenbündnis der EU mit ihrem eigenen europäischen Kartellrecht ist kein Beispiel für ein multilaterales Abkommen, sondern ein eigenständiges und regional einzigartiges System, es wird nachfolgend daher keine besondere Erwähnung finden.

1. Bilateral

Auf bilateraler Ebene gibt es zahlreiche Abkommen zur Verbesserung der Kooperation und Koordination zwischen Kartellbehörden.[786] Die nachstehend dargestellten Abkommen sowie diejenigen zwischen den USA und der EU, die zu Beginn dieser Arbeit analysiert wurden,[787] sind repräsentativ.

---

[785] Immenga, Rechtsregeln für eine internationale Wettbewerbsordnung, S. 593 (598).

[786] Vgl. für einen Überblick: Addy, George N.: International Coordination of Competition Policies, S. 291 ff.

[787] S.o. S. 31.

a. USA

Die USA und Australien schlossen 1982 und 1999 Abkommen zur Förderung der kartellrechtlichen Kooperation und zur Unterstützung der Durchsetzung des jeweiligen nationalen Kartellrechts.[788] 1984 unterzeichneten die USA mit Kanada ein Verwaltungsabkommen über Notifizierung, Konsultation und Kooperation in Bezug auf die jeweiligen nationalen Antitrust-Gesetze.[789]

Die Abkommen sehen ausschließlich verfahrensrechtliche Maßnahmen vor, so z.B. Kooperations-, Konsultations- und Mitteilungspflichten, wenn nationale Interessen durch Ermittlungen, Verfahren oder Maßnahmen des anderen Staates betroffen sein können oder Informationen aus dem Hoheitsgebiet des anderen Staates eingeholt werden müssen. Sie umfassen das Prinzip der „comity of nations", erklären persönliche Befragungen von Privatpersonen im anderen Land und die Ausstellung von kartellrechtlichen Unbedenklichkeitsbescheinigungen für ein bestimmtes privates Verhalten für zulässig.[790] Materiellrechtliche Aspekte werden nicht geregelt.[791]

Wie im Abkommen von 1991 zwischen den USA und der EU haben auch nach den Abkommen zwischen den USA und Australien bzw. Kanada nationale öffentliche Interessen und das nationale Recht immer Priorität vor den vertraglichen Pflichten.[792]

b. EU

Auch die EU hat bilaterale Abkommen abgeschlossen, um die Kooperation zwischen den Kartellbehörden und die Koordinierung paralleler Verfahren zu verbessern und zu vereinfachen. Einige seien hier dargestellt.

---

[788] Departement of Justice of the U.S. (DoJ): Abkommen hinsichtlich einer „Cooperation on Antitrust Matters" zwischen der Regierung der USA und der Regierung von Australien vom 29.6.1982 und Abkommen zwischen der Regierung der USA und der Regierung von Australien über eine „Mutual Antitrust Enforcement Assistance", vom 27.4.1999, unter: http://www.usdoj.gov/atr/public/international/docs/usaus7.htm. Siehe für einen Überblick zu diesen Abkommen: King, Georgia Journal of International and Comparative Law, Vol. 13, 1/1983, 49.

[789] DoJ: Verwaltungsabkommen zwischen den USA und Kanada über Notifizierung, Konsultation und Kooperation in Bezug auf die Anwendung nationaler Antitrust-Gesetze, Mutual Legal Assistance Treaty - MLAT; abgedruckt in: WuW 1985, 33 ff.; vgl. Mozet, S. 73 ff. und Parisi, S. 5. S. für einen Überblick zu diesem Abkommen: King, a.a.O.

[790] Das Abkommen wurde am 05.10.2004 durch das Agreement between the government of the United States of America and the government of Canada on the application of positive comity principles to the enforcement of their competition laws ergänzt. Fundstelle: http://www.usdoj.gov/atr/public/international/docs/205732.htm.

[791] Beck, S. 93; Shelton, S. 8.

[792] Beck, S. 93.

aa. Assoziierungs- / Europa-Abkommen

Die Europa-Abkommen (bzw. Assoziierungsabkommen)[793] sind eine besondere Form von Kooperationsabkommen. Sie wurden zwischen der EU und einzelnen assoziierten Ländern Mittel- und Osteuropas sowie mit den baltischen Staaten geschlossen. Ziel ist die Harmonisierung des Kartellrechts in Europa in Vorbereitung auf den Beitritt der Assoziierungs-Staaten zur EU. Die einzelnen Abkommen haben nahezu identischen Inhalt.[794] Ihre Besonderheit ist, dass sie sehr detaillierte Regelungen beinhalten und neben verfahrensrechtlichen auch materiellrechtliche Aspekte behandeln. In verfahrensrechtlicher Hinsicht werden die Vertragspartner insbesondere verpflichtet, ein eigenes Kartellrecht zu entwickeln und eine Kartellbehörde einzurichten, die dieses Recht um- und durchsetzt.[795] Die EU wiederum hat sich verpflichtet, diese Maßnahmen sowohl finanziell als auch personell zu fördern. Darüber hinaus beinhalten die Abkommen Kooperations-, Koordinierungs- und Informationspflichten sowie Regelungen zur Streitbeilegung durch einen Assoziationsrat[796], dessen Beschlüsse für die Vertragsparteien verbindslich sind.[797] Die materiellrechtlichen Vereinbarungen sind anwendbar, wenn der Handel zwischen der EU und den anderen Vertragsstaaten betroffen ist. Sie entsprechen in vereinfachter Weise den Art. 81, 82 EGV.[798]

bb. EU / Kanada

Am 17. Juni 1999 schloss die EU ein Abkommen mit Kanada[799] über die Anwendung ihres Wettbewerbsrechts, welches dem europäischen Abkommen mit den USA aus dem Jahr 1991 ähnlich ist.[800] Beide Abkommen sollen die Kooperation zwischen den Kartellbehörden fördern. Die Vereinbarung umfasst Konsultations-, Mitteilungs- und Informationspflichten und bestimmt die Anwendung des Prinzips

---

[793] Vgl. Europa-Abkommen zur Gründung einer Assoziation zwischen den Europäischen Gemeinschaften und ihren Mitgliedsstaaten einerseits und nachfolgenden anderen Staaten vom 13.12.1993: Ungarn (ABl. 1993 Nr. L 347, S. 1), Polen (ABl. 1993 Nr. L 348, S. 1.); sowie vom 19.12.1994: Estland (ABl. 1994 Nr. L 375, S. 1), Tschechien (ABl. 1994 Nr. L 360, S. 1), Lettland (ABl. 1994 Nr. L 374, S. 1), Litauen (ABl. 1994 Nr. L 375, S. 1), Slowakei (ABl. 1994 Nr. L 359, S. 1); 25.11.1996: Slowenien (ABl. 1996 Nr. L 344, S. 1). Vgl. Voß, S. 54 f.; Baudenbacher/Beesser, WuW 1997, 681 (683), m.w.N.

[794] Voß, S. 55; Vörös/Droutsas, ZfV 1998, 2 (3).

[795] Vgl. Pons, International Cooperation in Competition Matters - Where Are We Four Years After the van Miert Report?, S. 195 (200).

[796] Voß, S. 56; Immenga/Mestmäcker, Band I, Einleitung C, Rn. 5.

[797] Pons, International Cooperation in Competition Matters - Where Are We Four Years After the van Miert Report?, S. 195 (199).

[798] S.o. S. 57; Voß, S. 56; Vörös/Droutsas, ZfV 1998, 2 (7).

[799] Vgl. Europäische Kommission, Agreement between the European Communities and the Government of Canada Regarding the Application of their Competition Laws, ABl. 1999 Nr. L 175, S. 47 (49).

[800] Van Miert, The Transatlantic and Global Implications of European Competition Policy, S.2; Pons, International Cooperation in Competition Matters - Where Are We Four Years After the van Miert Report?, S. 195 (198); s.o. S. 31.

der „comity of nations“.[801] Eine Besonderheit ist die Einigung auf den Grundsatz der „positive comity“ und die Pflicht beider Vertragsstaaten, ihre Verfahren und Maßnahmen aufeinander abzustimmen.[802] Die Erfüllung der Kooperationspflichten ist wiederum nachrangig zu gewichtigen nationalen Interessen und zur Durchsetzung der eigenen Wettbewerbspolitik.

c. Australien / Neuseeland

Australien und Neuseeland haben einen besonderen Weg gewählt, um eine bessere Kooperation zwischen ihren Kartellbehörden zu erreichen. Sie einigten sich in dem sogenannten ANZCERTA-Abkommen[803] auf eine Freihandelszone.[804] Das Abkommen gestattet in verfahrensrechtlicher Hinsicht förmliche Zustellungen und Ermittlungen im anderen Staat. Die Kartellbehörden sind zu umfassender Amtshilfe verpflichtet, und auch die Jurisdiktionshoheit der Gerichte wurde auf das Hoheitsgebiet des anderen Staates erstreckt. Urteile nationaler Gerichte sind auch im anderen Staat vollstreckbar.[805] In materiellrechtlicher Hinsicht ist in dem Abkommen eine nahezu vollständige Angleichung des Kartellrechts vorgesehen, so dass sich nun zwei Staaten gegenüberstehen, die eine eigenständige, aber harmonisierte kartellrechtliche „Infrastruktur“ besitzen.

d. Zusammenfassung

Alle bilateralen Abkommen sehen Konsultationen, Notifizierungen, Informationsaustausch und Berücksichtigung gegenseitiger Interessen bei der Verfolgung wettbewerbsbeschränkender Verhaltensweisen vor. Einige lassen sogar Ermittlungsbefugnisse der Kartellbehörden in dem anderen Staat zu.

Die Erfahrung zeigt, dass diese Abkommen die Kooperation fördern und damit einander widersprechende Entscheidungen reduzieren könnten, wenn sie nicht durchgehend unter dem Primat und Vorbehalt nationaler Interessen stünden.

Eine Ausnahme ist das Abkommen zwischen Australien und Neuseeland, welches keinen solchen Vorbehalt vorsieht. Das aber war nur aufgrund der sehr ähnlichen wettbewerblichen und kartellrechtlichen Systeme sowie der engen und existentiellen

---

[801] Goyder, S. 551; van Miert, International Cooperation in the Field of Competition - A View from the EC, S. 5.

[802] Diese Pflichten unterliegen einem Ermessens-Vorbehalt. Vgl. Van Miert, Globalisation of Competition: The Need for Global Governance, S. 3; Van Miert, The Transatlantic and Global Implications of European Competition Policy, S. 3; Pons, International Cooperation in Competition Matters - Where Are We Four Years After the van Miert Report?, S. 195 (197).

[803] ANZCERTA, Freihandelsabkommen zwischen Australien und Neuseeland vom 18.8.1988, Australia New Zealand Closer Economic Relations - Trade Agreement on Acceleration of Free Trade in Goods (abgedruckt in: Basedow, Weltkartellrecht, Anhang X, S. 178 f.). Dieses Abkommen führte zur Änderung der nationalen Kartellrechte, d.h. des australischen Trade Practices Act von 1974 und des neuseeländischen Commerce Act von 1986 (die jeweiligen Änderungen sind abgedruckt in: Basedow, Weltkartellrecht, Anhang X, S. 179 f., 182 f.). Vgl. Mozet, S. 76.

[804] Einen kurzen Überblick über das neue australische Kartellrecht bietet: Fels, S. 355 ff.

[805] Vgl. Shelton, S. 8; Basedow, Weltkartellrecht, S. 36.

Handelsbeziehungen zwischen den beiden Staaten möglich. Beide Staaten sind in wirtschaftlicher und politischer Hinsicht voneinander abhängig, eine engere Zusammenarbeit war zur Förderung der gemeinsamen Ziele und der eigenen Wirtschaft zwingend notwendig. Diese besondere Konstellation lässt eine Übertragung auf die internationale Ebene nicht zu.

Das gleiche gilt für die Europa-Abkommen der EU, deren Vertragsstaaten Länder sind, die zur Zeit des Vertragsschlusses eine EU-Mitgliedschaft anstrebten und daher zu weitreichenden Kompromissen bereit waren. Die Staaten, die bereits im Jahr 2004 der EU beitraten, sind nun ohnehin dem europäischen Kartellrecht unterworfen und zur weitgehenden Harmonisierung ihres nationalen Rechts verpflichtet.

Auch wenn die Europa-Abkommen und das Abkommen zwischen Australien und Neuseeland keine unmittelbare Vorlage für ein weiteres Vorgehen auf internationaler Ebene darstellen, zeigen sie, wie eng Staaten miteinander kooperieren können, ohne in ihrer nationalen Identität Schaden zu nehmen.

Die Abkommen der EU und der USA mit Kanada, das zwischen der EU und den USA sowie das zwischen den USA und Australien machen darüber hinaus deutlich, dass - entgegen der Auffassung vieler Wissenschaftler und Praktiker - auch zwischen konkurrierenden Staaten eine Annäherung und Kooperation möglich ist.

2. Multilateral

Bei den multilateralen Ansätze ist es sinnvoll, zunächst die frühen erfolglosen Harmonisierungsbestrebungen darzustellen, denn diese führten zu unterschiedlichen unverbindlichen Empfehlungen und verbindlichen Übereinkommen. Sie zeigen, welche Fortschritte die Wettbewerbspolitik im Rahmen der zunehmenden Globalisierung gemacht hat. Das ist insbesondere für die Überlegung entscheidend, welche Ansätze vor allem politisch durchsetzbar sind.

a. Frühe Harmonisierungsbestrebungen

Unmittelbar nach dem 1. Weltkrieg bemühte sich der Völkerbund das erste Mal um eine internationale Harmonisierung des Kartellrechts,[806] wobei der Schwerpunkt nicht bei der Fusionskontrolle, sondern im allgemeinen Kartellrecht lag. Im Jahr 1927 riet die Weltwirtschaftskonferenz des Völkerbundes dazu, die nationalen Kartellrechtsordnungen zu harmonisieren. Neben den nationalen Kartellbehörden sollte die Umsetzung des Kartellrechts durch eine internationale Instanz des Völkerbundes kontrolliert werden. Die Unterschiede zwischen den nationalen Rechtsordnungen waren jedoch so enorm, dass sich diese Vorschläge nicht durchsetzten. Die Weltwirtschaftskrise verhinderte schließlich sämtliche weitere Bemühungen.[807]

---

[806] Einen Überblick über diese Bemühungen bietet insbesondere Meessen, Völkerrechtliche Grundsätze des internationalen Kartellrechts; Basedow, Weltkartellrecht.

[807] Basedow, Weltkartellrecht, S. 61; Günther, Die Problematik einer Völkerrechtlichen Regelung internationaler Wettbewerbsbeschränkungen, S. 551 ff.; Rahl, S. 417 f.

Nach dem 2. Weltkrieg wurden die vorbezeichneten Überlegungen wieder aufgegriffen. Die „Havana-Charta" (for an International Trade Organisation) der UNO vom 24.3.1948[808] enthielt neben verfahrensrechtlichen auch materiellrechtliche[809] Regelungen. Hiernach sollte eine Internationale Handelsorganisation ins Leben gerufen werden, die sich sowohl mit handels- als auch mit kartellrechtlichen Fragestellungen zu befassen hätte.[810] Obwohl die Havanna-Charta nie ratifiziert wurde, hatte sie starke Auswirkungen auf bilaterale Abkommen, multilaterale Empfehlungen und die Errichtung internationaler Organisationen.[811] Die Entstehung des GATT (und damit später auch der WTO) ist ebenfalls auf die Havanna-Charta zurückzuführen.

Die nächsten Initiativen stammten vom Wirtschafts- und Sozialrat (Economic and Social Council - ECOSOC) der UNO[812] und vom Europarat[813]. Beide Vorschläge sahen eine Harmonisierung der Kontrollrechte (vorrangig im Hinblick auf Kartelle) vor, sie bauten unmittelbar auf den Prinzipien der Havanna-Charta, insbesondere dem Missbrauchsprinzip, auf.[814] Angestrebt wurde die Gründung einer Internationalen Kartellbehörde. Schon zu dieser Zeit hatte man erkannt, dass ein weltweites Abkommen sinnvoller als regionale oder bilaterale Vereinbarungen ist. Aus diesem Grunde sollte die UNO die weitere Ausarbeitung der Vorschläge übernehmen. Auch dieses Projekt wurde jedoch nicht zu Ende geführt.[815]

b. WTO/GATT

Die Regelungen der WTO[816] - ehemals des GATT (General Agreement on Tariffs and Trade) - zielen grundsätzlich nur auf die Verhinderung staatlicher Handelsbeschränkungen ab. Sie beziehen dabei aber auch wettbewerbsrechtliche Sachverhalte mit ein.[817]

---

[808] US Departement of State, Havana Charta for an International Trade Organisation, Publication 3206, Commercial Policy Series 114, Washington D.C., 1948; Text auch abgedruckt bei: Wilcox, S. 231 ff. und in WuW 1953, 244.

[809] So sollte das Missbrauchsprinzip weltweit anerkannt und damit jedes handels- und wettbewerbswidrige Verhalten verhindert werden. Vgl. im übrigen auch: Yacheistova, World Competition, Law and Economics Review, 1/1994, 99 f.

[810] Basedow, Weltkartellrecht, S. 61; Günther, Die Problematik einer völkerrechtlichen Regelung internationaler Wettbewerbsbeschränkungen, S. 551 ff.; Rahl, S. 417 f.

[811] Basedow, Weltkartellrecht, S. 62; Beck, S. 89.

[812] UNO, WuW 1953, 479 ff.; Basedow, Weltkartellrecht, S. 63.

[813] Europäischer Ministerrat des Europäischen Rates, WuW 1952, 269; Günther, WuW 1952, 243; Basedow, Weltkartellrecht, S. 63.

[814] UNO, WuW 1953, 479; Basedow, Weltkartellrecht, S. 63.

[815] Basedow, Weltkartellrecht, S. 63.

[816] Sie sind seit dem 01.01.1995 in Kraft. Vgl.: www.WTO.org.

[817] Shelton, S. 8. Vgl. auch Yacheistova, World Competition, Law and Economics Review, 1/1994, 99 (100 ff.).

Zu unterscheiden ist zwischen den verbindlichen Regelungen, die insbesondere im GATS (General Agreement on Trade in Services)[818] und im TRIPS (Trade Related Aspects of Intellectual Property Rights)[819] niedergelegt sind, und den unverbindlichen Empfehlungen, die im Rahmen der GATT-Runden verabschiedet wurden.

Im GATS gibt es neben handelsrechtlichen auch einige wettbewerbsrechtliche Regelungen.[820] Es nimmt Bezug auf Monopole und Exklusiv-Vereinbarungen und unterstreicht die notwendige Transparenz in diesen Bereichen.[821] Jedoch ist nur eine verwaltungstechnische Kooperation, nicht aber die Harmonisierung des materiellen Kartellrechts vorgesehen.[822]

Das TRIPS-Abkommen enthält im Bereich des Gewerblichen Rechtsschutzes neben verfahrens- auch materiellrechtliche Regelungen. Insbesondere ist die Pflicht zur gegenseitigen Rücksichtnahme in diesem Abkommen verankert. Aber die festgelegten Pflichten bleiben vage.[823] Das betrifft auch die kartellrechtlichen Vorschriften zum Geistigen Eigentum.[824]

Die Ansätze des ECOSOC, des Europarats und der Havana-Charta wurden im Rahmen der verschiedenen GATT-Runden wieder aufgenommen und als unverbindliche Empfehlungen verabschiedet. Sie enthalten jedoch im Hinblick auf kartellrechtliche Konflikte allein verfahrensrechtliche Kooperationsprinzipien.[825] Unmittelbare Anwendung fanden sie nie.[826] Eine Einigung über verbindliche Regelungen war zu dieser Zeit nicht möglich, denn unter anderem besaß das GATT weder eigene Rechtspersönlichkeit noch einen ausreichenden institutionellen Unterbau, der die Um- und Durchsetzung der Empfehlungen hätte gewährleisten und kontrollieren können.[827]

Ende Juli 2004 einigten sich die 147 WTO-Mitglieder in Genf auf ein Rahmenabkommen für die in Doha im Jahr 2001 eingeleitete WTO-Verhandlungsrunde. Seit der Ministerkonferenz von Singapur im Jahr 1996 drängten allen voran die EU und Japan darauf, die WTO-Regeln auf vier neue Bereiche auszuweiten: Handelserleichterung, öffentliches Beschaffungswesen, Investitions- und auch Wettbewerbsregeln

---

[818] GATS. Allgemeines Übereinkommen über den Handel mit Dienstleistungen, BGBl. 1994, Teil II, S. 1473 ff.

[819] TRIPS. Übereinkommen über handelsbezogene Aspekte des Rechts des geistigen Eigentum, BGBl. 1994, Teil II, S. 1565 ff.

[820] Diese Vorschriften finden sich etwa in den Art. VIII und IX. Vgl. auch Europäische Kommission: Competition Policy In The New Trade Order: Strengthening International Cooperation And Rules, S. 12.

[821] Vgl. das „Telecommunications Agreement" innerhalb des GATS.

[822] Basedow, Weltkartellrecht, S. 34, 45.

[823] Basedow, Weltkartellrecht, S. 44.

[824] Diese Regelungen finden sich in den Art. 8, 39 und 40. Vgl hierzu Europäische Kommission: Competition Policy In The New Trade Order: Strengthening International Cooperation And Rules, S. 12; Heinemann, GRUR Int. 1995, 535 ff.

[825] Furnish, International Lawyer 4/1970, 328; Basedow, Weltkartellrecht, S. 64.

[826] Petersmann, Aussenwirtschaft 1994, 39; Basedow, Weltkartellrecht, S. 64.

[827] Rahl, S. 417 f.; Basedow, Weltkartellrecht, S. 63.

(Singapur-Themen). Eine gemeinsame Erklärung der WTO-Ministerkonferenz sah bereits vor der Konferenz in Cancún (2003) die Aufnahme von Verhandlungen zu den sogenannten Singapur-Themen vor. Dies trug jedoch wesentlich zum Scheitern der Konferenz bei, denn die Mehrheit der Entwicklungsländer lehnte diese vier Themen neben den weiteren wichtigen Themen der Verhandlungsrunde ab. Als Gründe nannten sie das entwicklungspolitische Risiko der Abkommen durch die Einschränkung ihrer nationalen Wirtschaftspolitik und fehlende Verhandlungskapazitäten. Sie befürchteten aufgrund der Fülle und Komplexität der Themen zudem, zur Unterzeichnung komplizierter Abkommen verpflichtet zu werden, ohne die Folgen richtig abschätzen zu können. Drei der vier Singapur-Themen waren nun nicht Teil des Arbeitsprogramms der WTO-Ministerkonferenz 2005 in Hongkong: Die Industrieländer stimmten der Herausnahme der Themen Wettbewerb, Investitionen und Transparenz im öffentlichen Auftragswesen aus den Doha-Verhandlungen zu. Diese Themen werden jedoch innerhalb der WTO weiter behandelt.[828]

c. OECD

Ein weiteres Organ für Harmonisierungsbestrebungen auf multilateraler Ebene ist die Organisation für wirtschaftliche Zusammenarbeit und Entwicklung (OECD).[829] Auch sie hat Vorschläge zur Intensivierung einer kartellrechtlichen Kooperation erarbeitet. Diese Vorschläge sind jedoch nie über bloße Empfehlungen, die keinerlei Bindungswirkung für die Mitgliedsstaaten entfalten,[830] hinausgekommen.[831] Ihnen kommt allenfalls „politisches Gewicht und moralische Bindungskraft“[832] zu.

---

[828] Vgl. Die Erläuterungen der WTO und des Bundesministeriums für Wirtschaft und Arbeit, Deutschland: http://www.wto.org/english/tratop_e/comp_e/comp_e.htm; http://www.wto.org/english/tratop_e/dda_e/dda_package_july04_e.htm; http://www.bmwa.bund.de/Navigation/Aussenwirtschaft-und-Europa/Aussenwirtschaftspolitik/handelspolitik-eu-wto.html.

[829] Vgl. Addy, George N.: International Coordination of Competition Policies, S. 291 ff.

[830] Tepass, S. 145; vgl. Art. 5 und 7 des Übereinkommens über die OECD, BGBl. 1961, Teil II, S. 1151 ff.; Basedow, Weltkartellrecht, S. 32, 65; Beck, S. 89.

[831] OECD, Empfehlung des Rates der OECD über die Zusammenarbeit zwischen den Mitgliedsstaaten auf dem Gebiet wettbewerbsbeschränkender Praktiken mit Auswirkungen auf den internationalen Handel vom 5.10.1967 (WuW 1969, 29 f.); OECD, Empfehlung des Rats hinsichtlich eines Konsultations- und Schlichtungsverfahrens bei wettbewerbsbeschränkenden Praktiken mit Auswirkungen auf den internationalen Handel vom 3.7.1973 (WuW 1974, 251 f.); beide ersetzt durch: OECD, Empfehlung des Rats vom 25.9.1979, Recommendation of the Council on Competition Policy and Exempted or Regulated Sectors, (WuW 1981, 781 f.); wiederum ersetzt durch: OECD, Empfehlung des Rats vom 21.5.1986, mit Anhang: Richtlinien für Notifizierungen, Austausch von Informationen, Konsultation und Schlichtung auf dem Gebiet wettbewerbsbeschränkender Praktiken mit Auswirkungen auf den internationalen Handel (WuW 1987, 214, 217); wiederum ersetzt durch: OECD, Empfehlung vom 27./28.7.1995, Revised Recommendation of the Council concerning Co-operation between Member Countries on Anticompetitive Practices affecting International Trade, http://www.oecd.org. Vgl. Langen/Bunte, Band 2, S. 2861 ff. Zusätzlich verabschiedete der Rat der OECD am 20.7.1978 eine Empfehlung über wettbewerbsbeschränkende Geschäftspraktiken im internationalen Handel unter Einbeziehung der Praktiken multinationaler Unternehmen (http://www.oecd.org), die Leitsätze für multinationale Unter-

Trotzdem sind sie für die Verbesserung der Kooperation der Kartellbehörden innerhalb der OECD ein Grundlagenwerk. Zu ihren Vorschlägen gehören Notifizierungen, Konsultationen, die Berücksichtigung gegenseitiger Interessen und die Koordinierung paralleler Verfahren. Insbesondere wird neben der Anerkennung der Prinzipien der „negative comity" und der „positive comity" der Abschluss bi- oder multilateraler Rechtshilfeabkommen empfohlen.[833] Wenn eine Einigung über die zu berücksichtigenden Interessen nicht zustande kommt, ist ein Schlichtungsverfahren vorgesehen, das jedoch tatsächlich nie durchgeführt wurde.[834]

Außerdem wurden Leitsätze für multinationale Unternehmen[835] verabschiedet. Diese sind jedoch sehr allgemein gefasst und sollen nur zur Anwendung kommen, wenn das Verhalten tatsächlich missbräuchlich oder wettbewerbsschädlich ist. Damit bleiben sie hinter den Kartellrechtsordnungen der einzelnen Mitgliedsstaaten zurück. Regelungen zur Fusionskontrolle gibt es nicht.[836]

Mit Ausnahme der Leitsätze für multinationale Unternehmen und der Empfehlung bezüglich Hard-Core-Kartellen aus dem Jahr 1998, die auch materiellrechtliche Aspekte beinhalten, fördern die Empfehlungen der OECD ausschließlich die Kooperation der Wettbewerbsbehörden. Durch ihre Richtlinien hat die OECD die zwischenstaatliche Zusammenarbeit gestärkt und ihre Empfehlungen für die zwischenstaatliche Koordination und Kooperation[837] werden vielfach als Vorlage bilateraler Abkommen verwendet.[838]

d. NAFTA

Das Nordamerikanische Freihandelsabkommen,[839] ein weiteres Beispiel für einen internationalen Ansatz, dient nicht nur der Beseitigung von Freihandelsschranken,

---

nehmen (http://www.oecd.org) und im Jahr 1998 eine Empfehlung zur Behandlung von Hard-Core-Kartellen (Recommendation of the Council Concerning Effective Ation Against Hard Core Cartels vom 25.3.1998, http://www.oecd.org). Teilweise abgedruckt in: Lowe, Extraterritorial Jurisdiction. An Annotated Collection of Legal Material, S. 243, 244, 246, 248 f., 251 ff.; vgl. auch: Pons, International Cooperations in Competition Matters - Where Are We Four Years After the van Miert Report?, S. 195 (201); Horn, Legal Problems of Codes of Conduct for multinational Enterprises, S. 467 ff.; Hawk, United States and Common Market Antitrust Policies, S. 787 ff.; Shelton, S. 7 ff.; Tepass, S. 144 ff.

832 Voß, S. 72.

833 Shelton, S. 7 f.; Voß, S. 74, 77; Mozet, S. 78 ff.

834 Vgl. Voß, S. 74; Mozet, S. 78 ff.

835 Diese Leitsätze traten am 21.6.1976 in Kraft und wurden im Jahr 2000 neugefasst (http://www.oecd.org). Vgl. Voß, S. 80.

836 Basedow, Weltkartellrecht, S. 65; Voß, S. 80.

837 Z.B. Empfehlungen des Rates der OECD vom 5.10.1967, 3.7.1973, 20.7.1978, 25.9.1979, s. Fn. 831.

838 Groeben/Thiesing/Ehlermann, Kommentar zum EU-/EG-Vertrag, Band 5, S. 1248, Rn. 109 f.

839 Das North-American Free Trade Agreement zwischen Kanada, Mexiko und den USA ist am 1.1.1994 in Kraft getreten (http://www-tech.mit.edu/Bulletins/Nafta/00.first).

sondern ebenfalls der Wettbewerbsförderung.[840] Die Mitgliedsstaaten haben sich verpflichtet, materiell- und verfahrensrechtliche Verbote, Verfolgungs- und Sanktionierungsregelungen wettbewerbsschädlicher Verhaltensweisen gegenüber privatwirtschaftlichen Unternehmen zu erlassen und umzusetzen und verstärkt miteinander zu kooperieren.

e. UN-RBP-Kodex

Die Konferenz für Handel und Entwicklung der Vereinten Nationen (United Nations Conference on Trade and Development - UNCTAD) veröffentlichte im Jahr 1980 den UN-RBP Kodex[841] als erste nahezu weltweite Kartellrechts-Richtlinie.[842]

Der UN-RBP Kodex ist eine unverbindliche Resolution der UN-Generalversammlung.[843] Zur Stärkung des politischen und moralischen Drucks berichtet allerdings der UNCTAD-Generalsekretär jährlich über die Einhaltung der Resolution. Der Bericht umfasst auch das Verhalten privatwirtschaftlicher Unternehmen. Sanktionen, die über die Bloßstellung der Betroffenen hinausgehen, sind jedoch nicht vorgesehen.[844]

Der Kodex enthält grundlegende Kontrollprinzipien zur Abwehr wettbewerbsschädlicher Verhaltensweisen. Sein Hauptziel ist die Kooperation der Kartellbehörden von Schwellen- und Entwicklungsländern mit denen der Industriestaaten.[845] Die fusionskontrollrechtlichen Vorgaben entsprechen weitestgehend den OECD-Empfehlungen. Eine Streitschlichtung durch Organe der UNO ist auch hier nicht vorgesehen.[846]

---

[840] Vgl. Chapters 15 und 17 über „competition policy", „monopolies" und andere wettbewerbsbeschränkende Verhaltensweisen.

[841] Vgl. UNCTAD, The Set of Multilaterally Agreed Equitable Principles and Rules for the Control of Restrictive Business Practices, UN doc. TD/RBP/CONF/10 vom 2.5.1980, Int. Leg. Mat., 1980, S. 813; die Richtlinie wurde von der Generalversammlung der UNO am 5.12.1980 verabschiedet. Aus dem RBP-Kodex ist ein Modellkartellgesetz entstanden, dessen letzte Version vom 20.2.1998 stammt: Continued Work on the Elaboration of a Model Law or Laws on Restrictive Business Practices - Draft Commentaries to Possible Elements for Articles of a Model Law or Laws , UNCTAD-Dokument TD/B/RBP/81/Rev. 5 vom 20.2.1998. Vgl. Heinemann/Gebhardt, Zeitschrift für vergleichende Rechtswissenschaft - Archiv für Internationales Wirtschaftsrecht 98 (1999), 74 (83). Siehe auch Basedow, Weltkartellrecht, S. 66; Beck, S. 90; Fikentscher/Straub, GRUR Int. 1982, 637, und GRUR Int. 1982, 727.

[842] Vgl. Addy, George N.: International Coordination of Competition Policies, S. 291 ff.

[843] Basedow, Weltkartellrecht, S. 67, 68.

[844] Voß, S. 71.

[845] Basedow, Weltkartellrecht, S. 66, 67.

[846] Basedow, Weltkartellrecht, S. 66; Voß, S. 70.

f. ICN / GFC

Ziel des „International Competition Network" (ICN)[847] und des „Global Forum on Competition" (GFC)[848] ist ebenfalls die Koordinierung und Harmonisierung des Wettbewerbsrechts.

aa. ICN

Das US-amerikanische Departement of Justice und die US-amerikanische FTC riefen das ICN ins Leben. Hochrangigen Mitarbeitern der Wettbewerbsbehörden von Industriestaaten und Entwicklungs- und Schwellenländern wurde so eine gemeinsame Plattform zur Harmonisierung verfahrensrechtlicher und materiellrechtlicher Regelungen des Kartellrechts zur Verfügung gestellt. Das Konzept des ICN wurde von dem International Competition Policy Advisory Committee (ICPAC)[849] entwickelt. Obwohl das ICN vornehmlich ein Instrument für die staatlichen Wettbewerbsbehörden ist, werden auch internationale Organisationen, Vertreter der Wirtschaft und Rechtswissenschaftler zu den Konferenzen eingeladen. Das Netzwerk erarbeitet Empfehlungen, die von den einzelnen Kartellbehörden evaluiert und – im besten Fall - umgesetzt werden sollen. Insbesondere versucht das ICN, Lösungsvorschläge zur besseren Koordinierung paralleler Untersuchungsverfahren mehrerer Kartellbehörden bei einem internationalen Zusammenschluss zu erarbeiten. Ihm ist jedoch keine verbindliche Regelungskompetenz übertragen,[850] denn das Forum soll nicht Ersatz oder gar Konkurrenz der Foren bzw. Ansätze der O-ECD[851] oder der WTO[852] sein, sondern ausschließlich dem Informationsaustausch dienen.

bb. GFC

Das neue Global Forum on Competition der OECD[853] soll Staaten helfen, ein effektives Wettbewerbsrecht aufzubauen und Regierungsmitglieder aus Entwicklungs- wie Industriestaaten an einen Tisch bringen, die im kartellrechtlichen Bereich Verantwortung tragen. Bisher haben 20 Vertreter aus Schwellen- und Entwicklungsländern und 30 Vertreter der OECD-Mitgliedsstaaten teilgenommen. Das GFC befasst sich mit der Rolle der Wettbewerbspolitik im Rahmen von Wirtschaftsreformen und prüft Möglichkeiten intensiverer Kooperation. In der Folge

---

[847] Informationen zum ICN sind im Internet unter www.internationalcompetitionnetwork.org zugänglich.

[848] Vgl. Schaub, Alexander: The Global Competition Forum: How it should be organised and operated?

[849] S.u. S. 178.

[850] DoJ, Pressemitteilung vom 25.10.2001.

[851] S.o. S. 170.

[852] S.o. S. 168.

[853] Vgl. http://www.oecd.org/department/0,2688,en_2649_34611_1780557_1_1_1_1,00.html.

sollen im Rahmen der GFC speziellere Themen wie die Verhinderung von Hard-Core-Kartellen und die Zusammenschlusskontrolle behandelt werden.[854]

cc. Kompatibilität der beiden Foren

Das ICN und das GCF, beides internationale Gesprächsrunden über Wettbewerbsfragen stehen, auch nach ihrem eigenen Selbstverständnis, nicht in Konkurrenz zueinander. Das ICN ist auf enge konfliktträchtige Fragestellungen zugeschnitten, die in relativ kurzer Zeit durch Empfehlungen (den sogenannten „Best Practices") beantwortet werden.[855] Hierdurch soll die zeitnahe Umsetzung dieser Empfehlungen in nationales Recht ermöglicht werden. Demgegenüber ist Ziel des GFC nicht unmittelbar die Konfliktlösung, sondern lediglich der Kontakt und Erfahrungsaustausch sowie die Unterstützung der Entwicklungs- und Schwellenländer in Wettbewerbspolitik und -recht.[856] Die beiden Foren stehen sich daher als Partner, nicht als Rivalen gegenüber.[857] Sowohl der Informationsaustausch als auch die Ausarbeitung konsensfähiger „Best Practices" fördern parallel die tatsächliche Umsetzung der Harmonisierungsbemühungen.

II. Vorschläge

Neben der Praxis setzt sich auch die Wissenschaft seit Jahrzehnten mit dem Thema der Konfliktbewältigung auseinander. Unter anderem auf Initiative der EU, der USA und internationaler Organisationen sind Kommissionen und Arbeitsgruppen gebildet worden, die Empfehlungen abgegeben haben.

1. DIAC

Der Draft International Antitrust Code (DIAC)[858] ist ein Vorschlag einiger Wettbewerbsexperten[859], die auf private Initiative hin einen Entwurf für eine internationale Wettbewerbsordnung entwickelt haben.[860] Ziel ist die Aufnahme dieses Rege-

---

[854] OECD, Pressemitteilung vom 9.10.2001.

[855] Diese „Best Practices" können unter http://www.internationalcompetitionnetwork.org /mergersdocuments.html abgerufen werden.

[856] Wie wichtig die Einbindung dieser Länder in die Pläne zur Weiterentwicklung nationaler wie auch länderübergreifender Ansätze zur Konfliktbewältigung ist, wurde bereits oben erörtert, siehe ab S. 61.

[857] James, International Antitrust in the 21st Century: Cooperation and Convergence, S. 6.

[858] DIAC, International Antitrust Code Working Group, Draft International Antitrust Code as a GATT-MTO-Plurilateral Trade Agreement. Siehe: Fikentscher/Immenga; Voß; Basedow, Weltkartellrecht; Fikentscher, Multilaterale Regeln für den internationalen Wettbewerb?

[859] Die sogenannte Munich Group setzt sich aus Europäern, Japanern und US-Amerikanern zusammen. Zum Hintergrund der Munich Group und einem Vergleich mit anderen Bemühungen vgl.: Fikentscher, Multilaterale Regeln für den internationalen Wettbewerb?, S. 159, 164 ff.; Fikentscher/Heinemann, Der Draft International Antitrust Code - Initiative für ein Weltkartellrecht im Rahmen des GATT, S. 107.

[860] Zu Inhalt und den Grundsätzen des DIAC vgl. Fikentscher, Multilaterale Regeln für den internationalen Wettbewerb?, S. 166 ff.

lungswerks als „Plurilateral Trade Agreement“ in Annex 4 des WTO-Abkommens.[861] An das Abkommen wären nur diejenigen Länder gebunden, die es ratifizieren. Eine Bindung allein durch die WTO-Mitgliedschaft träte nicht ein.[862]

Der DIAC beinhaltet verfahrens- und materiellrechtliche Regelungen. Auch Bestimmungen über eine Fusionskontrolle sind detailliert ausformuliert. Er lehnt sich an das US-amerikanische (Clayton Act) und das europäische Recht (FKVO) an.[863] Im Bereich des materiellen Rechts liegt der Schwerpunkt auf einer einheitlichen Ausgestaltung des Wettbewerbsrechts, soweit internationale Sachverhalte betroffen sind. Die Basis bilden die drei Pfeiler aller modernen Kartellgesetzgebungen: die Verbote im Bereich horizontaler und vertikaler Wettbewerbsbeschränkungen, die Regelungen zur Fusionskontrolle sowie das Verbot des Missbrauchs einer marktbeherrschenden Stellung.[864]

Von besonderem Interesse für die vorliegende Arbeit sind sechs verfahrensrechtliche Grundprinzipien:

a. Implementierung des DIAC in nationales Recht

Der DIAC will kein weltweites Einheitsrecht schaffen. Dies würde nach Meinung der Verfasser einerseits die Souveränität der Staaten zu stark beschneiden, andererseits die kulturellen Eigenheiten eines Landes nicht ausreichend berücksichtigen.[865] Die Staaten sollen daher eigenständig ein DIAC-konformes nationales Recht schaffen.[866] Die Normen des DIAC sind nach Verabschiedung im Rahmen der WTO und Ratifizierung durch die einzelnen Mitgliedsstaten der WTO weder „self-executing“[867] noch reine Empfehlung:[868] Sie müssen in nationales verbindliches Recht transformiert werden.

b. Mindestharmonisierung

Der DIAC sieht eine Mindestharmonisierung vor. Die Unterzeichnerstaaten dürfen bei der Umsetzung und Implementierung des DIAC keine niedrigeren Maßstäbe festlegen als die des DIAC. Sie sind andererseits frei, strengere und ausführlichere Regelungen zu schaffen.[869]

---

861 Immenga, Rechtsregeln für eine internationale Wettbewerbsordnung, S. 593 (602).

862 Art. II Abs. 3 WTO-Übereinkommen; Voß, S. 104; Fikentscher/Drexl, S. 35 (40); Basedow, Weltkartellrecht, S. 89; siehe auch: Yacheistova, World Competition, Law and Economics Review 1/1994, 99 (107).

863 Voß, S. 161; Fikentscher/Heinemann, S. 19 (30); Fikentscher, Aussenwirtschaft 1994, 281 (299).

864 Sander, S. 6.

865 Nach Meinung der Verfasser des DIAC war das eines der Hauptprobleme bei dem Versuch, die Havanna-Charta zu verabschieden.

866 Voß, S.111; Fikentscher/Drexl, S. 35 (41).

867 Also nicht unmittelbar anwendbar.

868 Basedow, Weltkartellrecht, S. 71.

869 Fikentscher/Heinemann, S. 19 (25).

c. Nur grenzüberschreitende Sachverhalte

Die aus dem DIAC resultierenden Pflichten gelten nur für grenzüberschreitende, internationale Sachverhalte, nicht für rein nationale.[870] Von einem internationalen Sachverhalt ist auszugehen, wenn nach dem Auswirkungsprinzip, dem Territorialprinzip oder dem Personalitätsprinzip zwei Unterzeichnerstaaten betroffen sind.[871]

d. „Inländerbehandlung" bzw. „Nichtdiskriminierungsklausel"

Nach dem Prinzip der Inländerbehandlung bzw. nach der Nichtdiskriminierungsklausel[872] sind alle Regeln und Grundsätze zu nationalen Sachverhalten auch auf grenzüberschreitende anzuwenden. Im DIAC ist nicht ausdrücklich erwähnt, dass internationale Sachverhalte nicht milder oder strenger als nationale behandelt werden dürfen. Dies ergibt sich aber aus Sinn und Zweck der Nichtdiskriminierungsklausel: den Missbrauch des Kartellrechts zur Abschottung nationaler Märkte zu verhindern.[873]

e. Internationale Wettbewerbsbehörde (IWB)

Das 5. Prinzip betrifft die Durchsetzung des DIAC-konformen nationalen Rechts. Die Expertengruppe entschied sich gegen eine Weltkartellbehörde mit eigenen Untersuchungs- und Sanktionsbefugnissen. Nationales Recht soll vielmehr durch nationale Gerichte und Behörden angewandt werden.[874] Die Bildung derartiger Behörden mit entsprechenden Sanktionsbefugnissen ist verpflichtend.[875]

Der DIAC sieht allerdings eine Internationale Wettbewerbsbehörde (IWB) sowie ein Internationales Wettbewerbspanel (IWP)[876] vor. Der IWB ist eine sogenannte „Internationale Verfahrensinitiative"[877] übertragen. Die Behörde hat zwar keine Untersuchungs- oder Sanktionsbefugnisse, was ein wettbewerbsbeschränkendes Verhalten anbetrifft, ist aber zuständig für die Einhaltung des DIAC und hat daher gegenüber nationalen Behörden verschiedene Kompetenzen: Sie kann die nationalen Kartellbehörden auffordern, Verfahren einzuleiten, und bei Weigerung selber vor den nationalen Gerichten auf Einleitung klagen. Außerdem ist es ihr möglich, bei Meinungsverschiedenheiten über die Interpretation und die Anwendungsbreite des DIAC das IWP anzurufen. Die IWB fällt also keine eigenen Entscheidungen,

---

[870] Voß, S. 113; Fikentscher/Drexl, S. 35 (44).
[871] Basedow, Weltkartellrecht, S. 71.
[872] Zur Terminierung s. Voß, S. 114.
[873] Voß, S. 115; Fikentscher/Drexl, S. 35 (43).
[874] Voß, S.111; Fikentscher/Drexl, S. 35 (41).
[875] Basedow, Weltkartellrecht, S. 76.
[876] Das IWP wird im nachstehenden Abschnitt, S. 177, näher behandelt.
[877] Gröner/Knorr, S. 579 (588); Immenga, Rechtsregeln für eine internationale Wettbewerbsordnung, S. 593 (607).

sondern muss den Rechtsweg einschlagen. Durch derartige Initiativrechte wird die Souveränität der einzelnen Staaten geringstmöglich eingeschränkt.[878]

f. Internationales Wettbewerbspanel (IWP)

Das IWP ist für Fragen und Streitigkeiten hinsichtlich der Anwendung und Auslegung des DIAC zuständig. Eine Streitbeilegung erfolgt entsprechend den Streitschlichtungsregelungen der WTO. Das IWP entscheidet über Klagen, die wegen Verstößen von Vertragsparteien gegen den DIAC eingereicht werden. Solche Klagen können von den Vertragsparteien selbst, aber auch von der IWB erhoben werden. Die Entscheidungen des Panels sind bindend, über Sanktionsmöglichkeiten verfügt es jedoch nicht.[879] Der Vorschlag, ein eigenes IWP innerhalb der WTO einzurichten und nicht auf den Dispute Settlement Body (DSB), das Streitschlichtungsorgan der WTO, zurück zu greifen, basiert darauf, dass die WTO und ihr DSB nicht auf Streitschlichtungen im Rahmen des Kartellrechts vorbereitet sind.

2. Joanna Shelton

Joanna Shelton, OECD Deputy Secretary-General, hat auf einer Konferenz im Jahre 1998 einen weiteren Vorschlag zur stärkeren Harmonisierung und Koordinierung des Wettbewerbsrechts unterbreitet.[880]

Sogenannte Grundkonzepte („basic concepts") sollen in einem Abkommen niedergelegt werden, dessen Durchsetzung über einen Streitschlichtungsmechanismus gewährleistet werden soll. Materiellrechtlich werden der „Relevante Markt" sowie „Marktmacht" definiert und das Missbrauchsprinzip sowie die Prinzipien der „negative" und „positive comity" aufgenommen, in verfahrensrechtlicher Hinsicht u.a. die Pflicht zur Errichtung einer Kartellbehörde und die Gebote der Nichtdiskriminierung und der Transparenz.[881]

Über die sogenannten „common approaches" sollen die Unterzeichnerstaaten lediglich eine unverbindliche gemeinsame Erklärung abgeben, deren Inhalt jedoch nicht einklagbar wäre. Von den „common approaches" würden analytische Konzepte sowie der ökonomische Test erfasst. Darüber hinaus sollen klare Konzepte zur Beurteilung horizontaler Vereinbarungen, vertikaler Behinderungen, des Missbrauchs einer beherrschenden Stellung oder von Zusammenschlüssen dargestellt werden.[882]

Shelton betont, ein solches Vorgehen würde den geringsten Eingriff in die Souveränität der Staaten mit sich bringen und daher auch politisch durchsetzbar sein. Zudem sei ein solches System sensibel in Bezug auf die besonderen historischen Erfahrungen und die unterschiedlichen tatsächlichen Gegebenheiten und Prägun-

---

[878] Voß, S. 122; Fikentscher/Drexl, S. 35 (51); Chu, S. 453 (467).

[879] Voß, S. 125; Fikentscher/Drexl, S. 35 (50).

[880] Shelton, S. 1.

[881] Shelton, S. 4, 5.

[882] Shelton, S. 4, 5.

gen in einzelnen Staaten. Mit den „basic concepts“ würde aber dennoch eine verbindliche internationale Rechtsordnung in Kraft treten.[883]

Das Kartellrecht bliebe nach diesem Vorschlag nationales Recht und würde weiterhin von den nationalen Behörden und Gerichten um- und durchgesetzt. Den einzelnen Staaten bliebe es überlassen, auch die Inhalte der sog. „common approaches“ in das nationale Recht zu implementieren.

Bei Streitigkeiten (auch mit betroffenen Unternehmen) wäre die Kartellbehörde eines anderen Unterzeichnerstaates als unabhängiger Dritter anzurufen (Petitions-Behörde), deren Entscheidung wiederum vor dem jeweiligen nationalen Gericht im Staat der Petitions-Behörde angegriffen werden könne.[884]

3. ICPAC

Das International Competition Policy Advisory Committee (ICPAC)[885], im Jahre 1997 vom US-amerikanischen Justizministerium gegründet, unterbreitete dem Departement of Justice im Jahre 2000 in seinem abschließenden Bericht Vorschläge zur stärkeren Harmonisierung und Koordinierung der weltweiten Wettbewerbsrechte.

Ein Ergebnis der Untersuchungen des ICPAC ist, dass eine vollständige Harmonisierung allenfalls in ferner Zukunft möglich sei.[886]

Es erachtet größere Transparenz der Verfahren und Rechtssysteme, spezielle Regelungen zu grenzüberschreitenden Sachverhalten und die Verbesserung der grenzüberschreitenden Kooperation bereits jetzt für dringend erforderlich, um Konflikte zu verringern und den Harmonisierungsprozess zu fördern.[887] Diese Ziele sind nach Meinung des ICPAC auch in naher Zukunft erreichbar.

Außerdem müssten weitere bilaterale Abkommen unter Verwendung des Prinzips der „positive comity“ geschlossen und das multilaterale Engagement der Staaten in diesem Bereich verstärkt werden.

Mit Erfolg schlug das ICPAC vor, parallel zu den vorbezeichneten Maßnahmen ein Forum einzurichten, welches das Bewusstsein für eine internationale Perspektive der Wettbewerbspolitik stärke, eine Harmonisierung der Wettbewerbsordnungen durch die Entwicklung von „Best Practices“ bei der Wettbewerbspolitik und ihrer Durchsetzung anstrebe und die bisherigen Ansätze zur Konfliktbereinigung verbessere.[888] Diese Bemühungen sollten gleichermaßen verfahrens- wie materiellrechtliche Regelungen zum Gegenstand haben. Von Bedeutung sei, dass Regierungsmit-

---

[883] Shelton, S. 10.

[884] Shelton, S. 4, 5.

[885] Vgl. http://www.usdoj.gov/atr/icpac/icpac.htm.

[886] ICPAC, Final Report (2000), Executive Summary.

[887] ICPAC, a.a.O.

[888] ICPAC, a.a.O.

glieder, private Unternehmer und regierungsunabhängige Organisationen zusammenarbeiteten. Nach diesem Vorbild wurde das ICN entwickelt.[889]

Zusätzlich schlägt das ICPAC vor, ein verbindliches Mediationsverfahren als internationalen Streitschlichtungsmechanismus für wettbewerbsrechtliche Konflikte zu vereinbaren. Anschließende Gerichtsverfahren sollten im Staat des Mediators durchgeführt werden, um sicherzustellen, dass keine der in Konflikt stehenden Parteien im eigenen Land bevorteilt werde.[890]

Das ICPAC lehnt die Einrichtung einer supranationalen Behörde zur Umsetzung des harmonisierten Kartellrechts ab, ist gleichzeitig aber auch der Überzeugung, dass rein nationale Ansätze die Entstehung weiterer Konflikte nicht verhindere.[891] Dementsprechend empfahl das ICPAC, das Kartellrecht in dem jeweiligen nationalen Recht zu verankern, die Kontrolle aber der WTO zu unterstellen. Nach Ansicht des ICPAC solle der WTO bei der Umsetzung dieser Vorschläge ein besonderer Stellenwert eingeräumt werden, weil diese Organisation mit ihren 148[892] Mitgliedern, darunter Schwellen-, Entwicklungs- und auch Industrieländer, unter den internationalen Organisationen eine hohe Exklusivität besitze.[893] Hierzu müsse lediglich das Aufgabenfeld der WTO erweitert und der Wettbewerbspolitik innerhalb der WTO ein stärkeres Gewicht eingeräumt werden.[894]

4. WTO-Working Group

Im Juni 1996 veröffentlichte die Europäische Kommission eine Abhandlung mit dem Titel „Towards an International Framework of Competition Rules“[895], die auf einem Bericht einer von der EU eingesetzten Expertengruppe basierte.[896] Als Reaktion hierauf setzte die WTO eine Arbeitsgruppe ein, um diesen Ansatz zu untersuchen und Empfehlungen abzugeben.[897] Die Arbeitsgruppe veröffentlichte in ihrem Bericht aus dem Jahr 2000[898] Empfehlungen für ein multilaterales kartellrechtliches Rahmenwerk. Sie empfahl, ein internationales Regelungswerk zu verabschieden, welches materiellrechtliche Grundprinzipien, Durchsetzungsnormen und einen

---

[889] ICPAC, a.a.O.; s.o. S. 173.

[890] ICPAC, a.a.O.

[891] ICPAC, a.a.O.

[892] Neben den 146 Mitgliedsstaaten sind ca. 30 weitere Staaten als Beobachter zugelassen.

[893] ICPAC, Final Report (2000), Executive Summary.

[894] ICPAC, a.a.O.

[895] Brittan/Miert, Towards an international framework of competition rules, http://europa.eu.int/comm/competition/international/com284.html.

[896] Europäische Kommission: Competition Policy In The New Trade Order: Strengthening International Cooperation And Rules, S. 4.

[897] WTO, Report to the General Council: Working Group on the Interaction between Trade and Competition Policy, Annual Report (1997) vom 28.11.1997, World Trade WT/WGTCP/1; vgl. hierzu: Bercero/Amarasinha, Journal of International Economic Law Vol. 4 (3) 2001, 481 ff. und Budzinski, S. 15 f.

[898] WTO, Report of the Working Group on the Interaction between Trade and Competition Policy to the General Council, WT/WGTCP/4 vom 30.11.2000.

Streitschlichtungsmechanismus[899] enthalten solle und anschließend in nationales Recht umzusetzen wäre.

Zu den in diesem Bericht erwähnten materiellrechtlichen Grundprinzipien („core principles") gehören beispielsweise das Verbot von Hard-Core-Kartellen und das Prinzip der „positive comity". Auf die Fusionskontrolle ging der Bericht allein in verfahrensrechtlicher Hinsicht ein: Unter anderem das Transparenzgebot, das Nichtdiskriminierungsgebot sowie Kooperations-Regeln für die nationalen Kartellbehörden seien in das Abkommen aufzunehmen. Die einzelnen Unterzeichnerstaaten wären zudem verpflichtet, mit Unterstützung anderer Unterzeichnerstaaten ein Kartellrecht zu verabschieden und eine Kartellbehörde einzurichten.[900] Schließlich solle ein ständiges WTO Committee on Competition Law and Policy eingerichtet werden, welches die Einhaltung dieser Grundsätze überwacht.

Unentschieden war die Arbeitsgruppe über die Möglichkeit der Anrufung des Streitschlichtungsmechanismus der WTO. Eine entsprechende Klausel wurde schließlich nicht in das Rahmenwerk aufgenommen, dieser Punkt mithin offen gelassen.[901]

III. Eigener Vorschlag

Auf Grundlage der vorstehenden unterschiedlichen Ansätze und Vorschläge soll nachfolgend ein eigener Vorschlag zur Harmonisierung der weltweiten Kartellrechtsordnungen unterbreitet werden.

Sechs Fragestellungen sind dabei maßgeblich:

- Soll ein unilateraler, bilateraler oder multilateraler Ansatz gewählt werden?
- Welches Forum (d.h. eine der bestehenden Organisationen - WTO, OECD, UN - oder ein neues unabhängiges Forum) kann die genannten Ziele am besten umsetzen?
- Welche Rechtsnatur soll das internationale Kartellrecht haben - eine unverbindliche Empfehlung, verbindliches supranationales Recht oder ein verbindliches Abkommen, welches in nationales Recht zu transformieren ist?
- Soll eine internationale Überwachungsbehörde eingerichtet werden?
- Soll ein Streitschlichtungsverfahren vorgesehen sein?
- Welchen Mindestinhalt sollte ein solches Internationales Kartellrecht haben?

---

[899] Dieser sollte nicht die Einzelentscheidungen der Wettbewerbsbehörden korrigieren, sondern Konflikte zwischen Mitgliedsstaaten über die Anwendung der Regeln des Abkommens schlichten.

[900] WTO, Report of the Working Group on the Interaction between Trade and Competition Policy to the General Council, WT/WGTCP/4 vom 30.11.2000, Absatz 33 f., S. 9.

[901] WTO, a.a.O. Absatz 79, S. 21.

1. Abgrenzung zwischen unilateralen, bilateralen oder multilateralen Bemühungen

Bilaterale Abkommen reduzieren zwischenstaatliche Konflikte. Zumeist sind diese Abkommen jedoch allein auf die Situation und die Konflikte zwischen speziellen Staaten zugeschnitten[902], so dass der Anschluss von Drittstaaten kaum oder nicht möglich ist. Multilaterale bzw. internationale Anstrengungen sind dagegen breiter angelegt und ermöglichen Drittstaaten, dem Abkommen beizutreten.

Unilaterales Vorgehen, d.h. die extraterritoriale Erstreckung nationalen Kartellrechts, ist zur Harmonisierung der verschiedenen Rechtsordnungen und zur Konfliktreduzierung untauglich.[903] Vielmehr ist beispielsweise gerade das Auswirkungsprinzip eine Quelle der Auseinandersetzungen.[904]

a. Multilateraler Ansatz

Die Zahl der Befürworter einer multilateralen Initiative nimmt ständig zu.[905] Die Vertreter dieser Ansicht stammen gleichermaßen aus dem privaten wie dem öffentlichen Sektor, aus Wissenschaft und Politik.[906]

Der gewichtigste Grund für einen multilateralen oder internationalen Ansatz ist die globale kartellrechtliche Situation: Mehr als 100 Staaten haben noch kein Wettbewerbsrecht, geschweige denn ein Fusionskontrollrecht. Dies ist eine Ursache weltweiter handels- und wettbewerbsbeschränkender Verhaltensweisen.[907]

Außerdem zeigen immer mehr Entwicklungs- und Schwellenländer Interesse an internationalen Aktivitäten und vor allem auch an der WTO.[908] Ihnen wäre ein mul-

---

902 Siehe insbesondere das Abkommen zwischen Australien und Neuseeland und die Assoziierungsabkommen, S. 194, 166.

903 Eine solche Harmonisierung „von unten“ hat nur begrenzt funktioniert. Vgl. hierzu auf europäischer Ebene: Dreher, Gemeinsamer Europäischer Markt - einheitliche Wettbewerbsordnung?, S. 8.

904 S.o. S. 90.

905 Rowley, The Internationalisation of Merger Review: The Need for Global Solutions, S.3.

906 Auch die Europäische Kommission (s.o. S. 179), die WTO (s.o. S. 179) und das von den USA eingesetzte ICPAC (s.o. S. 178) sprachen sich für einen weltweiten Standard an Wettbewerbsregeln aus. Vgl. Handelsblatt, Gegengewicht zur US-Militärindustrie, Wettbewerb / Brüssel will WTO stärken, vom 25. / 26.07.1997, S. 3: EU-Kommissar *Sir Leon Brittan*: „Diesmal haben wir noch eine Krise abwenden können, aber die Problematik wird so lange weiterbestehen, wie es kein verbindliches internationales Regelwerk über die Anwendung von Wettbewerbsbestimmungen gibt“. Vgl. auch Europäische Kommission, Grünbuch über die Revision der FKVO; Rowley, The Internationalisation of Merger Review: The Need for Global Solutions, S.3; Immenga, Wirkungsgrenzen bilateraler Verträge für eine internationale Wettbewerbsordnung, S. 155; Hill, Financial Times vom 3.2.1992, S. 1, 14; Ham, 30 CML Rev.1993, 571; Vermulst, 27 Journal of World Trade 1993, 55.

907 Petersmann, S. 43 (50, 61); Correa, S. 361 (366).

908 Vgl. WTO, Report of the Working Group on the Interaction between Trade and Competition Policy to the General Council, Annual Report (2000) vom 30.11.2000, WT/WGTCP/4, S. 6.

tilateraler Ansatz bei ihren Bemühungen um ein Kartellrecht und der Entwicklung neuer Regelungen eine große Hilfe.[909]

Ein multilaterales Vorgehen kann darüber hinaus sicherstellen, dass die Interessen aller, nicht nur einzelner Unterzeichnerstaaten berücksichtigt werden. Im Gegensatz zu bilateralen Abkommen, die meist nur die Symptome der Konflikte bekämpfen, könnte ein multilateraler Ansatz die Komfliktursachen beseitigen.[910]

aa. Mangelnde Ressourcen

Die Gegner eines multilateralen Vorgehens verweisen auf die mangelnden finanziellen und personellen Ressourcen. Ein internationales Kartellrecht bindet sicherlich Ressourcen. Dem steht jedoch der Vorteil gegenüber, dass das gemeinsame Ziel mit geteiltem Einsatz und geteilten finanziellen Mitteln umgesetzt werden kann. Durch die enge Kooperation und Koordinierung von Verfahren würden Ressourcen eingespart, so dass ein internationales Rahmenwerk die Ressourcen auf nationaler Ebene bündeln und effizient einsetzen helfen könnte und nicht wie im Rahmen bilateraler Verträge einseitig binden würde.[911]

bb. Multilateraler Ansatz zu vage

Insbesondere die USA fürchten, es sei auf diese Weise nur ein vages „Weltkartellrecht", also eine Einigung über den „kleinsten gemeinsamen Nenner" zu erreichen.[912] Vor dem Hintergrund des unterschiedlichen wirtschaftlichen Entwicklungsstandes vieler Staaten sei die Förderung einer Harmonisierung mittels bilateraler Wettbewerbsrechts-Abkommen realistischer und praktikabler.

Dabei bleibt aber unberücksichtigt, dass die Entwicklung elementarer internationaler Standards im verfahrens-, materiellrechtlichen und politischen Bereich zumindest die spätere Verabschiedung eines umfassenden „Weltkartellrechts" fördert.[913] Aus praktischen Gesichtspunkten würde daher ein internationales Kartellrecht zunächst nur Minimalstandards beinhalten, die nach und nach zu einem detaillierten Abkommen ausgebaut werden könnten.[914]

---

[909] WTO, a.a.O. S. 8 f.

[910] Ausnahmen sind das Abkommen zwischen Australien und Neuseeland (s.o. S. 164) und die Europa-Abkommen (s.o. S. 164). Vgl. Immenga, Rechtsregeln für eine internationale Wettbewerbsordnung, S. 593 (598).

[911] Freytag/Zimmermann, RabelsZ 1998, 38 (57); Basedow, Weltkartellrecht, S. 60.

[912] Vgl. Valentine, Building a Cooperative Framework for Oversight in Mergers - The Answer to Extraterritorial Issues in Merger Review, S. 6; Starek, S. 9; vgl. Wood, De Paul Law Review 44, 1995, 1298.

[913] Shelton, S. 10.

[914] S.u. S. 195.

cc. Mangelnde Flexibilität

Ein weiterer Einwand gegen multilaterale Bemühungen ist die mangelnde Flexibilität bei der Umsetzung der weltweiten wirtschaftlichen und auch wissenschaftlichen Entwicklungen in Wettbewerbspolitik und -recht.[915] Dieser Gesichtspunkt sollte sicherlich bei der konkreten Ausgestaltung des internationalen Abkommens berücksichtigt werden, er stellt aber den Ansatz eines internationalen Abkommens nicht grundsätzlich in Frage. Die Kritiker müssen sich vergegenwärtigen, dass auch im Rahmen bilateraler Abkommen eine solche Flexibilität oft nicht vorhanden ist.[916]

b. Bilateraler Ansatz

Als Gegenargument zu einem miltilateralen Ansatz werden häufig die zufriedenstellenden Ergebnisse bilateraler Abkommen betont.[917] Die beiden Fälle *Boeing/MDD* und *GE/Honeywell* demgegenüber werden als „Ausreißer" behandelt.

Bilaterale Instrumente können in der Tat für eine intensive und unkomplizierte Kooperation zwischen Partnerstaaten förderlich sein, insbesondere wenn diese bereits vergleichbare Regelungen besitzen und ähnliche Haltungen zu Schlüsselthemen des Wettbewerbsrechts und der Wettbewerbspolitik einnehmen.[918] Mit einer Koordination der Verfahren und einer Zusammenarbeit der Kartellbehörden zweier Staaten kann es jedoch nicht sein Bewenden haben. Entscheidendes Ziel muss sein, eine große Anzahl von Staaten zur Harmonisierung ihres Wettbewerbsrechts zu verpflichten.

Bei ca. 100 Staaten mit einem Wettbewerbsrecht, von denen ca. wiederum 75 ein Fusionskontrollrecht verabschiedet haben, sind die Grenzen rein bilateraler Abkommen erreicht.[919] Die Entwicklung eines konsistenten Systems von bilateralen Kooperationsabkommen, welches den internationalen Wettbewerb ausreichend schützt, ist unwahrscheinlich. Vielmehr resultiert aus der wahrscheinlichen Inkompatibilität diverser bilateraler Abkommen zusätzliches Konfliktpotential, insbesondere da diese Abkommen häufig bei der Prüfung und Beurteilung eines einzelnen

---

[915] Ginsburg/Angstreich, Antitrust Law Journal 68/2000, 219 (237).

[916] S.o. S. 34, 43, 46, 54, 55 bei der Darstellung der Konflikte zwischen den USA und der EU im Rahmen der parallelen Überprüfung der Zusammenschlüsse *Boeing/MDD* und *GE/Honeywell*.

[917] „... a silent process of convergence in competition law and practice has been going on for a number of years and has recently intensified." Gleichzeitig betont *Monti*, dass „... further efforts are needed ..."; vgl. Monti, Antitrust in the US and Europe: A History of Convergence, S. 1.

[918] Van Miert, International Cooperation in the Field of Competition - A View from the EC, S. 2; Budzinski, S. 10 f.; Fox, Eleanor M.: Toward World Antitrust and Market Access, in: The American Journal of International Law, Vol. 91 (1) 1997, 2; Schaub, WuW 2001, 928 (929).

[919] Wollten alle diese Staaten miteinander Abkommen schließen, stünde man vor einer unüberschaubaren Anzahl von unterschiedlichen Abkommen. All diesen Abkommen gerecht zu werden, wäre für die einzelnen Staaten kaum noch möglich. Dementsprechend wird die Lösung früher oder später ein multilaterales Abkommen oder ein Weltkartellrecht sein. Vgl. Wolf, S. 205 (208); Monti, Cooperation Between Competition Authorities - A Vision for the Future, S. 13.

grenzüberschreitenden Zusammenschlusses parallel anwendbar sind. Die Erfahrung hat gezeigt, dass bei rund 200 souveränen Staaten rein bilaterale Bemühungen Rechtsunsicherheit erzeugen, Konflikte herbeiführen und hohe Transaktionskosten[920] mit sich bringen. Nahezu sämtliche bilaterale Abkommen entbinden die Vertragspartner aufgrund gewichtiger eigener Interessen von ihren vertraglichen Pflichten. Dies führt zu beträchtlichen Effektivitätsbußen. Bilateralismus ist damit sehr viel ineffizienter als Multilateralismus.[921]

Bilaterale Abkommen kämpfen darüber hinaus mit Schwierigkeiten, die sie in naher Zukunft nicht aus sich selbst heraus lösen können. Der *Boeing/MDD*-Fall zeigt die natürlichen Grenzen rein bilateraler Bemühungen im Rahmen des Wettbewerbsrechts.[922] Der Pflicht zur Notifizierung und Konsultation kommen die Untezeichnerstaaten zwar häufig nach, eine Koordinierung der Verfahren wird jedoch kaum erreicht und die Prinzipien der „positive" und „negative comity" finden nahezu keine Anwendung. Zur Verhinderung oder Eindämmung protektionistischer Verhaltensweisen wie im Fall *Boeing/MDD* oder während der kartellbehördlichen Untersuchungen des Falles *GE/Honeywell* sind globale Richtlinien notwendig.[923]

c. Nebeneinander bilateraler und multilateraler Bemühungen

Für den Entwurf und die Entwicklung einer internationalen Rechtsordnung sind bilaterale Verträge jedoch weiterhin von Bedeutung. Die durch den Bilateralismus gewonnenen Erfahrungen können für einen multilateralen Ansatz fruchtbar gemacht werden. Der Abschluss zweiseitiger Abkommen ist dementsprechend weiter zu fördern.[924] Das Ziel eines multilateralen Abkommens, die breite Anerkennung internationaler Standards, ist hiermit jedoch nicht zu erreichen, so dass Bilateralismus allein keinen Ersatz für ein globales Kartellrecht darstellt.[925]

---

[920] Pons, International Cooperation in Competition Matters - Where Are We Four Years After the van Miert Report ?, S. 195 (201).

[921] Petersmann, S. 43 (61).

[922] Ausführlicher: van Miert, The Transatlantic and Global Implications of European Competition Policy, S. 15; van Miert, International Cooperation in the Field of Competition - A View from the EC, S. 7.

[923] Van Miert, International Cooperation in the Field of Competition - A View from the EC, S. 7; van Miert, The Transatlantic and Global Implications of European Competition Policy, S. 16.

[924] Immenga, Wirkungsgrenzen bilateraler Verträge für eine internationale Wettbewerbsordnung, S. 155 (164); Kojima, S. 31 f.; Shelton, S. 10; WTO, Working Group on the Interaction between Trade and Competition Policy, Communication from the European Community and its Member States vom 14.3.2001, WT/WGTCP/W/160, S. 8; Europäische Kommission: Competition Policy In The New Trade Order: Strengthening International Cooperation And Rules, S. 4, 14; vgl. van Miert, Globalisation of Competition: The Need for Global Governance, S. 7; Monti, Cooperation Between Competition Authorities - A Vision for the Future, S. 10.

[925] Vgl. auch: Hoekman/Holmes, S. 1 f.; Nicolaides, Intereconomics, Review of European Economic Policy Vol. 29, 2/1994, 84 (91).

d. Zwischenergebnis

Weder kann ein multilaterales Vorgehen bilaterale Bemühungen, noch können diese einen internationalen Ansatz ersetzen. Ein Nebeneinander beider Bemühungen ist vielmehr ertrebenswert.[926]

Die Erfahrungen mit der Havanna-Charta zeigen, dass die Verabschiedung eines internationalen Abkommens auch möglich ist. Die lang anhaltende breite Skepsis verhinderte einen schnellen Erfolg der Havanna-Charta. Dieser stellte sich mit der Gründung des GATT und anschließend der WTO erst sehr spät ein. Die Entwicklung eines internationalen Kartellrechts stellt weder die Mitglieder der WTO noch die Mitgliedsstaaten der EU vor eine schwierigere Aufgabe als bei der Gründung ihrer Organisation und Gemeinschaft.

Das Argument mangelnder Umsetzungsfähigkeit kann daher nicht überzeugen. Mehr Optimismus würde der Idee eines multilateralen Ansatzes auch mehr Überzeugungskraft verleihen - eine schnellere Umsetzung wäre die Folge.

Mit der Umsetzung eines internationalen Kartellrechts sollte in naher Zukunft begonnen werden, denn Reformen brauchen Zeit. Das Ziel ist nicht die schnelle Verabschiedung eines ungeprüften Abkommens. Der Reformprozess soll – mit dem großen Ziel vor Augen – zunächst überhaupt in Gang gesetzt werden.[927]

2. Forum internationaler Wettbewerbsregeln

Ausschließlich die OECD und die WTO können als Foren die Umsetzung eines multilateralen Ansatzes gewährleisten. Vereinzelte Stimmen verlangen die Gründung einer eigenständigen und neuen Organisation. Aber insbesondere ein neues unabhängiges Forum kann keine Alternative zu bestehenden und erfahrenen Institutionen wie der WTO oder der OECD sein. Allein die Bindung weiterer personeller und finanzieller Ressourcen schließen eine solche Möglichkeit aus. Aus wettbewerbspolitischer Perspektive betrachtet wäre es zudem unökonomisch, auf die Vorteile einer „Verschmelzung" zweier Konzepte (dem handelsrechtlichen und dem wettbewerbsrechtlichen) zu verzichten und stattdessen einen weiteren „Wettbewerber" in institutioneller und finanzieller Hinsicht zu schaffen.[928]

a. Formelle Vorteile der WTO

Für die WTO spricht formell ihre Rechtspersönlichkeit, die Existenz eigener Organe sowie ihr Streitbeilegungsverfahren.[929] Die OECD kann diese formell wichtigen Eigenschaften nicht aufweisen.[930]

---

[926] Die Harmonisierung „von oben" ist daher der richtige Weg. Vgl. hierzu auf europäischer Ebene: Dreher, Gemeinsamer Europäischer Markt - einheitliche Wettbewerbsordnung?, S. 1 ff., 19.

[927] Vgl. hierzu Starek, S. 10; Monti, Cooperation Between Competition Authorities - A Vision for the Future, S. 12.

[928] Wolf, S. 205 (209).

[929] So auch: Basedow, Weltkartellrecht, S. 2; Faull, Antitrust and Trade Policy, Punkt 11 a.

Die WTO mit 148 Industrie- sowie Entwicklungs- bzw. Schwellenländern als Mitgliedern würde bei der Verabschiedung eines internationalen Abkommen eine sehr viel breitere Akzeptanz gewährleisten als die OECD, der lediglich 30 Industriestaaten[931] angehören.[932] Innerhalb der WTO würden zudem nicht nur die Interessen der Industriestaaten, sondern auch diejenigen der Entwicklungs- und Schwellenländer gewahrt.[933]

Ein weiterer entscheidender Vorteil der WTO ist die Möglichkeit, nach Annex 4 des WTO-Abkommens plurilaterale Abkommen zu verabschieden, ohne die Mitgliedsstaaten zu verpflichten, das Abkommen unmittelbar zu ratifizieren. Die Mitgliedsstaaten erhalten vielmehr das Recht, dem Abkommen jederzeit beizutreten.[934] Wegen der Heterogenität der Mitglieder wäre eine unmittelbar bindende Übernahme weltweit geltender Regeln durch alle Unterzeichnerstaaten illusorisch. Eine derartige Beitritts-Flexibilität ist für ein globales Kartellrechtsabkommen von wesentlichem Vorteil.[935]

b. Materiellrechtliche Vorteile der WTO

Der Aufgabenbereich der WTO umfasst - mit Ausnahme von Anti-Dumping-Regeln und Ausgleichszöllen - kein privatwirtschaftliches Verhalten. Allerdings sind bereits in einigen Bereichen allgemeine wettbewerbliche Grundsätze und Ziele, wenn auch nur fragmentarisch, verankert worden.[936] Die bestehenden Lücken wären entsprechend aufzufüllen.

---

[930] Vereinbarung über Regeln und Verfahren zur Beilegung von Streitigkeiten - Understanding on Rules and Procedures Governing the Settlement of Disputes - DSU, BGBl. 1994 Teil II, S. 1598 ff.; Basedow, Weltkartellrecht, S. 2; vgl. auch Europäische Kommission: Competition Policy In The New Trade Order: Strengthening International Cooperation And Rules, S. 18.

[931] Dazu kommen als Beobachter 70 weitere Staaten und NGO's.

[932] ICPAC, Final Report (2000), Executive Summary; WTO, Working Group on the Interaction between Trade and Competition Policy, Communication from the European Community and its Member States vom 14. März 2001, WT/WGTCP/W/160, S. 7.

[933] Van Miert, The Transatlantic and Global Implications of European Competition Policy, S. 16.

[934] WTO, Working Group on the Interaction between Trade and Competition Policy, Communication from the European Community and its Member States vom 8. Juni 2000, WT/WGTCP/W/140, S. 8 f.; Basedow, Weltkartellrecht, S. 89; vgl. auch zu einer solchen graduellen Entwicklung: Europäische Kommission: Competition Policy In The New Trade Order: Strengthening International Cooperation And Rules, S. 16.

[935] Auch der Prozess der internationalen Handelsliberalisierung nach dem zweiten Weltkrieg wurde auf diese Art und Weise Schritt für Schritt entwickelt und hat dabei zunehmend an Dynamik gewonnen. Vgl. Budzinski, S. 14; Fox, Toward World Antitrust and Market Access, in: The American Journal of International Law Vol. 91 (1), 2 (10 ff., 14); vgl. auch Sander, S. 3.

[936] Dazu gehören das Transparenzgebot, das Nicht-Diskriminierungsgebot und das Prinzip der Inländerbehandlung. Innerhalb des GATS (BGBl. 1994, Teil II, S. 1473 ff.) und des TRIPS (BGBl. 1994, Teil II, S. 1565 ff.) wird beispielsweise zu Monopolstellungen und Lizenzvergaben Bezug genommen, wobei diesbezüglich rein formale Kooperationsmaßnahmen und keine Vereinheitlichung des materiellen Rechts vorgesehen sind. (Vgl. Basedow, Weltkartellrecht, S. 34; Shelton, S. 8). Vgl. ICPAC, Final Report (2000), Executive Summary.

Der innere Zusammenhang zwischen der bisherigen Aufgabe der WTO - Abbau staatlicher Handelsschranken - und dieser neuen Aufgabe - Einführung einer auf das Verhalten von Unternehmen gezielten Wettbewerbspolitik - liegt auf der Hand:[937] Die wettbewerbliche Liberalisierung folgt der im Rahmen der WTO vollzogenen handelsbezogenen Liberalisierung.[938] Die Aufnahme kartellrechtlicher Vorgaben würde insofern die Abschaffung tarifärer und nicht-tarifärer Handelsbeschränkungen auf staatlicher Seite zwingend fortführen. Denn Konsequenz der bisherigen Regelungen ist die Gefahr der Verlagerung staatlicher Handelsbeschränkungen in den privatwirtschaftlichen wettbewerblichen Bereich.[939] Die Aufnahme wettbewerbsrechtlicher Themen liegt schon aus diesem Grunde nahe.

c. Einstimmigkeitsprinzip der WTO

Als Argument gegen die Verankerng eines internationalen Kartellrechts in der WTO wird immer wieder eingewandt, dass die Entscheidungen innerhalb der WTO ausschließlich einstimmig gefällt werden könnten. Das würde tatsächlich einer flexiblen und dynamischen Wettbewerbspolitik und einem situationsgerechten und marktorientierten Agieren entgegenstehen.[940]

Übersehen wird dabei aber, dass nach dem WTO-Abkommen sämtliche Entscheidungen auch durch Mehrheitsbeschluss getroffen werden können, wenn Einstimmigkeit nicht erzielbar ist.[941] Außerdem soll das Kartellrechts-Abkommen in Annex 4 des WTO-Abkommens verankert werden. Änderungen und Ergänzungen von Plurilateral Agreements im Rahmen dieses Annex 4 werden allein nach den spezifischen Regeln dieses Plurilateral Agreements getroffen.[942] Maßgebend ist daher allein, dass das Mehrheitsprinzip und kein Einstimmigkeitsprinzip in das Kartellrechts-Abkommen aufgenommen wird.

---

[937] Basedow, Weltkartellrecht, S. 2; Jenny, S. 13 ff.; Nicolaides, Intereconomics, Review of European Economic Policy Vol. 29, 2/1994, 84; anders: Sugden, Vanderbilt Journal of Transnational Law Vol. 35 2002 Nr. 3, 989 (1004).

[938] ICPAC, Final Report (2000), Executive Summary; WTO, Working Group on the Interaction between Trade and Competition Policy, Communication from the European Community and its Member States vom 14. März 2001, WT/WGTCP/W/160, S. 7.

[939] Vor diesem Hintergrund haben die USA versucht, wettbewerbswidrige Verhaltensweisen privater Unternehmen vor dem Streitschlichtungsorgan der WTO anzugreifen, wenn auch ohne Erfolg. S. hierzu den *Kodak/Fuji* Fall: Japan - Measures Affecting Consumer Photographic Film and Paper - Panel Report - Action by the Dispute Settlement Body, USA, Japan, WT/DS 44/R, Dok. 98-0886 vom 20.3.1998, veröffentlicht am 31.3.1998. Der Appellate Body als Streitschlichtungsorgan der WTO entschied, die Vernachlässigung einer effizienten Durchsetzung des Kartellrechts sei kein handelsbeschränkendes Verhalten eines Staates.

[940] Wolf, WuW 2002, 109.

[941] Vgl. Art. IX WTO-Übereinkommen.

[942] Vgl. Art. X Nr. 10 und Art. XII Nr. 3 WTO-Übereinkommen.

d. Nachteile der OECD

Wenn gelegentlich die OECD als Forum favorisiert wird[943], beruht dies auf einer Fehleinschätzung ihrer Möglichkeiten. Die OECD hat den Vorteil, dass viele Industriestaaten mit hohem Entwicklungsstand in ihr zusammengeschlossen sind. Deren Wettbewerbsrecht basiert auf vergleichbaren Grundprinzipien und Marktstrukturen sowie einer verwandten Wettbewerbspolitik.[944] Sie haben auch die nötige Erfahrung im Kartellrecht. Nur wenige Schwellenländer, etwa Mexiko und die Türkei (die erst 1992 und 1994 ihre Wettbewerbsgesetze erlassen haben),[945] sind in der OECD vertreten. Sie haben kaum Erfahrungen mit ihren jungen Kartellrechtsordnungen sammeln können, dürften sich aber auf ein Abkommen einlassen, wenn die übrigen Mitglieder hierüber Konsens erzielten.

Problematisch ist jedoch, dass beispielsweise Länder wie Chile[946] und Taiwan[947], die in den letzten Jahren eine durchaus aktive Wettbewerbspolitik betrieben und diese auch durchzusetzen wissen, dem Abkommen nicht beitreten könnten.[948] Außerdem würden die Interessen anderer Entwicklungs- und Schwellenländer nicht berücksichtigt.[949] Es entstünde ein „Kartell der Industriestaaten", welches den Interessen der Entwicklungs- und Schwellenländern gegenüber stünde. Das aber entspricht weder dem Sinn und Zweck eines internationalen Abkommens noch dem internationalen Charakter des Wettbewerbsrechts.[950]

Hinzu kommt, dass die OECD vornehmlich darauf ausgerichtet ist, Informationen zu kanalisieren und Politiken aufeinander abzustimmen,[951] nicht aber verbindliche Regelungen zu verabschieden. Die OECD hat zwar einiges an wettbewerbspolitischer Erfahrung aufzuweisen. Diese setzte sie jedoch lediglich in unverbindliche Empfehlungen um. Bei der Verabschiedung verbindlichen Rechts hat sie wenig Erfahrung, kann in diesem Bereich nicht auf ihre sonstige Flexibilität verweisen

---

[943] So z.B. zunächst auch die von der Europäischen Kommission eingesetzte Arbeitsgruppe: Europäische Kommission: Competition Policy In The New Trade Order: Strengthening International Cooperation And Rules, S. 14, 20; Pons, Jean-François: International Cooperation Between Competition Authorities, S. 4.

[944] Van Miert, International Cooperation in the Field of Competition - A View from the EC, S. 4; van Miert, The Transatlantic and Global Implementations of European Competition Policy, S. 19.

[945] Im Zuge der Privatisierungspolitik ist in Mexiko im Jahre 1992 ein Gesetz gegen Wettbewerbsbeschränkungen eingeführt worden; die Türkei hat ein Gesetz zum Schutz des Wettbewerbs am 7.12.1994 erlassen.

[946] Vgl. zur chilenischen Gesetzgebung und Praxis den Überblick bei Schwartz/Basedow, International Encycl. Comp. Law Vol. III, Ch. 35, 1995, 134 f., Fn. 141 ff.; Basedow, Weltkartellrecht, S. 90.

[947] Liu, Int. Lawyer 27 1993, 145 ff.; Basedow, Weltkartellrecht, S. 90.

[948] Basedow, Weltkartellrecht, S. 90.

[949] Basedow, Weltkartellrecht, S. 53, 89 f.; De Noronha Goyos, Int. Trade Law and Regul. 1997, 20-22.

[950] Basedow, a.a.O.; De Noronha Goyos, a.a.O.

[951] Basedow, Weltkartellrecht, S. 89 f.

und verfügt darüber hinaus nicht über die notwendigen personellen und institutionellen Ressourcen.[952]

Damit überwiegen die Nachteile der OECD als Forum eines internationalen Abkommens gegenüber den Vorteilen der WTO.

3. Rechtsnatur internationaler Wettbewerbsregeln

Bisher wurden im internationalen Kartellrecht unverbindliche Empfehlungen verabschiedet oder Gesprächsforen eingerichtet. Die weiteren Ausführungen werden zeigen, dass allein verbindliches Recht die dargestellten Konflikte zu lösen vermag. Im Anschluss daran ist zu klären, auf welche Weise das Recht seine Verbindlichkeit erhalten soll. In Frage kommt ein unmittelbar anwendbares supranationales Recht oder aber ein Regelwerk, welches in das nationale Recht umzusetzen ist.

a. (Un-)Verbindlichkeit

Unverbindliche Empfehlungen oder Vereinbarungen („soft law") haben den Vorteil, dass mangels Durchsetzbarkeit und Sanktionsmechanismen recht zügig eine Einigung über Streitpunkte erzielt werden kann. Der moralische und politische Druck sowie eine eventuelle tatsächliche Akzeptanz kann zur Befolgung dieses „Rechts" bzw. zur Umsetzung solcher Empfehlungen führen. Das „soft law" dient daher vor allem der Vorbereitung eines rechtsverbindlichen Regelwerks und als Vorbild zur Weiterentwicklung von bilateralen oder völkerrechtlichen Verträgen.[953] Verschiedene derartige Empfehlungen der OECD haben mit beachtlichem Erfolg zwischenstaatliche Kooperationen gefördert. So wurden die Empfehlungen zur Koordination von Staaten[954] vielfach zur Grundlage bilateraler Abkommen und nationaler Kartellrechte genommen.[955] Einen Erfolg in Gestalt einer konkreten Umsetzung in verbindliches nationales, geschweige denn multilaterales Recht können die bilateralen Abkommen jedoch nicht verzeichnen.[956]

Entscheidend ist daher, dass die vorbezeichneten unverbindlichen Resolutionen als verbindliches Recht verabschiedet und dessen Umsetzung sichergestellt wird, um die angestrebte Harmonisierung zu verwirklichen.[957]

---

[952] Basedow, a.a.O.; Kojima, S. 35.

[953] Voß, S. 81 f.

[954] Z.B. Council Recommendations vom 5.10.1967, 3.7.1973, 20.7.1978, 25.9.1979, s.o. Fn. 831; auch abgedruckt in: Lowe, Extraterritorial Jurisdiction. An Annotated Collection of Legal Material, S. 243, 244, 246, 248 f., 251 ff.

[955] Vgl. Groeben/Thiesing/Ehlermann, Kommentar zum EU-/EG-Vertrag, Band 5, S. 1248, Rn. 109 f.; Basedow, Weltkartellrecht, S. 67 f.; Horn, Legal Problems of Codes of Conduct for Multinational Enterprises, S. 3; Horn, RabelsZ 44/1980, 423 (448 f).

[956] Basedow, a.a.O.; Immenga, Rechtsregeln für eine internationale Wettbewerbsordnung, S. 593 (600 f.).

[957] Basedow, Weltkartellrecht, S. 90

b. (Supra-)Nationales Recht

Ein internationales Wettbewerbsübereinkommen könnte als supranationales Recht oder als Abkommen unterzeichnet werden, welches in nationales Recht umzusetzen ist.

Ein supranationales und unmittelbar geltendes Recht könnte ohne großen Kontrollaufwand realisiert werden: Die Umsetzung des Abkommens in nationales Recht entfiele, der Wortlaut der für alle verbindlichen Regelung bliebe identisch.

Es spricht allerdings einiges gegen diesen Weg: Die Mehrheit der beteiligten Staaten fürchtet bei der Entwicklung des internationalen Kartellrechts um die eigene Souveränität.[958] Jede Verlagerung eines Wettbewerbsrechts auf eine supranationale Ebene bedeutet zugleich einen Souveränitätsverlust. Ein internationales und „self-executing" Kartellrecht würde neben den nationalen Rechtsordnungen parallel angewandt. Dies verkompliziert die Kontrolle der sachgerechten Anwendung des supranationalen Rechts und führt zu Rechtsunsicherheit.[959] Deshalb ist es unwahrscheinlich, dass in absehbarer Zukunft ein detailliertes supranationales Recht verabschiedet wird, das alle Probleme berücksichtigt.[960]

Der bessere Weg wäre hiernach, ein Abkommen zu verabschieden, welches in nationales Recht umzusetzen ist, den Staaten zugleich aber die Möglichkeit eröffnet, z.B. strengere Regelungen zu verabschieden. Damit wird einerseits die gewünschte Harmonisierung der nationalen Rechtsordnungen erreicht, andererseits bleibt im positiven Sinne zu einem gewissen Grad der Wettbewerb zwischen nationalen Rechtsordnungen bestehen, der die Weiterentwicklung des internationalen Abkommens fördert. Ein zusätzlicher Vorteil besteht darin, dass das nationale Recht von nationalen Kartellbehörden und Gerichten durchgesetzt wird.[961] So können multilaterale Regeln unter weitgehender Erhaltung nationaler Zuständigkeiten verabschiedet werden.[962]

4. Durchsetzung internationaler Wettbewerbsregeln / IWB

Daneben ist erforderlich, dass die nationalen Wettbewerbsbehörden mit allen verfahrensrechtlichen Befugnissen zur Untersuchung und Untersagung sowie zur Ahndung privater Wettbewerbsbeschränkungen durch Verhängung von Bußgeldern ausgestattet werden.[963] Eine solche „Dezentralisierung" führt zu einer effizienteren und zügigeren Durchsetzung der Fusionskontrolle.

Dem steht allerdings das Risiko gegenüber, dass die dem Abkommen beigetretenen Staaten die gemeinsam verabschiedeten Regelungen nicht konform interpretieren,

---

958 Immenga, Rechtsregeln für eine internationale Wettbewerbsordnung, S. 593 (599).

959 Blackhurst, Aussenwirtschaft 1994, 223 (224).

960 Nicolaides, World Competition, Law and Economics Review Vol. 17, 3/1994, 5 (35, 36); s.u. S. 195.

961 Immenga, Rechtsregeln für eine internationale Wettbewerbsordnung, S. 593 (599 f.).

962 Immenga, a.a.O.

963 Basedow, Weltkartellrecht, S. 100; hiervon weicht der DIAC in Art. 15 und 17 ab.

auslegen oder anwenden.[964] Vor diesem Hintergrund dürfte die „Dezentralisierung" gegenüber dem status quo keine größere Rechtssicherheit bringen.[965]

a. Initiativgewalt

Damit die Rechtssicherheit aber nicht der Effizienz zum Opfer fällt, muss eine Kontrollinstanz geschaffen werden, die eine einheitliche Interpretation, Auslegung und Anwendung des verabschiedeten Wettbewerbsrechts sicherstellt. Diese Kontrollinstanz muss nicht nur Verstöße gegen eine einheitliche Anwendung der gemeinsamen Regelungen feststellen, sondern diese auch ahnden dürfen.[966] Sie sollte als unabhängige Institution, eine Art „internationaler Wettbewerbsbehörde" (IWB) den in Gang gesetzten Vereinheitlichungsprozess beobachten, bewusst sowie transparent machen und fördern.[967] Die IWB muss Kenntnis von grenzüberschreitenden Unternehmenszusammenschlüssen in den Mitgliedsstaaten haben, sämtliche Informationen erhalten, die auch den nationalen Kartellbehörden zur Verfügung gestellt werden, und den gleichen Vertraulichkeitspflichten unterliegen wie die nationalen Behörden. Sie sollte in der Lage sein, auf Anregung betroffener Staaten oder Unternehmen eigene Analysen wettbewerbsrechtlicher Konflikte mit internationalem Bezug anzustellen. Weiter sollte sie auch das Recht zur Verfahrenseinleitung vor einem Streitschlichtungsorgan bekommen, wenn ein Vertragsstaat seine Verpflichtungen aus dem internationalen Abkommen nicht einhält, etwa die vereinbarten Regelungen nicht in nationales Recht umsetzt, sie fehlerhaft anwendet oder mangelhaft durchsetzt.[968] Bei der Übertragung reiner Initiativrechte auf die IWB bleiben die Entscheidungskompetenzen der nationalen Gerichte und Behörden erhalten und damit die staatliche Souveränität. Die Initiative fördert und gewährleistet die Verfahrenseinleitung und damit die kritische Auseinandersetzung mit bestimmten Fällen. Zudem dient ein solches Verfahren aus diplomatischer Sicht der Bewältigung besonderer Interessenkonflikte.[969]

Als Korrelat zu den Rechten der IWB sind den Unterzeichnerstaaten und den privaten Unternehmen gegenüber der IWB spezielle Pflichten aufzuerlegen: Da die IWB zunächst nicht über eigene Ermittlungsbefugnisse in den Mitgliedsstaaten verfügen wird, wäre sie allein auf die freiwilligen Informationen Dritter angewiesen.

---

[964] Vergleichbar ist die Situation in der EU bei der Verabschiedung von umsetzungsbedürftigen Richtlinien.

[965] Maibom/Geiger, A World Competition Law, S. 447, 448.

[966] Siehe hierzu in Bezug auf die Reformüberlegungen innerhalb der Fusionskontrolle der EU: Frankfurter Allgemeine Zeitung, Arbeiten am Netz der Kartellbehörden - Ringen um die Reform des Wettbewerbsrechts / Viele offene Fragen, FAZ vom 22.4.2002, S. 15.

[967] Vgl. die Argumente von Sir Leon Brittan und Karel van Miert, in: Montag/Kaessner, WuW 1997, 781 (786, 787).

[968] Basedow, Weltkartellrecht, S. 102, 103.

[969] Basedow, a.a.O.; Immenga, Rechtsregeln für eine internationale Wettbewerbsordnung, S. 593 (606).

Aus diesem Grund müssen den Mitgliedsstaaten und den Unternehmen Kooperations- und Informationspflichten auferlegt werden.[970]

b. Prüfungs- und Entscheidungskompetenz

Manche Konflikte zwischen Kartellbehörden könnten verhindert werden, wenn Zusammenschlüsse mit einem grenzüberschreitenden Bezug ab einer bestimmten Größenordnung (wie bei dem Zusammenschluss *Boeing/McDonnell Douglas* oder *GE/Honeywell*) nur von einer einzigen Wettbewerbsbehörde untersucht würden. Dazu könnte eine mit weitreichenden Befugnissen ausgestattete supranationale Institution eingerichtet werden. Hierdurch würden nicht nur die unmittelbaren und mittelbaren Kosten der Transaktion erheblich reduziert, sondern auch die Rechtssicherheit erhöht. Es würde darüber hinaus sichergestellt, dass die Entscheidung nicht auf politischen Interessen eines einzelnen Staates basiert, sondern auf einer rein wirtschaftlichen Analyse der wettbewerblichen Auswirkungen des geplanten Zusammenschlusses. Folgende Gesichtspunkte sprechen für eine solche unabhängige supranationale Wettbewerbsbehörde:

- stärker wettbewerbsorientierte Entscheidungen bei gleichzeitiger Minimierung politischer Einflüsse;
- erhöhte Konsistenz und Berechenbarkeit der Entscheidungen;
- gesteigerte Transparenz des Entscheidungsprozesses;
- Verfahrensbeschleunigung.

Eine internationale Wettbewerbsbehörde mit den beschriebenen Kompetenzen ist gegenwärtig allerdings nicht realisierbar.[971] Die Angst vor dem Souveränitätsverlust hindert die Staaten daran, eine supranationale Institution mit derartig weit reichenden Befugnissen auszustatten.[972]

c. Coordinating Agency / Lead Review Agency

Ein anderes Konzept will das Kontrollverfahren über grenzüberschreitende Unternehmenszusammenschlüsse kanalisieren, indem eine verfahrensführende Behörde bestimmt wird, die entweder reine Koordinationsaufgaben wahrnimmt („coordina-

---

[970] Basedow, a.a.O.

[971] Ein solcher Ansatz wurde von der UNO bereits vorgeschlagen, aber von der USA sofort zurückgewiesen, da sie befürchteten, ihre kartellrechtlichen Standards in beträchtlichem Umfang aufgeben zu müssen. Vgl. Pons, International Cooperations in Competition Matters - Where Are We Four Years After the van Miert Report ?, S. 195 (203); vgl. Meng, S. 424.

[972] Basedow, Weltkartellrecht, S. 100, 102; Immenga, Rechtsregeln für eine internationale Wettbewerbsordnung, S. 593 (600 f.); Shelton, S. 5 f.

ting agency") oder aber als Stellvertreterin die gesamte Abwicklung des Verfahrens übernimmt („lead review agency").[973]

Die Kompetenzen einer „coordinating agency" blieben hinter denjenigen einer IWB zurück. Einer solchen Behörde würden keine vergleichbaren Initiativrechte zugestanden, sie würde tatsächlich allein die Untersuchungen sowie Umsetzungs- und Durchsetzungsmaßnahmen koordinieren, nicht aber eingreifen können. Dies reicht nicht aus, um Rechtssicherheit zu gewährleisten und die umfassende Durch- und Umsetzung des Abkommens zu garantieren.

Eine „lead review agency" wird aus den gleichen Gründen wie eine alleinzuständige IWB noch nicht realisierbar sein: Die Souveränitätseinbusse ist vielen Staaten zu groß.

d. Zwischenergebnis

Eine effektive, konfliktreduzierende und realistische Lösung dürfte daher allein in einer mit Initiativrechten ausgestatteten internationalen Wettbewerbsbehörde mit einer vertikalen Kompetenzverteilung zwischen ihr und den nationalen Behörden liegen. Hierdurch würden weder neue „Mega-Institutionen"[974] noch unüberschaubare bürokratische Strukturen geschaffen. Die Souveränität der Staaten bliebe weitestgehend erhalten.[975]

Grundvoraussetzung wäre die Bereitschaft der Staaten, überhaupt Souveränität aufzugeben. Der geringe Souveränitätsverlust würde durch erhöhte Rechtssicherheit und den Streitschlichtungsmechanismus kompensiert.[976] Zumindest die Mitgliedsstaaten der WTO haben einen solchen Souveränitätsverlust ohnehin schon durch die Gründung der WTO und deren Streitschlichtungsorgan realisiert.

5. Streitschlichtungsmechanismus

Auch im Falle intensiver internationaler Kooperation und Koordinierung entsprechend den vorstehenden Vorschlägen werden Konflikte nicht ausbleiben, da die Staaten weiterhin ihr - harmonisiertes - nationales Recht anwenden und nationale Behörden und Gerichte die Sachverhalte parallel untersuchen werden.

Zur Konfliktlösung böte sich ein eigenständiger internationaler Gerichtshof mit umfassenden Kompetenzen (wie z.B. der EuGH oder der IGH) als Streitschlichtungsinstanz an. Dies ist jedoch wegen des notwendigen Souveränitätsverlusts keine reale Möglichkeit.[977] Um die Souveränitätseinbuße möglichst gering zu halten,

---

[973] ICPAC, Final Report (2000), Chapter 2; vgl. Budzinski, S. 10; Campbell/Trebilcock, International Merger Review - Problems of Multijurisdictional Conflict, S. 129 ff.; Campbell/Trebilcock, Interjurisdictional Conflict in Merger Review, S. 89 ff.

[974] Vgl. Wolf, S. 205 (209).

[975] Wolf, a.a.O.

[976] Vgl. Basedow, Weltkartellrecht, S. 50.

[977] So auch Van Miert, The Transatlantic and Global Implications of European Competition Policy, S. 18.

sollte ein internationales Gericht lediglich für die Beilegung von Auseinandersetzungen über Anwendung und Auslegung des gemeinsamen Abkommens zuständig sein.[978] Eine solche Zentralisierung der Kontroll- und Durchsetzungsbefugnisse erscheint auch realisierbar, weil die Durch- und Umsetzung des Abkommens primär bei den nationalen Behörden verbliebe.

In institutioneller Hinsicht müsste diese Instanz größtmögliche politische Unabhängigkeit bewahren und dürfte ausschließlich wettbewerbspolitischen Zielen im Sinne der internationalen Wettbewerbsordnung verpflichtet sein.[979]

Das Streitbeilegungsverfahren der WTO hat sich bei außenhandelsrechtlichen Konfliktfällen bewährt. Es könnte in gleicher Weise bei der Umsetzung eines „Weltkartellrechts" genutzt werden.[980] Die Ausweitung des Streitbeilegungsverfahrens auf kartellrechtliche Streitigkeiten liegt insbesondere deswegen nahe, weil die Vereinheitlichung des Kartellrechts als Ergänzung des Welthandelsrechts im Rahmen der WTO zu verstehen ist.[981] Den Mitgliedern würde somit kein Souveränitätsverzicht abverlangt, der über das hinausginge, was sie schon im Rahmen der WTO akzeptiert haben.[982]

Allerdings sind im Rahmen der Streitschlichtung bei der WTO keine verbindlichen Entscheidungen vorgesehen, sondern es werden nur Empfehlungen ausgesprochen (vgl. Art. 19 DSU). Handelskonzessionen sind bislang das einzige Druckmittel gegenüber der unterlegenen Partei, wenn diese der Empfehlung nicht folgt (vgl. Art. 22 DSU).[983] Im Kartell- und insbesondere Fusionskontrollrecht sind auch private Unternehmen an den Streitschlichtungsverfahren beteiligt. Handelskonzessionen wären hier kein geeignetes Mittel.

Die Streitschlichtung der WTO ist somit nicht auf wettbewerbsrechtliche Streitigkeiten ausgerichtet; folgende Veränderungen sind daher erforderlich:

- Anpassung der Sanktionsmöglichkeiten (Art. 22 DSU);
- Verlängerung der Fristen (Appendix 3 des DSU);
- Kooperationspflicht der einzelnen Staaten;
- Antragsrecht privater Unternehmen;
- Antragsrecht der IWB.

---

[978] Van Miert, Globalization of Competition: The Need for Global Governance, S. 8, 9; Basedow, Weltkartellrecht, S. 102; vgl. die Argumente von *Sir Leon Brittan* und *Karel van Miert*, in: Montag/Kaessner, WuW 1997, 781 (786, 787).

[979] Dujim/Winter, WuW 1993, 465 (470, 471).

[980] Basedow, Weltkartellrecht, S. 107; Immenga, Rechtsregeln für eine Internationale Wettbewerbsordnung, S. 593 (606); de Noronha Goyos, Int. Trade Law and Regul. 1997, 20 (22); Dujim/Winter, WuW 1993, 465 (470f.).

[981] S.o. S. 186; Basedow, a.a.O.

[982] Immenga, Rechtsregeln für eine internationale Wettbewerbsordnung, S. 593 (607); anders Kojima, S. 35.

[983] Basedow, Weltkartellrecht, S. 103, 107.

6. Mindestinhalt des Abkommens

Eine umfassende Rechtsangleichung dürfte beim gegenwärtigen Stand der Diskussion nicht durchsetzbar sein. Eine zu detaillierte Regelung wäre angesichts der Dynamik der Märkte, der schnellen Entwicklung der Wettbewerbspolitik und der ständigen weltwirtschaftlichen Veränderungen nicht erstrebenswert. Globalisierungstendenzen und Innovationen könnten behindert werden.[984] Auch wenn man in einigen Staaten Zentraleuropas eine deutliche Tendenz zu einer inhaltlichen Ausrichtung des Wettbewerbsrechts am EU-Vorbild feststellen kann, so weichen doch die Gesetze anderer Staaten in ihrem Inhalt, im wettbewerbspolitischen Grundverständnis und auch in den Rechtsanwendungsinstitutionen erheblich voneinander ab. Es liegt daher nahe, eine internationale Wettbewerbsordnung zunächst auf Minimalregeln aufzubauen, um leichter zu einem Konsens zu finden.[985]

Die Befürchtung, ein zu allgemein gehaltener Kodex könne auf internationaler Ebene unproduktiv, wenn nicht sogar bedeutungslos sein,[986] ist nicht nachvollziehbar.[987] Jede auch noch so allgemein gehaltene Regelung unterstützt den Harmonisierungsprozess innerhalb der internationalen Gemeinschaft. Jede auch nur graduelle Harmonisierung fördert die Funktionsfähigkeit der bereits bestehenden Kooperationsabkommen und das Bewusstsein für weitere verbindliche Regeln.[988] In gleicher Weise haben sich die EU wie die WTO organisch entwickelt.[989]

Das bedeutet nicht, dass ein nur vages Rahmenwerk verabschiedet werden soll. Es geht um eine Mindestharmonisierung, die zwar nicht auf alle Konfliktbereiche eingeht, entscheidende Divergenzen aber zu lösen vermag.[990] Einige regelungsbedürftige Bereiche sind zunächst auszuklammern, um nicht neue Konflikte zu verursachen. Einzelne Staaten werden strengere Regelungen, insbesondere in Bezug auf Sanktionen und Durchsetzungskompetenzen, beizubehalten wünschen.[991] Dieser Weg erscheint realisierbar.[992]

---

[984] Valentine, Building a Cooperative Framework for Oversight in Mergers - The Answer to Extraterritorial Issues in Merger Review, S. 4.

[985] Immenga, Rechtsregeln für eine internationale Wettbewerbsordnung, S. 593 (600 f.); Europäische Kommission: Competition Policy In The New Trade Order: Strengthening International Cooperation And Rules, S. 20.

[986] Valentine, Building a Cooperative Framework for Oversight in Mergers - The Answer to Extraterritorial Issues in Merger Review, S. 4.

[987] Basedow, Weltkartellrecht, S. 57; Jackson, Aussenwirtschaft 1994, 177 (196); Griffin, International Trade Law and Regul. 1997, 39 (41).

[988] Vgl. Budzinski, S. 12 ff; Faull, Antitrust and Trade Policy, Punkt 7; Monti, Cooperation Between Competition Authorities - A Vision for the Future, S. 12.

[989] Basedow, Weltkartellrecht, S. 59.

[990] Vgl. Art. 2 II (a) DIAC; Basedow, Weltkartellrecht, S. 91; Dujim/Winter, WuW 1993, 465.

[991] Basedow, Weltkartellrecht, S. 90

[992] Vgl. Voß, S. 253 f.; Shelton, S. 3; Basedow, Weltkartellrecht, S. 87 f.; Petersmann, Aussenwirtschaft 1994, 231 (276); Monti, Cooperation Between Competition Authorities - A Vision for the Future, S. 12.

Aufgrund der Unvollständigkeit des Regelwerks werden die Unterzeichnerstaaten sich selbständig um eine weitere Harmonisierung bemühen und zu umfassenderen Regelungen finden. Ebenso verlief die Entwicklung des GATT bis zur Verabschiedung der WTO-Abkommen. Diese Vorgehensweise hat sich auch bei der Entwicklung des Internationalen Privatrechts und des Internationalen Handelsrechts bewährt. Bei wettbewerblichen Themen ist eine vergleichbare Entwicklung zu erwarten.[993]

Die Regelungen eines internationalen Abkommens sollten auf die kartellrechtlichen Instrumentarien, Institutionen, Kooperationsgepflogenheiten sowie auf die verfahrensrechtlichen und materiellrechtlichen Standards Bezug nehmen.

Die Umsetzung folgender Eckpunkte ist notwendig und gleichzeitig realistisch:

- Grundlage ist die Verpflichtung, ein Kartellrecht zu verabschieden und eine politisch unabhängige Kartellbehörde einzurichten oder die Durchsetzung des Kartellrechts einem unabhängigen Gericht zu übertragen.[994]
- Die eigenen Entwicklungsperspektiven müssen genannt und Unterstützungsmaßnahmen für kartellrechtlich „unterentwickelte" Staaten vorgesehen werden. Ausfürlich zu regeln ist, auf welche Weise solche Unterstützungsmaßnahmen finanziert werden.[995]
- Das Abkommen muss seinen Anwendungsbereich klar definieren. Zunächst sollte nur privates wettbewerbsrelevantes Verhalten erfasst werden, staatliches Handeln außer Betracht bleiben. Jede öffentlich-rechtliche Maßnahme beinhaltet zwischenstaatlich ein erhöhtes Konfliktpotential. Das Abkommen sollte nur bei grenzüberschreitenden Sachverhalten Anwendung finden, da nur hier ein Bedürfnis nach einer internationalen wettbewerblichen Regelung besteht.[996] Durch diese Einschränkung wird zudem die staatliche Souveränität am wenigsten berührt.[997]
- Das Abkommen muss Koordinierungs- und Kooperationspflichten beinhalten. Diese Regeln können auf den bilateralen und multilateralen Abkommen oder Empfehlungen aufbauen, müssen aber die Wettbewerbsbehörden zumindest zu Zusammenarbeit und Verfahrensbeteiligung[998] in Form von No-

---

[993] Vgl. Basedow, Weltkartellrecht, S. 60, 88; Freytag/Zimmermann, RabelsZ 1998, 38 (57); Herdegen, S. 181.

[994] Vgl. Pons, International Cooperations in Competition Matters - Where Are We Four Years After the van Miert Report ?, S.195 (203); ICPAC, Final Report (2000), Chapter 2; Faull, Antitrust and Trade Policy, Punkt 13.

[995] Vgl. WTO, Working Group on the Interaction between Trade and Competition Policy, Communication from the European Community and its Member States vom 8. Juni 2000, WT/WGTCP/W/140, S. 12; WTO: Pressemitteilung, Ministerial Conference, Singapur, 9.-13.12.1996, Ministerial Declaration, Ziff. 13.

[996] Immenga, Rechtsregeln für eine internationale Wettbewerbsordnung, S. 593 (600 f.).

[997] Immenga, a.a.O.

[998] ICPAC, Final Report (2000), Chapter 2.

tifizierungen, Konsultationen[999] und Amtshilfe[1000] verpflichten sowie die Prinzipien der „positive" und „negative comity"[1001] beinhalten.[1002]

- Alle Wettbewerbsbehörden, vor allem aber diejenigen der Entwicklungs- und Schwellenländer haben ein besonderes Interesse an einer größtmöglichen Transparenz der Verfahren und Entscheidungen.[1003] Auch hierzu bedarf es klarer Richtlinien.
- Das Abkommen muss ein Diskriminierungsverbot enthalten. Über das Prinzip der „Inländerbehandlung" beispielsweise (wie im Rahmen des DIAC[1004]) kann sichergestellt werden, dass Unternehmen aus Drittstaaten nicht strengeren Regelungen unterfallen als Unternehmen aus dem eigenen Land.[1005]
- Eine effiziente Fusionskontrolle erfordert an verfahrensrechtlichen Grundsätzen vor allem einen einheitlichen Umfang an Anmeldeunterlagen und Informationspflichten für die Unternehmen sowie identische Aufgreifkriterien (nach Art und Größenordnung). Die Terminierung der Überprüfung ist zu regeln, angefangen mit den Anmeldefristen über die Länge der Prüfungsfristen, die den Behörden zugestanden werden, bis zu der Frage, ob ein ein- oder zweistufiges Verfahren durchlaufen wird.[1006] Verfahrensrechtliche Grundprinzipien, wie das Recht auf ein faires Verfahren und das Recht auf Gehör, müssen aufgenommen werden.[1007]

---

[999] Hierbei werden weitergehender als bei der Notifizierung spezielle Informationen über konkrete wettbewerbspolitische Fälle ausgetauscht, beispielsweise zu Fragen der Marktabgrenzung. Zudem findet ein Meinungsaustausch und eine Diskussion eventuell divergierender Interessenlagen der beteiligten Wettbewerbsbehörden statt. Vgl. Budzinski, S. 9.

[1000] Bei der Amtshilfe helfen sich die beteiligten Wettbewerbsbehörden wechselseitig bei der Beschaffung von untersuchungsrelevanten Informationen über beteiligte Unternehmen und bei der extraterritorialen Durchsetzung von wettbewerbspolitischen Sanktionen. Grenzen findet die Amtshilfe bei vertraulichen Informationen (beispielsweise Geschäftsgeheimnissen von Unternehmen) und im Sanktionierungsbereich bei Interessenkonflikten. Vgl. Budzinski, S. 9.

[1001] Vgl. Europäische Kommission: Competition Policy In The New Trade Order: Strengthening International Cooperation And Rules, S.15; Budzinski, S. 10.

[1002] Vgl. zum Ganzen auch Klein, International Antitrust: A Justice Department Perspective, S. 2; Faull, Antitrust and Trade Policy, Punkt 13.

[1003] WTO, Working Group on the Interaction between Trade and Competition Policy, Communication from the European Community and its Member States vom 8. Juni 2000, WT/WGTCP/W/140, S. 8 f.; so auch der Vorschlag des ICN in den „Guiding Principles for Merger Notification and Review".

[1004] S.o. S. 174.

[1005] Vgl. den DIAC und die Vorschläge des ICN in den „Guiding Principles for Merger Notification and Review". S. auch OECD, Outline of (A) Core Principles, Common Approaches and Common Standards and (B) Bilateral and Multilateral Approaches, S. 7.

[1006] Ginsburg/Angstreich, Antitrust Law Journal 68/2000, 219 (230 f.).

[1007] WTO, Working Group on the Interaction between Trade and Competition Policy, Communication from the European Community and its Member States vom 8. Juni 2000, S. 1, WT/WGTCP/W/140 und vom 14. März 2001, S. 2, WG/WGTCP/W/160; OECD, Outline of (A) Core Principles, Common Approaches and Common Standards and (B) Bilateral and Multilateral Approaches, S. 7.

- Eine Einigung über materiellrechtliche Grundsätze wird bei der Fassung eines internationalen Wettbewerbsrechts am schwierigsten zu erzielen sein. Ein Grundkonsens über offensichtlich wettbewerbsschädigende Verhaltensweisen erscheint möglich.[1008] Davon sind allgemeine wettbewerbsrelevante Verhaltensweisen (z.B. horizontale Vereinbarungen über Preisvorgaben, Absprachen zur Aufteilung des Marktes oder Exportkartelle) wie auch fusionskontrollrechtliche Maßstäbe (z.B. die Einigung auf konkrete Likely-Challenge-Thresholds, Safe Harbours) umfaßt. Eine gewisse Regelungsdichte ist erforderlich, um nicht „Fluchtbewegungen in nichtgeregelte Konzentrationsformen“ auszulösen.[1009]

- Die Erfahrungen mit den unverbindlichen Empfehlungen und den bilateralen Abkommen zeigen, dass eine Einigung über materiellrechtliche Regelungen keine Annäherung der Rechtsordnungen zur Folge hat, wenn nicht zugleich ein Konsens über Durchsetzungsmodalitäten, über einen Kernbestand an Sanktionen und über einen Streitschlichtungsmechanismus erzielt wird.[1010] Hierzu gehören neben hoheitlichen Befugnissen der Aufsichtsbehörden (wie ein Informations- und Untersagungsrecht) auch zivilrechtliche Rechtsbehelfe der betroffenen Unternehmen.[1011] Diese Rechte und Pflichten müssen auch durchsetzbar sein, anderenfalls wäre weder Rechtssicherheit noch Fortschritt gewährleistet.[1012]

- Besonders schwierig wird es sein, die unterschiedlichen Politiken der Unterzeichnerstaaten zusammenzuführen und eine Einigung über eine gemeinsame Wettbewerbspolitik zu erzielen. Dabei geht es z.B. um die Frage, welches Gewicht man der Konsumentenwohlfahrt oder der allgemeinen Wohlfahrtsmaximierung beimisst und welche Rolle die Förderung kleinerer Unternehmen spielen soll. Teilweise werden diese Fragen bereits im Rahmen der Regelungen zu Safe Harbours oder Likely Challenge Thresholds beant-

---

1008 WTO, Working Group on the Interaction between Trade and Competition Policy, Communication from the European Community and its Member States vom 8. Juni 2000, S. 1, WT/WGTCP/W/140 und vom 14. März 2001, S. 2, WG/WGTCP/W/160.

1009 Fikentscher, GRUR Int. 1996, 543 (544). Fikentscher ist der Meinung, dass Regelungen (1) zu grundsätzlich verbotenen Kartellen, (2) über eine Kontrolle missbräuchlicher Vertriebssysteme, (3) für die Behandlung von Wettbewerbsbeschränkungen im Zusammenhang mit dem Schutz des geistigen Eigentums, (4) zur Bekämpfung der Flucht in die Konzentration zwecks Vermeidung von Sanktionen gegen horizontale oder vertikale Wettbewerbsbeschränkungen, (5) zur missbräuchlichen Ausübung von Marktbeherrschung und (6) zum Schutz gegen Umgehungen unumgänglich seien. Dies entspricht den Mindeststandards des DIAC. Vgl. auch Klein, International Antitrust: A Justice Department Perspective, S. 2.

1010 Basedow, Weltkartellrecht, S. 100

1011 Basedow, a.a.O.; Pons, International Cooperations in Competition Matters - Where Are We Four Years After the van Miert Report?, S. 195 (203); WTO, Working Group on the Interaction between Trade and Competition Policy, Communication from the European Community and its Member States, vom 8. Juni 2000, S. 1, WT/WGTCP/W/140 und vom 14. März 2001, S. 2, WG/WGTCP/W/160.

1012 Pons, a.a.O.

wortet. Im übrigen wird der bestehende Grundkonsens über die Ziele des Wettbewerbsrechts auszubauen sein.

Sämtliche vorbezeichneten Aspekte wurden in den DIAC[1013] eingearbeitet. Er ist entgegen der ursprünglichen Zielsetzung mehr als nur ein bloßes Rahmenwerk.[1014] Da der DIAC aber inhaltlich stark und auch politisch überzeugend ist, sollten seine Grundprinzipien als Grundlage für eine internationale Vereinbarung herangezogen werden.[1015] Mit der nötigen Sensibilität für die wettbewerbspolitische Realität berücksichtigt er auch die unterschiedlichen historischen und traditionellen Gegebenheiten in den einzelnen Staaten.[1016] Allein wegen seiner Ambitioniertheit ist er allerdings auf absehbare Zeit politisch nicht umfassend durchsetzbar.

IV. Ergebnis

Gegenwärtig herrscht Skepsis über die Notwendigkeit und Machbarkeit einer globalen Harmonisierung des Wettbewerbsrechts und der Wettbewerbspolitik, weil sich die Ansichten über die Bedeutung und Auswirkungen privater Wettbewerbsbeschränkungen stark unterscheiden.[1017] Nichtsdestotrotz nähern sich die Staaten in ihrer Wettbewerbspolitik immer mehr an. Sozialistische und kommunistische Regierungen sind abgelöst worden, dort werden Demokratien aufgebaut und damit einhergehend die Außenhandelsmonopole durch wettbewerbliche Strukturen ersetzt. Immer mehr Kartellrechtsordnungen wurden geschaffen, so z.B. in den ehemaligen Ostblockstaaten und in Lateinamerika.[1018] Aber es braucht Zeit, bis diese Länder den Vorsprung der Industriestaaten aufholen, die seit Jahrzehnten mit Wettbewerbsstrukturen arbeiten. Das betrifft insbesondere den Bereich der Fusionskontrolle.[1019]

Die Kritiker und Skeptiker existenter Harmonisierungsbestrebungen beziehen ihren Argwohn mehr auf das Wie als auf das Ob einer Harmonisierung.[1020] Der Skeptizismus der USA allerdings erscheint eher grundsätzlicher Natur: Die Befürchtung eines Souveränitätsverlustes und der Wille, den eigenen unilateralen und extraterritorialen Ansatz beizubehalten,[1021] sind vordergründig. Der US-amerikanische Versuch, die internationale Wettbewerbspolitik zu dominieren, wurde zuletzt im Fall

---

1013 Basedow, Weltkartellrecht, S. 70 ff. und Annex B.

1014 Einige Kritiker des DIAC meinen, dieser sei zu wenig detailliert, und vermissen insbesondere Definitionen der einzelnen Voraussetzungen: Basedow, Weltkartellrecht, S. 70 ff., 87; Gröner/Knorr, S. 579 (588).

1015 Basedow, a.a.O.; Gröner/Knorr, a.a.O.

1016 Shelton, S. 10.

1017 Basedow, Weltkartellrecht, S. 56; Möschel, Festschrift Lukes, S. 461 (462); Jackson, Aussenwirtschaft 1994, 177 (196); Petersmann, S. 43 (62).

1018 Basedow, Weltkartellrecht, S. 57.

1019 Basedow, a.a.O.; Wood, DePaul Law Review 44, 1995, 1289 (1297).

1020 Vgl. unter anderem Basedow, Weltkartellrecht, S. 86, m.w.N.; Gröner/Knorr, S. 579 (588). Anderer Meinung sind: Hauser/Schoene, Aussenwirtschaft 1994, 205 (216 f.); Freytag/Zimmermann, RabelsZ 1998, 38 (57); vgl. auch Fels, S. 355 (360).

1021 Vgl. Kojima, S. 34.

GE/Honeywell deutlich, als die USA der Europäischen Kommission mit der Anrufung des Dispute Settlement Body der WTO drohten und die politische Spitze des Staates, inklusive des Präsidenten, zur Durchsetzung ihrer nationalen Interessen einschalteten.[1022] Andererseits befürwortete Mitte der 90er Jahre selbst der damalige US-amerikanische Justizminister einen internationalen Ansatz - wenn auch nur im Rahmen eines Abkommens zwischen Staaten, die eine vergleichbare Wettbewerbspolitik und vergleichbare Rechtsordnungen aufweisen.[1023]

Die wettbewerblich erfahrenen Staaten werden aber - das sei vor dem Hintergrund der US-amerikanischen Haltung hervorgehoben - ihre wettbewerbsrechtlichen Grundprinzipien zur Unterzeichnung eines internationales Abkommen nicht aufgeben müssen. Im Gegenteil, Ziel ist, den bestehenden Grundprinzipien ein Forum zu bieten, welches auch anderen Staaten den Anschluss an ein anerkanntes überregionales System ermöglicht. Hierdurch kann zudem der unberechenbaren politischen Einflussnahme begegnet werden.

Die Mehrheit der Experten- und Arbeitsgruppen sowie der Entscheidungsträger in Internationalen Organisationen und Kartellbehörden befürwortet die Idee eines internationalen Wettbewerbsrechts.[1024] Eine Vielzahl von Staaten und Rechtsexperten sind sich einig, dass der Harmonisierungsprozess vorangetrieben werden muss, auch wenn noch keine einheitliche Meinung hinsichtlich der Realisierung besteht. Zu den Unterstützern zählen fast alle Mitgliedsstaaten der OECD sowie viele Mitglieder der WTO, der UN und der NAFTA.

Privaten Wettbewerbsbeschränkungen kann am effektivsten und sinnvollsten durch globale Kooperation und Koordinierung und internationale Kontrollmechanismen begegnet werden. Die Foren und Gesprächsrunden zur Vorbereitung einer solchen Aufgabe gibt es bereits. Der mit der Errichtung der WTO bestehende institutionelle Rahmen dient als Basis zur Verwirklichung internationaler wettbewerbspolitischer Ziele. Dieses Forum muss mit Kompetenzen versehen werden, die eine effektive internationale Wettbewerbskontrolle ermöglichen.[1025]

Bei dem im Gang befindlichen Harmonisierungsprozess handelt es sich nicht um eine unerreichbare Vision. Dies zeigen beispielsweise das Genfer Übereinkommen über das Wechsel - und Scheckrecht und auch die Konventionen über das UN-Transport- und das UN-Kaufrecht. Auch diese umfassenden Regelwerke fanden bei ihrer Verabschiedung nicht nur Anerkennung, finden nun aber allseitige Zustimmung. Der internationalen Harmonisierung der Rechtsordnungen ist der Vorzug vor Lösungsversuchen auf unilateraler oder bilateraler Ebene zu geben. Nur auf diese Weise können die Konflikte zwischen den Wettbewerbsbehörden effizient und effektiv gelöst werden. Die wettbewerbspolitisch erforderliche Flexibilität

---

1022 S.o. S. 51.

1023 Basedow, Weltkartellrecht, S. 85, 86; Wood, DePaul Law Review 44, 1995, 1298 f.

1024 Vgl. insbesondere die Stellungnahme der japanischen WTO-Delegation und der Europäischen Kommission: Basedow, a.a.O.; Europäische Kommission, Auf dem Weg zu einem internationalen Wettbewerbsrecht, S. 18.

1025 Vgl. Faull, Why Do We Need More Cooperation In The Field Of Competition Policy?

des internationalen Abkommens wird durch die Einreihung in die Annex 4-Abkommen der WTO erreicht: Dadurch ist das Abkommen nur für diejenigen Staaten verbindlich, die es ratifizieren, den übrigen WTO-Mitgliedsstaaten wird lediglich die Möglichkeit eingeräumt, sich einem internationalen Kartellrecht anzuschließen. Das Abkommen wird in nationales Recht umzusetzen sein, um so die Souveränität der Staaten so weit wie möglich zu wahren.

Durch den angepassten Streitschlichtungsmechanismus der WTO werden Auseinandersetzungen entschärft und ein Mechanismus zur Konfliktbewältigung an die Hand gegeben. Rechtssicherheit wird gewährleistet, indem eine Internationale Wettbewerbsbehörde gegründet und mit Initiativrechten ausgestattet wird und der Dispute Settlement Body der WTO in abgeänderter Form als Streitschlichtungsorgan auch für kartellrechtliche Sachverhalte zuständig ist.

Kontrolle ohne Konflikte ist nicht denkbar. Der vorgeschlagene Ansatz wird jedoch bereits einige Konflikte verhindern und weitere Auseinandersetzungen über den Schlichtungsmechanismus lösen können. Er wird einen Rahmen für die weitere Harmonisierung vorzeichnen und das gegenseitige Verständnis für historische, kulturelle und wirtschaftliche Unterschiede fördern, um eine gemeinsame „Wettbewerbskultur“[1026] aufzubauen. Ein solches internationales Abkommen stellt keine endgültige Lösung dar. Die vereinbarten Mindest-Standards sind vielmehr weiter auszubauen und das Abkommen regelmäßig an die neuen Gegebenheiten und die Veränderungen in der Weltwirtschaft anzupassen.

[1026] Vgl. Budzinski, S. 10 f.

Teil F. Schlußwort

„Wettbewerbshüter müssen etwas tun, was niemand kann: Sie sollen mit mehr oder weniger plausiblen Argumenten und Berechnungen voraussagen, welche Auswirkungen eine Fusion auf den Wettbewerb hat. [...] ihre Aussage kann niemals einen Anspruch auf absolute Richtigkeit begründen."[1027]

Die Arbeit hat deutlich gemacht, daß aufgrund der parallelen Anwendung nationaler Wettbewerbsrechte Konflikte entstehen. Diese wurden anhand der Unterschiede zwischen dem Antitrust-Recht der USA und dem Kartellrecht der EU am Beispiel der Zusammenschlüsse *Boeing/McDonnell Douglas* und *GE/Honeywell* herausgearbeitet.

Es ist wahrscheinlich, daß vergleichbar konfliktträchtige Zusammenschlußvorhaben in naher Zukunft erneut zwischenstaatliche Beziehungen belasten. Allein im Jahr 2000 stieg die weltweite M&A-Aktivität auf über US$ 3 Billionen. Das entspricht einer 11-fachen Steigerung seit 1991 in den U.S.A.[1028] Im Jahr 2001 fiel der Wert solcher Transaktionen aufgrund allgemein schlechter Konjunkturbedingungen zwar auf US$ 1,6 Billionen. Jedoch wird in diesem und im kommenden Jahrzehnt wieder ein starker Anstieg an Fusionsvorhaben als Folge der Intensivierung transnationaler Wirtschaftsbeziehungen erwartet. Diese Entwicklung wird weitergehen, solange tarifäre und nicht-tarifäre Handelsbarrieren abgebaut werden, eine weitere Deregulierung noch mehr Märkte dem Wettbewerb öffnet, technische Standards weiter harmonisiert werden, die internationalen Transportmöglichkeiten zunehmen sowie die Kommunikationsmöglichkeiten verbessert werden. Durch die Konsolidierung der verschiedenen Industriezweige aufgrund vollzogener Zusammenschlüsse werden künftige Zusammenschlüsse immer größere Dimensionen erreichen.

Wettbewerb ist dynamisch und innovativ und damit ständigen Veränderungen unterworfen. Produktiver Konkurrenzdruck und Effizienzsteigerungen spielen hierbei eine wesentliche Rolle. Unternehmenszusammenschlüsse können gesamtwirtschaftlich vorteilhaft sein und werden insoweit von der Wettbewerbspolitik gefördert. Jede Schwierigkeit bei der Umsetzung großer und wettbewerblich positiver Zusammenschlussvorhaben schwächt das eigene Wirtschafts- und Wettbewerbssystem. Internationale Zusammenschlüsse können insofern erhebliche wirtschaftliche Auswirkungen haben.

Neben Konflikten, die unmittelbar aus den Unterschieden der berührten Rechtsordnungen resultieren, stehen mittelbar verursachte Konflikte: beispielsweise aufgrund der volkswirtschaftlichen und wettbewerblichen Folgen von Verfahrensverzögerungen. Denn Wettbewerbs- und Fusionskontrollrecht bauen nicht allein auf wettbewerbspolitischen, sondern auch auf industrie- und

---

[1027] Mussler, FAZ vom 3.12.2002, S. 11.

[1028] Valentine, Merger Enforcement Multijurisdictional Review and Restructuring Remedies, S. 2.

allgemeinpolitischen Thesen auf. Die Verhinderung oder Beschränkung der ordnungsgemäßen Um- und Durchsetzung des Wettbewerbsrechts führt daher zwangsläufig zu politischen Kontroversen. Die Unterschiede der Rechtsordnungen und der wettbewerbspolitischen Ansätze führen zu Rechtsunsicherheit und verringern die Bereitschaft, sich weltweitem Wettbewerb zu stellen. Jede Rechtsunsicherheit bringt zugleich Spannungen zwischen Wettbewerbsbehörden mit sich. Diese Spannungen schaden den bilateralen Beziehungen.

Es ging in dieser Arbeit nicht um die Frage, wessen Rechtsordnung oder Politik für die Konflikte hauptsächlich verantwortlich ist. Verursacher sind alle Beteiligte.[1029]

Die Arbeit untersucht ausschließlich, welche zwischenbehördlichen bzw. – staatlichen Konflikte durch die parallele Kontrolle von Zusammenschlussvorhaben entstehen und mit welchen Maßnahmen deren Reduzierung erreicht werden könnte.

Entscheidend für den Lösungsansatz ist:

- Die Förderung einer wettbewerbspolitischen Bewusstseinsbildung bei den Staaten, die noch kein Kartellrecht entwickelt haben oder es nur ungenügend umsetzen.
- Die Förderung des Wettbewerbs und wettbewerblich positiver Zusammenschlüsse.
- Die Vereinfachung der Zusammenarbeit zwischen den Wettbewerbsbehörden.
- Die Herbeiführung eines zügigeren Entscheidungsprozesses.
- Die Gewährleistung von Rechtssicherheit.
- Die Abwendung politischer Konflikte.
- Die Förderung einer globalen Wohlfahrtsmaximierung, die die Grundlage einer jeden Wettbewerbs- und Handelspolitik ist.

Diese Ziele können nur erreicht werden, wenn protektionistische Vorstellungen abgebaut und die Kontrollregime internationalisiert werden. Die einzelnen Staaten müssen die neue Dimension der globalen Wirtschaft akzeptieren. Vor diesem Hintergrund ist nicht jeder Souveränitätsverlust und jeder herkömmliche Verstoß gegen das Nichteinmischungsgebot untragbar. Nationale Interessen müssen sich den Bedürfnissen der Weltwirtschaft und den Interessen anderer Staaten anpassen. Je schneller diese Anpassung gelingt, desto eher werden Konflikte abgebaut.

Solange die Divergenz zwischen internationalen Märkten und nationalen Kontrollregimen in ihrer jetzigen Schärfe bestehen bleibt, ist eine Besserung der Situation nicht zu erwarten. Das neue Ziel sollte daher lauten:

[1029] Riecke, Handelsblatt vom 18.6.2001, S. 11.

Competition Law needs to be as international as markets are.[1030]

Um dies zu erreichen, ist ein internationales Kontrollsystem erforderlich. Effektiver internationaler Wettbewerb muss gefördert und gesichert werden.

Über ein internationales Rahmenvertragswerk mit gewissen Mindeststandards, verankert in der WTO, können diese Ziele erreicht werden. Der bisherige institutionelle Rahmen der WTO muss um eine effektive internationale Wettbewerbskontrolle erweitert werden. Die Errichtung einer internationalen Wettbewerbsbehörde, ausgestattet ausschließlich mit einer Verfahrensinitiative, nicht aber mit eigenen Sanktionsmechanismen, sowie ein Streitschlichtungsmechanismus auf internationaler Ebene gewährleisten Um- und Durchsetzung der internationalen Rechtsordnung. Die Interessen der Mitgliedsstaaten der WTO, der Industrie- wie auch der Entwicklungs- und Schwellenländer, werden berücksichtigt, ihre Souveränität nur geringfügig angetastet: Die nationalen Behörden und Gerichte bleiben zuständig, allenfalls Initiativen Dritter können ihnen ein Tätigwerden nahe legen oder aufzwingen. Das Streitschlichtungsorgan der WTO kann ausschließlich bei zwischenstaatlichen wettbewerbsrechtlichen Konflikten angerufen werden. Die grundsätzliche Akzeptanz eines derartigen Instruments ist in Bezug auf handelsrechtliche Aspekte bereits vorhanden.

Von globalen Standards werden nicht nur Verbraucher und Unternehmen profitieren, sondern vor allem auch die Wettbewerbsbehörden und Staaten. Denn effektiver Wettbewerb, der hierdurch gewährleistet wird, dient der Volkswirtschaft. Er sorgt für die Entwicklung effizienterer Unternehmen, besserer Produkte, größere Auswahl und niedrigere Preise. Auf der anderen Seite werden Synergieeffekte auf Behördenseite geschaffen und zwischenstaatliche Konflikte vermieden, welche die Volkswirtschaft in Mitleidenschaft ziehen und die staatliche Kooperation in anderen wichtigen Bereichen gefährden.

Im Zuge der Konsolidierung und Verbesserung der rechtlichen Strukturen des WTO-Systems wird es entscheidend darauf ankommen, dass die Staatengemeinschaft genug Vertrauen in die Institutionen und das Streitschlichtungsverfahren der WTO setzt und sich für internationale Wettbewerbsregeln entscheidet. Nur auf der Basis eines solchen Vertrauens in Verbindung mit dem Bewusstsein der Mitgliedstaaten, einen großen Schritt hin zu einem freieren und faireren Welthandel zu machen, hat ein solch ambitioniertes Konzept Aussicht auf Erfolg. Entscheidend ist daher, dass die Verantwortlichen ihre zahllosen Ankündigungen, in denen sie eine Harmonisierung der Rechtsordnungen und eine Stärkung der gegenseitigen Kooperation verlangen, nunmehr in die Tat umsetzen und in naher Zukunft der WTO einen neuen Zuständigkeitsbereich erschließen. Mit dem erforderlichen Vertrauen auf die „Eigendynamik eines Vereinheitlichungsprozesses"[1031] kann das in dieser Arbeit avisierte Ziel erreicht werden.

[1030] Vergleiche das Zitat auf der Titelseite.

[1031] Basedow, Weltkartellrecht, S. 111.

Teil G. Résumé

Le droit de contrôle de concentration international - conflits et convergences - Une étude sur le droit de contrôle de concentration Européen et Américain sur la base des opérations de concentration *Boeing/MDD* et *GE/Honeywell* -

I. Introduction

La présente étude analyse les conflits entre les autorités nationales de concurrence dans le cas de figure où plusieurs autorités examinent en même temps la convergence d´une opération de concentration avec leur droit de concentration respectif.

Tandis que le débat concernant le contrôle parallèle des opérations de concentration internationales est aujourd'hui extrêmement vif, la recherche fondamentale sur ce sujet n'a pas encore beaucoup avancé. Cependant il y a un besoin de réforme évident, un besoin au centre duquel se situe une réflexion sur l'organisation du droit de concurrence international.

Le but de cette étude est donc de fournir une vue d'ensemble des conflits possibles entre les autorités nationales de concurrence en matière politique, économique et juridique (matérielle et procédurale) causés par une opération de concentration internationale. L'objectif n´est pas de fournir une évaluation des différents systèmes de contrôle de concentration, mais plutôt de chercher la source des conflits. Par ailleurs, l'analyse qui suit insistera sur la nécessité d'une solution internationale de ces conflits.

II. Arrière-plan

Depuis plusieurs décennies, les relations économiques internationales entre les Etats et les entreprises ont été profondément marquées par un processus dynamique de globalisation et de libéralisation. La libéralisation a engendré une croissance énorme du commerce mondial. En conséquence, les entreprises ont développé des stratégies globales pour arriver à une croissance durable. Ainsi, le nombre et la taille des entreprises internationales a constamment augmenté. À cause de cette présence globale des entreprises, les anciens marchés nationaux ou régionaux sont devenus des marchés globaux.

Dans le cadre de la libéralisation économique, beaucoup d´Etats ainsi que l'Union Européenne ont reconnu que la concurrence est le moyen approprié pour faire progresser l'innovation et la croissance économique. Il faut donc maintenir et développer les structures de concurrence. Pour cela, il faut surveiller dans le cadre du droit de contrôle international toutes les pratiques concertées dont l'objet ou l'effet serait de restreindre la concurrence, ainsi que les abus d'une position dominante ou les opérations de concentration d'entreprises.

Jusqu'à présent, sur environ 200 Etats souverains existants au monde, une bonne centaine ainsi que l'Union Européenne (l'UE) ont développé un droit de concurrence. Et parmi ces Etats, 75 environ ont créé un droit de contrôle de concentration. Mais ces règles nationales ne sont pas toujours appropriées au regard de l'économie mondiale. On constate plutôt que „l'internationalisation croissante des marchés [...] n'a pas été suivie d´une internationalisation parallèle de la politique de concurrence".

Par ailleurs, un grand nombre d'Etats appliquent leur droit de concurrence également en dehors de leur propre territoire afin de contrôler les abus à l'étranger. Même si on peut comprendre ce besoin de contrôle, cette évolution risque de provoquer des conflits avec les législations des autres Etats concernés.

D'autres difficultés naissent des différences théoriques ou pratiques des systèmes du droit de la concurrence ou de régulations divergentes du point de vue matériel et procédural. Même sur la base de règles comparables, des divergences apparaissent à cause de différentes méthodes d'interprétation ou d'application.

La communauté internationale s'emploie à combattre toutes les barrières au commerce transnational – notamment dans le cadre de l'Organisation Mondiale du Commerce (OMC). Mais si elle néglige de lutter en même temps contre les barrières commerciales établies par les entreprises elles-même, elle risque de perdre les gains d'efficacité et de bien public déjà acquis par la suppression des barrières commerciales publiques. Car certaines actions des entreprises privées, comme l'exclusion ou la répartition mutuelle du marché, peuvent aussi bien conduire à des restrictions de la concurrence que les barrières commerciales publiques, tarifaires ou non-tarifaires, et peuvent même s'y substituer.

III. Plan de l'étude

Après l'Introduction, la **partie B** traite de la coopération de l´Union Européenne avec les Etats-Unis en matière du droit de la concurrence. En effet, les accords bilatéraux entre l'UE et les Etats-Unis montrent les possibilités et les limites d'une telle coopération.

Les conflits entre les autorités de concurrence résultent de la mondialisation croissante et de l´intensification de la concurrence qui en découle. Aussi, ces conflits ne sont pas seulement d'ordre théorique mais également d'une grande importance pratique comme le montre l'analyse des deux cas dans la **partie C**. Les autorités de concurrence des Etats-Unis et de l'Union Européenne ont chacun de leur coté examiné la fusion des entreprises Boeing Corporation et McDonnell Douglas Corporation (MDD), ainsi que le projet de fusion entre Honeywell International Inc. (Honeywell) et General Electric Co. (GE). Or, ces deux procédures sont paradigmatiques en ce qui concerne la sensibilité politique des autorités de concurrence et les limites de la coopération bilatérale.

Après ces analyse de cas, la **partie D** qui compare le droit de contrôle de concentration aux Etats-Unis et en Europe et examine les conflits éventuels entre les deux systèmes constitue la partie principale de l'étude. Les sources de ces conflits peuvent être aussi bien trouvées dans le droit matériel que dans le droit procédural, tout comme dans les différences d'orientation politique générale des deux systèmes.

La **partie E** montre les différentes solutions qui ont été proposées dans ce cadre. Ensuite, ces propositions sont comparées avec celles concernant l'harmonisation des politiques de concurrence et de contrôle de concentrations. Sur la base de ces résultats, une proposition de solution montrant les premiers pas nécessaires pour résoudre les conflits existants entre les autorités de concurrence est présentée.

IV. Résumé des conflits

L'étude aboutit à la constatation que presque tous les aspects du contrôle des concentrations constituent un important potentiel de conflits. Celui-ci est d'ailleurs bien plus important que l'on ne pourrait penser au vu des lois applicables.

La complexité du droit de la concurrence provoque nécessairement des conflits. Mais il faut également tenir compte des différences fondamentales concernant les objectifs politiques des Etats, les formes d'institutionalisation des autorités de concurrence et la prise en considération des pays en développement ou des pays émergents.

Les différences purement juridiques accroissent le potentiel de conflits entre les Etats et empêchent une intensification de la coopération. Cela est notamment vrai pour la définition de la concentration, l'application extraterritoriale du droit national, la notification obligatoire et ses seuils fixés. Concernant le droit matériel, les conflits se situent dans les domaines de la délimitation du marché, le critère d'incompabilité, l'analyse économique, la prise en compte des gains d'efficacité, l'importance de la concentration de **sauvetage ainsi que de** l'application du principe de „comity of nations". Du point de vue du droit procédural, les différences d'inscription obligatoire et d'interdiction partielle de l'accomplissement consécutif donnent autant également lieu à des conflits potentiels que les différences de méthode d'investigation et d'exécution des décisions publiques. Il en va de même pour les différents remèdes ou les sanctions prévues pour le mépris des décisions des autorités ou des tribunaux et la position des parties tierces dans la procédure est également un facteur de conflit. Enfin, il faut mentionner le manque de transparence qui nuit à la sécurité juridique.

L'application arbitraire du droit, le protectionnisme, le mercantilisme ainsi que le manque de sécurité juridique augmentent le danger de conflits interétatiques.

La coopération entre les Etats-Unis et l'Union Européenne sur la base de l'accord de 1991 n'a pas vraiment réduit ce potentiel de conflits. Cela s'est notamment avéré au moment des projets de fusion entre GE et Honeywell et de la reprise de MDD par Boeing.

V. Les possibilités d'harmonisation

Aussi bien la nécessité que la faisabilité d'une harmonisation globale du droit de la concurrence et d'une politique de la concurrence sont encore très discutés. La plupart des débats tournent plutôt autour de l'arrangement concret d'un tel droit harmonisé que de l'objectif général d'une harmonisation. Quelques Etats comme les

Etats-Unis redoutent une trop grande perte de souveraineté et veulent par conséquent maintenir leur méthode unilatérale et extraterritoriale.

Cependant, la plupart des experts des organisations internationales comme ceux des autorités de concurrence et du public intéressé approuvent l'idée d´un droit de concurrence international. Etant donné la gravité de certains conflits, de nombreux Etats et un grand nombre de juristes perçoivent la nécessité de développer la conscience d'une indispensable harmonisation, et un accord sur ce plan semble parfaitement possible. Parmi ceux qui soutiennent cet accord l'on trouve presque tous les Etats membres de l'Organisation de coopération et de developpement économiques (l'OCDE), de nombreux Etats membres de l'OMC, de l'Organisations des nations unies (l'ONU) et de l'Accord de libre-échange nord-américain (l'ALENA), particulièrement les Etats de l'UE, l'Australie, le Japon, le Canada, le Mexique, la Nouvelle Zélande et quelques représentants des autorités de concurrence des Etats-Unis.

La méthode la plus efficace et raisonnable pour lutter contre les obstacles privés à la concurrence est la coopération et la coordination globale des mécanismes de contrôle. Les forums et les structures nécessaires pour la préparation d´une telle tâche existent déjà. Ainsi, le cadre institutionnel éprouvé de l'OMC pourra faire progresser le processus d'harmonisation. Il faudrait simplement élargir les compétences de l'OMC pour garantir un contrôle international efficace. L'harmonisation sur le plan international serait plus efficace qu'une harmonisation unilatérale ou bilatérale. La flexibilité d'un accord international pourrait être garanti par l´insertion de cet accord dans le Mémorandum d'accords commerciaux plurilatéraux (Annexe 4) de l´OMC. Ainsi, cet accord ne serait obligatoire que pour les Etats membres qui l'auraient déjà approuvé séparément. Les autres Etats auraient la possibilité de le signer plus tard. En cas de conflits dans le cadre de l'application de cet accord, on pourrait se servir du mécanisme d'arbitrage de l'OMC. Il faudrait également créer une autorité internationale de concurrence et un comité spécial international de concurrence.

Un tel accord de l'OMC ne constitue qu'un premier pas. Les exigences minimales de l'accord doivent être renforcées et régulièrement ajustées à l'évolution et aux nouvelles données de l'économie mondiale. Ainsi, le processus d'harmonisation internationale sera l'objet d'une dynamique permanente.

VI. Résultats et conclusions

L'étude a montré que l'application parallèle des droits nationaux de concurrence est une importante source de conflits. Elle a surtout mis l'accent sur les relations entre les Etats-Unis et l'Union Européenne. Il est d'ailleurs très probable que ce genre de conflits augmente encore dans le futur. En 2000, l'activité mondiale des fusions et acquisitions a eu un volume de 3 billions de dollars Anglo-américains. Cela équivaut à une multiplication par onze du volume de 1991. En 2001, par contre, le volume a de nouveau baissé à 1,6 billions de dollars Anglo-américains. Mais selon les pronostics, le nombre des concentrations va à nouveau augmenter considérablement dans les prochaines années. Cette vague de concentrations internationales est la conséquence de l'intensification mondiale des relations économiques transnationales.

Cette évolution va se poursuivre pour autant que les barrières commerciales publiques continuent à être démantelées, que le renforcement de la dérégularisation ouvre de nouveaux marchés à la compétition, que de plus en plus de standards techniques soient harmonisés et que les transports et la communication internationale soient améliorés et moins couteux. Enfin, la consolidation de certains secteurs économiques à la suite de fusions déjà réalisées encourage de plus en plus les entreprises à fusionner sur le plan international et dans des dimensions de plus en plus grandes.

Outre les conflits engendrés par les différentes législations nationales, il faut également mentionner les oppositions qui résultent d'une façon indirecte de la compétition entre les différentes autorités de contrôle. Ainsi, par exemple, les conséquences économiques et financières d'un retard dans la procédure de contrôle ou les sanctions importantes imposées aux entreprises concernées sont souvent le sujet de discussions et de conflits politiques. Dans ce cadre, il faut souligner qu'en réalité le droit de concurrence ainsi que le droit de contrôle de concentrations ne vise pas seulement une politique de concurrence mais également la politique industrielle et générale. La diversité de ces différentes visées politiques provoque nécessairement des conflits politiques.

La solution présentée à la fin de ce travail voudrait proposer une application efficace du droit de contrôle de concentration sur le plan international. A la base de cette efficacité il y a aurait notamment:

L'encouragement d'une politique de concurrence au sein des Etats qui n'ont pas encore développé un droit de concurrence ou qui ne l'exécutent pas d'une manière suffisante.

L'encouragement de la concurrence et des concentrations positives améliorant la situation compétitive.

La simplification de la coopération des autorités de concurrence.

L'accélération des procédures et des décisions.

La garantie de la sécurité juridique.

La diminution des conflits politiques.

L'encouragement d´une amélioration globale du **bien public** qui est à la base de toute politique commerciale.

Ces objectifs ne peuvent être atteints que si le protectionnisme national est battu en brêche et si des systèmes de contrôle international sont installés. Les intérêts des Etats doivent refléter les nouvelles dimensions de l'économie globale qui ne s'arrête pas aux frontières nationales. Pour cela il leur faut accepter certaines pertes de souveraineté et tolérer certaines infractions aux règles internationales de la non-ingérence. Les intérêts nationaux doivent s'ajuster à l'économie mondiale et aux intérêts des autres Etats.

Bien entendu, tant que la divergence actuelle entre les marchés internationaux et les systèmes de contrôle nationaux persiste, une amélioration de la situation est peu probable. Pour que cela soit possible, il faudrait une législation qui reflète les nouvelles dimensions de l'économie et ses effets transnationaux et qui, en même temps, augmente et assure une concurrence efficace.

Une telle stratégie aiderait non seulement les autorités de concurrence et les Etats mais également tout particulièrement les consommateurs et les entreprises. Car une telle concurrence efficace engendre des entreprises plus efficaces, des produits améliorés, un choix plus grand et des prix plus bas. En fin de compte, un tel effet de **bien public** diminuerait aussi le risque de conflits interétatiques.

Dans le cadre de la consolidation et de l'amélioration des structures juridiques du système de l'OMC, il serait essentiel que les institutions et la méthode d'arbitrage de l'OMC inspirent suffisamment confiance à la communauté internationale des Etats. Car c'est seulement sur la base d'une telle confiance et avec la volonté des Etats de faire un pas décisif en faveur d'un commerce mondial plus libre et plus loyal qu'un projet aussi ambitieux est réalisable. Il est donc essentiel que les responsables réalisent enfin les projets d'harmonisation et de coopération renforcées qu'ils ont si souvent annoncés. En tous cas, une forte „dynamique du processus d'harmonisation" sera nécessaire pour progresser sur le terrain de l'harmonisation internationale de la politique de la concurrence.

Berlin, 17/08/2006 Florens Girardet

Literaturverzeichnis

Abbamonte, Guiseppe B. / Rabassa, Valérie: Foreclosure and Vertical Mergers - The Commission's Review of Vertical Effects in the Last Wave of Media and Internet Mergers: AOL/Time Warner, Vivendi/Seagram, MCI WorldCom/Sprint, in: European Competition Law Review (ECLR) 2001, S. 214.

Adams, Walter / Brock, James W.: Reaganomics and the Transmogrification of Merger Policy, in: The Antitrust Bulletin, Fall 1988, Vol. 33, Nr. 2, S. 309.

Addy, George N.: International Coordination of Competition Policies, in: Kantzenbach, Erhard / Scharrer, Hans-Eckart / Wavermann, Leonard: Competition Policy in an Interdependant World Economy; Veröffentlichung des HWWA - Institut für Wirtschaftsforschung Hamburg, Band 3, Baden-Baden, 1993, S. 291.

Areeda / Turner, Donald F.: Antitrust Law, Vol. IV, Boston, Toronto, 1980, aus der Reihe: Areeda, Phillip E. / Hovenkamp, Herbert: Antitrust Law - Vol. I-XI and Supplement 1999 and Index, Gaithersburg, 1980-1999.

Arquit, Kevin J. / Wolfram, Richard: Mergers and Acquisition: United States Government Analysis and Enforcement, in: International Bar Association / European Commission, EC Merger Control: Ten Years On, London, 2000, S. 147.

ANZCERTA: Australia New Zealand Closer Economic Relations - Trade Agreement on Acceleration of Free Trade in Goods, Freihandelsabkommen zwischen Australien und Neuseeland vom 18.8.1988, abgedruckt in: Basedow, Weltkartellrecht, Anhang X, inkl. der Ergänzungen des Trade Practices Act von 1974 (Australien) und des Commerce Act von 1986 in seiner Fassung von 1990 (Neuseeland), S. 178.

Atwood, J., R. / Brewster, Kingman: Antitrust and American Business Abroad, New York 1981.

Avenarius, Hermann: Kleines Rechtswörterbuch, Freiburg, u.a. 1990.

Azcuenaga, Mary L.: Statement of Commissioner Azcuenaga in The Boeing Company, 1.7.1997, FTC, File No. 971-0051, http://www.ftc.gov/opa/1997/07/ma.htm.

Bael, Ivo Van / Bellis, Jean-François: Competition Law of the European Community, Bicester 1995.

Bär-Bouyssière, Bertold: Protektionistische Gefahren der US-Fusionskontrolle, Baden-Baden 1996.

Bail, Christoph: Coordination and Integration of Competition Policies: A Plea for Multilateral Rules, in: Kantzenbach, Erhard / Scharrer, Hans-Eckart / Wavermann, Leonard: Competition Policy in an Interdependent World Economy; Veröffentlichung des HWWA - Institut für Wirtschaftsforschung Hamburg, Band 3, Baden-Baden, 1993, S. 279.

Baker, Simon / Wu, Lawrence: Applying the Market Definition Guidelines of the European Commission, European Competition Law Review (ECLR) 1998, S. 273.

Bartodziej, Peter: Reform der EG-Wettbewerbsaufsicht und Gemeinschaftsrecht, Baden Baden, 1994.

Basedow, Jürgen: Entwicklungslinien des internationalen Kartellrechts, in: Neue Juristische Wochenschrift (NJW) 1989, S. 627.

Basedow, Jürgen: Weltkartellrecht - Ausgangslage und Ziele, Methoden und Grenzen der internationalen Vereinheitlichung des Rechts der Wettbewerbsbeschränkungen, Tübingen, 1998.

Baudenbacher, Carl / Beesser, Simone: Gesamteuropäische Konvergenzentwicklungen im Kartellrecht, in: Wirtschaft und Wettbewerb (WuW) 1997 (47), S. 681.

Baum, Daniel J.: The Robinson-Patman Act - Summary and Comment, Syracuse, u.a., 1964.

Baxter, William F.: Responding to the Reaction: The Draftsman's View, in: 71 University of California Law Review 1983, S. 619.

Bechtold, Rainer: Abwägung zwischen wettbewerblichen Vor- und Nachteilen eines Zusammenschlusses in der europäischen Fusionskontrolle, in: Europäische Zeitschrift für Wirtschaftsrecht (EuZW) 1996, S. 389.

Bechtold, Rainer: Die Stellung der Kommission und der Unternehmen im EWG Kartellverfahren, in: Europarecht (EuR) 1992, S. 41.

Bechtold, Rainer: Zwischenbilanz zum EG-Fusionskontrollrecht, in: Europäische Zeitschrift für Wirtschaftsrecht (EuZW) 1994, S. 653.

Beck, Bernhard: Die extraterritoriale Anwendung amerikanischen Wettbewerbsrechts unter besonderer Berücksichtigung länderübergreifender Fusionen, in: Wirtschaft und Wettbewerb (WuW) 1984, S. 447.

Beck, Bernhard: Die extraterritoriale Anwendung des EG-Kartellrechts - Rechtvergleichende Anmerkungen zum „Zellstoff"-Urteil des Europäischen Gerichtshofs, in: Recht der internationalen Wirtschaft (RIW) 1990, S. 91.

Beck, Bernhard: Die extraterritoriale Anwendung nationalen Wettbewerbsrechts unter besonderer Berücksichtigung länderübergreifender Fusionen - eine rechtsvergleichende Studie, Baden-Baden, 1986.

Behrens, Peter: Merger Control: Conflicts between the EEC and the USA, in: Kantzenbach, Erhard / Scharrer, Hans-Eckart / Wavermann, Leonard: Competition Policy in an Interdependent World Economy; Veröffentlichung des HWWA - Institut für Wirtschaftsforschung Hamburg, Band 3, Baden-Baden, 1993, S. 165.

Bercero, I. G. / Amarasinha, S. D.: Moving the Trade and Competition Debate Forward, in: Journal of International Economic Law, Vol. 4 (3) 2001, S. 481-506.

Berg, Hartmut: Die EG-Zusammenschlusskontrolle im Spannungsfeld von Wettbewerbs- und Industriepolitik - Der Fall Aérospatiale-Alenia/De Havilland, in: Wirtschaftswissenschaftliches Studium (WiSt) 1992, S. 322.

Bergius, Michael: Normaler Vorgang. Brüssel will Boeing-Fusion genehmigen, in: Handelsblatt vom 24.7.1997, S. 2.

Berschens, Ruth-Camilla: Amerikaner preschen bei GE-Honeywell vor. Brüssel nicht glücklich über frühe US-Entscheidung, in: Handelsblatt vom 8.4.2001, S. 14.

Bingaman, Anne K.: International Cooperation And The Future of US Antitrust Enforcement, Vortrag anlässlich des American Law Institute 72nd Annual Meeting, Washington, DC, 16.5.1996, http://www.usdoj.gov/atr/public/speeches/96-05-16.htm.

Bischke, Alf-Henrik: Die Unterscheidung zwischen kooperativen und konzentrativen Unternehmensverbindungen im europäischen Recht gegen Wettbewerbsbeschränkungen, Aachen 1997.

Bishop, Simon B.: Power and Responsibility: The ECJ's Kali-Salz Judgement, in: European Competition Law Review (ECLR) 1999, S. 37.

Blackhurst, Richard: Competition Policies: National Versus Multilateral Jurisdiction, in: Außenwirtschaft 49 (1994), S. 223.

Bleckmann, Albert: Europarecht, 6. Auflage, Köln, u.a. 1997.

Boast, Molly S.: Report from the Bureau of Competition, Prepared Remarks of Molly S. Boast before the American Bar Association, Antitrust Section, Washington, 29.3.2001, http://www.ftc.gov/speeches/other/boastmollys.htm.

Böge, Ulf: Reform der Europäischen Fusionskontrolle, in: Wirtschaft und Wettbewerb (WuW) 2004, S. 138.

Bok, Derek: Sec. 7 of the Clayton Act and the Merging of Law and Economics, in: 74 Harvard Law Review 1960, S. 226.

Boner, Roger Alan / Krueger, Reinald: The Basics of Antitrust Policy. A Review of Ten Nations and the European Communities. World Bank Technical Paper, Washington D.C., 1991.

Bork, Robert H.: The Antitrust Paradox, New York, 1978.

Bradgate, Robert / White, Fidelma: Commercial Law, London, 2. Auflage, 1998.

Brewster, Kingman: Antitrust and American Business Abroad, New York 1976.

Brittan, Leon: The Law and Policy of Merger Control in the EEC, in: 15 European Law Review, 1990, S. 351.

Brittan, Leon / Miert, Karel Van: Towards an international framework of competition rules, Communication submitted by Sir Leon Brittan and Karel Van Miert, Communication to the Council, 1996, http://europa.eu.int/comm/competition/international /com284.html.

Brownlie, Ian: Principles of Public International Law, 3. Auflage, 1979.

Brugger, Winfried: Einführung in das öffentliche Recht der U.S.A., München 2001.

Budzinski, Oliver: Perspektiven einer internationalen Wettbewerbspolitik, Nr. 04/2002, Volkswirtschaftliche Beiträge der Philipps-Universität Marburg (FB Wirtschaftswissenschaften), Marburg 2002.

Budzinski, Oliver / Kerber, Wolfgang: Megafusionen, Wettbewerb und Globalisierung, Frankfurt a.M. 2003.

Büscher, Rolf: Antitrust und konglomerate Konzentration, Köln, 1982.

Büscher, Rolf: Diagonale Unternehmenszusammenschlüsse im amerikanischen und deutschen Recht, Baden-Baden, 1983.

Bundesverband der Deutschen Industrie e.V. (BDI): Reform der Fusionskontrolle im EU-Ministerrat, Pressemitteilung vom 29.4.2003, Brüssel, http://www.fiw-online.de/archiv/ EU/eu290403ministerrat_fusko_reform.html.

Bundeskartellamt: Diskussionspapier für die Sitzung des Arbeitskreises Kartellrecht am 08. / 09.10.2001: Das Untersagungskriterium in der Fusionskontrolle - Marktbeherrschende Stellung versus Substantial Lessening of Competition?, http://www.bundeskartellamt.de (http://www.bundeskartellamt.de/wDeutsch/ publikationen/ Diskussionsbeitraege/AKK.shtml).

Bundeskartellamt: Ergebnisprotokoll der Tagung des Arbeitskreises Kartellrecht am 08. / 09.10.2001 zum Thema „Das Untersagungskriterium in der Fusionskontrolle - Marktbeherrschende Stellung versus Substantial Lessening of Competition?" vom 7.11.2001, unveröffentlicht.

Bundeskartellamt: Merkblatt zum Anwendungsbereich der EG-Fusionskontrolle, Stand März 1998, http://www.bundeskartellamt.de (http://www.bundeskartellamt.de/wDeutsch/ merkblaetter/Fusionskontrolle/MerkblFusion.shtml).

Bundeskartellamt: Stellungnahme des Bundeskartellamtes zum Grünbuch der Kommission zur Revision der Verordnung Nr. EG 4064/89 des Rates über die Kontrolle von Unternehmenszusammenschlüssen vom 21.3.2002, über das Bundeskartellamt zu beziehen.

Burnside, Alec: GE, Honey, I Sunk the Merger, in: European Competition Law Review (ECLR) 2002, S. 107.

Camesasca, Peter D.: The Explicit Efficiency Defence in Merger Control: Does it Make the Difference?, in: European Competition Law Review (ECLR) 1999, S. 14.

Campbell, Neil / Trebilcock, Michael J.: Interjurisdictional Conflict in Merger Review, in: Waverman, L. / Comanor, W. S. / Goto, A. (Hrsg.), Competition Policy in the Global Economy, London 1997, S. 89.

Campbell, Neil / Trebilcock, Michael J.: International Merger Review: Problems of Multijurisdictional Conlict, in: Kantzenbach, Erhard / Scharrer, Hans-Eckart / Wavermann, Leonard: Competition Policy in an Interdependant World

Economy; Veröffentlichung des HWWA - Institut für Wirtschaftsforschung Hamburg, Band 3, Baden-Baden, 1993, S. 129.

Chen, Jim: The Legal Process and Political Economy of Telecommunications Reform, in: Columbia Law Review (Colum. L. Rev.) 1997, S. 835.

Christensen, Peder / Rabassa, Valérie: The Airtours Decision: Is there a New Commission Approach to Collective Dominance?, in: European Competition Law Review (ECLR) 2001, S. 227.

Christiansen, Arndt: Die „Ökonomisierung" der EU-Fusionskontrolle: Mehr Kosten als Nutzen?, in: Wirtschaft und Wettbewerb (WuW) 2005, S. 285.

Chu, Yun-Pen: Towards the Establishment of an Order of Competition for the International Economy: with References to the Draft International Antitrust Code, the Parallel Imports Problem, and the Experience of Taiwan, ROC, in: Cheng, Chia-Jui / Liu, Lawrence S. / Wang, Chih-Kang: International Harmonization of Competition Laws, Dordrecht, 1995, S. 453.

Cones-Starr, Crystal: Community-Wide versus Worldwide Competition: Why European Enforcement Agencies are Able to Force American Companies to Modify their Merger Proposals and Limit their Innovations, in: Wisconsin International Law Journal, 17 Winter 1999, S. 145.

Cook, C. J. / Kerse, C. S.: EC Merger Control, London 2000.

Correa, Carlos M.: Competition Law and Development Policies, in: Zäch, Roger: Towards WTO Competition Rules, Key Issues and Comments on the WTO Report (1998) on Trade and Competition, Den Haag, 1999, S. 361.

Dauses, Manfred A.: Handbuch des EU-Wirtschaftsrechts, Band 2, München 2001.

Davies, John: Getting the Deal Through - Merger Control 2003, London 2002.

Davies, John / Cameron, Stephanie: European Union's Merger Control 2003, in: Davies, John: Getting the Deal Through - Merger Control 2003, London 2002, S. 75.

Davies, John / Ryan, Alan: European Union's Merger Control 2001, in: Davies, John: Getting the Deal Through - Merger Control 2001, London 2000, S. 70.

Departement of Justice of the US (DoJ): Abkommen hinsichtlich einer „Cooperation on Antitrust Matters" zwischen der Regierung der USA und der Regierung von Australien vom 29.6.1982 und Abkommen zwischen der Regierung der USA und der Regierung von Australien über eine „Mutual Antitrust Enforcement Assistance", vom 27.4.1999, http://www.usdoj.gov/atr/public/international/docs/usaus7.htm.

Departement of Justice of the US (DoJ): Antitrust Division, DoJ and FTC Announce New Clearance Procedures for Antitrust Matters, Pressemitteilung vom 5.3.2002, http://www.usdoj.gov/ATR, bzw. http://www.usdoj.gov/atr/public/press_ releases/ 2002/10171.htm.

Departement of Justice of the US (DoJ): DoJ and FTC - Antitrust Guidelines for Collaborations Among Competitors, April 2000, http://www.usdoj.gov/ATR.

Department of Justice of the US (DoJ): Justice Departement Requires Divestitures in Merger Between General Electric and Honeywell, Pressemitteilung vom 2.5.2001, http://www.usdoj.gov/ATR.

Departement of Justice of the US (DoJ): Roundtable on Portfolio Effects in Conglomerate Mergers, Range Effects: The United States Perspective, Note by the United States Departement of Justice vom 15.10.2001, http://www.usdoj.gov/ATR oder http://www.oecd.org.

Departement of Justice of the US (DoJ): Statement Accompanying the Merger Guidelines vom 14.6.1984, 2 Trade Reg. Rep. (CCH) § 4490, http://www.usdoj.gov/ATR.

Departement of Justice of the US (DoJ): Statement by Charles A. James Regarding DoJ/FTC Clearance Agreement, Pressemitteilung vom 20.5.2002, http://www.usdoj.gov/ATR.

Departement of Justice of the US (DoJ): US and Foreign Antitrust Officials Launch International Competition Network - New International Venue Will Assist in Global Convergence on Important Antitrust Enforcement Issues, Pressemitteilung vom 25.10.2001, http://www.usdoj.gov/ATR.

Departement of Justice of the US (DoJ) / Federal Trade Commission (FTC): Antitrust Enforcement Guidelines for International Operations vom April 1995, HSR Act, 16 C.F.R. § 802.51 und 15 USC. § 18a (g)1, http://www. usdoj.gov/atr/public/guidelines/internat.htm.

Departement of Justice of the US (DoJ) / Federal Trade Commission (FTC): Horizontal Merger Guidelines (1992, 1997), http://www.usdoj.gov /atr/public/guidelines/ horiz_book/toc.html, abgedruckt in: 4 Trade Reg. Rep. (CCH), 13,104 (1992), inklusive der Ergänzungen vom 8.4.1997 unter http://www.ftc.gov/bc/docs/horizmer.htm.

Departement of Justice of the US (DoJ): Verwaltungsabkommen zwischen den USA und Kanada über Notifizierung, Konsultation und Kooperation in Bezug auf die Anwendung nationaler Antitrust-Gesetze, Mutual Legal Assistance Treaty - MLAT; vom 9.3.1984, abgedruckt in: Wirtschaft und Wettbewerb (WuW) 1985, S. 33 ff.

Departement of Trade and Industry of the UK (DTI): Productivity and Enterprise, A World Class Competition Regime, White Paper, Dokument 01/1086 vom 31.7.2001, http://www.dti.gov.uk/ccp/topics2/pdf2/compwp.pdf.

Deville, Rainer: Die Konkretisierung des Abwägungsgebotes im internationalen Kartellrecht, Baden-Baden, 1990.

DIAC, International Antitrust Code Working Group, Draft International Antitrust Code as a GATT-MTO-Plurilateral Trade Agreement, veröffentlicht am 10.7.1993, München, in: Fikentscher, Woilfgang / Immenga, Ulrich (Hrsg.), Draft International Antitrust Code, Baden-Baden 1995, S. 53, in: Antitrust Trade & Regulation Report (BNA) 64 (1993), Special Supplement no. 1628 vom 19.8.1993 (vergriffen), auszugsweise auch in: Wirtschaft und Wettbewerb (WuW) 1994, S. 128, mit Kommentierung in: Kantzenbach, Erhard / Mayer, Otto G.: Von der internationalen Handels- zur Wettbewerbsordnung, Veröffentlichung des HWWA - Institut für Wirtschaftsforschung Hamburg, Baden-Baden, 1996, S. 171.

Diem, Andreas: Das Kartellrecht nach dem EWR-Abkommen, in: Wirtschaft und Wettbewerb (WuW) 1994, S. 522.

Diem, Andreas: Überblick über das EWR-Kartellrecht, in: Der Betrieb (DB)1994, S. 823.

Dittert, Daniel: Die Reform des Verfahrens in der neuen EG-Fusionskontrollverordnung, in: Wirtschaft und Wettbewerb (WuW) 2004, 148.

Downes, Anthony T. / Ellison, J.: The Legal Control of Mergers in the European Communities, London 1991.

Drauz, Götz / Schroeder, Dirk: Praxis der Europäischen Fusionskontrolle, Köln 1995.

Dreher, Meinrad: Die Neufassung 1984 der Richtlinien zur Zusammenschlusskontrolle in den USA, in: Recht der Internationalen Wirtschaft (RIW) 1985, S. 842.

Dreher, Meinrad: Gemeinsamer Europäischer Markt - einheitliche Wettbewerbsordnung?, in: Forschungsinstitut für Wirtschaftsverfassung und Wettbewerb, Umbruch der Wettbewerbsordnung in Europa, 28. FIW-Symposium, Köln 1995, S. 1.

Dreher, Meinrad: Konglomerate Zusammenschlüsse, Verbotsvermutungen und Wiederlegungsgründe, Berlin 1987.

Dujim, Bernhard / Winter, Helen: Internationale Wettbewerbsordnung – Alternativen und ihre Probleme, in: Wirtschaft und Wettbewerb (WuW) 1993, S. 465.

Dunne, Nancy: Anti-trust restructuring agreement held up, in: Financial Times (The Americas) vom 18.1.2002, S. 8.

Eaglesham, Jean / Guerrera, Francesco: Brussels 'tougher than US on merger control', (International Economy), in: Financial Times vom 9.1.2002, S. 9.

Ehlermann, Claus-Dieter: Die Europäische Fusionskontrolle - erste Erfahrungen, in: Wirtschaft und Wettbewerb (WuW) 1991, S. 535.

Ehlermann, Claus-Dieter: Kein Horrorstück aus der Gruselkammer. Europa fällt nicht der sektoralen Industriepolitik anheim / Die Brüsseler Wettbewerbspolitik ist besser als ihr Ruf, in: Frankfurter Allgemeine Zeitung (FAZ) vom 18.6.1994, S. 13.

Elsener, Ferdinand: Extraterritorial Application of US Antitrust Laws: The Viewpoint of a European Corporate Lawyer, in: Wirtschafts- und Rechtsgeschichte (WuR) 1983, S.130.

Emmerich, Volker: Kartellrecht, München 1988.

Europäische Kommission: 27. Bericht über die Wettbewerbspolitik (Wettbewerbsbericht), 1997, Brüssel, u.a. 1998, http://europa.eu.int/comm/ competition/annual_reports/.

Europäische Kommission: Abkommen der Regierung der Vereinigten Staaten von Amerika und der Kommission der Europäischen Gemeinschaften über die Anwendung ihrer Wettbewerbsregeln vom 23.9.1991, in der gültigen Fassung in: ABl. 1995 Nr. L 95, S. 47 (in englisch) und in: Wirtschaft und Wettbewerb (WuW) 1992, S. 36 (nichtamtlich in deutsch).

Europäische Kommission: Agreement between the European Communities and the Government of Canada Regarding the Application of their Competition Laws vom 29.4.1999, ABl. 1999 Nr. L 175, S. 49, http://europa.eu.int/comm/competition/index_de.html.

Europäische Kommission: Auf dem Weg zu einem internationalen Wettbewerbsrecht, Mitteilung der Kommission an den Rat vom 18.6.1996, EG-Dok. KOM (96) 284 endg., http://europa.eu.int/abc/doc/off/bull/de/9606/p104021.htm.

Europäische Kommission: Bekanntmachung der Kommission über die Beurteilung kooperativer Gemeinschaftsunternehmen nach Art. 85 des EWG-Vertrages, ABl. 1993, Nr. C 43, S. 2.

Europäische Kommission: Bekanntmachung der Kommission über die Definition des relevanten Marktes im Sinne des Wettbewerbsrechts der Gemeinschaft, ABl. 1997 Nr. C 372, S. 5.

Europäische Kommission: Bekanntmachung der Kommission über die Unterscheidung zwischen konzentrativen und kooperativen Gemeinschaftsunternehmen nach der VO (EWG) Nr. 4064/89 des Rates vom 21.12.1989 über die Kontrolle von Unternehmenszusammenschlüssen, ABl. 1994 Nr. C 385, S. 1.

Europäische Kommission: Bericht der Kommission an den Rat über die Anwendung der in der Fusionskontrollverordnung vorgesehenen Schwellenwerte vom 28.6.2000, http://europa.eu.int.

Europäische Kommission: Bericht der Kommission an den Rat und das Europäische Parlament über die Umsetzung des Abkommens zwischen den Europäischen Gemeinschaften und der Regierung der Vereinigten Staaten von Amerika über die Anwendung ihrer Wettbewerbsregeln vom 1.1.1997 - 31.12.1997, http://europa.eu.int.

Europäische Kommission: Beschluss des Rates und der Kommission vom 10.4.1995 über den Abschluss des Abkommens zwischen den Europäischen Gemeinschaften und der Regierung der Vereinigten Staaten von Amerika über die Anwendung ihrer Wettbewerbsregeln, ABl. 1995 Nr. L 95, S. 45.

Europäische Kommission: Best Practices on Cooperation in Merger Investigations, veröffentlichte Vereinbarung der US-EU Merger Working Group, 2005, http://europa.eu.int/comm/competition/mergers/others/eu_us.pdf.

Europäische Kommission: Competition Policy In The New Trade Order: Strengthening International Cooperation And Rules - Report of the Group of Experts, 1995, zu beziehen über die Europäische Kommission.

Europäische Kommission: Draft Best Practices On the Conduct of EC Merger Control Proceedings, Brüssel, 19.12.2002, http://europa.eu.int/comm/ competition/mergers/review/; http://www.europa.eu.int/comm/competition/ mergers/others/best_practices_public_cons.pdf.

Europäische Kommission: Erklärungen der Kommission und des Rates zum Ratsprotokoll vom 19.12.1989 (die zwei Tage später verabschiedete VO (EWG) Nr. 4064/89 - FKVO - betreffend), in: Wirtschaft und Wettbewerb (WuW) 1990, S. 240.

Europäische Kommission: EU gibt sich ein neues Fusionskontrollrecht für das 21. Jahrhundert, Pressemitteilung vom 20.01.2004, IP/04/70, http://europa.eu.int.

Europäische Kommission: EU-Kommission untersagt Übernahme von Legrand durch Schneider Electric, Pressemitteilung vom 10.10.2001, IP/01/1393, http://europa.eu.int/comm/competition/press_releases/.

Europäische Kommission: Exchange of Interpretative Letters with the Government of the United States of America, ABl. 1995 Nr. L 131, S. 38 und ABl. 1995 Nr. L 132, http://europa.eu.int/comm/competition/international/ 95145b2.html.

Europäische Kommission, Grünbuch über die Revision der Verordnung (EWG) Nr. 4064/89 des Rates (2001) vom 11.12.2001. Brüssel, 2001, http://europa. eu.int/eur-lex/de/com/gpr/2001/com2001_0745de01.pdf.

Europäische Kommission: Kommission beschließt umfassende Reform der EU-Fusionskontrolle, Pressemitteilung vom 11.12.2002, IP/02/1856. http://europa. eu.int/comm/ competition/press_releases/.

Europäische Kommission: Kommission leitet umfassende Prüfung der Fusion General Electric/Honeywell ein, Pressemitteilung vom 2.3.2001, IP/01/298, http://europa.eu.int/comm/competition/press_releases/.

Europäische Kommission: Kommissionsmitglied Monti weist Kritik gegen Untersuchung im Fusionsfall GE/Honeywell zurück und warnt vor einer Politisierung des Falls, Pressemitteilung vom 18.6.2001, IP/01/855, http://europa.eu.int/comm/competition/ press_releases/.

Europäische Kommission: Kommission untersagt Übernahme von Honeywell durch GE, Pressemitteilung vom 3.6.2001, IP/01/939, http://europa. eu.int/comm/competition/ press_releases/.

Europäische Kommission: Leitlinien zur Bewertung horizontaler Zusammenschlüsse gemäß der Ratsverordnung über die Kontrolle von Unternehmenszusammenschlüssen, ABl. (EU) vom 05.02.2004 Nr. C 31/3 (entwickelt aus dem Entwurf einer Mitteilung der Kommission über die Kontrolle horizontaler Zusammenschlüsse gemäß der Fusionskontrollverordnung, COM(2002), vom 11.12.2002, ABl. 2002 Nr. C 331, S. 18.

Europäische Kommission: Mitteilung über Abhilfen bei Unternehmenszusammenschlüssen: Wie und wann Marktbeherrschungsprobleme gelöst werden können, Pressemitteilung vom 21.12.2000, IP/00/1525, http://europa.eu.int/comm/ competition/press_releases/.

Europäische Kommission: Mitteilung der Kommission über den Begriff der beteiligten Unternehmen in der VO (EWG) Nr. 4064/89 des Rates über die Kontrolle von Unternehmenszusammenschlüssen, ABl. 1998 Nr. C 66, S. 14.

Europäische Kommission, Mitteilung der Kommission über den Begriff des Vollfunktionsgemeinschaftsunternehmens nach der VO (EWG) 4064/89 des Rates über die Kontrolle von Unternehmenszusammenschlüssen, ABl. 1998 Nr. C 66 vom 02.03.1998, S. 1.

Europäische Kommission: Mitteilung der Europäischen Kommission über den Begriff des Zusammenschlusses der VO (EWG) Nr. 4064/89 des Rates über die Kontrolle von Unternehmenszusammenschlüssen, ABl. 1998 Nr. C 66, S. 5, http://europa.eu.int/comm/competition/mergers/legislation/co406489_de.pdf.

Europäische Kommission: Mitteilung der Kommission über die Berechnung des Umsatzes im Sinne der Verordnung (EWG) Nr. 4064/89 des Rates über die Kontrolle von Unternehmenszusammenschlüssen, ABl. 1998 Nr. C 66, S. 25.

Europäische Kommission: Mitteilung über die Beurteilung von Vollfunktionsgemeinschaftsunternehmen nach den Wettbewerbsregeln der Europäischen Gemeinschaft, ABl. 1998 Nr. C 66, S. 38.

Europäische Kommission: Mitteilung der Kommission über im Rahmen der Verordnung (EWG) Nr. 4064/89 des Rates und der Verordnung (EG) Nr. 447/98 der Kommission zulässige Abhilfemaßnahmen, ABl. 2001 Nr. C 68, S. 3.

Europäische Kommission, Pressemitteilung vom 20.01.2004, IP/04/70; http://europa.eu.int/comm/competition/press_releases/.

Europäische Kommission, Umorganisation der Generaldirektion Wettbewerb zur Vorbereitung auf die Erweiterung, Pressemitteilung vom 30.4.2003, IP/03/603, http://europa.eu.int/comm/competition/press_releases/.

Europäische Kommission: Vorschlag der Kommission zur Neufassung der FKVO vom 11.12.2002, COM(2002) 711 final, 2002/0296 (CNS), ABl. 2003 Nr. C 20, S. 4, http://europa.eu.int/eurlex/pri/de/oj/dat/2003/c_020/c_02020030128 de00040057.pdf.

Europäisches Gericht Erster Instanz (EuG): Pressemitteilung des EuG vom 22.10.2002, Nr. 84/02, zu: *Schneider Electric SA / Kommission*, Rs. T 310/01, EuG-Entscheidung vom 22.10.2002 und Rs. T 77/02, EuG-Entscheidung vom 22.10.2002, http://www.curia.eu.int/de/actu/communiques/index.htm.

Faull, Jonathan: Antitrust and Trade Policy - Roundtable at the Fordham Corporate Law Institute, Proposed answers to Professor Jenny's questions, New York, 22.-23.10.1998, http://europa.eu.int/comm/competition/speeches/text/sp1998_048_en.html.

Faull, Jonathan: The Enforcement of Competition Policy in the European Community: A Mature System, in: Hawk, Barry E.: EC and US Competition Law and Policy, Irvington-on-Hudson, 1992, S. 139.

Faull, Jonathan: Why Do We Need More Cooperation In The Field Of Competition Policy?, Rede anlässlich des Japan Competition Policy Seminar in Tokyo, Japan 22.11.1995, http://europa.eu.int/comm/competition/speeches/text/sp1995_052_en.html.

Faull, Jonathan / Nikpay, Ali: The EC Law of Competition, Oxford 1999.

Federal Trade Commission (FTC): US-EU Merger Working Group: Best Practices on Cooperation in Merger Investigations, 2002, http://www.ftc.gov/opa/2002/ 10/ mergerbestpractices.htm.

Federal Trade Commission (FTC): FTC Chairman Muris: 1982 Merger Guidelines „Fundamentally Changed" the Way US Thinks About Mergers and Competition Policy, Pressemitteilung vom 11.6.2002, abgedruckt in: 4 Trade Reg. Rep. (CCH) § 13,200.

Fels, Alan: The Australian System of Competition Law and its Relationship to International Harmonisation of Competition Laws, in: Cheng, Chia-Jui / Liu, Lawrence S. / Wang, Chih-Kang: International Harmonization of Competition Laws, Dordrecht, 1995, S. 355.

Fikentscher, Wolfgang: Competition Rules for Private Agents in the GATT/WTO System, in: Außenwirtschaft 1994, S. 281.

Fikentscher, Wolfgang: Der Draft International Antitrust Code (DIAC) in der Diskussion, in: Gewerblicher Rechtsschutz und Urheberrecht Internationaler Teil (GRUR Int.) 1996, Festschrift für Friedrich-Karl Beier zum 70. Geburtstag, S. 543.

Fikentscher, Wolfgang: Multilaterale Regeln für den internationalen Wettbewerb?, in: Kantzenbach, Erhard / Mayer, Otto G.: Von der internationalen Handels- zur Wettbewerbsordnung, Veröffentlichung des HWWA - Institut für Wirtschaftsforschung Hamburg, Baden-Baden, 1996, S. 159.

Fikentscher, Wolfgang / Drexl, Josef: Der Draft International Antitrust Code (DIAC) - Zur institutionellen Struktur eines künftigen Weltkartellrechts, in: Recht der internationalen Wirtschaft (RIW) 1994, S. 93 und in: Fikentscher / Immenga, Draft International Antitrust Code - Kommentierter Entwurf eines internationalen Wettbewerbsrechts mit ergänzenden Beiträgen, Baden-Baden, 1995, S. 35.

Fikentscher, Wolfgang / Heinemann, Andreas: Der „Draft International Antitrust Code" (DIAC) - Initiative für ein Weltkartellrecht im Rahmen des GATT, in: Wirtschaft und Wettbewerb (WuW) 1994, S. 97 und in: Fikentscher, Wolfgang / Immenga, Ulrich (Hrsg.), Draft International Antitrust Code - Kommentierter Entwurf eines internationalen Wettbewerbsrechts mit ergänzenden Beiträgen, Baden-Baden 1995, S. 19.

Fikentscher, Wolfgang / Immenga, Ulrich: Draft International Antitrust Code - Kommentierter Entwurf eines internationalen Wettbewerbsrechts mit ergänzenden Beiträgen, Baden-Baden, 1995.

Fikentscher, Wolfgang / Straub, Wolfgang: Der RBP-Kodex der Vereinten Nationen: Weltkartellrichtlinien (I), in: Gewerblicher Rechtsschutz und Urheberrecht Internationaler Teil (GRUR Int.) 1982, S. 637.

Fikentscher, Wolfgang / Straub, Wolfgang: Der RBP-Kodex der Vereinten Nationen: Weltkartellrichtlinien (II), in: Gewerblicher Rechtsschutz und Urheberrecht Internationaler Teil (GRUR Int.) 1982, S. 727.

Fleischer, Holger / Körber, Torsten: Der Einfluß des US-Amerikanischen Antitrustrechts auf das Europäische Wettbewerbsrecht, in: Wirtschaft und Wettbewerb (WuW) 2001, S. 6.

Fox, Eleanor M.: National Law, Global Markets, and Hartford: Eyes Wide Shut, in: Antitrust Law Journal 68/2000, S. 73.

Fox, Eleanor M.: Toward World Antitrust and Market Access, in: The American Journal of International Law, Vol. 91 (1) 1997, S. 2.

Frankfurter Kommentar zum Kartellrecht: Glassen, Helmut / Hahn, Helmuth von / Kersten, Hans-Christian / Rieger, Harald (Hrsg.), Köln 2000, Band I, IV, (Loseblattsammlung, Stand: 2002).

Frênes, Michael de: Das US-Amerikanische Kartellstrafrecht, Köln 1984.

Freytag, Andreas / Zimmermann, Ralf: Muss die internationale Handelsordnung um eine Wettbewerbsordnung erweitert werden?, in: Rabels Zeitschrift für ausländisches und internationales Privatrecht (RabelsZ), 62/1998, S. 38.

Fuchs, Andreas: Zusagen, Auflagen und Bedingungen in der europäischen Fusionskontrolle, in: Wirtschaft und Wettbewerb (WuW) 1996, S. 269.

Fugate, Wilbur: Antitrust Jurisdiction and Foreign Sovereignty, in: Virginia Law Review 1963, S. 925.

Furnish, Dale Beck: A Transnational Approach to Restrictive Business Practices, in: International Lawyer 1970, S. 328.

Garbus, David A.: International Antitrust Policies and Other Regulatory Changes in the United States, in: Campbell, Dennis / Garbus, David A.: Mergers and Acquisitions: Meeting the Challenges in Europe and North America after 1992, Boston, 1991, S. 7.

Georgieff, Alexander: Kollisionen durch extraterritoriale staatliche Regelungen im internationalen Wirtschaftsverkehr - Eine Untersuchung zu jüngsten Entwicklungen auf den Gebieten des Exportkontrollrechts und des Kartellrechts, Köln, u.a. 1989.

Ginsburg, Douglas H. / Angstreich, Scott H.: Multinational Merger Review: Lessons from our Federalism, in: Antitrust Law Journal 68/2000, S. 219.

Giotakos, Dimitri / Petit, Laurent / Garnier, Gaelle / Luyck, Peter De: General Electric/Honeywell - An insight into the Commission's investigation and decision, in: Competition Policy Newsletter, Nr. 3, Oktober 2001, S. 5.

Goyder, D. G.: EC Competition Law, Oxford, 1998.

Grewlich, Alexandre S.: Globalisation and Conflict in Competition Law, Elements of Possible Solution, in: World Competition, Law and Economics Review, Vol. 24, 3/2001, S. 367.

Griffin, Stephen M.: The WTO Study of the Interaction between Trade and Competition Policy: Timely and Controversial, in: International Trade Law and Regul. 1997, S. 39.

Groeben, Hans von der / Thiesing, Jochen / Ehlermann, Claus-Dieter: Handbuch des Europäischen Rechts, Systematische Sammlung mit Erläuterungen, Baden-Baden 1957, (Loseblattsammlung, Stand: 2002).

Groeben, Hans von der / Thiesing, Jochen / Ehlermann, Claus-Dieter: Kommentar zum EU-/EG-Vertrag, Baden-Baden, 1997.

Gröner, Helmut / Knorr, Andreas: Internationalisierung der Wettbewerbspolitik, in: Immenga, Ulrich: Festschrift für Ernst-Joachim Mestmäcker zum 70. Geburtstag, Baden-Baden, 1996, S. 579.

Groger, Thomas / Janicki, Thomas: Weiterentwicklung des Europäischen Wettbewerbsrechts, in: Wirtschaft und Wettbewerb (WuW) 1992, S. 991.

Großfeld, Bernhard: Praxis des Internationalen Privat- und Wirtschaftsrechts, Reinbek 1975.

Gugerbauer, Norbert: Handbuch der Fusionskontrolle, Kommentar zur Verordnung Nr. 4064/89 des Rates über die Kontrolle von Unternehmenszusammenschlüssen und zu den §§ 41ff KartG, 1995.

Günther, Eberhard: Die Problematik einer Völkerrechtlichen Regelung internationaler Wettbewerbsbeschränkungen, in: Kartelle und Monopole im Modernen Recht III, 1961, S. 551.

Günther, Eberhard: Europäische Konvention zur Kontrolle internationaler Kartelle, in: Wirtschaft und Wettbewerb (WuW) 1952, S. 243.

Ham, Allard D.: International Cooperation in the Antitrust Field and in Particular the Agreement Between the United States of America and the Commission of the European Communities, in: Common Market Law (CML) Review, Vol. 30, 1993, S. 571.

Harmjanz, Jan Dietrich: Auflagen und Bedingungen - Eine vergleichende Darstellung des EG-Fusionskontrollrechts und des US-amerikanischen Antitrustrechts zu consent decrees, Baden-Baden, 1999.

Harty, Ronan P.: United States' Merger Control 2001, in: Davies, John: Getting the Deal Through - Merger Control 2001, London 2000, S. 196.

Hauser, Heinz / Schoene, Reiner E.: Is there a Need for International Competition Rules?, in: Außenwirtschaft 49 (1994), S. 205.

Hausmann, Friedrich Ludwig: Staatliche Kartellrechtsdurchsetzung im internationalen Vergleich, Köln, u.a. 1998.

Hawk, Barry E.: A Bright Line Shareholding Test to End the Nightmare under the EEC Merger Regulation, in: Common Market Law (CML) Review, Vol. 30, 6/1993, S. 1155.

Hawk, Barry E. / Huser, Henry L.: European Community Merger Control: A Practitioner's Guide, The Hague, 1996.

Hay, George / Hilke, John C. / Nelson, Philip B.: Geographic Market Definition in an International Context, in: Hawk, Barry E.: Annual Proceedings of the Fordham Corporate Law Institute: International Mergers and Joint Ventures, Ardsley-on-Hudson, 1991, S. 51.

Heidenhain, Martin: Zur Klagebefugnis Dritter in der europäischen Fusionskontrolle, in: Europäische Zeitschrift für Wirtschaftsrecht (EuZW) 1991, S. 590.

Heidenhain, Martin: Zusagenpraxis in der EG-Fusionskontrolle, in: Europäische Zeitschrift für Wirtschaftsrecht (EuZW) 1994, S. 135.

Heinemann, Andreas: Das Kartellrecht des geistigen Eigentums im TRIPS-Übereinkommen der Welthandelsorganisation, in: Gewerblicher Rechtsschutz und Urheberrecht Internationaler Teil (GRUR Int.) 1995, S. 535, englische Fassung: Antitrust Law of Intellectual Property in the TRIPs Agreement of the World Trade Organization, in: F.-K. Beier, G. Schricker (Hrsg.), From GATT to TRIPs, IIC Studies Vol. 18, Weinheim 1996, S. 239.

Heinemann, Andreas / Gebhardt, Immanuel: Wettbewerbsrecht in Transformationsstaaten am Beispiel der Mongolei, in: Zeitschrift für vergleichende Rechtswissenschaft – Archiv für Internationales Wirtschaftsrecht 98 (1999), S. 74.

Herdegen, Matthias: Internationales Wirtschaftsrecht, 2. Aufl., München 1995.

Herzog, Brigitte Ecolivet: Current Developments, The 1980 French law on Documents and Information, in: 75 Austrian Journal of Public and International Law/Österreichische Zeitschrift für Öffentliches Recht (AJIL) Vol. 33/1981, S. 382.

Hill, Andrew: Brittan Urges Role for GATT in Competition Regulation, in: Financial Times vom 3.2.1992, S. 1 und Fortsetzung auf S. 14 (Brittan Urges GATT Role).

Hirsbrunner, Simon: Die revidierte EG-Fusionskontroll-Verordnung, in: Europäische Zeitschrift für Wirtschaftsrecht (EuZW) 1998, S. 69.

Hirsbrunner, Simon: Fusionskontrolle der Kommission im Jahre 1996, in: Europäische Zeitschrift für Wirtschaftsrecht (EuZW) 1997, S. 748.

Hoekman, Bernard/Holmes, Peter: Competition Policy, Developing Countries and the WTO, April 1999, zu beziehen über die Weltbank.

Hoenig, Joachim / Scheerer, Michael: Die Reform der EU-Fusionsregeln nimmt langsam Konturen an. Brüssel will Geldbußen drastisch erhöhen - Wettbewerbs-Kommissar Monti will Reformentwurf vor der Sommerpause vorlegen, in: Handelsblatt vom 13.2.2001, S. 8.

Hootz, Christian / Müller-Henneberg, Hans / Schwartz, Gustav (Hrsg.): Gemeinschaftskommentar zum Gesetz gegen Wettbewerbsbeschränkungen und Europäisches Kartellrecht, 5. Auflage, EU-Fusionskontrolle (Einführung und Art. 1-3 VO 4064/89) und EU-Fusionskontrolle (Art. 4-25 VO 4064/89), Köln, u.a. 2001.

Horn, Norbert: Die Entwicklung des internationalen Wirtschaftsrechts durch Verhaltensrichtlinien - Neue Elemente eines ordre public, in: Rabels Zeitschrift für ausländisches und internationales Privatrecht (RabelsZ), 44/1980, S. 423.

Horn, Norbert: Legal Problems of Codes of Conduct for multinational Enterprises, Deventer, Frankfurt am Main 1980.

Huber, Ulrich: Auswirkungstheorie und extraterritoriale Rechtsanwendung im internationalen Kartellrecht, in: Zeitschrift für Unternehmens- und Gesellschaftsrecht (ZGR) 1981, S. 510.

Huggenberger, Thomas: Die marktbeherrschende Stellung in der Fusionskontrolle der EG, Frankfurt am Main, u.a. 2000.

Hummer, Waldemar / Simma, Bruno / Vedder, Christoph / Emmert, Frank: Europarecht in Fällen, 2. Auflage, Baden-Baden, 1994.

Immenga, Ulrich: Basic Principles for an International Antitrust Code, in: Hope, Einar / Maeleng, Per, Competition and Trade Policies - Coherence or Conflict?, London 1998, S. 46.

Immenga, Ulrich: Conflicts between Competition Policy and Industrial Policy: A Comparative View on Potential Responses, in: Zäch, Roger: Towards WTO Competition Rules, Key Issues and Comments on the WTO Report (1998) on Trade and Competition, Den Haag 1999, S. 343.

Immenga, Ulrich: Die Europäische Fusionskontrolle im wettbewerbspolitischen Kräftefeld, Tübingen 1993.

Immenga, Ulrich: Die Sicherung unverfälschten Wettbewerbs durch die Europäische Fusionskontrolle, in: Wirtschaft und Wettbewerb (WuW) 1990, S. 371.

Immenga, Ulrich: Gestaltung von Marktstrukturen durch Auflagen, in: Wirtschaft und Wettbewerb (WuW) 2002, S. 439.

Immenga, Ulrich: Grundsätze extraterritorialer Anwendung, in: Holl, Wolfgang / Klinke, Ulrich, Internationales Privatrecht, Internationales Wirtschaftsrecht, Köln 1985, S. 203.

Immenga, Ulrich: International Restrictive Practices and Economic Concentration, in: Fikentscher, Wolfgang / Immenga, Ulrich: Comparative Competition Law: Approaching an International System of Antitrust Law, Baden-Baden 1998, S. 119.

Immenga, Ulrich: Konzentrationskontrolle und Sanierungsfusion, in: Zeitschrift für das gesamte Handels- und Wirtschaftsrecht (ZHR), Bd. 137, 1973, S. 334.

Immenga, Ulrich: Rechtsregeln für eine internationale Wettbewerbsordnung, in: Immenga, Ulrich / Möschel, Wernhard / Reuter, Dieter: Festschrift für Ernst-Joachim Mestmäcker zum 70. Geburtstag, Baden-Baden 1996, S. 593.

Immenga, Ulrich: Wirkungsgrenzen bilateraler Verträge für eine internationale Wettbewerbsordnung, in: Kruse, Jörn / Mayer, Otto G.: Aktuelle Probleme der Wettbewerbs- und Wirtschaftspolitik, Festschrift für Erhard Kantzenbach zum 65. Geburtstag, Veröffentlichung des HWWA - Institut für Wirtschaftsforschung Hamburg, Baden-Baden, 1996, S. 155.

Immenga, Ulrich / Mestmäcker, Ernst-Joachim: EG-Wettbewerbsrecht, Kommentar zum EG-Vertrag und zur FKVO, Band I und II, München 1997.

Immenga, Frank A. / Stopper, Martin: Impulsgeber „Baby Food Merger": Die Berücksichtigung des Effizienzgedankens im US-amerikanischen und europäischen Fusionskontrollrecht, in: Recht der Internationalen Wirtschaft (RIW) 2001, S. 512.

International Competition Network (ICN Merger Working Group): Analytical Framework Subgroup), Project on Merger Guidelines, Report for the third ICN annual conference in Seoul, April 2004.

International Competition Network (ICN Mergeres Working Group, Notification and Procedures Subgroup), Report on Costs and Burdens of Multijurisdictional Merger Review, November 2004.

International Competition Policy Advisory Committee (ICPAC): Final Report vom 28. Februar 2000, http://www.usdoj.gov/atr/icpac/finalreport.htm.

Ipsen, Knut: Völkerrecht (Ein Studienbuch), 3. Auflage, München 1990.

Jackson, John H.: Alternative Approaches for Implementing Competition Rules in International Economic Relations, in: Außenwirtschaft 49 (1994), S. 177.

Jacquemin, A.: Towards an Internationalisation of Competition Policy, in: The World Economy, Vol. 18 (6) 1995, S. 781.

James, Charles A.: Antitrust In The Early 21st Century: Core Values And Convergence, Rede anlässlich des Program on Antitrust Policy in the 21st Century, May 15, 2002, http://www.usdoj.gov/atr/public/speeches/11148.htm.

James, Charles A.: International Antitrust in the 21st Century: Cooperation and Convergence, Before the OECD Global Forum on Competition, Paris, France, 17.10.2001, http://www.usdoj.gov/atr/public/speeches/9330.htm.

James, Charles A.: International Antitrust in the Bush Administration, Rede anlässlich der Canadian Bar Association Annual Fall Conference on Competition Law, Ottawa, Canada, 21.9.2001, http://www.usdoj.gov/atr/public/speeches/9100.pdf.

James, Charles A.: Reconciling Divergent Enforcement Policies: Where do we go from here?, Rede im Fordham Corporate Law Institute, 25.10.2001, http://www.usdoj.gov/atr/ public/speeches/9395.pdf.

Jennings, Robert Y.: Extraterritorial Jurisdiction and the United States Antitrust Laws, in: British Yearbook of International Law 33, 1957, S. 146.

Jenny, Frédéric: Globalization, Competition and Trade Policy: Issues and Challenges, in: Zäch, Roger: Towards WTO Competition Rules, Key Issues and Comments on the WTO Report (1998) on Trade and Competition, Den Haag, 1999, S. 3.

Kaffanke, Joachim: Nationales Wirtschaftsrecht und internationale Wirtschaftsordnung, Anwendungsgrenzen nationalen Rechts bei internationalen Sachverhalten, Baden-Baden, 1990.

Karl, Anna-Maria: Auf dem Weg zu einer globalen Kartellrechtsordnung - Von der Extraterritorialität zur Harmonisierung?, in: Recht der internationalen Wirtschaft (RIW) 1996, S. 633.

Kayser, Joachim: Gegenmaßnahmen im Außenwirtschaftsrecht und das System des Europäischen Kollisionsrechts, Frankfurt/Main, 2001.

Kerber, Wolfgang: Europäische Fusionskontrolle, in: Oberender, Peter (Hrsg.), Die europäische Fusionskontrolle, Berlin 2000, S. 32.

Kerres, Christoph: Mergers and Acquisitions Activity in the European Communities, in: Campbell, Dennis / Garbus, David A.: Mergers and Acquisitions: Meeting the Challenges in Europe and North America after 1992, Boston 1991, S. 7.

Kevekordes, Johannes: Auslandszusammenschlüsse im internationalen und materiellen Kartellrecht, Heidelberg 1986.

Khemani, Shyam: Merger Law: A Comment, in: Kantzenbach, Erhard / Scharrer, Hans-Eckart / Wavermann, Leonard: Competition Policy in an Interdependant World Economy; Veröffentlichung des HWWA - Institut für Wirtschaftsforschung Hamburg, Band 3, Baden-Baden 1993, S. 189.

King, James W.: A Comparative Analysis of the Efficacy of Bilateral Agreements in Resolving Disputes Between Sovereigns Arising from Extraterritorial Application of Antitrust Law: The Australian Agreement, in: Georgia Journal of International and Comparative Law, Vol. 13, 1983, S. 49.

Kinne, Konstanze: Effizienzvorteile in der Zusammenschlusskontrolle. Eine vergleichende Analyse der deutschen, europäischen und US-amerikanischen Wettbewerbspolitik, Baden-Baden 2000.

Kleemann, Dietrich: Enthält Art. 2 der EG-FKVO eine wettbewerbsrechtliche Abwägungsklausel?, in: Festschrift für Otfried Lieberknecht zum 70. Geburtstag, München 1997, S. 379.

Klein, Joel I.: International Antitrust: A Justice Departement Perspective, in: Hawk, Berry E.: Annual Proceedings of the Fordham Corporate Law Institute - International Antitrust Law and Policy, Huntington, New York 1996, S. 11.

Klein, Joel I.: Time for a Global Competition Initiative?, Rede anlässlich der Konferenz zum 10. Jahrestag der FKVO, Brüssel, 14.9.2000, http://www.usdoj.gov/atr/ public/speeches/6486.pdf.

Klodt, Henning: Conflict and Conflict Resolution in International Antitrust: Do we Need International Competition Rules?, in: The World Economy, Vol. 24 (7) 2001, S. 877-888.

Kobak, James B.: Three Approaches to the Beaurocratic Dilemma: The Administration and Enforcement of the Antitrust Laws of the United States, France and the Common Market, in: Alabama Law Review, 23 (1970), S. 43.

Koch, Norbert: Die neuen Befugnisse der EG zur Kontrolle von Unternehmenszusammenschlüssen, in: Europäisches Wirtschafts- und Steuerrecht (EWS), 3/1990, S. 65.

Körber, Torsten: Die Konkurrentenklage im Fusionskontrollrecht der USA, Deutschland und der Europäischen Union, Baden-Baden 1996.

Kojima, Takaaki: International Conflicts over the Extraterritorial Application of Competition Law in a Borderless Economy, Harvard University, Boston, 2002.

Kolasky, William J.: Comparative Merger Control Analysis: Six Guiding Principles for Antitrust Agencies - New and Old, Rede bei der International Bar Association Conference on Competition Law and Policy in a Global Context, Cape Town, South Africa, 18.3.2002, http://www.usdoj.gov/atr/public/speeches/ 10845.pdf.

Kolasky, William J.: The International Competition Network, Guiding Principles for Merger Review, International Bar Association, Sixth Annual Competition Conference, Fiesole, Italy, 20.9.2002, http://www.usdoj.gov/atr/public/speeches/ 200234.pdf.

Kolasky, William J. / Adkinson, William F.: Report Your Deal to FTC, DOJ, EC, Etc., in: Legal Times vom 2.11.1998, S. 544.

Kovacic, William E.: Getting Started: Creating New Competition Policy Institutions in Transition Economies, in: 23 Brooklyn Journal of International Law (Brooklyn J. Intl. Law), 1997, S. 403.

Kovacic, William E.: Public Choice and the Public Interest: Federal Trade Commission Antitrust Enforcement During the Reagan Administration, in: The Antitrust Bulletin, Fall 1988, Vol. 33, Nr. 3, S. 467.

Krakowski, Michael: Wettbewerbs- versus Industriepolitik, in: Wirtschaftsdienst, Zeitschrift für Wirtschaftspolitik, HWWA-Institut, 71/1991, S. 272.

Krattenmaker, Thomas G. / Pitofsky, Robert: Antitrust Merger Policy and the Reagan Administration, in: The Antitrust Bulletin, Fall 1988, Vol. 33, Nr. 2, S. 211.

Krüger, Reinald: Multilaterale Regeln für den internationalen Wettbewerb?, in: Kantzenbach, Erhard / Mayer, Otto G.: Von der internationalen Handels- zur Wettbewerbsordnung, Veröffentlichung des HWWA - Institut für Wirtschaftsforschung Hamburg, Baden-Baden 1996, S. 219.

Kuck, Tobias: Die Anerkennung des Grundsatzes ne bis in idem im europäischen Kartellrecht und seine Anwendung in internationalen Kartellverfahren, in: Wirtschaft und Wettbewerb (WuW) 2002, S. 689.

Kutscher, Hans: Zum Grundsatz der Verhältnismäßigkeit im Recht der europäischen Gemeinschaften, in: Der Grundsatz der Verhältnismäßigkeit in europäischen Rechtsordnungen, Deutsche Sektion der Internationalen Juristen-Kommission, Heidelberg 1985, S. 89.

Laine, Charles R.: The Herfindahl-Hirschman Index: A concentration measure taking the consumer's point of view, in: Antitrust Bulletin, Summer, 1995, S. 423.

Lambro, Donald: O'Neill Hits EU Body for Blocking GE Merger, in: Washington Times vom 3.7.2003, S. 3.

Lande, Robert H.: Wealth Transfers As the Original and Primary Concern of Antitrust: The Efficiency Interpretation Challenged, in: Hastings Law Journal, Vol, 34, 1982, S. 65.

Lang, John Temple: European Community Antitrust Law-Innovation Markets and High Technology Industries, in: Hawk, Barry E.: EC and U.S. Competition Law and Policy, Annual Proceedings of the Fordham Corporate Law Institute, Irvington-on-Hudson, 1992, S. 519.

Lange, Knut Werner: Beteiligungsrechte Dritter im europäischen Fusionskontrollverfahren, in: Ebenroth, Carsten T. / Hesselberger, Dieter / Rinne, Manfred E.: Verantwortung und Gestaltung, Festschrift für Karlheinz Boujong zum 65. Geburtstag, München 1996, S. 885.

Lange, Knut Werner: Räumliche Marktabgrenzung in der Europäischen Fusionskontrolle, Frankfurt am Main, u.a. 1994.

Langen, Eugen / Bunte, Herrmann-Josef: Kommentar zum Deutschen und Europäischen Kartellrecht, Band 1 und 2, 9. Auflage, Neuwied, 2001.

Leenen, A. Th. S.: Extraterritorial Application of EEC-Competition Law, in: Netherlands Yearbook of International Law, 15/1974, S. 139.

Leibenath, Christoph: Die Rechtsprobleme der Zusagenpraxis in der europäischen Fusionskontrolle, Baden-Baden 2000.

Lewald, Walter: Internationales Kartellrecht und Völkerrecht, in: Neue Juristische Wochenschrift (NJW) 1976, S. 1566.

Linder, Ludwig: Privatklage und Schadensersatz im Kartellrecht, Baden-Baden 1980.

Linneweber, Axel: Einführung in das US-Amerikanische Verwaltungsrecht - Kompetenzen, Funktionen und Strukturen der „Agencies" im US-amerikanischen Verwaltungsrecht, Frankfurt am Main, u.a. 1994.

Liu, Lawrence S.: In the Name of Fair Trade - A Commentary on the New Competition Law and Policy of Taiwan, the Republic of China, in: International Lawyer (Int. Lawyer) 27, 1993, S. 145.

Lofaro, Andrea / Ridyard, Derek: The Economic Analysis of Joint Dominance under the EC Merger Regulation, in: European Business Organization Law Review, 2000, S. 539.

Lowe, Alan Vaughan: Extraterritorial Jurisdiction. An Annotated Collection of Legal Material, Cambridge 1983.

Lowe, A. Vaughan: Extraterritorial Jurisdiction, The British Practice, in: Rabels Zeitschrift für ausländisches und internationales Privatrecht (RabelsZ), 52 (1988), S. 157-204.

Lowe, A. Vaughan: Public International Law, London 1979.

Lowe, Alan Vaughan: The Problems of Extraterritorial Jurisdiction: Economic Sovereignty and the Search for a Solution, in: International and Comparative Law Quarterly, Vol. 34, 1985, S. 724.

Meibom, Wolfgang von/Geiger, Andreas: A World Competition Law as an Ultima Ratio, in: European Competition Law Review (ECLR), Vol. 23, 2002, S. 445.

Maier, Harald: Extraterritorial Jurisdiction at a Crossroads, An Intersection between Private and Public International Law, in: American Journal of International Law, 78, 1982, S. 280.

Maier, Harald: Interest Balancing and Extraterritorial Jurisdiction, in: The American Journal of Comparative Law, Vol. 31, 1983, S. 579.

Majoras, Deborah, Platt: GE-Honeywell: The US Decision, Vortrag vor der Antitrust Law Section State Bar of Georgia, 29.11.2001, http://www.usdoj.gov/atr /public/speeches/9893.pdf.

Mann, Fritz Alexander: The Dyestuffs Case in the Court of Justice of European Communities, in: 22 International and Comparative Law Quarterly, 1973, S. 35.

Markert, Kurt: Beurteilungsgesichtspunkte diagonaler Zusammenschlüsse anhand amerikanischer Fälle, in: Gutzler, Helmut, Wettbewerb im Wandel, Festschrift für Eberhard Günther zum 65. Geburtstag, 1976, S. 407.

Maxeiner, James: Rechtspolitik und Methoden im deutschen und amerikanischen Kartellrecht, München 1986.

McCarty, James F.: Merger Policy and Enforcement at the FTC: The Lawyer's View, in: 54 Antitrust Law Journal 1985, S. 103.

Meessen, Karl Matthias: Das Für und Wider eines Weltkartellrechts, in: Wirtschaft und Wettbewerb (WuW) 2000, S. 5.

Meessen, Karl Matthias: Kollisionsrecht der Zusammenschlusskontrolle, 1984.

Meessen, Karl Matthias: Völkerrechtliche Grundsätze des internationalen Kartellrechts, Baden-Baden, 1975.

Mendes, M.: Antitrust in a World of Inter-Related Economics, Brüssel 1991.

Meng, Werner: Extraterritoriale Jurisdiktion im öffentlichen Wirtschaftsrecht, Berlin 1994.

Meng, Werner: Völkerrechtliche Zulässigkeit und Grenzen wirtschaftsverwaltungsrechtlicher Hoheitsakte mit Auslandswirkung, in: Zeitschrift für ausländisches öffentliches Recht und Völkerrecht (ZaöRV), 44 (1984), S. 675-783.

Meyer-Lindemann, Hans Jürgen: Monti drohen weitere Niederlagen vor Gericht, in: Frankfurter Allgemeine Zeitung (FAZ) vom 30.10.2002, S. 23.

Miersch, Michael: Kommentar zur EG-Verordnung Nr. 4064/89 über die Kontrolle von Unternehmenszusammenschlüssen, 1. Auflage, Neuwied, u.a., 1991.

Miert, Karel van: Globalization of Competition: The Need for Global Governance, Vortrag in der Vrije Universiteit Brussel, 25.3.1998, http://europa.eu.int/ comm/competition/ speeches/text/sp1998_052_en.html.

Miert, Karel van: International Cooperation in the Field of Competition - A View from the EC, Rede anlässlich der 24th Annual Proceedings of the Fordham Corporate Law Institute - International Antitrust Law and Policy, Huntington, New York, 16.10.1997, http://europa.eu.int/comm/competition/speeches/text/sp1997_073 _en.html.

Miert, Karel van: La politique européenne de concurrence en 1995 au Parlement Européen lors de la présentation du XXVème Rapport sur la politique de concurrence am 30.05.1996, EC Competition Policy Newsletter, vol 2 No 2 summer 1996, S. 1.

Miert, Karel van: The Transatlantic and Global Implications of European Competition Policy, Rede anlässlich des North Atlantic Assembly Meeting on 16.2.1998, Brüssel, http://europa.eu.int/comm/competition/speeches/text/sp1998_054_en. html.

Miert, Karel van: Transatlantic Relations and Competition Policy, Rede vor der American Chamber of Commerce in Belgium, 26.11.1996, Brüssel, http://europa. eu.int/comm/ competition/speeches/text/sp1996_060_en.html.

Ministry of Economic Development (MED) - Backgrounder on the Commerce Act Reforms, Wellington, 5.4.2000, http://www.med.govt.nz/buslt/bus_pol/comref/backgrounder.html.

Ministry of Economic Development (MED) - Review of the Competition thresholds in the Commerce Act 1986 and Related Issues: A Discussion Document, The Current Regime, Wellington, April 1999, http://www.med.govt.nz/ buslt/bus_pol/thresholds/thresholds.pdf.

Möschel, Wernhard: Divergierende Entwicklungen im amerikanischen und europäischen Kartellrecht, in: Wirtschaftswissenschaftliches Studium (WiSt) 1983, S. 603.

Möschel, Wernhard: Internationale Wettbewerbsbeschränkungen, in: Leßmann, Herbert/Großfeld, Bernhard/Vollmer, Lothar (Hrsg.): Festschrift für R. Lukes zum 65. Geburtstag, Köln 1989, S. 461.

Möschel, Wernhard: Konglomerate Zusammenschlüsse im Antitrustrecht der Vereinigten Staaten von Amerika, in: Rabels Zeitschrift für ausländisches und internationales Privatrecht (RabelsZ), 44/1980, S. 203.

Monopolkommission: Folgeprobleme der europäischen Kartellverfahrensreform, Sondergutachten 32 der Monopolkommission gemäß § 44 Abs. 1 Satz 4 GWB, 30.10.2001. http://www.monopolkommission.de/sg_32/text_s32_d.pdf.

Montag, Frank: Common Market Merger Control of Third-Country Enterpises, in: The Comparative Law Yearbook of International Business, Vol. 13/1991, S. 47.

Montag, Frank / Kaessner, Ralph: Neuere Entwicklungen in der Fallpraxis der europäischen Fusionskontrolle, in: Wirtschaft und Wettbewerb (WuW) 1997, S. 781.

Montag, Frank / Leibenath, Christoph: Aktuelle Probleme in der Europäischen Fusionskontrolle, in: Wirtschaft und Wettbewerb (WuW) 2000, S. 842.

Monti, Mario: Antitrust in the US and Europe: A History of Convergence, Rede anlässlich des General Counsel Roundtable American Bar Association, Washington D.C. 14.11.2001, http://europa.eu.int/comm/competition/speeches/index_2001.html.

Monti, Mario: Cooperation Between Competition Authorities - A Vision for the Future, Vortrag bei der Japan Foundation Conference, Washington DC, 23.6.2000, http://europa.eu.int/comm/competition/speeches/index_2000.html.

Monti, Mario: Merger Control in the EU: A Radical Reform, Rede anlässlich der IBA Konferenz zur Europäischen Fusionskontrolle in Brüssel, 7.11.2002, http://europa.eu.int/comm/competition/speeches/index_2002.html.

Monti, Mario: Private Litigation as a key complement to public enforcement of competition rules and the first conclusions on the implementation of the new Merger Regulation, Rede anlässlich der 8. IBA Competition Conference, 17.09.2004, http://europa.eu.int/comm/ competition/speeches/index_2004.html.

Monti, Mario: The Future for Competition Policy in the European Union, Auszüge aus einer Rede in der Merchant Taylor's Hall, London 9.7.2001, http://europa.eu.int/comm/ competition/speeches/index_2001.html.

Mozet, Peter: Internationale Zusammenarbeit der Kartellbehörden, Heidelberg 1991.

Muris, T.: The FTC and the Law of Monopolization, in: 67 Antitrust Law Journal (Antitrust L.J.) 2000, S. 693.

Mussler, Werner: Das System stimmt. Zur Reform der EU-Fusionskontrolle, in: Frankfurter Allgemeine Zeitung (FAZ) vom 3.12.2002, S. 11.

Neale, A. / Goyder, D.G.: The Antitrust Laws of the United States of America, Cambridge 1980.

Nicolaides, Phedon: Towards Multilateral Rules on Competition - The Problems in Mutual Recognition of National Rules, in: World Competition, Law and Economics Review, Vol. 17, 3/1994, S. 5.

Nicolaides, Phedon: Trade and Competition Policies in an Increasingly Integrated World Economy, in: Intereconomics, Review of European Economic Policy, Vol. 29, 2/1994, S. 84.

Nicolaides, Phedon: Why Multilateral Rules on Competition are Needed, in: Intereconomics, Review of European Economic Policy, Vol. 29, 5/1994, S. 211.

Niederleithinger, Ernst: Grundfragen der neuen europäischen Zusammenschlusskontrolle, in: Europäisches Wirtschafts- und Steuerrecht (EWS), 3/1990, S. 73.

Niederleithinger, Ernst / Schaub, Dieter: Zur Problematik einer Präventivkontrolle von Auslandszusammenschlüssen, in: Wirtschaft und Wettbewerb (WuW) 1981, S. 469.

Noel, Pierre-Emmanuel: Efficiency Considerations in the Assessment of Horizontal Mergers under European and US Antitrust Law, in: European Competition Law Review (ECLR) 1997, S. 498.

Nolte, Norbert: Beurteilungsspielräume im Kartellrecht der Europäischen Gemeinschaft und der Bundesrepublik Deutschland, Frankfurt am Main, u.a. 1997.

Noronha Goyos, Durval jr. de: The Globalisation of Competition Law: A Latin American Perspective, in: International Trade Law and Regulations (Int. Trade Law and Regul.) 1997, S. 20.

OECD (Organisation for Economic Cooperation and Development): Bericht des Wettbewerbsausschusses, FIW (Forschungsinstitut für Wirtschaftsverfassung und Wettbewerb) - Dokumentation, Heft 13, Köln, u.a. 1989.

OECD (Organisation for Economic Cooperation and Development): CLP Report on Positive Comity, 6.-7.5.1999, zu beziehen über die OECD.

OECD (Organisation for Economic Cooperation and Development): Competition Policy and Efficiency Claims in Horizontal Agreements, Committee on Competition Law and Policy, DAFFE/CLP/WD (95) 9, Paris 1996, zu beziehen über die OECD.

OECD (Organisation for Economic Cooperation and Development): Empfehlung des Rates, vom 21.5.1986, Dok. C (86) 44 (Final), mit Anhang: Richtlinien für Notifizierungen, Austausch von Informationen, Konsultation und Schlichtung auf dem Gebiet wettbewerbsbeschränkender Praktiken mit Auswirkungen auf den internationalen Handel, abgedruckt in: Wirtschaft und Wettbewerb (WuW) 1987, S. 214 (Empfehlung) und S. 217 (Anhang).

OECD (Organisation for Economic Cooperation and Development): Empfehlung vom 27./28.7.1995, Revised Recommendation of the Council concerning Cooperation between Member Countries on Anticompetitive Practices affecting International Trade, auch in revidierter Fassung zu beziehen über die OECD.

OECD (Organisation for Economic Cooperation and Development): Empfehlung des Rates der OECD über die Zusammenarbeit zwischen den Mitgliedsstaaten auf dem Gebiet wettbewerbsbeschränkender Praktiken mit Auswirkungen auf den internationalen Handel vom 5.10.1967, abgedruckt in: Wirtschaft und Wettbewerb (WuW) 1969, S. 29.

OECD (Organisation for Economic Cooperation and Development): Empfehlung des Rates der OECD über wettbewerbsbeschränkende Geschäftspraktiken im internationalen Handel mit Einbezug der Praktiken multinationaler Unternehmen vom 20.7.1978, C (78)133 (Final), Recommendation of the Council concerning Action against Restrictive Business Practices Affecting International Trade Including those Involving Multinational Enterprises, zu beziehen über die OECD.

OECD (Organisation for Economic Cooperation and Development): Empfehlung des Rats hinsichtlich eines Konsultations- und Schlichtungsverfahrens bei wettbewerbsbeschränkenden Praktiken mit Auswirkungen auf den internationalen Handel vom 3.7.1973, Auszüge abgedruckt in: Wirtschaft und Wettbewerb (WuW) 1974, S. 251.

OECD (Organisation for Economic Cooperation and Development): Leitsätze für multinationale Unternehmen vom 21.6.1976 in der Neufassung 2000 vom 27.6.2000, zu beziehen über die OECD.

OECD (Organisation for Economic Cooperation and Development): OECD Organises First Global Forum on Competition, Paris, 17.-18.10., Pressemitteilung vom 9.10.2001, zu beziehen über die OECD.

OECD (Organisation for Economic Cooperation and Development): Outline of (A) Core Principles, Common Approaches and Common Standards and (B) Bilateral and Multilateral Approaches, Directorate for Financial, Fiscal and Enterprise Affairs, Bericht vom 12.10.1999, http://www.olis.oecd.org/olis/1998doc.nsf/linkto/com-td-daffe-clp(98)97-final.

OECD (Organisation for Economic Cooperation and Development): Recommendation of the Council Concerning Effective Ation Against Hard Core Cartels, C(98)35/FINAL, 25.3.1998, zu beziehen über die OECD.

OECD (Organisation for Economic Cooperation and Development): Recommendation of the Council on Competition Policy and Exempted or Regulated Sectors, vom 25.9.1979, zu beziehen über die OECD.

OECD (Organisation for Economic Cooperation and Development): Report on Failing Firm Defence, Paris 1996, zu beziehen über die OECD.

OECD (Organisation for Economic Cooperation and Development): Report on Notification of Transnational Mergers, 24.2.1999, zu beziehen über die OECD.

OECD (Organisation for Economic Cooperation and Development): Roundtable on Oligopoly, Directorate for Financial, Fiscal and Enterprise Affairs, Committe on Competition Law and Policy, Document DAFFEE/CLP (99) 25, vom 19.10.1999, zu beziehen über die OECD.

OECD (Organisation for Economic Cooperation and Development): Roundtable on Portfolio Effects in Conglomerate Mergers, Directorate for Financial, Fiscal and Enterprise Affairs, Committe on Competition Law and Policy, Document DAF-FEE/CLP (2001) 25, vom 2.10.2001, zu beziehen über die OECD.

Opgenhoff, Carolin: Die europäische Fusionskontrolle zwischen Wettbewerbsrecht und Industriepolitik, Frankfurt a. M. 2001.

Ostry, Sylvia: Beyond the Border: The New International Policy Arena, in: Kantzenbach, Erhard / Scharrer, Hans-Eckart / Wavermann, Leonard: Competition Policy in an Interdependant World Economy; Veröffentlichung des HWWA - Institut für Wirtschaftsforschung Hamburg, Band 3, Baden-Baden, 1993, S. 261.

Parisi, John J.: Enforcement Cooperation Among Antitrust Authorities, Rede anlässlich der IBC UK Conferences, 6th Annual London Conference on EC Competition Law, 19.5.1999, http://www.ftc.gov/speeches/other/ibc99059911 update.htm.

Pearlstein, Steven: Boeing Yields to Key EU Demand to Win Approval of McDonnell Deal, Washington Post vom 23.7.1997, S. D 10.

Petersmann, Ernst-Ulrich: Competition-oriented Reforms of the WTO World Trade System - Proposals and Policy Options, in: Zäch, Roger: Towards WTO Competition Rules, Key Issues and Comments on the WTO Report (1998) on Trade and Competition, Den Haag 1999, S. 43.

Petersmann, Ernst-Ulrich: Proposals for Negotiating International Competition Rules in the GATT-WTO World Trade and Legal System, in: Außenwirtschaft 49 (1994), S. 231.

Pettit, P. C. F. / Styles, C. J. D.: The International Response to the Extraterritorial Application of United States Antitrust Laws, in: The Business Lawyer (Bus. Law), Vol. 37, 1982, S. 697.

Pitofsky, Robert: Efficiencies in Defense of Mergers: 18 Months After, George Mason Law Review Antitrust Symposium: The Changing Face of Efficiency, Washington D.C. 16.10.1998, http://www.ftc.gov/speeches/pitofsky/pitofeff.htm.

Pitofsky, Robert: EU and US Approaches to International Mergers - Views from the US Federal Trade Commission, Rede anlässlich der EC Merger Control 10th Anniversary Conference, Brüssel 14.9.2000, http://www.ftc.gov/speeches/ pitofsky/pitintermergers.htm.

Pitofsky, Robert: Merger and Competition Policy - The Way Ahead, Rede anlässlich des ABA Annual Meeting, 4.8.1998, http://www.ftc.gov/speeches/ pitofsky/ canada.sp2.htm.

Pitofsky, Robert: Proposals for Revised US Merger Enforcement in a Global Economy, in: 81, George Mason Law Journal (GEO.L.J.) 1992, S. 195.

Pitofsky, Robert: Staples and Boeing: What They Say about Merger Enforcement at the FTC, Rede anlässlich der Konferenz Antitrust, Business Development Associates, 23.9.1997, http://www.ftc.gov/speeches/pitofsky/STAPLESspc.htm.

Pitofsky, Robert: The Effect of Global Trade on United States Competition Law and Enforcement Policies, Rede anlässlich der Fordham Corporate Law Institute 26th Annual Conference on International Antitrust Law and Policy, 15.10.1999, http://www.ftc.gov/speeches/pitofsky/fobebf1.htm.

Pitofsky, Robert: Vertical Restraints and Vertical Aspects of Mergers - A US Perspective, Rede anlässlich der Fordham Corporate Law Institute 24th Annual Conference on International Antitrust Law and Policy, 16.10.1997, http://www.ftc.gov/ speeches/pitofsky/fordham7.htm.

Pitofsky, Robert / Steiger, Janet D. / Starek III, Roscoe B. / Varney, Christine A.: Statement in the Matter of The Boeing Company / Mc Donnell Douglas Corporation, FTC, 1.7.1997, File No. 971-0051, http://www.ftc.gov/ pa/1997/07/boeingsta.htm.

Pons, Jean-François: International Cooperation Between Competition Authorities, Rede anlässlich der Conference on Competition Policy in Transition Economies, Moskau 26.9.1995, http://europa.eu.int/comm/competition/speeches /text/p995_040_en.html.

Pons, Jean-François: International Cooperations in Competition Matters - Where Are We Four Years After the van Miert Report?, in: Zäch, Roger: Towards WTO Competition Rules, Key Issues and Comments on the WTO Report (1998) on Trade and Competition, Den Haag 1999, S. 195.

Porter, Michael E.: The Competitive Advantage of Nations, New York 1990.

Posner, Richard A.: Antitrust Law, Chicago 2001.

Price Waterhouse Coopers LLP, A Tax on Mergers? Surveying the time and costs to business of multi-jurisdictional merger reviews. A study commissioned by the International Bar Association and the American Bar Association, Juni 2003.

Priest, George L.: The GE/Honeywell Precedent And Franco Romani, in: Wall Street Journal vom 20.6.2001, S. A 18.

Rahl, James A.: Common Market and American Antitrust, New York, Düsseldorf 1970.

Raybould, D./Firth, A.: Law of Monopolies: Competition Law and Practice in the USA, EEC, Germany and the UK, London 1991.

Reimann, Matthias: Einführung in das US-amerikanische Privatrecht, München 1997.

Reymond, Christophe: Institutions, Decision-Making Procedure and Settlement of Disputes in the European Economic Area, in: Common Market Law Review (CMLR), Vol. 30, 1993, S. 449.

Reynolds, Michael J.: The First Year of Enforcement under the EEC Merger Regulation - A Private View, in: Hawk, Barry E.: EC and US Competition Law and Policy, Annual Proceedings of the Fordham Corporate Law Institute, Irvington-on-Hudson 1992, S. 64.

Riecke, Torsten: GE/Honeywell wird zum transatlantischen Störfall. Übernahmetransaktion zweier US-Unternehmen könnte erstmals an der EU scheitern. - Zerwürfnis in der Wettbewerbspolitik hätte unabsehbare Folgen, in: Handelsblatt vom 18.6.2001, S. 11.

Roth, Herbert: Die Fusionskontrolle internationaler Unternehmenszusammenschlüsse, in: Rabels Zeitschrift für ausländisches und internationales Privatrecht (RabelsZ), 45/1981, S. 501.

Rowley, John William: International Mergers: Antitrust Notification Requirements, in: Hawk, Barry E.: Annual Proceedings of the Fordham Corporate Law Institute: International Mergers and Joint Ventures, Ardsley-on-Hudson 1991, S. 221.

Rowley, John William: Streamlining International Merger Control, in: Davies, John: Getting the Deal Through - Merger Control 2001, London 2000, S. 3.

Rowley, John William: The Internationalisation of Merger Review: The Need for Global Solutions, in: Davies, John: Getting the Deal Through - Merger Control 2002, London 2001, S. 3.

Rowley, John William / Baker, Donald I.: International Mergers - The Antitrust Process, 2. Aufl., Band I und II, London 1996.

Rowley, John William / Opashinov, Mark: The Internationalisation of Merger Review: Towards Global Solutions, in: Davies, John: Getting the Deal Through - Merger Control 2003, London 2002, S. 3.

Russell, Thomas G.: Recent Developments in German and EEC Antimerger Law: A Comparative Study from an American Perspective, in: Comparative Law Yearbook, Vol. 2/1978, S. 183.

Sander, Gerald G.: Die WTO als Rahmen einer künftigen Weltwettbewerbsordnung, Tübingen, 1998.

Schaub, Alexander: Antitrust Law Enforcement - A Shared Trans-Atlantic Vision, Rede anlässlich der Bi-Annual Conference of the Council for the US and Italy, New York 25.1.2002, http://europa.eu.int/comm/competition/speeches/index_2002.html und http://europa.eu.int/comm/competition/speeches/text/sp2002_002_en.pdf.

Schaub, Alexander: International Cooperation in Antitrust Matters: Making the Point in the Wake of the *Boeing/MDD* Proceedings, Competition Policy Newsletter Vol. 4 Nr. 1 vom 1.2.1998, http://europa.eu.int/comm/competition/speeches/text/sp1998_004_en.html.

Schaub, Alexander: Konvergenz kartellrechtlicher Normen und deren Anwendung auf globale Sachverhalte, in: Wirtschaft und Wettbewerb (WuW) 2001, S. 928 und als Aufsatz vom 18.1.2002, http://europa.eu.int/comm/competition/speeches/text/sp2001_034_de.pdf.

Schaub, Alexander: The Global Competition Forum : How it should be organised and operated?, Rede im European Policy Centre, Brüssel 14.3.2001, http://europa.eu.int/comm/ competition/speeches/text/sp2001_003_en.pdf.

Schirmer, Michael: Die Konkretisierung des Auswirkungsprinzips im internationalen Kartellrecht, Frankfurt am Main, u.a. 1997.

Schmidt, André: Non-Competition Factors in the European Competition Policy: The Necessity of Institutional Reforms, Discussion Paper for the Center for Globalization and Europeanization of the Economy, Georg-August-Universität Göttingen, August 2001.

Schmidt, Christian Rudolf: Die Entwicklung des technischen und wirtschaftlichen Fortschritts, Baden-Baden 1992.

Schmidt, Ingo: EG-Integration, Industrie- versus Wettbewerbspolitik, in: Wirtschaftsdienst, 72. Jahrgang, 1992, S. 628.

Schmidt, Ingo: First Experiences with the EEC Merger Control System, in: Kantzenbach, Erhard / Scharrer, Hans-Eckart / Wavermann, Leonard: Competition Policy in an Interdependant World Economy; Veröffentlichung des HWWA - Institut für Wirtschaftsforschung Hamburg, Band 3, Baden-Baden 1993, S. 109.

Schmidt, Ingo: Fusionskontrolle – Effizienz durch Wettbewerb oder Konzentration?, in: Wirtschaft und Wettbewerb (WuW) 2004, S. 359.

Schmidt, Ingo: Wettbewerbspolitik und Kartellrecht, 6. Auflage, Stuttgart 1999.

Schmidt, Ingo / Reis, Wolfgang: Der Herfindahl-Hirschman-Index (HHI) als wettbewerbspolitisches Instrument der neuen U.S.-Fusionsrichtlinien, in: Wirtschaft und Wettbewerb (WuW) 1983, S. 525.

Schmidt, J.: Wettbewerbspolitik im internationalen Vergleich, Heidelberg 1996.

Schödermeier, Martin: Die vermiedene Auswirkung - Anmerkungen zum Papierstoff-Urteil des EuGH, in: Wirtschaft und Wettbewerb (WuW), 1989, S. 21.

Schütz, Jörg: Diskriminierung durch die deutsche Fusionskontrolle?, in: Forschungsinstitut für Wirtschaftsverfassung und Wettbewerb, Umbruch der Wettbewerbsordnung in Europa, 28. FIW-Symposium, Köln 1995, S. 77.

Schwartz, Ivo E.: Deutsches Internationales Kartellrecht, Der Anwendungsbereich d. Gesetzes gegen Wettbewerbsbeschränkungen unter vergleichender Heranziehung des amerikanischen Antitrustrechts, Köln, Berlin, u.a. 1968.

Schwartz, Ivo E. / Basedow, Jürgen: Restrictions on Competition, Tübingen 1995.

Schwartz, Ivo E. / Basedow, Jürgen: Restrictions on Competition: List of Statutory Materials, in: International Encyclopaedia of Competition Law (Int. Encycl. Comp. Law) Vol. III, Ch. 35, 1995, S. 134.

Shenefield, John / Beninca, Jürgen: Extraterritoriale Anwendung US-amerikanischen Kartellrechts, in: Wirtschaft und Wettbewerb (WuW) 2004, S. 1276.

Shelton, Joanna: Competition Policy: What Chance for International Rules?, OECD Conference on the Global Trade Agenda, November 1998, zu beziehen über die OECD.

Slot, Piet Jan / Grabandt, Eric: Extraterritoriality and jurisdiction, in: Common Market Law Review (CML Rev.), Vol. 23/1986, S. 545.

Spearing, Nicholas/Jones, Alison/Gillen, Janet: United Kingdom's Merger Control 2003, in: Davies, John, Getting the Deal Through - Merger Control 2003, London 2002, S. 232.

Starek III, Roscoe B.: International Cooperation in Antitrust Enforcement, Annual Conference of the American Corporate Counsel Association, European Chapter, London, 29.9.1997, http://www.ftc.gov/speeches/starek/londspch.htm.

Stark, Charles S.: International Aspects Of Antitrust Enforcement: A US Perspective, European & US Competition Law, London 13.-14.2.1995, http://www.usdoj.gov/atr/public/ speeches/95-02-13.htm.

Steiger, Janet D.: Effectively Enforcing Competition Laws: Some Aspects of the US Experience, in: Hawk, Barry E.: EC and US Competition Law and Policy, Irvington-on-Hudson 1992, S. 1.

Stockmann, Kurt: Kartellbehördliche Ermittlungen im Ausland, in: Wirtschaft und Wettbewerb (WuW) 1975, S. 243.

Strohmaier, Dagmar: Die Zusammenarbeit von Australien und Neuseeland auf dem Gebiet des Kartellrechts - Ein Mosaikstein auf dem Weg zu einem Weltkartellrecht?, Augsburg 2000.

Sugden, William: Global Antitrust and the Evolution of an International Standard, Vanderbilt University Law School, in: Vanderbilt Journal of Transnational Law, Vol. 35, Mai 2002, Nr. 3, S. 989.

Sullivan, Lawrence Anthony: Handbook of the Law of Antitrust, St. Paul/ Minnesota 1977.

Tepaß, Michael: Extraterritoriale Anwendung nationalen Kartellrechts und Möglichkeiten zur Lösung zwischenstaatlicher Jurisdiktionskonflikte, Frankfurt am Main, u.a. 1992.

Thier, Peter de: EU-Entscheidung mit Folgen, in: Berliner Zeitung vom 3.7.2001, S. 25.

Tichadou, Evelyne: Internationalrechtliche Aspekte des Wettbewerbsrechts am Beispiel des Boeing-Falles, in: Zeitschrift für Europarechtliche Studien (ZEuS) 2000, S. 61.

Treumann, Walter / Peltzer, Martin / Kuehn, Angelika M.: US-Amerikanisches Wirtschaftsrecht / US Business Law, 2. Auflage, Köln 1990.

Tyson, Laura: The New Laws of Nations, in: New York Times vom 14.7.2001, S. A 29.

Uhlig, Torsten: Zusagen, Auflagen und Bedingungen im Fusionskontrollverfahren, Sinzheim 1996.

United Nations Organisation (UNO): Vorschlag der UN-Kartellkommission für ein internationales Abkommen über einschränkende Geschäftspraktiken, sowie Beschluss des Wirtschafts- und Sozialrats (ECOSOC), abgedruckt in: Wirtschaft und Wettbewerb (WuW) 1953, S.479.

Valentine, Debra A.: Building a Cooperative Framework for Oversight in Mergers - The Answer to Extraterritorial Issues in Merger Review, George Mason Law Institute, Antitrust Symposium, 10.10.1997, http://www.ftc.gov/speeches/other/boegmaso.htm.

Valentine, Debra A.: Merger Enforcement: Multijurisdictional Review and Restructuring Remedies, Rede vor der International Bar Association - Legal Challenges for Latin Americans in the New Millenium, Third Regional Conference, Santiago 24.3.2000, http://www.ftc.gov/speeches/other/dvmergerenforcement.htm.

Varian, Hal R.: GE and Honeywell ran afoul of 19th-century thinking, in: New York Times vom 28.6. 2001, Economic Scene, S. C 2.

Veltins, Jürgen: Neueste Entwicklungen der extraterritorialen Anwendung des US-Antitrust-Rechts, in: Recht der Internationalen Wirtschaft (RIW) 1982, S. 157.

Vermulst, Edwin A.: A European Practitioner's View of the GATT System: Should Competition Law Violations Distorting International Trade Be Subject to GATT Panels?, in: 27 Journal of World Trade 1993, S. 55.

Vörös, Imre / Droutsas, Dimitri P.: Die Europa-Abkommen, Rechtliche Fundamente für die Beziehungen der EU mit den mittel- und osteuropäischen Ländern, in: Zeitschrift für Verwaltung (ZfV) 1998, S. 2.

Vogel, Louis: Industriepolitik und Wettbewerbsrecht aus französischer Sicht am Beispiel der Fusionskontrolle, in: Recht der internationalen Wirtschaft (RIW) 1996, S. 638.

Voß, Dirk Peter: Ansätze zur Behandlung internationaler kartellrechtlich relevanter Sachverhalte - Insbesondere der Draft International Antitrust Code, Frankfurt am Main, u.a. 2000.

Waldherr, Markus: Die rule of reason im europäischen und US-amerikanischen Wettbewerbsrecht, Wien 2001.

Waller, Spencer Weber: From the Ashes of Hartford Fire: The Unanswered Questions of Comity, in: Hawk, Berry: International Antitrust Law & Policy, Annual Proceedings of the Fordham Corporate Law Institute, 22.-23.10., Yonkers, New York 1998, S. 33.

Wamser, Frank: Enforcement of Antitrust Law, A Comparison of the Legal and Factual Situation in Germany, the EEC, and the USA, Frankfurt am Main, u.a. 1994.

Weitbrecht, Andreas: Das Vorgehen der Kommission gegen internationale Kartelle: Bußgeldpolitik und Kronzeugenregelung, in: Schwarze, Jürgen: Europäisches Wettbewerbsrecht im Wandel, Baden-Baden 2001, S. 151.

Weitbrecht, Andreas: Die Untersagung transnationaler Unternehmenszusammenschlüsse durch das Bundeskartellamt, Augsburg 1986.

Wiedemann, Gerhard: Handbuch des Kartellrechts, München 1999.

Wilcox, Clair: A Charter for World Trade, New York 1949.

Wilke, John R.: U.S. Antitrust Chief Criticizes EU Decision to Reject Merger of GE and Honeywell, in: Wall Street Journal vom 5.7.2001, S. A3.

Williamson, Oliver E.: Economies as an Antitrust Defense rvisited, in: Jacquemin, A.P. / de Jong, H.W., Welfare Aspects of Industrial Markets, Leiden 1977, S. 237 und University of Pennsylvania Law Review (U.Pa.L.Rev.) 125, 1977, S. 699.

Williamson, Oliver E.: Vertical Merger Guidelines: Interpreting the 1982 Reforms, in: 71 University of California Law Review 1983, S. 604.

Winckler, Antoine / Hansen, Marc: Collective Dominance under the EC Merger Control Regulation, in: Common Market Law Review (CMLR), Vol. 30, 4/1993, S. 787.

Winkler, Rolf: Anrechnung amerikanischer Kartellstrafen auf EWG-Kartellbußen?, in: Außenwirtschaftsdienst des Betriebsberaters, Recht der Internationalen Wirtschaft (RIW/AWD) 1972, S. 565.

Wish, Richard: Competition Law, London 1985.

Wolf, Dieter: Die Diskussion um eine Europäische Wettbewerbsbehörde, in: Wertpapiermitteilungen (WM) 1996, S. 2193.

Wolf, Dieter: Eine Europäische Behörde für den Wettbewerb. Auf die spontane Angleichung unterschiedlicher Regeln und Auslegungen ist kein Verlass / Ein Plädoyer für den Primat des Wettbewerbs, in: Frankfurter Allgemeine Zeitung (FAZ) vom 5.11.1994, S. 15.

Wolf, Dieter: Globalisierte Fusionskontrolle - tut sich da etwa was?, in: Wirtschaft und Wettbewerb (WuW) 2002, S. 109.

Wolf, Dieter: International Mergers, in: Zäch, Roger: Towards WTO Competition Rules, Key Issues and Comments on the WTO Report (1998) on Trade and Competition, Den Haag 1999, S. 205.

Wood, Diane P.: International Competition Policy in a Diverse World: Can One Size Fit All?, in: Hawk, Barry E.: EC and US Competition Law and Policy, Irvington-on-Hudson 1992, S. 71.

Wood, Diane P.: The Internationalisation of Antitrust Law: Options for the Future, Rede anlässlich des De Paul Law Review Symposium: Antitrust in the 1990's, 3. Februar 1995, in: De Paul Law Review 44 (1995), S. 1298 und http://www.usdoj.gov/ atr/public/speeches/future.txt.

World Bank / OECD (Organisation for Economic Cooperation and Development): A Framework for the Design and Implementation of Competition Law and Policy, The international Bank for Reconstruction and Development / The World Bank and the Organisation for Economic Cooperation and Developmnt / OECD, Washington, Paris 1998.

World Trade Organisation (WTO): Administering a Competition Law and Policy: The Mechanics of Setting and Pursuing Policy with Finite Resources, Working Group on the Interaction between Trade and Competition Policy, Communication from the United States, Dokument WT/WGTCP/W/164 vom 26.6.2001, zu beziehen über die WTO.

World Trade Organisation (WTO): Creating a Culture of Competition: Issues Involved in Establishing an Effective Antitrust Agency, Working Group on the Interaction between Trade and Competition Policy, Communication from the USA, Dokument WT/WGTCP/W/142 vom 3.8.2000, zu beziehen über die WTO.

World Trade Organisation (WTO): Pressemitteilung, Ministerial Conference, Singapur, 9.-13.12.1996, Ministerial Declaration, http://www.wto.org/english/news_e/pres96_e/ wtodec.htm.

World Trade Organisation (WTO): Report of the Working Group on the Interaction between Trade and Competition Policy, Report (1997) to the General Council, vom 28.11.1997, Annual Report, Dok. WT/WGTCP/1, http://docsonline.wto.org/gen_trade.asp.

World Trade Organisation (WTO): Report of the Working Group on the Interaction between Trade and Competition Policy, Report (2000) to the General Council vom 30.11.2000, Annual Report, Dok. WT/WGTCP/4, http://www.wto org/english/tratop_e/comp_e/comp_e.htm.

World Trade Organisation (WTO): Working Group on the Interaction between Trade and Competition Policy, Communication from the European Community and its Member States, WT/WGTCP/W/140, vom 8.6.2000, http:// europa.eu.int/comm/trade/issues/sectoral/ competition/docs/wto_comp04.pdf.

World Trade Organisation (WTO): Working Group on the Interaction between Trade and Competition Policy, Communication from the European Community and its Member States, WT/WGTCP/W/160, 14.3.2001, http://europa.eu.int/comm/trade/issues/sectoral/ competition/docs/wto_comp06.pdf.

Yacheistova, Nataliya: The International Competition Regulation - A Short Review of a Long Evolution, in: World Competition, Law and Economics Review, Vol. 18, 1/1994, S. 99.

Zschocke, Christian: Bußgelder in weltweiten Kartellfällen: Doppelt hält besser?, in: Wirtschaft und Wettbewerb (WuW) 2002, S. 553.

Zimmer, Daniel: US-Amerikanisches Kartellrecht (Antitrust Recht), in: Zimmer Daniel / Turcon, Remi J., Grundlagen des US-Amerikanischen Gesellschafts-, Wirtschafts-, Steuer- und Fremdenrechts, München 1994, S. 61.

FSC
www.fsc.org
MIX
Papier | Fördert gute Waldnutzung
FSC® C083411

Kolibri 360 GmbH
Ferdinand-Jühlke-Straße 7
99095 Erfurt, Deutschland
produktsicherheit@kolibri360.de

Druck:
CPI Druckdienstleistungen GmbH
im Auftrag der
Kolibri 360 GmbH
Ferdinand-Jühlke-Str. 7
99095 Erfurt